Psicologia Social
Perspectivas atuais e evidências empíricas

PSICOLOGIA SOCIAL
Perspectivas atuais e evidências empíricas

SHEYLA C. S. FERNANDES
CARLOS EDUARDO PIMENTEL
VALDINEY V. GOUVEIA
JOSÉ LUIS ÁLVARO ESTRAMIANA
(Eds.)

Casa do Psicólogo®

© 2011 Casapsi Livraria e Editora Ltda.
É proibida a reprodução total ou parcial desta publicação, para qualquer finalidade, sem autorização por escrito dos editores.

1ª Edição
2011

Editores
Ingo Bernd Güntert e Juliana de Villemor A. Güntert

Assistente Editorial
Aparecida Ferraz da Silva

Capa
Ana Karina Rodrigues Caetano

Projeto Gráfico e Editoração Eletrônica
Sergio Gzeschenik

Produção Gráfica
Carla Vogel

Preparação de Original
Maria A. M. Bessana

Revisão
Patrícia de Fátima Santos

Revisão Final
Lucas Torrisi Gomediano

Dados Internacionais de Catalogação na Publicação (CIP)
(Câmara Brasileira do Livro, SP, Brasil)

Psicologia social : perspectivas atuais e evidências empíricas / Sheyla C. S. Fernandes...[et al.] (Eds.). -- São Paulo : Casa do Psicólogo®, 2011.

Outros autores: Carlos Eduardo Pimentel, Valdiney V. Gouveia, José Luís Álvaro
Bibliografia.
ISBN: 978-85-62553-50-9

1. Psicologia social I. Fernandes, Sheyla C. S.. II. Pimentel, Carlos Eduardo. III. Gouveia, Valdiney V. . IV. Álvaro, José Luís.

10-12755   CDD-302

Índices para catálogo sistemático:
1. Psicologia social 302

Impresso no Brasil
Printed in Brazil

As opiniões expressas neste livro, bem como seu conteúdo, são de responsabilidade de seus autores, não necessariamente correspondendo ao ponto de vista da editora.

Reservados todos os direitos de publicação em língua portuguesa à

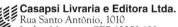

Casapsi Livraria e Editora Ltda.
Rua Santo Antônio, 1010
Jardim México • CEP 13253-400
Itatiba/SP – Brasil
Tel. Fax: (11) 4524-6997
www.casadopsicologo.com.br

Sumário

Prefácio 7

Apresentação 9

PARTE I - PSICOLOGIA SOCIAL E COMPORTAMENTOS ANTISSOCIAIS 11

CAPÍTULO 1 - Explicando atitudes frente à maconha e comportamentos
antissociais: o papel dos valores e grupos alternativos 13
Carlos Eduardo Pimentel, Valdiney V. Gouveia, Emerson Diógenes de Medeiros,
Walberto S. Santos, Patrícia Nunes da Fonseca

CAPÍTULO 2 - Organizando o quebra cabeça do delinquir juvenil: práticas
parentais, busca de sensação e valores humanos como explicação
das condutas antissociais e delitivas em jovens 25
Nilton Soares Formiga

CAPÍTULO 3 - Grupos marginalizados socialmente: representações sociais de
alcoolistas 41
Daniela Ribeiro Barros, Maria da Penha de Lima Coutinho, Bernard Gontiés

PARTE II - PSICOLOGIA SOCIAL E RELAÇÕES INTERGRUPAIS 57

CAPÍTULO 4 - Identidade racial e atitudes para o próprio e outro grupo em
crianças 59
Dalila Xavier de França, Maria Benedicta Monteiro

CAPÍTULO 5 - Partidos políticos brasileiros: conteúdos representacionais e suas
respectivas ancoragens 75
Ana Raquel Rosas Torres, Cícero Pereira, José Luis Álvaro Estramiana,
Miriam de Freitas Albernaz

CAPÍTULO 6 - Orientação à dominância social: necessidade, motivação e
tendência ao preconceito 89
Sheyla Christine Santos Fernandes, Joselí Bastos da Costa, Leoncio Camino,
Roberto Mendoza

PSICOLOGIA SOCIAL: PERSPECTIVAS ATUAIS E EVIDÊNCIAS EMPÍRICAS

CAPÍTULO 7 - Medo da morte e comportamento social: testando hipóteses da teoria do gerenciamento do terror..99
Taciano L. Milfont, Pollyane K. da Costa Diniz

PARTE III - PSICOLOGIA SOCIAL E PERSPECTIVAS POSITIVAS............................111

CAPÍTULO 8 - Bem estar subjetivo em estudantes universitários paraibanos 113
José Angel Vera Noriega, Rosa Maria Alvarez, Francisco José Batista Albuquerque, Carlos Eduardo Pimentel, Tatiana Cristina Vasconcelos

CAPÍTULO 9 - Resiliência e Síndrome de Burnout no contexto geriátrico...........127
Virgínia Ângela M. de Lucena e Carvalho, Bernardino Fernández Calvo, Ludgleydson Fernandes de Araújo

PARTE IV - PSICOLOGIA SOCIAL E COMPORTAMENTO SEXUAL............................137

CAPÍTULO 10 - Sexo antes ou depois? A influência dos valores humanos e da experiência sexual no liberalismo-conservadorismo sexual..........139
Valeschka M. Guerra, Valdiney V. Gouveia

CAPÍTULO 11 - Práticas discursivas de estudantes masculinos sobre o aborto 153
José Vaz Magalhães Néto, Conceição Nogueira, Lídio de Souza

PARTE V - PSICOLOGIA SOCIAL E MÍDIA 167

CAPÍTULO 12 - Anime songs: Uma análise de letras de música dos desenhos animados...169
Leconte de Lisle Coelho Junior, Eliana Guimarães Silva, Paulo Rogério Meira Menandro

CAPÍTULO 13 - Os meios de comunicação e a configuração da imagem corporal em mulheres com anorexia e bulimia 181
Jesús Saiz Galdós, Miryam Rodríguez, José Luis Álvaro Estramiana

CAPÍTULO 14 - Grays reptelianos & afins: impactos da mídia e da indústria cultural na criação de um mito moderno 201
Marcos Emanoel Pereira

CONSIDERAÇÕES FINAIS

Dinamicidade e abrangência de uma ciência permanentemente atual...225
Sheyla C. S. Fernandes, José Luis Álvaro Estramiana

Referências..227

Sobre os autores 257

Prefácio

A psicologia social é uma área do conhecimento psicológico onde diferentes enfoques coexistem, dificultando, às vezes, uma conceituação precisa e universalmente aceita do que caracteriza essencialmente a disciplina. Psicólogos sociais que aderem ao enfoque prevalente na psicologia social estadunidense tendem a considerá-la o estudo científico dos processos de interação interpessoal. A definição oferecida por Gordon Allport, segundo a qual *"a psicologia social é o estudo científico da maneira pela qual os pensamentos, sentimentos e comportamentos das pessoas são influenciados pela presença real ou imaginária de outras"* é geralmente aceita sem objeções. Psicólogos sociais mais atraídos pela psicologia social europeia não rejeitam essa definição, mas preferem enfatizar o papel da cultura e das estruturas macrossociais no comportamento individual e coletivo. Psicólogos sociais que atuam nos países em desenvolvimento tendem a ver a psicologia social como o setor do conhecimento em que o fornecimento de soluções para os problemas sociais constitui o principal objetivo da disciplina. A diferença de enfoques não se reduz ao aspecto conceitual da psicologia social, mas se manifesta, também, na divergência acerca do método mais adequado para o estudo do objeto material considerado a unidade de análise prioritária desse setor do conhecimento psicológico.

Diante do quadro sucintamente esboçado no parágrafo anterior, não constitui surpresa o fato de a psicologia social ter passado por um período historicamente conhecido como a *"crise da psicologia social"*. Nessa fase da história da disciplina, críticas severas foram feitas à utilização do método experimental de laboratório, à irrelevância dos achados das pesquisas conduzidas para a solução dos problemas sociais, à falta de consideração das influências culturais, às possíveis violações éticas na condução das pesquisas, para citar apenas as mais frequentes. Em minha opinião, a crise foi extremamente benéfica à psicologia social. Mais atenção passou a ser dada a aplicações dos conhecimentos produzidos pelas diferentes investigações, universidades criaram órgãos específicos para garantir que padrões éticos rigorosos sejam observados nas pesquisas conduzidas, maior abertura para o emprego de outros métodos além do experimental teve lugar e a importância da variável *cultura* passou a merecer mais atenção.

O livro *Psicologia Social: Perspectivas Atuais e Evidências Empíricas*, organizado por Sheyla C.S. Fernandes, Carlos Eduardo Pimentel, Valdiney V. Gouveia e José Luís Álvaro Estramiana, constitui um excelente exemplo do período pós-crise da psicologia social. Nele o leitor encontrará uma variedade de enfoques e métodos utilizados pelos autores dos quatorze capítulos da obra, mas notará também que neles há um denominador comum: a preocupação com a abordagem de problemas sociais relevantes. Uso de tóxicos, delinquência juvenil, marginalização social, preconceito, conflito racial, comportamento sexual, influência dos meios de comunicação exemplificam a preocupação dos organizadores e colaboradores em fazer deste livro um manancial importante de contribuições da psicologia social não apenas para um melhor entendimento desses relevantes problemas sociais, mas também para o fornecimento de subsídios para sua solução.

Este livro me parece destinado a uma ampla gama de leitores. Apesar de tratar-se de um compêndio mais especificamente dirigido a profissionais e estudantes de psicologia social, não há dúvida de que outros cientistas sociais nele encontrarão uma valiosa fonte de informação relativa a suas áreas prioritárias de atuação. Embora o leitor leigo possa encontrar alguma dificuldade em entender a metodologia e as análises estatísticas dos dados, penso que as conclusões apresentadas pelos vários autores sobre problemas sociais contemporâneos poderão interessá-los também.

Tendo dedicado a minha vida acadêmica ao estudo e à promoção da psicologia social científica, é com prazer que vejo a publicação em meu país de um livro que reflete claramente o empenho dos organizadores em produzir um trabalho sério e muito rico em valiosas informações derivadas dos avanços desta área da psicologia.

Aroldo Rodrigues, *Ph.D.*
Professor Emérito
California State University, Fresno

Apresentação

Este livro reúne contribuições de pesquisadores com treinamento em diversas universidades do Brasil e do exterior. Temas pouco explorados na psicologia social vêm a lume com a concretização deste empreendimento. A atualidade e a diversidade de estudos que o leitor encontrará nas próximas páginas são permeadas por um fio condutor: o nível psicossocial de análise. Esse estilo peculiar de abordar os problemas de pesquisa diferencia, e dá identidade, ao psicólogo social em relação a outros profissionais das ciências sociais. Teorias, modelos explicativos, métodos, análises e variáveis de naturezas distintas constituem as pesquisas empíricas que apresentamos aos interessados em psicologia social e disciplinas correlatas, quer professores, quer alunos de graduação ou de pós-graduação.

Na "Parte I – Psicologia social e comportamentos antissociais" aborda-se a influência da identificação a grupos não convencionais e dos valores humanos básicos nas condutas antissociais e delitivas, testando-se a adequação da clássica hierarquia valores, atitudes e comportamentos para explicar atitudes e comportamentos antissociais considerando uma teoria alternativa de valores. Além do relato empírico da teoria das representações sociais para a compreensão do alcoolismo, observou-se também a importância dos traços de personalidade, ao lado dos valores sociais e práticas parentais, como importantes peças de um quebra-cabeças, para o entendimento dos comportamentos antissociais.

A "Parte II – Psicologia social e relações intergrupais" traz uma vez mais para o foco dos estudos psicossociais, as relações intergrupais. Nesta parte podem-se contemplar os resultados da análise do preconceito infantil, interpretada com base na teoria da identidade social. Ademais, expõe-se uma investigação sobre a tendência ao preconceito em estudantes universitários com o modelo da teoria da dominância social. Nesta parte também visou-se conhecer as representações sociais acerca dos partidos políticos brasileiros. Por fim, no último capítulo é introduzida e explicitamente testada no Brasil a teoria do gerenciamento do terror.

A "Parte III – Psicologia social e perspectivas positivas" traz contribuições da psicologia positiva. O bem-estar subjetivo de universitários do Nordeste brasileiro é aquilatado tendo-se em apreciação habilidades, hábitos de estudo, influência de aulas e professores além de variáveis sócio-demográficas. Além disso, relata-se uma investigação com cuidadores de idosos espanhóis verificando as relações entre resiliência, *engagement* e *burnout*.

A "Parte IV – Psicologia social e sexualidade" objetivou apresentar duas pesquisas na área da sexualidade, sendo uma representativa do paradigma quantitativista e outra do modelo qualitativo. A primeira mostra a importância da teoria dos valores básicos, da experiência sexual prévia e da desejabilidade social para a explicação do liberalismo/ conservadorismo sexual. A segunda, por seu turno, analisa o discurso de estudantes masculinos sobre o aborto.

Por fim, na "Parte V – Psicologia social e mídia", são apresentados três estudos na área da análise psicossocial da mídia. O primeiro destes relata uma pesquisa sobre análise de letras de músicas de desenhos animados, animesong's, na perspectiva da análise do discurso. O próximo estudo tem como base as teorias da aprendizagem e comparação social para analisar a influência de diversos tipos de mídias como a televisão, o rádio e as revistas, na experiência subjetiva da anorexia e bulimia em mulheres da comunidade de Madri. A influência da mídia e da indústria cultural na criação de mitos modernos é relatada no último capítulo desta parte.

Desejamos a todos e a todas que tenham uma boa leitura!

Carlos Pimentel
Valdiney V. Gouveia

PARTE I

PSICOLOGIA SOCIAL E COMPORTAMENTOS ANTISSOCIAIS

CAPÍTULO 1

Explicando atitudes frente à maconha e comportamentos antissociais: o papel dos valores e grupos alternativos

Carlos Eduardo Pimentel, Valdiney V. Gouveia,
Emerson Diógenes de Medeiros, Walberto S. Santos,
Patrícia Nunes da Fonseca

Dentre o conjunto de variáveis pertinentes à explicação do quebra-cabeça dos diversos comportamentos antissociais e uso de drogas, uma das mais importantes e pesquisadas são os grupos relevantes para o jovem, como os amigos e a família (Dishion, Patterson, Stoolmiller & Skinner, 1991; Hawkins, Catalano & Miller, 1992; Fisher & Fagot, 1993; Miller, 1997; Petraitis, Flay & Miller, 1995; Scaramella *et al.* 2002; Vitaro, Brendgen & Tremblay, 2000; Vuchinich, Bank & Patterson, 1992; Whright & Cullen, 2001).

Apesar da prevalência dos grupos juvenis alternativos na contemporaneidade, chamados também "tribos urbanas" ou (sub)-culturas juvenis (Amaral, 2005), são escassas as pesquisas empíricas em psicologia que relacionaram comportamentos antissociais, como o uso de drogas, com a identificação ou pertença a esses grupos (Sussman, Dent & McCullar, 2000), como *punks, skin heads* ou roqueiros, mas pode-se observar que há evidências (históricas) do envolvimento desses grupos com o uso de drogas e outros comportamentos considerados antissociais (Amaral, 2005; Bivar, 2001; Chacon, 1995; Costa, 1993, 1995, 1996, 1997; Friedlander, 2002; Madrid, 2000; Magnani, 2005; Moraes, 1984; Pais, 1998; Salem, 1996; SIRC, 2004). Em pesquisa recente em periódico da área médica, verificaram-se diferenças nos comportamentos de uso de álcool, drogas e tentativas de suicídio naqueles que apresentaram identificação com subculturas gótica, *punk, skate, club, grunge* (Young, Sweeting & West, 2006), estando os identificados com os góticos mais vulneráveis.

Dentre as poucas pesquisas em psicologia com os grupos alternativos, já foram observadas relações entre uso de drogas ilegais e álcool com identificação ou pertença a grupos ou tribos urbanas (López & Garcia, 1997; Oliveira, Camilo & Assunção, 2003), autoidentificados com pichadores, *rappers* e *head bangers* e uso de álcool, maconha e comportamento violento (Sussman, Dent & McCullar, 2000), características negativas de fãs de *rap*, como perigosos e uma ameaça para os outros e a sociedade como um todo (Fried, 2003), assim como identificação com esses grupos alternativos e comportamentos sexuais do tipo liberais (Guerra, 2005).

No campo da psicologia, os valores também têm recebido, relativamente, pouca atenção na explicação das condutas e atitudes socialmente desviantes (Hawkins *et al.*, 1992; Petraitis *et al.*, 1995). Porém, nos últimos dez anos esse quadro começou a se modificar, com o aparecimento de alguns estudos mais sistemáticos. No Brasil, Tamayo *et al.* (1995) utilizando o Questionário de Valores de Schwartz (QVS) observaram que o tipo motivacional *conformidade* desempenhava um papel de proteção da conduta de consumo de drogas.

Portanto, pessoas que assumem como prioritários em suas vidas valores desta natureza (por exemplo, *autodisciplina, bons modos* e *obediência*), procuram limitar suas ações, inclinações e impulsos que possam prejudicar outros e frustrar expectativas ou violar normas sociais, sendo menos prováveis de apresentarem condutas antissociais e delitivas (Coelho Júnior, 2001; Formiga, 2002). Malek, Chang e Davis (1998), numa pesquisa com estudantes de Massachusetts e Louisiana, deram apoio empírico à hipótese segundo a qual os valores mantidos pelos pais e as estratégias disciplinares afetam diretamente a tendência dos filhos para o comportamento violento.

Ludwig e Pittman (1999) verificaram que os valores pró-sociais, medidos mediante a Lista de Valores de Kahle, predisseram inversa e significativamente três tipos de comportamentos-problema numa amostra de 2.146 estudantes entre doze e dezenove anos, em comunidades rurais. Observou-se que quanto mais os adolescentes enfatizavam valores pró-sociais, menos expressavam comportamento delinquente, risco sexual e uso de drogas, considerando que os valores predisseram melhor o comportamento delinquente e a variável idade moderou essa influência, visto que seu poder explicativo foi maior entre adolescentes mais velhos.

Em outra pesquisa, os valores *religiosidade* (amostra de rapazes, $n = 435$) e *convencionalismo* (amostra de moças, $n = 529$) se correlacionaram negativamente com a pontuação total da medida de *condutas antissociais* ($r = -0,20$ e $-0,30$, respectivamente, Romero *et al.*, 2001). Percebe-se, pois, que não são todos os valores que podem atuar como um fator de proteção de condutas socialmente desviantes, e sim aqueles que enfatizam a manutenção do *status quo* (*convencionalismo, religiosidade* e *conformidade*). Esses resultados são reforçados por pesquisas no Nordeste brasileiro (Coelho Júnior, 2001; Formiga, 2002).

Com base na teoria dos valores humanos básicos (Gouveia, 1998), a qual representa uma proposta integradora e parcimoniosa (para uma descrição mais detalhada ver Gouveia, Milfont, Fischer & Santos, 2008) algumas pesquisas foram feitas no presente contexto. Gouveia apresenta sua tipologia dos valores humanos básicos, conceituando-os como:

> "...categorias de orientação que são desejáveis, baseadas nas necessidades humanas e nas pré-condições para satisfazê-las, sendo adotadas por atores sociais. Tais valores apresentam diferentes magnitudes e seus elementos constitutivos podem variar a partir do contexto social ou cultural em que a pessoa está inserida (p. 293)".

De acordo com esse aporte teórico, os valores orientam o comportamento e expressam necessidades humanas (Gouveia, Milfont, Fischer & Coelho, 2009). Os valores, portanto, se dividem em valores pessoais, centrais e sociais, sendo descritos os primeiros e últimos tendo em vista sua aplicabilidade nos comportamentos antissociais. Portanto, nos *valores pessoais*, dá-se prioridade aos próprios benefícios ou às condições nas quais possam ser obtidos sem um marco de referência particular. Dividem-se em: a) *valores de experimentação*: descobrir e apreciar novos estímulos, enfrentar situações limite, assim como buscar satisfação sexual (estimulação, emoção, prazer e sexual); e b) *valores de realização*: além de experimentar novos estímulos, a realização, o sentimento de ser importante e poderoso, ser uma pessoa com identidade e espaço próprio é algo que também deve orientar seu comportamento. Quem assume esse padrão de valores costuma manter relações pessoais contratuais, com o fim de obter benefícios (autodireção, êxito, poder, prestígio e privacidade).

Os valores centrais indicam o caráter central ou neutro desses valores; eles figuram entre os valores pessoais e sociais e são compatíveis com eles. Por fim, nos *valores sociais*: quem assume esse padrão valorativo se orienta em direção aos demais. Essa orientação de valores se divide em duas categorias: a) *normativos*: ênfase na vida social, na busca de estabilidade do grupo, nos comportamentos socialmente corretos e no respeito pelos símbolos e padrões culturais que prevaleceram durante anos; estima-se a ordem acima de qualquer outra coisa (obediência, ordem social, religiosidade e tradição); e b) *interacionais*: o sentido comum é o foco de atenção, que neste caso são as demais pessoas (Gouveia, 1998, 2003; Gouveia *et al.*, 2009).

Na primeira dessas pesquisas com esse modelo teórico, Coelho Júnior (2001) verificou, em uma amostra de 1.345 estudantes secundaristas, que fatores para o uso potencial de drogas se correlacionavam significativa e diretamente com valores pessoais, como *experimentação* ($r = 0,19, p = 0,001$) e que valores *normativos* como *religiosidade* ($r = -0,11, p = 0,001$) e *tradição* ($r = -0,22, p = 0,001$) se correlacionavam de modo inverso com estes fatores. Adicionalmente, Formiga (2002) demonstrou que os valores de *experimentação* predisseram direta e significativamente as condutas antissociais ($\beta = 0,26, p < 0,01$) e delitivas ($\beta = 0,25, p < 0,01$). Já os *normativos* predisseram negativamente as condutas antissociais ($\beta = -0,13, p = 0,01$). Esses achados foram ainda replicados por Vasconcelos (2004), Formiga e Gouveia (2005) e Formiga (2006) que encontram resultados muito semelhantes, dando apoio aos valores normativos como fatores de proteção para comportamentos antissociais e para os valores de experimentação como fatores de risco para esses mesmos comportamentos.

Nesse sentido, os estudos a respeito deveriam se centrar nesse conjunto de valores, procurando conhecer em que medida poderiam agir como fatores de proteção para as condutas antissociais e delitivas. Devem-se averiguar também as relações entre essas variáveis e a identificação com grupos (culturas) alternativos, pois são cada vez mais presentes no mundo do jovem e do adolescente. Isso pode aportar conhecimento adicional à área da influência de grupos nos comportamentos antissociais e no uso de substâncias (Hawkins *et al.*, 1992; Petraitis *et al.*, 1995), considerando, especificamente, os grupos alternativos. Esse primeiro estudo, portanto, testará o conjunto dessas relações tendo em conta o modelo de valores acima descrito focando-se nas funções normativa e de experimentação (Gouveia, 1998, 2003) dada a natureza do problema e as pesquisas prévias.

Estudo 1

Objetivo

Tendo em vista a relevância de se entender melhor os comportamentos e os construtos tratados nas pesquisas revisadas, o objetivo deste estudo consistiu em conhecer as correlações e o poder preditivo (Dancey & Reidy, 2006) da identificação com grupos alternativos e dos valores humanos (de experimentação e normativos) nos comportamentos antissociais. Foram consideradas ainda duas variáveis sociodemográficas como preditoras: idade e sexo.

Método

Participantes

Contou-se com a colaboração voluntária de 240 alunos do ensino médio, provenientes de escolas públicas (51,3%) e privadas (48,8%) de João Pessoa, sendo a maioria do sexo feminino (53,1%). Destes, 97 (40,4%) estavam matriculados no 1º ano, no 2º, 69 (28,8%) e 74 (30,8%) no 3º. A grande maioria (98%) apresentou idades entre treze e dezoito anos ($M = 16,2$; $DP = 1,60$; variando de treze a 23 anos), informou ser solteira (95%) e pertencer à família de classe socioeconômica média (55,8%) ou média-baixa (30,4%).

Instrumentos

Os participantes responderam a um questionário composto pelas seguintes medidas, todas autoaplicáveis, tipo lápis e papel:

Escala de Condutas Antissociais e Delitivas (CAD). Proposta por Seisdedos (1988), consiste em uma medida de comportamentos antissociais. Estes são representadas por um total de 40 itens, sendo 20 referentes ao fator *condutas antissociais* e 20 concernentes ao fator *condutas delitivas.* Os itens do primeiro fator representam comportamentos que desafiam a norma e a ordem social (por exemplo, tocar a campainha da casa de alguém e sair correndo ou jogar lixo no chão); já aqueles referentes ao segundo fator são relativos a comportamentos delitivos, pois infringem a lei vigente (por exemplo, roubar objetos ou dinheiro ou usar drogas). Cada item é respondido em escala tipo Likert, a partir da avaliação da realização de cada comportamento pelo sujeito, com pontuações variando de $0 = Nunca$ a $9 = Sempre$. Essa escala também foi validada para este contexto. Formiga e Gouveia (2003) relatam indicadores psicométricos consistentes corroborando a estrutura bifatorial; para a Conduta Antissocial foi encontrado um Alpha de Cronbach de 0,86 e para a Conduta Delitiva de 0,92. Considerando a Análise Fatorial Confirmatória, comprovaram-se essas dimensões ($\chi^2/gl = 1,35$; $AGFI = 0,89$; $PHI (\varphi) = 0,79, p > 0,05$).

Escala de Identificação com Grupos Alternativos (EIGA). A referida medida objetiva aferir a identificação do sujeito com grupos urbanos considerados importantes para os adolescentes. Assim, inclui nas instruções uma solicitação para que o respondente indique, em uma escala de 5 pontos, em que medida se identifica com *hippies, punks, skinheads, headbangers, skatistas, surfistas* e *funkeiros,* tendo como extremos *Nada* (0) e *Totalmente* (4). Cada grupo representa um item da escala, que fica formada, portanto, por 7 itens. Pimentel, Gouveia e Fonseca (2005) desenvolveram e validaram essa medida para esse contexto, verificaram um único fator explicando 56% da variância total. Sua consistência interna é também satisfatória (a = 0,87). Os indicadores de ajuste permitiram apoiar a concepção de uma estrutura unidimensional para esta escala: $\chi^2 (10) = 15,25, p = 0,12$; $\chi^2/g.l. = 1,52$; $GFI = 0,98$ e $AGFI = 0,94$.

Questionário dos Valores Básicos (QVB). Inicialmente, Gouveia (1998) propôs uma versão em espanhol e português, formada por 66 itens, sendo três itens para medir cada valor. No entanto, utilizou-se a versão modificada e resumida, cujos parâmetros psicométricos já foram comprovados na população brasileira (Maia, 2000) e constituída por 24 itens-valores, distribuídos nas funções psicossociais dos valores: pessoais (experimentação e realização), centrais (existência e suprapessoal) e sociais (interacional e normativa), totalizando seis fatores. Estes são respondidos em uma escala que visa a medir inicialmente o grau de importância de cada valor como um princípio-guia na vida da pessoa, variando de 1 = *Nada importante* a 7 = *Muito importante*. Após a avaliação desses 24 valores, solicita-se ao respondente que eleja qual valor considera *o mais importante de todos*, mediante atribuição da pontuação máxima (8) e também qual o valor percebido como *menos importante de todos*, utilizando para isso a mínima pontuação (0). Gouveia (2003) comprova a estrutura com seis fatores do QVB: $\chi^2/g.l$ = 2,67, *GFI* = 0,91, *AGFI* = 0,89, *RMSEA* = 0,05, e N crítico = 279,04. Verificou, ainda, a convergência desse conjunto de valores com o QVS, empregando a técnica de escalonamento multidimensional (MDS) mostrando que são convergentes: RSQ = 0,90 e S-Stress = 0,14 e verificando a = 0,51 para os seis fatores.

Procedimento

Para a realização da coleta de dados foram contatadas as direções das escolas escolhidas por conveniência, procurando obter permissão para a aplicação dos questionários. Obtido esse consentimento, a aplicação foi feita por três bolsistas de Iniciação Científica (IC) do curso de Psicologia de uma instituição pública. Previamente, realizou-se um treinamento com os bolsistas, indicando que se limitassem às instruções da escala e esclarecendo os respondentes quanto à forma, mas não ao conteúdo da medida. As salas de aula foram escolhidas e as informações básicas para o ótimo andamento do processo de coleta foram expressas oralmente aos participantes. Os respondentes deveriam rubricar um termo de acordo com as normas éticas para pesquisas com seres humanos. Eles responderam individualmente, porém em ambiente coletivo de sala de aula. Os colaboradores estiveram presentes durante a aplicação para esclarecer eventuais dúvidas quanto à forma responder. Depois de coletados e verificados os questionários respondidos, foram dirigidos os agradecimentos pela colaboração voluntária da turma. Em média 20 minutos foram suficientes para concluir sua participação.

Análises estatísticas

Tanto a entrada dos dados como as análises estatísticas inferenciais foram realizadas com o SPSS (*Statistical Package for the Social Science*) para *Windows* (versão 13). Foram calculadas estatísticas descritivas (média, tendência central, dispersão), análise de Correlação e análise de Regressão Múltipla.

Resultados

Como se pode observar na Tabela 1, as correlações foram estatisticamente significativas entre a Identificação com Grupos Alternativos (IGA), Valores de Experimentação (VE), Valores Normativos (VN), Condutas Antissociais (CA) e Condutas Delitivas (CD). Especificamente, verificaram-se as seguintes correlações (todas estatisticamente significativas a $p < 0,01$ ou $p < 0,05$):

– a importância atribuída aos VE se relacionou significativa e diretamente com CA ($r = 0,26$) e CD ($r = 0,25$).

– a importância atribuída aos VN se relacionou significativa e inversamente com CA ($r = -0,35$) e CD ($r = -0,31$);

– a identificação com os *punks* se relacionou diretamente com CA ($r = 0,22$) e CD ($r = 0,21$);

– a identificação com os skatistas se relacionou diretamente com CA ($r = 0,23$) e CD ($r = 0,23$);

– a identificação com os surfistas se relacionou diretamente com CA ($r = 0,23$) e CD ($r = 0,18$);

– a identificação com os funkeiros se relacionou diretamente com CA ($r = 0,16$) e CD ($r = 0,22$);

– a identificação com os *hippies* se relacionou diretamente com CA ($r = 0,16$) e CD ($r = 0,18$);

– a identificação com os *head bangers* se relacionou diretamente com CA ($r = 0,20$) e CD ($r = 0,20$) e

– a identificação com os *skin heads* se relacionou significativa e inversamente com CA ($r = 0,16, p < 0,05$) e CD ($r = 0,20, p < 0,05$).

Tabela 1 - Correlações entre Comportamentos Antissociais, Valores Humanos e Identificação com Grupos Alternativos

	1	2	3	4	5	6	7	8	9	10	11
1 C. Antissocial											
2 C. Delitiva	0,74**										
3 Experimentação	0,26**	0,25**	-0,15*								
4 Normativos	-0,35**	-0,31**	0,24**	-0,15*							
5 Punks	0,22**	0,21**	-0,17**	0,09	-0,20**						
6 Skatistas	0,23**	0,23**	-0,11	0,17**	-0,15*	0,66**					
7 Surfistas	0,23**	0,18**	0,05	0,25**	-0,09	0,48**	0,67**				
8 Funkeiros	0,16*	0,22**	0,07	0,18**	-0,03	0,44**	0,40**	0,49**			
9 Hippies	0,16*	0,18**	-0,17**	0,17**	-0,15*	0,57**	0,53**	0,40**	0,29**		
10 Head bangers	0,20**	0,20**	-0,25**	0,18**	-0,18**	0,61**	0,57**	0,35**	0,25**	0,56**	
11 Skin heads	0,19**	0,22**	-0,09	0,13*	-0,12	0,52**	0,33**	0,33**	0,33**	0,45**	0,51**

Notas. ** Correlação é significativa a $p < 0,01$; * correlação é significativa a $p < 0,05$ (teste bi-caudal).

Nas análises de regressão, foram consideradas duas variáveis-critérios: CA e CD para as quais se fizeram duas análises independentes de regressão múltipla, considerando as variáveis antecedentes: IGA, VE, VN, idade e sexo.

Tabela 2 - Predição das Condutas Antissociais e Delitivas

Preditores			CA ($M = 1,71$, $DP = 1,45$)		
	M	DP	β	T	p
IGA	0,92	0,89	0,17	3,99	0,001
VE	4,96	0,95	0,15	3,37	0,001
VN	5,74	0,88	-0,24	-5,79	0,001
Idade			0,03	0,82	0,411
Sexo			-0,14	-3,23	0,001
Preditores			CD ($M = 0,30$, $DP = 0,60$)		
	M	DP	β	T	p
IGA	0,92	0,89	0,18	4,12	0,001
VE	4,96	0,95	0,09	2,01	0,045
VN	5,74	0,88	-0,17	-3,93	0,001
Idade			0,08	1,94	0,053
Sexo			-0,21	-4,74	0,001

Verificou-se que o modelo de variáveis testado se mostrou adequado para a explicação das CA. As variáveis antecedentes que entraram na explicação dessa variável explicaram cerca de 18% ($R^2 = 0,182$) da sua variância ($R = 0,43$). No geral, reputa-se o modelo usado como satisfatório, $F (6, 440) = 21,03$ $p < 0,001$. Verifica-se que as CA foram preditas diretamente pela IGA (b = 0,17) e a importância atribuída aos VE (b = 0,15). Por outro lado, os VN mostraram-se inversamente relacionados (b = -0,24). Foi comprovada ainda a importância da variável sexo (b = -0,14).

O conjunto das variáveis antecedentes permitiu explicar cerca de 16% ($R^2 = 0,157$) da variância das CD ($R = 0,40$). De modo geral, o modelo proposto pode ser tido como satisfatório, $F (5, 474) = 17,65$, $p < 0,001$. Como pode ser contemplado na Tabela 2, a IGA (b = 0,18) e a importância atribuída aos VE (b = 0,09) explica diretamente as CD. Por outro lado, os VN predizem inversamente essas condutas (b = -0,17).

Discussão

Pôde-se observar que a identificação com grupos alternativos e os valores de experimentação e normativo estão relacionados com comportamentos antissociais numa amostra de jovens estudantes. Os valores de experimentação relacionaram-se diretamente com os comportamentos. Por outro lado, os valores normativos relacionaram-se inversamente com os comportamentos antissociais. Com relação à identificação com grupos alternativos e sua relação com as condutas antissociais e delitivas, verificou-se que a identificação com os *punks* se relacionou diretamente com os comportamentos. Esse mesmo padrão de correlação foi encontrado com aqueles que se identificaram com os *hippies* e com os *head bangers*. A identificação com skatistas, surfistas, funkeiros, *skin heads* mostrou-se relacionada com os comportamentos antissociais e delitivos.

Buscou-se ainda predizer os comportamentos antissociais a partir da identificação com grupos alternativos e dos valores humanos. Em síntese, os resultados parecem claros quanto à importância dos valores humanos e da identificação grupal para explicar essas condutas. Os VN foram especialmente importantes para a explicação das CA. A IGA prediz melhor as CD do que os valores, mas o melhor preditor para estas condutas foi a variável sexo. No entanto, deve-se ponderar que não se verificou uma alta identificação grupal e verificou-se também baixos níveis de comportamentos antissociais ou delitivos.

Estudo 2

Objetivo

Tendo-se em conta a importância da identificação com grupos alternativos e dos valores de experimentação e normativos verificada no Estudo 1 para a explicação dos comportamentos em análise, o objetivo deste estudo consiste em testar um modelo explicativo através de equações estruturais (SEM). Porém consideraram-se, ademais, as atitudes frente ao uso de maconha, pois atitudes têm sido consideradas mediadoras da relação valores-comportamentos, e os comportamentos antissociais (considerados conjuntamente, antissociais e delitivos; CAD). O que pode, além de contribuir com a área dos comportamentos socialmente desviantes, jogar luz no modelo hierárquico valores, atitudes e comportamentos (Homer & Kahle, 1988; Ros, 2001).

Método

Participantes

Contou-se com a colaboração voluntária de 240 alunos do ensino médio, provenientes de escolas públicas (45%) e privadas (55%) de João Pessoa, sendo a maioria do sexo feminino (57,1%). Destes, 76 (31,7%) estavam matriculados no 1°, 77 (32,1%), 2° e 87 (36,3%) no 3° anos. A grande maioria (98%) apresentou idades entre treze e vinte anos ($M = 16,4$; $DP = 1,78$; variando de treze a 28 anos), reportou ser solteira (96,6%) e pertencer à família de classe sócio-econômica média (60,7%) ou média-baixa (25,1%).

Instrumentos

Os participantes responderam o mesmo questionário com as medidas previamente descritas no Estudo 1, a saber: *Escala de Condutas Antissociais e Delitivas (CAD)*, *Escala de Identificação com Grupos Alternativos (EIGA)* e o *Questionário dos Valores Básicos (QVB)*.

Além destas medidas, foi incluída ainda uma atitudinal, que visou aferir atitudes frente ao uso de maconha. Esta é descrita sequencialmente.

Escala de Atitudes Frente ao Uso de Maconha (EAFUM). Essa medida (Simons & Carey, 2000) foi pautada nas escalas desenvolvidas por Crites, Fabrigar e Petty (1994) para vários objetos atitudinais. Consiste em saber a avaliação global de estar sob o efeito de maconha, numa escala tipo diferencial semântico de 9 pontos, com quatro itens compostos pelos adjetivos bipolares: positivo / negativo; agradável / desagradável; bom / ruim e desejável / indesejável. Esses adjetivos servem para expressar como a pessoa avalia (sua atitude) estar sob o efeito de maconha. O instrumento tem a frase estímulo: "Considero estar sob o efeito de maconha..." complementada pela avaliação que o respondente faz com base nos pares de adjetivos descritos, que dizem respeito ao conteúdo dos quatro itens. As pontuações 1, 2, 3 e 4 representam atitudes favoráveis, sendo 5 o ponto nulo, ao passo que as pontuações 6, 7, 8 e 9 indicam atitudes desfavoráveis frente ao uso. Gouveia, Pimentel, Queiroga, Meira e Jesus (2005) verificaram, nesse contexto, um fator geral que explica 84% da variância total, com bons índices de ajuste desse modelo unidimensional: $\chi^2/g.l. = 0,87$, GFI = 1, AGFI = 0,99 e RMR = 0,01. Foi verificada também elevada consistência interna (precisão; a = 0,94).

Procedimento

Para a realização da coleta de dados foram contatadas as direções das escolas escolhidas por conveniência, procurando obter permissão para a aplicação dos questionários. Após o consentimento, a aplicação foi efetuada por três bolsistas de Iniciação Científica (IC) do curso de Psicologia de uma instituição pública, supervisionados pelos autores deste artigo. As salas de aula foram previamente escolhidas e as informações básicas para o andamento do processo de coleta foram transmitidas aos participantes. Os colaboradores estiveram presentes durante a aplicação para esclarecer eventuais dúvidas de como deveriam ser preenchidos os questionários. Depois de coletados e verificados os questionários respondidos, foram dirigidos os agradecimentos pela colaboração da turma. Em média 20 minutos foram suficientes para concluir sua participação.

Análises estatísticas

O pacote estatístico *AMOS 4* foi usado para o modelo de SEM. Neste caso, considerou-se a matriz de covariância, tendo sido adotado o estimador *ML (Maximum Likelihood)*. Esta estatística oferece vários indicadores de ajuste do modelo teórico aos dados empíricos, sendo aqui considerados os seguintes (Byrne, 1989, 2001; Joreskög & Sörbom, 1989; Tabachnick & Fidell, 2001): 1) O χ^2 (qui-quadrado) testa a probabilidade do modelo teórico se ajustar aos dados; quanto maior esse valor, pior o ajustamento. Este tem sido pouco usado, sendo mais comum sua razão pelos graus de liberdade ($\chi^2/g.l.$). Nesse caso, valores até 3 indicam um ajustamento adequado; 2) O *Goodness--of-Fit Index (GFI)* e o *Adjusted Goodness-of-Fit Index (AGFI)* variam de 0 a 1, com valores entre 0,80 e 0,90, ou superior, indicando um ajustamento satisfatório; 3) o CFI (*Comparative Fit Index*) que é um índice comparativo, adicional, de ajuste ao modelo, com valores mais próximos de 1 indicando melhor ajuste, com 0,90 sendo a referência para aceitar o modelo; 4) A *Root-Mean-Square Error of Approximation (RMSEA)*, com seu intervalo de confiança de 90% (*IC90%*) e o *Root Mean Residual (RMR)*, devem ter valores que se situem entre 0,05 e 0,08, aceitando-se valores de até 0,10; 5) O *Expected Cross-Validation Index* (ECVI) e o *Consistent Akaike Information Criterion* (CAIC) são usados para comparar modelos. O modelo com os menores ECVI e CAIC pode ser tido como o modelo melhor ajustado.

Resultados

De acordo com os resultados encontrados na SEM, primeiro verifica-se que o modelo teórico das atitudes como mediadoras da relação valores e identificação grupal (antecedentes) e comportamentos (consequente), apresenta os seguintes índices: χ^2/gl = 5,317, GFI = 0,98, AGFI = 0,87, CFI = 0,85, RMR = 0,07, RMSEA = 0,13 (IC = 0,075-0,203, p Close = 0,01, CAIC = 93,720, ECVI = 0,167. Além desse modelo, verificou-se também os efeitos diretos dos valores e da identificação grupal no comportamento, e este modelou se ajustou mais satisfatoriamente aos dados: χ^2/gl = 4,116, GFI = 0,99, AGFI = 0,90, CFI = 0,96, RMR = 0,03, RMSEA = 0,11 (IC = 0,017-0,238, p Close = 0,11, CAIC = 94,845, ECVI = 0,134, indicando que a mediação acima verificada é do tipo parcial. Corrobora-se, pois, o poder explicativo da identificação grupal (M = 0,98, DP = 0,99), dos valores humanos de experimentação (M = 4,93, DP = 0,96) e normativos (M = 5,64, DP = 0,98) nas atitudes negativas frente à maconha (M = 8,17, DP = 1,81) e nos comportamentos antissociais (M = 1,65, DP = 1,39) e delitivos (M = 0,31, DP = 0,61) como se observa na Figura 1. No entanto, destaque-se que todos os pesos de regressão foram estatisticamente significativos com exceção da relação entre IGA e ATNUM.

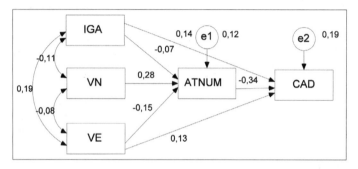

Figura 1 - Modelo teórico para explicação das atitudes negativas frente ao uso de maconha e comportamentos antissociais.

Discussão

A análise realizada demonstra que o modelo de comportamentos antissociais e delitivos e atitudes negativas frente ao uso de maconha explicados pela identificação grupal, com grupos alternativos e pelos valores humanos de experimentação e normativos numa amostra de jovens estudantes se ajustou satisfatoriamente aos dados. Além de corroborar o Estudo 1, este aporta nova informação, pois verificou-se que as atitudes funcionam como uma variável mediadora da relação entre identificação grupal, valores e comportamentos. E, neste estudo, encontraram-se índices favoráveis para a interpretação do modelo. Mais uma vez não se pode falar em alta identificação grupal e foram verificados níveis baixos de comportamentos antissociais e delitivos.

Discussão geral

O objetivo desse trabalho foi conhecer a relação entre identificação com grupos alternativos, valores de experimentação e normativos e atitudes (negativas) frente ao uso de maconha e comportamentos antissociais e delitivos. A despeito dessas relações terem sido já verificadas, o principal avanço deste estudo é que tratou conjuntamente estas variáveis num modelo de SEM. Nesta análise verificamos efeitos diretos e indiretos dos valores e identificação grupal nos comportamentos antissociais e delitivos, tendo em conta o papel mediador das atitudes.

Embora a dimensão relacional, de influência dos pares, tenha sido abordada em diversas pesquisas, os grupos alternativos não foram pesquisados, como se pode perceber em duas exaustivas revisões na área de comportamentos antissociais e uso de substâncias (Hawkins *et al.*, 1992; Petraitis *et al.*, 1995). Mas, a identificação com grupos alternativos mostrou-se relacionada com comportamentos antissociais; esse dado é consoante com pesquisas prévias na psicologia (López & Garcia, 1997; Oliveira, Camilo & Assunção, 2003; Sussman *et al.*, 2000) ou mesmo com a visão historicamente construída dos diversos grupos considerados (Bivar, 2001; Chacon, 1995; Costa, 1993; Friedlander, 2002; Pais, 1998). Apesar de se poder questionar que os grupos de *skinheads* sejam antidrogas (Costa, 1993), deve-se lembrar que o que se trabalhou nesta pesquisa foi a identificação com os grupos e não propriamente a pertença grupal. Considerando esta variável, os resultados poderiam ser realmente distintos. No entanto, deve-se destacar que se verificou um baixo nível de identificação e de comportamentos antissociais e delitivos, o que talvez explique os tamanhos dos efeitos encontrados.

Os resultados ora encontrados dão apoio para as pesquisas prévias e a teoria dos valores humanos básicos (Gouveia, 1998, 2003) com os valores normativos e sua ênfase nos comportamentos socialmente corretos, como fatores de proteção e os de experimentação, enfatizando situações limites e descoberta e apreciação de novos estímulos, com fatores de rico para comportamentos antissociais (Coelho Júnior, 2001; Formiga, 2002; Vasconcelos, 2004; Formiga & Gouveia, 2005; Formiga, 2006; Romero *et al.*, 2001). Por outro lado, este estudo verificou ainda que tais valores são importantes para as atitudes frente ao uso de maconha, assim como para os comportamentos antissociais e delitivos. Considerou-se a clássica hierarquia valores → atitudes → comportamentos (Homer & Kahle, 1988; Ros, 2001), sendo que com o acréscimo da identificação grupal no modelo e dos valores sociais normativos (Gouveia, 1998, 2003). Verifica-se que o presente estudo oferece apoio empírico a estas relações, mas a mediação foi parcial, considerando atitudes e comportamentos de nomeada importância e gravidades sociais. Este avanço deve ser levado em conta na teoria e pesquisa de comportamentos antissociais e da psicologia social dos valores e das atitudes.

A identificação grupal mostrou-se importante para a predição dos comportamentos antissociais corroborando que a identificação e associação com grupos pode moldar o comportamento de uso de substâncias (Hawkins *et al.*, 1992; Petraits *et al.*, 1995). Neste sentido, recomenda-se que programas educativos e de prevenção tenham em consideração àqueles que se identificam e participam de grupos juvenis para informá-los dos comportamentos prejudiciais à saúde a que podem estar vulneráveis. Depreende-se que a ênfase numa educação baseada em valores sociais normativos pode ser uma estratégia eficaz para a prevenção dos problemas tratados. Por outro lado, faz-se mister que outros estudos como este sejam levados a cabo em diversas regiões deste país, considerando não apenas a identificação mas também a pertença grupal. Outras variáveis poderão ser acrescentadas ao modelo, como traços de personalidade (Vasconcelos, Gouveia, Pimentel & Pessoa, 2008) ou atitudes frente à tatuagem, pois se verificou empiricamente suas correlações tanto com valores normativos e de experimentação, quanto com a identificação com grupos alternativos (Medeiros, 2008). Com efeito, estes e outros intuitos podem ajudar a estabelecer um conhecimento científico que se transforme em tecnologia social eficaz para reduzir comportamentos de risco à saúde de jovens e adolescentes.

CAPÍTULO 2

Organizando o quebra cabeça do delinquir juvenil: práticas parentais, busca de sensação e valores humanos como explicação das condutas antissociais e delitivas em jovens

Nilton Soares Formiga

Na urgência em explicar o problema dos comportamentos que caracterizam a delinquência juvenil, perspectivas teóricas e empíricas têm sido apontadas em direção aos motivos e às consequências dos porquês desse fenômeno vir a ser, cotidianamente, encontrado entre eles. Esse fato tem sido observado a partir do espaço interpessoal em que vivem os jovens, destacando o quanto eles têm investido em comportamentos impulsivos visando a ter novas experiências, bem como quando na relação com a quebra das normas sociais, institucionalizadas por parte da família, escola e sociedade, agem de forma amoral. Assim, parece haver uma fissura nas relações normativas, não tão subjetiva, pois esses comportamentos, além de existirem, são testemunhados pelos pares, pelos transeuntes e pela mídia em geral.

Porém, quando o jovem manifesta comportamentos que tangenciam a norma social-mente aceita pelas instituições enfatizadas – por exemplo, família, escola etc. – não há, necessariamente, nenhum problema. O fato está na busca de 'viver' excessivamente as descobertas psicológicas e sociais, inclusa na interação juvenil devido aos limites cogni-tivos em termos de reflexões, discernimentos e comparações morais quanto ao que lhe é permitido ou proibido. Em termos do senso comum, acredita-se que o jovem é, por sua natureza, reivindicador de tudo, questão essa que desperta algum incômodo quando as experiências que eles vivem são indiscriminadas, revelando condutas que tangenciam as normas e organização social, causando prejuízo físico ou moral, a uma ou mais pessoas.

O fenômeno da violência juvenil – que para melhor compreensão atribuo como variações da violência juvenil – tem sido alvo de estudiosos em diversas áreas científicas em relação aos questionamentos por parte das instituições sociais e leigas. Associações de pais, organizações escolares, organizações não governamentais quanto as causas que levam os jovens manifestarem condutas que compõem a variação desse fenômeno (por exemplo, conduta antissocial e delitiva, comportamento agressivo, uso potencial de drogas etc.). Assim, muitas são as explicações quanto à origem e à manutenção desse fenômeno, principalmente: desde as perspectivas personalísticas, passando pela gene-ticista, desenvolvimentistas, psicossociais, políticas e as intervenções públicas (Frías, López-Escobar & Díaz-Méndez, 2003; Formiga & Gouveia, 2003). Isto permite pensar onde, como e porque começa e é mantida essa quantidade de condutas violentas entre eles, a qual varia em intensidade até a vida adulta.

Entender a dinâmica desse fenômeno além de ser tarefa árdua, pois poderão ser apontados significados e sentidos diferentes para diversos grupos sociais (por exemplo, poderá ir da vingança à promoção de justiça), seus construtos explicativos nas ciências humanas e sociais podem gerar reflexão multideterminista quanto aos fatores que influenciam as variações da violência entre os jovens, como também, apontar em que direção esse problema é invariável diante de outros mais graves (por exemplo, a criminalidade pura; o tráfico de drogas etc.). Essas variações da violência entre os jovens não só poderão ser avaliadas individualmente em cada construto que a compõem – as quais são manifestadas como conduta antissocial e delitiva, comportamento agressivo, uso potencial de drogas – mas também, em seu conjunto, tendo-a como uma Gestalt do fenômeno da violência (Formiga, Trigueiro, Melo & Dourado, 2006).

O problema parece ser maior: na maioria dos discursos sociais sobre a conduta desviante entre os jovens destaca-se no imaginário humano, que ela é uma condição *sine qua non* daqueles jovens negro-pobre-desocupado analfabetos (funcional ou não) – habitante de periferia – com família desestruturada. Mesmo isto possa ser atribuído como parte desse fenômeno em questão, atualmente, esse problema tangencia essa configuração, se apresentando sob outra faceta e dinâmica psicossocial.

Contradizendo esse fenômeno-consequência da violência juvenil, acontecimentos nacionais e internacionais no final do século XX (por exemplo, a queima de um índio Pataxó em um ponto de ônibus em Brasília; o famoso caso Suzanne von Richthofen, a garota que articula com o namorado e o irmão dele, o assassinato de seus pais; os estudantes americanos da escola Columbine, no estado americano do Colorado, que atiram em colegas e professores, entre outros casos) indicam que essa violência, além de não poder mais ser explicada pela parte da escassez econômica, vem deflagrar algo mais complexo: a desorganização psicológica patologizando os jovens potencializadores desses comportamentos considerando características da chamada adolescência normal, geralmente aceito tanto por psicólogos quanto pelos pais e pela escola.

Na maioria das vezes, tal adolescência normal, é considerada como período comum, na passagem desenvolvimentista geracional em que o jovem se encontra, destacando-o como, um ser transgressor, conflitivo, revoltado, etc., produzindo, psicossocialmente, a construção de uma realidade de que eles seriam funcionalmente possíveis delinquentes e que isto passará no decorrer do seu desenvolvimento.

Será que esse ocorre devido a uma má estruturação e organização sócio-cognitiva quanto aos limites e à assimilação das normas sociais, as quais estão implícitas ou explicitamente no processo de socialização com os agentes sócio-normativos (pais e professores)? Tal processo inicia-se na família, e, posteriormente, na escola, o qual permitiria ao jovem uma comparação e tomada de decisão sobre o reconhecimento e a inibição dos atos desviantes? Ou, isto se deve ao descaso do monitoramento e da responsabilidade informativa e formativa por partes daqueles responsáveis pela conduta juvenil socialmente desejável?

Com isso, parece que não é possível explicar esse fenômeno como exclusivo de um desnível na condição estrutural socioeconômica, mas devido à dinâmica e à velocidade na construção dos significados e dos sentidos da realidade normativa na relação interpessoal. Desta forma, poderia refletir numa explicação para esse problema a partir de numa perspectiva psicossociológica, especificamente, sustentada na socialização vivida pelos jovens.

Nesta perspectiva, segundo Camino (1996), o sujeito ao se adaptar aos grupos o faz de forma dinâmica e ativa socializando-se e ao mesmo tempo participando de outros grupos, ambos construtores dessa realidade social. Sendo assim, não seria exclusividade dessa dinâmica intergrupal a construção da personalidade, mas estaria incluso o desenvolvimento moral, monitoramento e prática parental, valores humanos etc., os quais são iniciados no principal grupo socializador: a família. Esses construtos não só seriam capazes de ser explicados individualmente, mas se organizariam eco-psicologicamente quanto ao surgimento e à manutenção da proteção da conduta desviante entre os jovens. Porém, algo mais rígido poderia ser refletido: é bem possível que a nossa sociedade de classe média e alta tenha-se acomodado, esperando que todo esse conjunto psicossocial fosse inato em seus jovens, não se preocupando com uma mínima orientação de princípio ético em relação ao outro em seu mundo social; e mais, aderiu a uma pseudocapacidade de cuidar e supervisionar os seus próprios filhos, aumentando a carga atributiva aos outros sujeitos – por exemplo, professores, familiares etc. – responsáveis pela conduta normativa e o cuidado e dever para com seus filhos.

Acompanha-se atualmente, não só a banalização da violência (vezes vista como um espetáculo), mas o que vem sendo deflagrado, ao observar os fatos ocorridos com jovens das melhores classes sociais, é que não é possível pensar na existência de um padrão invariável dessas condutas atribuídas especificamente em função de indicadores de pobreza-riqueza e de personalidade ou até de justificá-las como função restrita da exclusão social ou da falta de oportunidades no que se refere ao bem-estar material (Formiga & Gouveia, 2003). Com os acontecimentos violentos diários, cai por terra, em termos do estabelecimento de um critério de causa e efeito diante comportamentos que infringem as normas sociais atrelados ao status social, o fato de que nos encontramos em um sistema interdependentes e somos elementos que compõem a interação social (Berger & Luckmann, 1973) e que na falta do cumprimento ou organização da prática e monitoramento parental, orientação valorativas, organização personalística pró-social, é possível que esse fenômeno venha surgir com maior frequência, justamente devido a falta reflexiva e pragmática do estabelecimento funcional do princípio de bem-estar psicossocial na interdependência social. Assim, busca-se neste contexto organizar uma espécie de quebra cabeça da gênese e manutenção das variações da violência juvenil – neste caso, da conduta antissocial e delitiva – compreendendo a partir de construtos, como: traços de personalidade, neste contexto, caracterizado como busca de sensação; práticas parentais e valores humanos.

Apesar de encontrar outras variáveis capazes de avaliar o fenômeno que permeia a violência, é necessário salientar que, a fim de uma melhor compreensão pelo leitor para não tornar exaustivamente técnica a composição deste estudo, pretende-se avaliar neste trabalho uma parte dessa variação da violência juvenil, focalizando-as nas *condutas antissociais e delitivas*. Essas condutas, segundo Formiga e Gouveia (2003) fazem referência ao comportamento juvenil transgressor, salientando que tantos os jovens da classe social baixa quanto da classe alta podem apresentar a conduta antissocial ou delitivas, revelando que essas condutas não têm, atualmente, feição específica.

Essas condutas de risco são bastante evidentes, as quais podem ser dimensionadas como *conduta antissocial e delitiva*. A primeira refere-se à não conscientização das normas que devem ser respeitadas, desde a norma de limpeza das ruas à norma de respeito aos colegas no que se refere às certas brincadeiras. Sabe-se da existência dessas condutas, mas não são praticadas por alguns jovens. Neste sentido, este tipo de conduta caracteriza-se pelo fato de incomodar sem causar necessariamente danos físicos às outras pessoas; elas dizem respeito apenas às travessuras dos jovens ou simplesmente à tentativa de romper algumas leis sociais; quanto à segunda são concebidas como merecedoras de punição, capazes de causar danos graves, morais e/ou físicos. Portanto, consideradas mais severas que a primeira, representando uma ameaça iminente à ordem social vigente.

O que ambas as condutas têm em comum? Ambas interferem nos direitos e deveres das pessoas, ameaçando o bem-estar geral. Possivelmente todo jovem pratica ou já praticou algum tipo de conduta antissocial, o que faz parte do repertório da juventude caracterizado como um desafio aos padrões tradicionais da sociedade e evidenciando as normas da geração dos seus pais. Mas, quando não inibidas – por um processo socializador, presente numa prática ou num estilo parental, socialização de traços personalísticos de conscienciosidade e agradabilidade, transmissão e adesão às orientações valorativas sociais – provavelmente, esta se converta numa conduta delitiva, fato esse comprovado por Formiga (2003), que em amostras sociodemograficamente diferentes, observou escores correlacionais acima de 0,50 entre essas condutas. Para esse autor, é possível fazer inferências para além dos indicadores psicométricos: o indivíduo que apresente uma pontuação alta na conduta antissocial, provavelmente, apresentará uma conduta delitiva. Tal afirmação se assemelha a perspectiva teórica de Moffitt, o qual defende a existência de uma adolescência delinquente persistente, a qual é manifestada com repetidos atos desviantes entre os jovens e uma delinquência limitada que se refere apenas aos desvio juvenil como próprio do ser jovem, porém, poderá ser controlada (Buceta, 2000).

A busca de sensação: uma peça personalística no quebra-cabeça na explicação da conduta juvenil desviante

O estudo sobre a personalidade humana vem sendo retomado na psicologia e acrescentando informações à compreensão preditiva do comportamento humano, especificamente, em relação aos comportamentos permeadores da violência (antissociais e delitivas, comportamento agressivo, uso de drogas etc.), principalmente aqueles construtos embasado na concepção dos traços (Formiga & Gouveia, 2003; Sobral, 1998), os quais "vem obtendo evidências a partir de três áreas principais: análise fatorial de grandes conjuntos de termos linguísticos relacionados com os traços, pesquisas interculturais testando a universalidade das dimensões dos traços e a relação entre questionários de traços e outros questionários e avaliações" (Pervin & John, 2004, p. 212).

Sua concepção a partir de traços não diz respeito às questões patológicas, mas, à díade genética/meio ambiente, a qual implicaria em características individuais consistentes do comportamento, exibido pelo indivíduo em diversas situações, normalmente, concebido como disposições (Costa & McCrae, 1992; John, Donahue & Kentle, 1991). São geradas taxonomias que permitam ao sujeito expressar através das condutas, formas específicas de classificação para si e para os outros (Formiga, Yepes & Alves, 2005) atendendo a desejabilidade social, procurando descrever-se como gostaria que fosse descrito por quem o observa, justamente porque essa autoimagem exigida se deve a uma codependência dos "papéis" sociais (Queiroga, Formiga, Jesus, Gouveia & Andrade, 2001) que cada um representa.

A personalidade tem sido historicamente explorada como construto capaz de explicar as diferenças individuais, proporcionando um marco teórico importante nos estudos a respeito das idiossincrasias do indivíduo e da estabilidade da conduta humana (Ávila, Rodríguez & Herrero, 1997), bem como, na possibilidade de que, partindo das características individuais, avaliadas cientificamente ou em termos das crenças populares, seja possível em situações e momentos variados predizer reações ou disposições futuras

(Gazzaniga & Heatherton, 2005; Paunonen, 1998) das pessoas. O conhecimento da personalidade, contribui tanto na organização das relações interpessoais, quanto no fator de proteção nessas relações (McAdams, 1992).

O foco nessa perspectiva dos traços de personalidade é apontado porque na literatura em geral e no senso comum considera-se que o jovem tem uma necessidade latente em expandir seu mundo ideal e "real" através do comportamento de reivindicação e instrumentalidade, estando disposto a convites pessoais ou sociais para viver novas descobertas e senti-las intensamente, podendo conceber que esses conjuntos comportamentais possam ser caracterizados como a *busca de sensação* (Arnett, 1994; Omar & Uribe, 1998; Zuckerman, 1971). Esse construto teve seu estudo iniciado por Zuckerman (1971; Zuckerman, Eysenck & Eysenck, 1978) que o definia como uma necessidade de viver experiências complexas e de novidades, apenas pelo desejo de afrontar riscos físicos e sociais, com o intuito de satisfazer suas necessidades pessoais. Para Arnett (1994), o construto não apenas é tido como necessidade individual de experimentar situações de risco em termos da proposta apontada por M. Zuckerman (1971), mas que esses traços se inseriam na socialização, capaz de modificar predisposições biológicas, respondendo ao dilema genética-ambiente. Neste contexto, segundo Arnett (1994) o comportamento juvenil, principalmente, aqueles que caracterizam transgressões de normas sociais é compreendido como variações do comportamento de risco a partir da investida que o jovem dá a busca de *novas experiências* e *emoções intensas* (Mussen, Conger, Kagan & Huston, 1990). Outro aspecto diz respeito à busca de sensação de se desenvolver a partir do interesse por experiências novas – *novidade* – e intensas – *intensidade* – e não necessariamente em correr riscos (Omar & Uribe, 1998), o exagero nessas sensações é que poderiam desencadear o risco em si.

As práticas parentais: uma peça da socialização em direção da administração de proteção da conduta juvenil desviante

Apesar do caos psicossocial que a sociedade atual vem enfrentando nos últimos anos, a família, seja em sua dinâmica estrutural, seja funcional, ainda tem sido alvo de preocupação reflexiva e empírica de pesquisadores e leigos a fim de entender o problema dos comportamentos juvenis (Torrente & Rodriguez, 2000). A interdependência familiar tem grande importância na vida do jovem, mesmo na adolescência, momento que eles expressam a necessidade de autonomia em relação aos laços familiares e suas exigências, parece que o valor que ela tem não é dissolvido com facilidade, bem como, o seguimento de uma norma socializada internamente entre os membros que a compõem, visando a contribuir para o bem-estar psicológico de ambos – da família e dos jovens – e sua estabilidade sócio-emocional no ambiente (Bee, 1997; Formiga, 2005b).

Sendo a família o primeiro grupo no qual a pessoa inclusa é capaz de receber uma formação individual e social (Ariés, 1981). Essa condição, promotora da internalização, da manutenção e da transmissão moral, valorativa e personalística, alicerçando comportamentalmente no transcorrer da vida juvenil para adulta, ações socialmente aceitas (Formiga, *et al.*, 2003), é considerada "uma forma básica de ajuda mutua e suporte material e emocional, local para nutrir e criar as gerações futuras" (Domingues, 2002, p. 192). Nesse processo podem salientar tantos as relações entre pais e filhos quanto as práticas e as estratégias adequadas, as quais se originam dessa relação, capazes de apresentar o como, porque e para que os jovens deverão agir na sociedade com seus pares de iguais ou não, evitando a delinquência e o envolvimento com drogas.

Considerando esse contexto, quando o domínio social, psicológico e até psicossocial são dissociados das instituições – família, escola etc. – é possível perceber o que no cotidiano se tem caracterizado como a família em crise. O que de fato acontece é que os jovens, na escassez dessas estratégias, internalizam normas próprias ou de grupos que apresentam condutas que tangenciam a dos seus pais (Papalia & Olds, 2000). Nesta dimensão de socialização, para Costa, Teixeira e Gomes (2000) a forma – seja a prática ou a estratégia – com que os pais lidam com os filhos influencia, significativamente, no desenvolvimento desses jovens. Os padrões e os estilos dos pais para educar seus filhos podem ser descritos em dimensões diferentes, mas não excludentes, a saber: aceitação, afeição, controle, proteção, carinho, permissividade, restrição e exigências.

A preocupação aqui não é com as características que diferenciam os modos de criar os filhos, porém, é de comum acordo que estes modos de criação filial, apontam para duas dimensões fundamentais dos estilos parentais: a exigência e a responsividade. Segundo Costa, Teixeira e Gomes (2000; p. 466) *a primeira*, diz respeito às atitudes que os pais buscam para controlar o comportamento do (s) filho (s), impondo limites e estabelecendo regras; *a segunda*, se refere às atitudes compreensivas que os pais têm com o (s) filho (s) visando a desenvolver a autonomia e a autoafirmação, pelo apoio emocional e diálogo.

Tais práticas não só configuram a dinâmica e a organização psicológica e comunicativa de seus componentes, como também, permitem pensar em algo mais complexo, a identidade que os jovens venham a ter com esses pares, contribuindo não apenas para a inibição das condutas de risco, mas, para um melhor desenvolvimento psicossocial; segundo Mulvey e Cauffman (2001) apesar de os jovens estarem avançando em seu desenvolvimento, em termos da formação das diferenças individuais, estas ainda não estão totalmente formadas, impedindo avaliar consistentemente a rápida mudança das suas condutas e sua interação com as pessoas de sua convivência, interferindo na formação de habilidades sociais, sendo necessária, a elaboração de estratégias que incluam a família, a escola e a comunidade em programas explícitos e implícitos contra a delinquência.

Tendo na vida juvenil um momento caracterizado pela diferenciação, em que teoricamente, o jovem se afasta da família, aderindo ao seu grupo de iguais, podendo, dependendo do grupo de que passe a fazer parte, ocorrer comportamentos dos mais diversos: desde a experiência com drogas, a arrogância (verbal e atitudinal), as brincadeiras ilimitadas e atemporais etc., as quais se expõem aos riscos pessoais e sociais (Dolcini & Adler, 1994; Formiga & Fachini, 2003).

Para Dolcini e Adler (1994) isso se deve ao fato de os jovens, geralmente, sofrem pressão em sua inserção grupal, o que exige deles assumir condutas vividas por seu grupo, bem como, dar satisfação aos membros que o compõem e buscar autoafirmação a partir de uma não conformidade com as normas, os papeis e as leis dos pares responsáveis para a formação normativa desses grupos, já que o grupo família, nessa fase, parece assumir importância só quando se trata de graves riscos. É durante esse que momento as normas de seus grupos são mais importantes do que as da família ou as da escola, pois estes últimos impõem limites e controles, o que parece ser o que eles menos querem, pois passam a viver e desejar novas experiências direcionadas as ás atividades de risco (Coelho Junior, Formiga, Oliveira & Omar, 2004).

Os Valores Humanos: Uma Peça sobre a Orientação Normativa na Explicação da Conduta Juvenil Desviante.

É praticamente difícil pensar que uma pessoa na dinâmica social ao adotar um comportamento ou qualquer tomada de decisão, venha a fazer isso em um espaço vazio ou longe de uma convencionalidade normativa. As condutas sociais são realizadas a partir de uma orientação normativa, destacando-se assim, o papel que os valores humanos desempenham nas relações interpessoais. Vejamos: caso você se negue entrar no horário indicado na escola para assistir a aula, você o faz porque prioriza uma orientação valorativa. Nesse sentido, estaria aderindo à orientação de valores pessoais, característico de uma pessoa individualista, visando aos interesses pessoais à autoimagem intrapessoal. Por outro lado, ao seguir as normas assumirias orientações valorativas sociais, visando o grupo com suas normas, tradições etc.

Os valores humanos têm sido um dos construtos teóricos que veem fornecendo grandes respostas para os problemas das condutas sociais, sobretudo, a partir da obra de Rokeach (1973) que os considerou de fundamental necessidade na explicação dos comportamentos das pessoas e os quais são capazes de orientar tanto as escolhas quanto as atitudes humanas (Rokeach, 1979). Quando se diz que uma pessoa tem valores, salienta-se uma *crença duradoura* uma forma de se comportar que pode ser preferida, no âmbito pessoal e social (Gusmão, Jesus, Gouveia, Júnior & Queiroga, 2001), metaforicamente, e que também pode servir como um *termômetro social*, capaz de indicar o estado febril da sociedade, evitando certas convulsões (Formiga, Queiroga & Gouveia, 2001). Tais comportamentos são derivados das experiências culturais e sociais, pois alguns vão sendo incorporados ao longo da socialização, ao passo que outros são adquiridos em condições específicas, principalmente em episódios ou experiências relevantes na vida da pessoa; corresponde aos ideais normativos dos grupos sociais, entendidos como concepções partilhadas a partir da desejabilidade dos indivíduos, podendo gerar ou se manter quando satisfeito o interesse (Molpeceres, Llinares & Musitu, 2000).

A preocupação relacionada aos valores humanos está para além das contradições teóricas e metodológicas (Gouveia, 1998; Feather, 1992), aponta em direção da necessidade de se explicar a dinâmica dos fenômenos comportamentais (Homer & Kahle, 1988), buscando entender a diferenciação entre o que é importante e secundário para o indivíduo, pois os valores revelam tanto a relação com o comportamento e as opções de vida dos indivíduos quanto a preferência em relação ao que tem ou não tem valor (Tamayo, 1988). Um valor, não diz respeito apenas ao que a pessoa quer para si expressa igualmente o que a pessoa deveria querer – há um forte componente de desejabilidade social. Essa característica imprime ao valor a condição de que deva ser justificado diante dos outros, quer *lógica*, quer *moralmente* (Formiga, Queiroga & Gouveia, 2001). Além do mais, são atributos universais e reconhecidos pelas pessoas, independentemente dos sua cultura. Cotidianamente, não é difícil observar entre nós mesmos ou entre os transeuntes, discursos sobre as novelas, sobre fatos sociais etc. expressos em exclamações e afirmativas: Que falta de valores! Essas pessoas não tem valores?!

O aspecto na natureza motivacional dos valores como elemento central nos diversos modelos, estimulou Gouveia (1998) a rever os estudos em psicologia feito até então, identificando os pontos em comum que poderiam ajudar a definir uma tipologia alternativa; tal tipologia tem sido proposta partindo da consideração da relação existente entre os valores e as necessidades humanas, sendo uma extensão dos modelos propostos por M. Rokeach e S. Schwartz, entre outros. Nessa perspectiva Gouveia (1998) considera igualmente a noção de valores como construtos latentes, presente em Braithwaite e Law (1985), definindo-os como *categorias de orientação desejáveis, baseadas nas necessidades humanas e nas pré-condições para satisfazê-las, sendo adotadas por atores sociais. Tais valores apresentam diferentes magnitudes e seus elementos constitutivos podem variar a partir do contexto social ou cultural em que a pessoa está inserida* (Formiga & Gouveia, 2003).

Baseado na teoria das necessidades, de Maslow (1954 / 1970), Gouveia (1998) identificou cada um dos valores básicos. Neste contexto, partindo das suposições estabelecidas por Maslow: 1) as necessidades humanas são relativamente universais; 2) são neutras ou positivas; e 3) os seres humanos são totalidades integrada e organizadas. Além da ênfase dada às necessidades humanas, as quais incluem necessidades fisiológicas, de segurança, de amor, de pertença, necessidade cognitiva, estética, de estima e necessidade de autoatualização, Maslow também sugere algumas pré-condições para que tais necessidades sejam satisfeitas, tendo sido identificados os 24 valores básicos; estes expressam princípios-guia, sendo vistos como substantivos, servindo de categorias transcendentes que guiam as atitudes, as crenças e os comportamentos em situações específicas. Desses 24 valores, originam-se um sistema de valor, apresentando três critérios de orientação, sendo cada um subdividido em seis funções psicossociais, como segue: *Valores pessoais* – as pessoas que normalmente assumem estes valores mantêm relações pessoais contratuais, procurando em geral obter vantagens / lucros; prioriza seus próprios interesses e concedem benefícios sem ter em conta uma referência particular (papel ou estado), tendo um foco intrapessoal (Rokeach, 1973) e atendendo a interesses individuais (Schwartz, 1994). Psicossocialmente, podem ser divididos em: *Valores de experimentação* e *Valores de realização; Valores centrais,* a expressão "valores centrais" é usada para indicar o caráter central ou adjacente destes valores; compatíveis com os valores *pessoais* e *sociais.* Em termos da tipologia de Schwartz (1994) estes servem a interesses mistos (individuais e coletivos), podendo ser divididos em *valores de existência* e *valores suprapessoais. Valores sociais* – as pessoas que assumem estes valores estão direcionadas para estarem com os outros, de foco interpessoal (Rokeach, 1973) e relacionados com os interesses coletivos (Schwartz, 1994). Tais valores são assumidos por indivíduos que se comportam como alguém que gosta de ser considerado; que deseja ser aceito e integrado no *in-group,* ou que pretendem manter um nível essencial de harmonia entre atores sociais num contexto específico. Considerando sua função psicossocial, estes podem ser divididos em: (a) *Valores normativos:* enfatizam a vida social, a estabilidade do grupo e o respeito para com os símbolos e padrões culturais que prevaleceram durante anos, a *ordem* é apreciada mais que tudo (obediência, ordem social, religiosidade e tradição); e (b) *Valores de interação:* focalizam o destino comum e a complacência, especificamente, a pessoa que o assume tem interesse em ser amada e ter uma amizade verdadeira, assim como tende a apreciar uma vida social ativa (afetividade, apoio social, convivência e honestidade).

Método

Amostra

A amostra foi composta por 504 jovens, distribuídos igualmente no nível escolar fundamental e médio da rede privada e pública de educação na cidade de Palmas – TO (285 sujeitos) e João Pessoa – PB (219 sujeitos), com idades de 14 e 21 anos, 92% solteiros e com renda econômica a partir de 1.160,00 R$. Respondentes de ambos os sexos, com ligeiro predomínio de mulheres (53%). Tal amostra foi não probabilística, pois o propósito era, sobretudo garantir a validade interna dos resultados da pesquisa.

Instrumentos

Além de uma caracterização sociodemográfica (por exemplo, sexo, idade, estado civil, classe social), o questionário foi composto pelos seguintes instrumentos:

Escala de Condutas Antissociais e Delitivas. Este instrumento foi validado por Formiga e Gouveia (2003) para o contexto brasileiro, compreende uma medida comportamental em relação às *Condutas Antissociais e Delitivas.* Composta por quarenta elementos, distribuídos em dois fatores: o primeiro envolve as *condutas antissociais,* em que seus elementos não expressam delitos, mas comportamentos que desafiam a ordem social e infringem normas sociais (por exemplo, jogar lixo no chão mesmo quando há um cesto de lixo perto; tocar a campainha na casa de alguém e sair correndo); o segundo fator relaciona-se às *condutas delitivas.* Estas incorporam comportamentos delitivos que estão fora da lei, caracterizando uma infração ou uma conduta faltosa e prejudicial a alguém ou mesmo à sociedade como um todo (por exemplo, roubar objetos dos carros; conseguir dinheiro ameaçando pessoas mais fracas). Para cada elemento, os participantes deveriam indicar o quanto apresentava o comportamento assinalado no seu dia a dia. Para isso, usavam uma escala de resposta com dez pontos, tendo os seguintes extremos: $0 = Nunca$ e $9 = Sempre$.

Essa escala revelou indicadores psicométricos consistentes identificando os fatores destacados acima; para a Conduta Antissocial encontrou-se um Alpha de Cronbach de 0,86 e a Conduta Delitiva ou Delinquente, 0,92. Considerando a Análise Fatorial Confirmatória, realizada com o Lisrel 8.0, comprovou-se essas dimensões previamente encontradas ($c^2/g.l. = 1,35$; AGFI = 0,89; PHI (f) = 0,79, $p > 0,05$) na análise dos componentes principais (Formiga & Gouveia, 2003).

Inventário de Busca de sensação. Construído por Arnett (1994; Omar & Uribe, 1998), trata-se de uma escala composta por 20 itens, os quais compõem duas subescalas referentes a busca de intensidade (por exemplo, "quando escuto música, eu gosto de escutá-la bem alto"; "gosto de assistir filmes onde tem muita explosão e batidas"; "deve ser muito excitante estar brigando numa guerra") e novidade (por exemplo, "seria interessante casar-me com alguém de um país estrangeiro"; "penso que é divertido falar, atuar ou se mostrar mesmo na frente das pessoas"; "gostaria muito de viajar para lugares longe e desconhecidos") na estimulação dos sentidos, tendo cada fator dez itens. No Brasil, estão sendo observadas dimensões semelhantes desse construto (Omar, Aguiar & Formiga, 2005). A pessoa responderia usando uma escala de resposta tipo *Likert* com quatro pontos ($1 = não me descreve em nada$; $2 = descreve-me em alguma medida$; $3 = descreve-me bem$ e $4 = descreve-me totalmente$) devendo indicar nesta o quanto cada um dos itens descreve sua conduta habitual.

Escala de Responsividade e Exigência (Costa, Teixeira & Gomes, 2000). Este instrumento pretende verificar as práticas de *exigência* e *responsividade* dos pais em relação aos seus filhos. A primeira inclui todas as atitudes dos pais que procuram controlar o comportamento dos filhos, impondo-lhes limites e regras. A segunda refere-se às atitudes compreensivas que os pais têm para com os filhos e que visam, mediante o apoio emocional, favorecer o desenvolvimento da autonomia e autofirmação dos jovens. Estas devem ser respondidas numa escala *Likert,* variando de $1 = nunca tenta$ a $3 = tenta sempre$.

Questionário dos Valores Básicos – QVB. Desenvolvido por Gouveia (1998) numa versão inicial em espanhol, posteriormente, em português. Utilizou-se aqui uma versão modificada, cuja comprovação dos parâmetros psicométricos já foi aferida na população brasileira (Maia, 2000). Formada por 24 itens-valores, com dois exemplos que ajudam a entender o seu conteúdo (por exemplo, Tradição – *seguir as normas sociais do seu país*; *respeitar as tradições da sua sociedade*; Êxito – *obter o que se propõe*; *ser eficiente em tudo que faz*; Justiça Social – *lutar por menor diferença entre pobres e ricos*; *permitir que cada indivíduo seja tratado como alguém valioso*). Para respondê-los, a pessoa deveria avaliar o seu grau de importância como um *princípio-guia* na sua vida, usando uma escala de sete pontos, com os seguintes extremos: 1 = *Nada Importante* e 7 = *Muito Importante;* ao final precisa indicar o valor menos e o mais importante de todos, os quais receberão as pontuações 0 e 8, respectivamente.

Procedimento

Para a aplicação do instrumento, o responsável pela coleta dos dados visitou a coordenação ou diretoria das instituições de ensino, falando diretamente com os diretores e/ou coordenadores para depois obter a permissão dos professores responsáveis pela disciplina do dia, a fim de ocupar uma aula e aplicar os questionários. Uma vez autorizado, expôs-se em detalhes o objetivo da pesquisa, solicitando a participação voluntária do jovem. Um único aplicador, previamente treinado, esteve em sala de aula, com a tarefa de apresentar os instrumentos, dirimir as eventuais dúvidas e conferir a qualidade geral das respostas dadas pelos respondentes. Assegurou-se o anonimato e a confidencialidade das respostas a todos que respondessem, indicando que estas seriam tratadas estatisticamente em seu conjunto. Para a análise dos dados foi adotado o pacote estatístico SPSSWIN, versão 11.0, fazendo análises descritivas (medida de dispersão e tendência central) e computadas as correlações de Pearson (r).

Resultados e discussão[1]

A partir de uma análise de correlação de Pearson (r) observaram-se os seguintes resultados: na Tabela 1, com $p < 0,001$, a *busca de sensação de intensidade* relacionou-se positivamente com as *condutas antissociais* ($r = 0,33$) e *delitivas* ($r = 0,25$); foram encontradas correlações semelhantes, na mesma direção, para a *busca de sensação de novidade* e ambas as condutas, respectivamente ($r = 0,18$; $r = 0,14$). Seguindo mesmo raciocínio, o construto *busca de sensação* (BS – somatório total dos itens do inventário) relacionou com as *condutas antissociais* ($r = 0,30$) e *delitivas* ($r = 0,23$). O mesmo ocorreu para as *condutas desviantes* (CAD – somatório total dos itens da escala), correlacionando positivamente, com a *busca de sensação de novidade* ($r = 0,18$) e de *intensidade* ($r = 0,32$). Como dado adicional, além da relação entre essas variáveis, houve uma interdependência correlacional para as dimensões da busca de *sensação de novidade* e *intensidade*, relacionando tanto entre si ($r = 0,42$) quanto com o somatório total desse construto (BS) (respectivamente, $r = 0,40$, $r = 0,38$). O mesmo ocorreu para as *condutas antissociais e delitivas*, se inter-relacionando ($r = 0,94$), como também, com o somatório total das condutas (CAD), correlacionando com as *condutas antissociais* ($r = 0,64$) e *delitivas* ($r = 0,54$). Isso permite refletir que os jovens ao apresentarem maior pontuação em uma das dimensões, provavelmente, terão pontuação alta nas

---

[1] Considere para todas as correlações, como notas das tabelas, $p < 0,001$ (teste unilateral; eliminação *pairwise* de casos em branco); **CAD** = Pontuação total das condutas anti-sociais e delitivas. # **BS** = Pontuação total da busca de sensação.

demais dimensões; reflexão estas que vale tanto para as condutas desviantes quanto para a busca de sensação.

Tabela 1 - Correlações das dimensões de Busca de Sensação e as Condutas Antissociais e Delitivas em Jovens

Busca de Sensação	Tipo de Conduta		
	Antissocial	Delitiva	CAD
Intensidade	0,33*	0,25*	0,32*
Novidade	0,18*	0,14*	0,18*
Busca de Sensação # (**BS**)	0,30*	0,23*	0,29*

Na Tabela 2, estão as relações entre a prática parental dos pais e as condutas desviantes – antissocial e delitiva – todas com um $p < 0,001$. A prática de exigência e responsividade do pai relacionaram-se, negativamente, com as *condutas antissociais* (respectivamente, $r = -0,22$ e $r = -0,27$), o mesmo observando para as *condutas delitivas* (respectivamente, $r = -0,19$ e $r = -0,25$) e as condutas desviantes (CAD = somatório de todos os itens do instrumento) (respectivamente, $r = -0,24$ e $r = -0,29$). Quanto as práticas da mãe: a prática parental de *exigência* da mãe correlacionou-se com a *conduta antissocial* ($r = -0,24$), *delitiva* ($r = -0,27$) e CAD ($r = -0,29$), sua prática de *responsividade* com a conduta *antissocial* ($r = -0,27$), *delitiva* ($r = -0,21$) e CAD ($r = -0,27$).

Tabela 2 - Correlações entre os Estilos Parentais e as Condutas Antissociais e Delitivas

Práticas Parentais	Tipo de Conduta		
	Antissociais	Delitivas	CAD
Pai			
Exigência	-0,22*	-0,19*	-0,24*
Responsividade	-0,27*	-0,25*	-0,29*
Mãe			
Exigência	-0,24*	-0,27*	-0,29*
Responsividade	-0,25*	-0,21*	-0,27*

Além desses resultados, optou-se por informar como dado adicional, a relação da identificação com os pares socionormativos e as condutas desviantes. Quando me refiro à identidade aponto em direção daquelas pessoas que são, psicossocialmente, responsáveis e atuam diretamente pelo estabelecimento e pela manutenção das condutas normativas dos jovens na sociedade (por exemplo, o pai, a mãe e o professor) (Formiga, 2005a); enfatiza-se o quanto esses jovens, em termos afetivos, se assemelham com essas pessoas em seu cotidiano, já que eles são fatores humanos que procuram dar seguimento, recíproco, a uma formação de conduta e atitudes valorativas que corresponda à dese-jabilidade social. Esse fato é destaque quando acompanhamos os discursos diários em relação à continuidade família-escola, pais-professores, etc., concebidos como âncora na contribuição de apoio na formação psicológica e social, especialmente, na orientação e na transmissão de valores aos jovens. Na Tabela 3, os pares considerados responsáveis pela formação socionormativa dos jovens apresentaram correlações negativas com ambas as condutas, com um p <0,001: o *pai* relacionou-se negativamente com as condutas antissociais (r = -0,18), delitivas (r = -0,14) e as condutas desviantes (**CAD**) (r = -0,19); a *mãe*, também, apresentou correlações negativas para as mesmas condutas, respectivamente, (r = -0,15; r = -0,13; r = -0,16); ocorrendo o mesmo para a identidade com o *professor*, relacionando inversamente com as condutas antissociais (r = -0,19), delitivas (r = -0,17) e CAD (r = -0,25).

Tabela 3 - Correlações entre Pares Sócio-Normativos e as Condutas Antissociais e Delitivas

	Tipo de Conduta		
Pares sócio-normativos	Antissociais	Delitivas	CAD
Pai	-0,18*	-0,14*	-0,19*
Mãe	-0,15*	-0,13*	-0,16*
Professor	-0,19*	-0,17*	-0,25*

Na Tabela 4, estão as relações entre as orientações valorativas e condutas antissocial e delitiva, também, com um p < 0,001; o critério de orientação valorativa *pessoal* (diz respeito à pessoas que mantêm relações pessoais contratuais, procurando obter vantagens / lucros; prioriza os próprios interesses; tendo um foco interpessoal) relacionou-se, positivamente, com as condutas *antissociais*, *delitivas* e o *CAD* (respectivamente, r = 0,20; r = 0,15; r = 0,20); o critério *social* (são aqueles valores direcionado para estar com os outros; tendo um foco interpessoal e relacionados com os interesses coletivos), correlacionou, negativamente, com as condutas *antissociais*, (r = -0,22), *delitivas* (r = -0,18) e o *CAD* (r = -0,23); e a orientação valorativa condutas *antissociais*, (r = -0,16), *delitivas* (r = -0,20) e o *CAD* (r = -0,19).

Tabela 4 - Correlações entre as Orientações Valorativas e as Condutas Antissociais e Delitivas

	Tipo de Conduta		
Orientações Valorativas	Antissociais	Delitivas	CAD
Pessoal	0,20*	0,15*	0,20*
Central	-0,16*	-0,20*	-0,19*
Social	-0,22*	-0,18*	-0,23*

Na Tabela 5 estão as relações entre as condutas antisssociais e delitivas e as funções psicossociais dos valores, todas com um p < 0,001: a função de *experimentação* relacionou-se com os indicadores de condutas *antissociais* (r = 0,22) e *delitivas* (r = 0,18), bem como, nas condutas desviantes (**CAD**) (r = 0,23). Um padrão de correlação contrário a este foi observado para as funções psicossociais dos valores *normativos*, obtido pontuações baixas nos indicadores de condutas *antissociais* (r = -0,25) e *delitivas* (r = -0,22), tendo um resultado consistente para o conjunto total de itens da CAD (r = -0,24); na função *interacional*, foi observada correlação negativa nas condutas *antissociais* (r = -0,16), *delitivas* (r = -0,15) e as condutas desviantes (*CAD*) (r = -0,18); por fim, na função *suprapessoal*, foi apresentado uma relação inversa com as condutas *antissociais* (r = -0,20) e *delitivas* (r = -0,19) e *CAD* (r = -0,20).

Tabela 5 - Correlações entre as Funções Psicossociais e as Condutas Antissociais e Delitivas

Função Psicossocial dos Valores Humanos	Tipo de Conduta		
	Antissociais	Delitivas	CAD
Experimentação	0,22*	0,18	0,23
Realização	0,10*	0,01	0,03
Existência	-0,05	-0,09*	-0,05
Normativos	-0,25*	-0,22*	-0,24*
Interacionais	-0,16*	-0,15*	-0,18*
Suprapessoais	-0,20*	-0,19*	-0,20*

Tendo em vista os resultados entre as variáveis que objetivavam explicar as condutas antissociais e delitivas avaliou-se, como dado adicional, as relações entre as variáveis das práticas parentais, valores humanos e busca de sensação. Nessa parte do estudo a intenção é apresentar, de forma reflexiva, uma configuração explicativa do problema das condutas desviantes – antissociais e delitivas – como um sistema, representado através da discussão desses resultados. Inicialmente, na Tabela 6 são apresentadas as relações entre as variáveis apontadas no início do presente parágrafo. A fim de maior esclarecimento sobre os resultados das relações, resolveu-se descrevê-las hierarquicamente: assim, os critérios de orientação valorativa se relacionaram, positivamente, entre si; por sua vez, estes correlacionaram com as práticas parentais de responsividade e exigência, especificamente, aqueles valores que apontam para uma orientação normativa e que caracteriza um sujeito maduro, respectivamente, as *orientações social e central*; na mesma direção, as orientações valorativas pessoais explicaram, positivamente, a busca de sensação de novidade e intensidade, mas, as orientações sociais o fizeram, negativamente, para ambas as dimensões das diferenças individuais. Considerando esse construto – a busca de sensação – observou-se que tanto a busca de novidade quanto a de intensidade, apresentou relações negativas com as práticas parentais de responsividade e exigência.

Tabela 6 - Correlações entre as Orientações Valorativas, Práticas Parentais e Busca de Sensação

Variáveis	1	2	3	4	5	6
Orientação Valorativa						
Pessoal	—					
Central	0,32*	—				
Social	0,15*	0,45*	—			
Práticas parentais						
Responsividade	0,11*	0,27*	0,27*	—		
Exigência	-0,06	0,18*	0,26*	0,40*	—	
Busca de sensação						
Novidade	0,19*	0,09	-0,17*	-0,23*	-0,20*	—
Intensidade	0,32*	0,07	-0,26*	-0,21*	-0,16*	0,42*

Assim, é possível refletir, ao considerar o que chamei de organização do quebra cabeça do delinquir entre os jovens, que não somente poderíamos apontar em direção de que as variáveis personalísticas, psicossociais e de socialização são capazes de explicar as condutas antissociais e delitivas, mas também, que estas variáveis apresentariam relação entre elas. Desse modo, pensar nessa direção é vislumbrar um sistema de interação, no qual o processo de socialização, composto pelas práticas parentais, não apenas seria capaz de contribuir como fator de proteção da conduta desviante, mas orientaria os jovens em direção de valores sociais, correspondente ao foco interpessoal e aos interesses coletivos; tal fato contribui para um pensamento, em termos da socialização familiar e o não uso de uma prática socializadora, somente por prática, sem algum controle ou apoio emocional, capaz de sustentar, sociocognitivamente, o jovem em suas orientações valorativas.

O mesmo raciocínio pode ser desenvolvido para as diferenças individuais, neste caso a busca de sensação, já que esse construto personalístico, para Arnett (1994), não se deve apenas à necessidade individual de experimentar situações de risco, mas, cujo traços estão inclusos na socialização, capaz de modificar predisposições biológicas, respondendo ao dilema genética-ambiente.

Assim, na administração dessas práticas, como fator de proteção da conduta desviante, elas poderão quando ineficiente na conduta juvenil, fomentar a busca pela sensação exagerada, já que o senso comum – e até mesmo alguns profissionais – acredita que tal fenômeno é condição *sine qua non* para "o jovem ser jovem", sendo este, no discurso cotidiano, um transgressor ou um sujeito que tem em potencial uma vida indiscriminada para condutas tangenciadoras das normas e organização social.

Diante disso e tendo a formação e a organização da personalidade, até mesmo seus traços, incluso no processo de socialização, parece não ser possível pensar na construção deles em um vazio psicológico ou psicossocial, já que a busca de sensação, também, pode ser influenciada pela orientação valorativa a que os jovens venham aderir em sua dinâmica intergrupal. Apesar de sua simplicidade, este estudo objetivou a avaliação correlacional, entre a explicação da personalidade – a busca de sensação – das práticas parentais e os valores humanos sobre as condutas antissociais e delitivas, bem como, da inter-relação entre estas, podendo refletir na seguinte direção:

1. É possível apontar em termos de uma aplicação sistêmica para intervenção uma conduta desviante entre os jovens; ao considerar a variável que compõe uma explicação da dinâmica familiar, tanto na prática parental quanto na identidade com os pares socionormativos é possível apontar, em termos de uma aplicação sistêmica, variáveis estas, que poderiam, em seu conjunto, sustentar o monitoramento das condutas não observadas pelos pais durante o período que os jovens permanece na escola, tornando essa instituição colaboradora, na figura dos professores, de um continuum de segurança na formação moral e valorativa fomentada pela família, bem como, em sua orientação para as condutas socialmente aceitas.

De fato, o compromisso e a adesão aos pares normativos, destacados na tabela 3, são de extrema importância por terem função de transmitir valores e formar traços de personalidade (Omar, Formiga, Uribe & Sampaio, 2004; Loehlin, 1997) os quais ocorrem na socialização entre os jovens, capaz de promover uma adolescência autoconsciente e com uma tendência as condutas de apoio social aos outros jovens que delinquem, mas também, na direção de uma mínima distância do vinculo afetivo e desenvolvimento de habilidades sociais.

2. Ao abordar o construto busca de sensação, pretende-se apontar em direção não só da perspectiva individual, mas também, do processo de socialização em que ela é formada e investida na dinâmica juvenil. É possível inferir que a conduta desviante, seja antissocial e delitiva, não teria seu foco apenas no sujeito e na organização dos traços de personalidade, mas que essas seriam salientadas e influentes a partir da administração nas relações com os pares de iguais (colegas, vizinhos etc.) e aqueles responsáveis pela manutenção de uma conduta convencional (pais, professores etc.). Essas reflexões apontam em direção às concepções de Gazzaniga e Heatherton (2005; Cloninger, 1999) os quais, com base nos estudos de Walter Mischel a respeito da perspectiva situacionista na formação e na mudança contextual nos traços de personalidade, acreditam que a variação na busca de sensação é capaz de predizer o comportamento, sobretudo, quando se levam em consideração as disposições individuais e a influência interacional.

Acredita-se que os jovens não serão capazes, simplesmente, de procurarem eventos que os levem a sentir sensações de novidades ou intensidade, apenas por sentir, como se surgisse do nada ou como condição de explosão hormonal ou mesmo devido à influência social, esta situação, terá sua convergência entre as características individuais e o processo socializador vivido por esses jovens.

3. Por fim, em termos da variável dos valores humanos busca-se um referencial que permita, a partir das atividades formadoras e orientadoras de valores, uma intervenção nestes para a mudança de comportamento desviante. A leitura sobre esse problema, partindo do construto dos valores como orientação de uma conduta socialmente aceita com base nas normas, permite não mais tornar oposta e polarizada a responsabilidade dos jovens ao querer delinquir, justificando como desencanto político da sociedade e tendo como postura de reivindicação – ou daqueles que apresentam essa postura como critérios de diversão – o poder e insistência em romper as normas sociais só por romper; mas, com esses resultados vislumbra-se que a conduta desviante origina-se da construção e da transmissão de valores, os quais, construídos nas relações sociais, tendo a família o seu primeiro grupo para finca as sapatas do edifício dos valores humanos. Com isso, aponta-se em direção de uma investida nos processos de socialização dos valores permitindo maior poder de reflexão quanto à origem e à manutenção das condutas de proteção.

Desta maneira, a explicação da conduta desviante, seja com base nos processos de socialização ou nas diferenças individuais, a sua não adesão a esse conjunto teórico evidencia um reflexo da debilidade dos limites convencionais, entendido como a falta de comprometimento com a sociedade convencional, seus valores e suas instituições e forças socializadoras e a frágil adesão aos papéis sociais convencionais.

Principalmente, porque a não atenção a tais construtos, possivelmente, permitirá aos jovens a assimilação e a acomodação de um sentimento de não envolvimento ou comprometimento com a sociedade convencional, tornando-os incapazes de internalizar os valores ou os padrões convencionais, os quais passam a não se construírem sobre o aspecto da autonomia sociocognitiva; afinal não basta apenas respeitar as regras e cumprir os deveres institucionais, deve-se também, pensar prospectivamente na necessidade de que o outro ganhará quando se exerce o respeito mútuo e a negociação beneplácita da harmonia social, quando o bem que queremos para nós é o que queremos para o outro.

CAPÍTULO 3

Grupos marginalizados socialmente: representações sociais de alcoolistas

Daniela Ribeiro Barros, Maria da Penha de Lima Coutinho, Bernard Gontiés

Neste capítulo, discutiremos o processo de marginalização, mais especificamente o dos alcoolistas de modo geral. Pensar sobre a dependência alcoólica é refletir sobre a marginalização de um grupo social existente em todas as culturas o que corresponde no Brasil a 11,2% da população, sendo que as regiões Nordeste e Norte concentram 16% desse total (Carlini, Galduróz, Noto & Nappo (2002). Tais autores, em sua pesquisa sobre a epidemiologia do álcool no Brasil revelam que o uso de álcool na vida corresponde a 68,7% dos 100% entrevistados. Tais dados demonstram a necessidade de um olhar mais cauteloso sobre o fenômeno do alcoolismo, favorecendo uma análise mais crítica sobre as possíveis consequências geradas pelo alcoolismo.

Diante da relevância desse tema, nos propomos a discutir neste capítulo as conceituações sobre o alcoolismo, as consequências geradas pelo uso excessivo de bebidas alcoólicas e a relação entre a prática de profissionais que atuam no tratamento do alcoolismo e a reinserção social do alcoolista, a partir das Representações Sociais destes profissionais.

Considerações sobre o alcoolismo

O uso de bebidas alcoólicas e as consequentes intoxicações são práticas muito antigas e estão registrados inclusive na Bíblia. Os escritos divergem de acordo com as diversas concepções, podendo revelar uma realidade sem preconceitos ou mesmo expor, de um ponto de vista moral e ético, as consequências do abuso dessa substância.

Muitos estudos têm sido feitos nessa área em todo o mundo. No Brasil, dentre outros, destacam-se Galduróz, Noto, Fonseca e Carlini (2005), Noto, Galduróz, Nappo, Fonseca, Carlini, C., Moura & Carlini, E. (2004); Bucher, (1991), Bertolote, (1997), Edwards (1995), Bertolote (1991), Bardelli (2000), Barros (2000), Barros e Maciel (2003), Barros (2004), Lima (2000), Lima (2002), demonstrando a relevância deste tema para a sociedade e a necessidade de se conhecer melhores formas de lidar com o alcoolismo.

Bertolote (1997) atribui a Robert Straus e Selden Bacon (1953) a conceituação do alcoolismo como um fenômeno físico, psicológico e social, e não apenas como uma doença. No entanto, o alcoolismo não deixa de ser considerado uma doença; o que houve foi a ampliação de seu conceito, inserindo-o numa perspectiva histórica e social, visto que se passou a dar importância também aos problemas relacionados com o consumo do álcool, como os problemas legais, familiares, econômicos, de trabalho e de saúde.

Atualmente o alcoolismo é considerado um fenômeno complexo que provoca alterações nos diversos órgãos e sistemas, além de problemas sociais, atingindo a família, o trabalho, as relações sociais, a situação financeira, a justiça e a polícia.

O alcoolismo é um fenômeno humano complexo que pode e deve ser abordado de um ângulo médico, social, econômico, moral, ético, entre outros. É um fenômeno complexo demais para ser considerado só doença ou só vício ou só qualquer coisa. (Bertolote, 1991, p. 37)

Diante de tamanha expansão, muito se questiona sobre a causa do alcoolismo. Mesmo sabendo-se que não há uma explicação universal para sua etiologia, ele se desenvolve nas pessoas de modo progressivo, provocando profundas consequências, seja no plano físico-orgânico, psíquico, seja no social.

Sobre as consequências do uso excessivo do álcool e do alcoolismo, é necessário ressaltar um aspecto que envolve os alcoolistas em geral: sua estigmatização. Estudos revelam que os alcoolistas são representados pelos próprios alcoolistas como viciados, bêbados e vagabundos (Barros & Maciel, 2003), sendo também associados a indivíduos sem vontade. Tal estigmatização resulta na marginalização e na exclusão social do alcoolista, dificultando sua convivência sociofamiliar.

A estigmatização do usuário de bebidas alcoólicas origina-se na própria diferenciação entre os termos usualmente adotados para o dependente de álcool: alcoolista *versus* alcoólatra. Embora pareçam ter o mesmo significado, essas palavras têm sentidos diferentes. Para Andrade e Espinheira (2006), o termo alcoólatra confere uma identidade e impõe um estigma, anulando todas as outras identidades do sujeito, tornando-o só aquilo que ele faz e que é socialmente condenado, não pelo que faz, mas pela maneira com que. É o ato de idolatrar o álcool, de beber de forma abusiva e desregrada que o faz ser socialmente identificado como alcoólatra. Já o termo alcoolista, para os mesmos autores, foi proposto por pesquisadores como uma forma alternativa menos carregada de valoração, de estigma. Tal terminologia identificaria o dependente de álcool como uma pessoa que tem como característica, uma afinidade com alguma coisa, com alguma ideia. Desse modo, trata-se de uma característica que não reduz o sujeito a ela, como uma identidade única e dominante. Tal denominação é preferível à de alcoólatra, visto que ajudaria a pessoa a não ser estigmatizada, reduzida a uma condição única: a de um bebedor. É válido ressaltar que as terminologias alcoolista e alcoólatra geralmente são empregadas quase indistintamente por autores, mas sempre equivalendo a dependente de bebidas alcoólicas.

A estigmatização associada ao uso de substâncias químicas consiste num obstáculo para a detecção, a prevenção e o tratamento de usuários de drogas. De acordo com Andrade e Ronzani (2006), a estigmatização consiste na atribuição de rótulos e estereótipos a determinados comportamentos. Com relação ao uso de substâncias etílicas, a existência de uma conotação moral dificulta abordagens mais adequadas e maior aproximação de usuários. Na concepção desses autores, observa-se uma associação equivocada por parte do social e de profissionais da saúde entre usuário de álcool e fraqueza, ser sem força de vontade, mau caráter e por fim, que se trata de um problema sem solução. Tais dados foram corroborados por Barros e Maciel (2003).

Levando-se em conta a relação entre a estigmatização social do dependente de álcool e o consequente prejuízo no tratamento de tal dependência, Andrade e Ronzani (2006) afirmam que apenas 5 a 10% das pessoas com problemas decorrentes do uso de bebidas alcoólicas e outras drogas buscam tratamento especializado, e que cerca de 20% das pessoas que procuram a rede de cuidados primários de saúde apresentam problemas por uso de drogas, na maioria das vezes não revelados durante a consulta.

A droga e seus usuários acabam por ocupar um lugar social que, quando internalizado pelos profissionais de saúde e educadores, torna muito difícil a relação com o usuário, interferindo na percepção de seus valores como pessoa e reduzindo-o a uma condição única: a de usuário de drogas. Tal fato afasta-os dos serviços de educação, suporte social e saúde, agravando ainda mais os desvios que porventura existam.

Na concepção de Andrade e Ronzani (2006), o profissional que tem uma visão pré-formada e preconceituosa do usuário e do uso de drogas terá maior dificuldade na realização do trabalho de prevenção, tratamento ou de reinserção social. A mudança de postura do profissional diante desta questão trará benefícios tanto para o usuário, que poderá receber uma abordagem mais adequada e realista de seu problema, quanto para si mesmo, que se beneficiará de conhecimentos técnicos de abordagem mais fundamentados e adequados, levando a resultados mais favoráveis em seu trabalho. É importante mencionar que um posicionamento moralista diante das drogas e de seus usuários aumenta a dificuldade de abordar o tema, prejudicando os envolvidos.

A temática das drogas permite ampla discussão também a respeito das consequências a seus usuários, tanto no plano físico quanto no psicológico e no social. O relatório da Organização Mundial de Saúde (2001) sobre a saúde no mundo aborda a carga global de doenças decorrente do uso de álcool e de outras drogas. Segundo essa fonte, considerando-se pessoas de todas as idades e locais do mundo, o uso abusivo de álcool está associado a 1,3% da carga geral de anos de vida perdidos por incapacidade ou morte. Esse mesmo relatório (OMS, 2001) revela que os gastos hospitalares com os problemas de saúde provocados pelo álcool ultrapassam a arrecadação com impostos sobre esse produto.

Como consequência social do alcoolismo, observa-se um grande número de internamentos hospitalares para o tratamento dos casos mais graves. Para Carlini, Galduróz, Noto e Nappo (2002), a dependência de álcool é responsável por 91% das internações hospitalares no Brasil. Em pesquisa feita por Barros (2000) com alcoolistas em tratamento num hospital psiquiátrico de João Pessoa (PB), observou-se que 60% dos sujeitos tinham entre três e cinco internações para tratamento do alcoolismo, notando-se aqui a dificuldade encontrada na recuperação do alcoolismo. Diante disso, médicos, psicólogos, enfermeiros e assistentes sociais, entre outros profissionais, lidam em sua prática diária com esse tipo de paciente, mantendo uma relação muitas vezes desgastada dadas as sucessivas recaídas dos alcoolistas e, consequentemente, de suas reinternações, o que pode gerar uma descrença na recuperação desses sujeitos. Daí o interesse em pesquisar como os profissionais que tratam do alcoolismo concebem esse fenômeno. Assim, acredita-se que os profissionais que lidam direta ou indiretamente com o alcoolista acabam por elaborar representações sociais sobre esse grupo, visto que essas emergem tanto da comunicação como das práticas cotidianas.

Na teoria das representações sociais o objeto encontra-se inserido num contexto ativo, concebido pelo grupo ou pessoa como prolongamento de seu comportamento, de suas atitudes e das normas às quais ele se refere. Não há, portanto, uma realidade objetiva *a priori*, e, sim, a reestruturação de uma realidade pelo indivíduo ou grupo. Tal reestruturação ou apropriação será reconstruída no sistema cognitivo do indivíduo, integrada a seus valores, dependendo também de sua história e do contexto social e ideológico que o cerca, constituindo a realidade individual ou do grupo, o que, para Abric permite "a integração das características objetivas do objeto, das experiências anteriores do sujeito e do seu sistema de atitudes e de normas", permitindo também definir a representação como:

uma visão funcional do mundo, que, por sua vez, permite ao indivíduo ou ao grupo dar um sentido às suas condutas e compreender a realidade através de seu próprio sistema de referências; permitindo assim ao indivíduo de se adaptar e de encontrar um lugar nesta realidade. (1998, p. 28)

Para Moscovici (1961/78), as representações sociais originam-se do conhecimento erudito, das teorias científicas, da cultura, das ideologias, das experiências e das comunicações cotidianas, em que o indivíduo tem papel ativo e autônomo na construção da sociedade. Desse modo, a representação social funciona como um sistema de interpretação da realidade que rege as relações dos indivíduos com o seu meio físico e social e determina seus comportamentos e suas práticas, funcionando ainda, como um guia para a ação. Vale ressaltar que a representação social não é um reflexo da realidade introduzida passivamente nos indivíduos, e, sim, uma organização dinâmica, conjunta, entre os elementos do contexto social, da história dos indivíduos, da influência dos determinantes sociais, dos sistemas e dos valores.

Desse modo, compreende-se que a representação social do alcoolismo consiste numa interpretação coletiva da realidade vivida e falada por grupos sociais, direcionando seus comportamentos e comunicações.

Assim, esta investigação tem como objetivo geral compreender as representações sociais sobre o alcoolismo, elaboradas por profissionais que atuam no tratamento dessa problemática, buscando apreender a existência ou não de marginalização do alcoolista em suas representações e práticas profissionais.

Bases metodológicas

Local do estudo

Este estudo desenvolveu-se em cinco instituições que oferecem tratamento para alcoolistas, na cidade de João Pessoa, Paraíba: dois hospitais gerais, dois psiquiátricos e um CAPS-ad (para dependentes químicos).

Participantes

Participaram deste estudo, médicos, psicólogos, enfermeiros e assistentes sociais que em sua profissão lidam com o tratamento do alcoolismo. A amostra foi constituída de 33 sujeitos.

Instrumento

Para a obtenção dos dados, foram usadas entrevistas semiestruturadas, seguindo um roteiro preestabelecido, permitindo ao entrevistado falar sobre o tema proposto. O instrumento foi aplicado de forma individual e sem tempo determinado para encerramento, porém as sessões duravam em média 50 minutos.

Procedimento para análise das entrevistas

A análise das entrevistas ocorreu de acordo com o método de categorização e análise de conteúdo proposto por Bardin (1977), que permite a compreensão crítica do sentido das comunicações, do seu conteúdo, seja ele latente ou manifesto e das significações. Nesta investigação, privilegiou-se, entre as várias formas de análise de conteúdo, a análise temática, que possibilita ao pesquisador inferir sobre a "organização do sistema de pensamento dos sujeitos, produtores do discurso" (Coutinho, 2001, p. 101). Nesse tipo de análise, há ênfase na análise de ocorrências, com o objetivo de "revelar a atenção dada às falas pelos sujeitos entrevistados, conferindo-lhe diferentes conteúdos inventariados" (Id., p. 100).

Análise e discussão dos resultados

Com a análise temática do conteúdo obtido pelas entrevistas, observou-se que os discursos dos sujeitos fizeram emergir três categorias empíricas: "Concepções do Alcoolismo", "Consequências do Alcoolismo" e "Relação entre Prática Profissional e Reinserção Social". As categorias e subcategorias serão mostradas a partir de tabelas contendo frequência e porcentagem. A primeira categoria formada pelos atores sociais foi <<*Concepções sobre o Alcoolismo*>>. Conforme os dados apresentados na Tabela 1, o alcoolismo encontra-se ancorado nas concepções: *Orgânica, Social e Psicológica.*

Tabela 1 - Concepções sobre o Alcoolismo

Categoria e Subcategorias	Profissionais da Área de Saúde		Profissionais da Área de Humanas	
Concepções do Alcoolismo	F	%	F	%
Orgânica	60	62%	151	79%
Social	19	20%	13	7%
Psicológica	17	18%	27	14%
Σ	96	100%	191	100%

Observando-se a tabela acima, percebe-se que os profissionais da área de saúde apresentam uma distribuição das concepções do alcoolismo por ordem de frequência, nas seguintes subcategorias: *Orgânica* (62%), *Social* (20%) e *Psicológica* (18%). Para os profissionais da área de humanas, essas concepções emergem nas subcategorias: *Orgânica* (79%), *Psicológica* (14%) e *Social* (7%).

Percebe-se que as representações sociais dos profissionais de ambas as áreas são semelhantes no que diz respeito às subcategorias. Vale salientar que, apesar dessa semelhança entre as subcategorias, estas apresentam pequenas diferenças percentuais, alterando sua ordem de frequência, como pode ser observado nas subcategorias *social* e *psicológica*, representadas pelos profissionais da área de humanas.

Verificando-se as unidades de análise referentes às três subcategorias formadas por ambas as áreas, pode se perceber que, em todas, o conceito de alcoolismo não se desvincula do conceito de pessoa alcoolista. Desse modo, nota-se uma indissociabilidade entre o objeto alcoolismo e o sujeito alcoolista.

Na primeira subcategoria *Orgânica*, os profissionais indistintamente representam o alcoolismo como uma *doença incurável, progressiva, uma dependência química,* de *prognóstico ruim,* que *deve ser tratada.* Afirmam ainda que se trata de uma *pessoa doente, dependente.* Nesse momento, já se observa a indissociabilidade entre o alcoolismo e o alcoolista, conforme se pode observar nas unidades de análise a seguir:

> doença (41) eu passei por uma universidade onde tive dez anos estudando e nunca ninguém me falou que alcoolismo é uma doença (...) doença progressiva (2) doença de prognóstico ruim (2) dependência química (10) pessoa que tem uma doença quase incurável (2) doente (...) pessoa dependente (...) (Profissionais da área de saúde)

> doença (77) doença incurável (8) doença progressiva (6) doença que deve ser tratada (3) dependência física (12) síndrome de dependência do álcool (...) pessoa doente (29) dependente do álcool (15) (Profissionais da área de humanas)

Enfatizando-se o fenômeno do alcoolismo sob o prisma orgânico, os sujeitos o representam como uma doença progressiva. Tais resultados estão de acordo com a literatura sobre o alcoolismo, que o concebe situado num contínuo progressivo, indo da não- dependência até chegar à dependência (Bertolote, 1997). Neste caso, pode-se mencionar a existência de graus de dependência, que, na concepção deste autor, variam entre 3 e 50, levando o sujeito a consequências físicas, psicológicas e sociais.

Considerando-se que se trata de doença progressiva, torna-se difícil visualizar uma cura, restando ao dependente abster-se do álcool com o intuito de ter melhor qualidade de vida.

A partir desses resultados, retoma-se à teoria das representações sociais para melhor entendê-los. Conforme essa teoria, ao se representar um objeto, dá-se a ele uma identidade social desse modo, tanto os profissionais de saúde como os da área de humanas deram uma identidade social àquilo que não estava identificado no mundo consensual, ou seja, atribuíram um sentido ao representar o alcoolismo como uma doença.

A segunda subcategoria elaborada pelos profissionais da área de saúde foi: *concepção social,* ancorando a concepção do alcoolismo no campo social da vida do próprio alcoolista, acarretando várias consequências. Nessa concepção, o alcoolismo é representado pelos profissionais de ambas as áreas como um *defeito de caráter,* como uma *estrutura defasada de vida,* como o *uso de substâncias etílicas,* como uma *tragédia associada ao contexto sociocultural e econômico brasileiro.* Apresenta-se também como uma *pessoa com consumo exagerado ou não de álcool* e como uma *pessoa viciada.* Os profissionais da área de humanas acrescentam que o alcoolismo apresenta-se como um *problema sério,* como o *mal do século.* Já os profissionais da saúde acrescentam o *vício* e o ato de *usar diariamente bebidas alcoólicas* como elementos formadores dessa subcategoria. As seguintes unidades de análise mostram esses achados:

> vício (6) pessoas viciadas no álcool (2) estrutura defasada de vida (2) uma das tragédias do nosso Brasil (...) usar diariamente (3) pessoa que tem um consumo exagerado ou não de álcool (4) uso de substâncias destiladas ou etílicas (...) (Profissionais da área de saúde)

> defeito de caráter (...) uma destruição (2) o mal do século (3) pessoa jogada no chão (...) problema sério (2) pessoa com vício (2) usuário de bebida alcoólica (2) (Profissionais da área de humanas)

A partir desta concepção, observa-se que o alcoolismo consiste no simples ato de beber, fazendo parte do cotidiano dos sujeitos, ou seja, está inserido no contexto social e nas relações dos grupos sociais.

A concepção social do alcoolismo representada como um defeito de caráter atribui ao alcoolista a culpa por sua dependência, visto que os atores sociais sugerem ser algo já presente no indivíduo. Tal concepção revela um caráter moral, afastando-se do conceito de alcoolismo-doença.

A representação do alcoolismo como um defeito de caráter, também pode ser observado nos estudos feitos por Barros (2000) com alcoolistas hospitalizados. O que se pretende enfatizar é que muitos dos sujeitos (alcoolistas) participantes da primeira investigação não tinham alto nível de escolaridade, o que não ocorre nesta pesquisa (com profissionais) e, no entanto, ainda apresentam uma conotação moral das concepções do alcoolismo que leva à estigmatização do alcoolista, visto que a representação social em uma de suas funções, serve para orientação de condutas.

Verifica-se na *concepção social*, a representação do alcoolismo como um *vício*. Apesar do vício ser definido por Lima (2002) como uma dependência física ativa, remete a um cunho moral, atribuindo culpabilidade ao alcoolista por sua dependência. Segundo Jodelet (2001, p. 19), "esta visão moral faz da doença um estigma que pode provocar ostracismo e rejeição e, da parte que são assim estigmatizados ou excluídos, submissão ou revolta".

Neste estudo, os sujeitos apresentam uma concepção do alcoolismo que envolve aspectos sociais, presentes na vida dos alcoolistas. Desse modo, percebe-se que este fenômeno é representado como uma *tragédia social* existente no Brasil, tratando-se então de uma representação de cunho negativo. De acordo com Moscovici (2003, p. 68), "classificar e dar nomes são dois aspectos dessa ancoragem das representações". Presente nas mais diversas culturas, o alcoolismo torna-se parte do cotidiano das sociedades que passam a classificá-lo e a denotá-lo como um problema existente no âmbito social.

A terceira subcategoria que emerge nos discursos dos sujeitos da área de saúde refere-se à *Concepção Psicológica* do alcoolismo. Para os profissionais de ambas as áreas, o alcoolismo surge como uma *doença psicológica, emocional, compulsiva*, uma *desestrutura psíquica, mental*, uma *fraqueza*. Consiste também na *perda do controle* diante da bebida alcoólica, conforme as falas a seguir:

desequilíbrio mental (3) fulano bebe e não para mais (4) o centro da vida dele se transforma na bebida (2) pessoas que não têm uma orientação (3) não são bem amadas (...) gosta de prazer fácil (...) doença psíquica (...) fraqueza (..) pessoas que têm pouca vontade de lutar (...) (Profissionais da área de saúde)

compulsão por álcool (2) doença compulsiva (4) doença psíquica (2) dependência psíquica (5) pessoa desconfiada (...) perda do controle sobre o beber (9) vive sempre impotente diante de tudo (...) é fraco (...) apresenta qualquer transtorno na sua personalidade (...) são pessoas que sofrem profundamente (...) (Profissionais da área de humanas)

Para os profissionais da saúde, a concepção psicológica do alcoolismo engloba ainda elementos como: *desequilíbrio mental, pessoas sem orientação, mal amadas, com pouca vontade de lutar, que gostam de prazer fácil*.

Tratando-se dessa concepção, os profissionais de humanas acrescentam: *compulsão por álcool, dependência psicológica, pessoa desconfiada, impotente, que apresenta transtornos na personalidade e que sofrem.*

Desse modo, verifica-se que os sujeitos sociais ancoram uma concepção psicológica do alcoolismo, que pode ser encontrada na literatura, em especial na CID-10 (World Health Organization, 1993), na categoria F10. *Transtornos mentais e de comportamento decorrente do uso de álcool.*

Sendo assim, o saber do senso comum encontra-se imbricado no saber erudito, no momento em que os atores sociais buscaram no conhecimento científico um ponto para ancorar suas representações sociais, formando a concepção psicológica do alcoolismo.

Diante desses resultados, percebe-se que os profissionais das duas áreas investigadas não apresentam representações sociais diferentes, visto que ambas ancoram o alcoolismo numa concepção orgânica, social e psicológica.

Desse modo, observa-se que para esses grupos, o alcoolismo convenciona-se principalmente como uma *concepção orgânica*, ao ser representado como uma *doença*. Nesse sentido, Moscovici (2003, p. 73) afirma:

quando, pois, a imagem ligada à palavra ou à ideia se torna separada e é deixada solta em uma sociedade, ela é aceita como uma realidade, uma realidade convencional, clara, mas de qualquer modo uma realidade.

De modo geral, amplia-se o conceito de alcoolismo ao concebê-lo como um fenômeno físico, psíquico e social, conforme sugere Bertolote (1997).

Apresentar-se-á a seguir a segunda categoria e suas respectivas subcategorias.

Tabela 2 - Consequências do Alcoolismo

Categoria e Subcategorias	Profissionais da Área de Saúde		Profissionais da Área de Humanas	
Consequências do Alcoolismo	F	%	F	%
Sociais	143	46%	156	54%
Orgânicas	116	38%	88	31%
Psicológicas	48	16%	43	15%
Σ	307	100	287	100%

Na Tabela 2 apresenta-se a segunda categoria "Consequências *do Alcoolismo*" formada pelos atores sociais desta investigação. Nela pode-se observar que essas consequências ancoram-se nas subcategorias *Sociais, Orgânicas* e *Psicológicas*, para os profissionais da área de saúde e de humanas.

As *consequências sociais* formam a primeira subcategoria para os profissionais da saúde, com um percentual de 46%, seguida das subcategorias *orgânicas* (38%) e *psicológicas* (16%). Para os profissionais de humanas, a primeira subcategoria é consequências *sociais* (54%), a segunda *orgânicas* (31%) e a terceira *psicológicas* (15%).

A partir desta tabela observa-se que os profissionais apresentam a mesma ordem de frequência das subcategorias, indicando semelhança nas representações sociais das consequências do alcoolismo.

De acordo com os resultados obtidos, verifica-se na primeira subcategoria que o alcoolismo acarreta consequências *sociais* para o alcoolista, afetando o sujeito nas suas *relações interpessoais, no plano financeiro, na família, na previdência e na sua conduta* como um todo. Também promove a *violência, os acidentes de trânsito, de trabalho, os homicídios, os suicídios, as prisões e a exclusão social*. No campo do *trabalho*, o alcoolismo gera a *perda da produtividade e do próprio emprego*.

Vendo o alcoolismo sob o prisma de consequências *sociais*, há uma *desvalorização social* do sujeito como um todo. O alcoolista muitas vezes torna-se *agressivo, excluído da sociedade e da família*. A partir das verbalizações dos atores sociais, observa-se também nesta subcategoria uma indissociabilidade entre o alcoolista e suas consequências, como pode ser observado a seguir:

consequências sociais (8) prejudica a conduta (...) tenta suicídio (3) porta de entrada para outras drogas (6) acidentes de trabalho (...) a sociedade começa a rejeitá-lo (...) começa perdendo o amor próprio (...) continua na sarjeta (2) as relações vão se desgastando (2) tem milhares de pessoas tirando a vida de outras porque tomou uma cerveja (6) complicações no trabalho (2) briga na empresa (...) se destrói profissionalmente (2) abstenção ao trabalho (...) perder o emprego (8) aumenta o custo para hospitais (...) aumento de custos para o governo (...) transtorno que causa a previdência (...) as aposentadorias por álcool têm um índice muito alto (...) é discriminado (5) abandono (3) agressivo (...) desvalorização da própria pessoa (4) desestruturação familiar (25) violência na família (6) vários problemas dentro da família (3) perder a família (5) perder os amigos (5) desequilíbrio social (2) acidentes de trânsito (7) danos morais (...) violência (14) fica difícil a convivência com a sociedade (2) destruição da vida como um todo (3) crime (...) cadeia (2) socialmente você se perde (2) perde a credibilidade como ser humano (2) ociosidade (...) (Profissionais da área de saúde)

consequências social (8) perde a integridade moral (...) dá muito trabalho à família (5) problema na família (20) maltrato da família (7) perde a família (21) a família também tá doente (2) faltar no trabalho (6) perde o emprego (14) trabalho (3) violência (...) agressivo (3) agressões (2) brigas (...) delinquência (...) prisão (4) a sociedade rejeita (15) preconceito (5) falta de qualidade de vida (3) relações sociais (2) acidentes de trânsito (7) desmoraliza (...) porta de entrada para outras drogas (3) o comportamento muda (5) danos materiais (3) as vezes eu levo um paciente no hospital pra fazer uma desintoxicação e é uma rejeição fora de série pelos próprios profissionais da saúde (2) desprezo (2) separação dos amigos (...) a dignidade fica comprometida (2) induz à prática de violência (...) falta de respeito perante a sociedade (...) desastre pra cidadania (...) perder a confiança (3) (Profissionais da área de humanas)

Observando-se essas verbalizações, verifica-se que os profissionais de saúde, além de comungarem com os profissionais de humanas as consequências sociais já apontadas, acrescentam que o alcoolismo *gera custos para o governo* devido aos *inúmeros internamentos* para tratamento, além de *afetar as pessoas mais próximas*.

Na concepção dos profissionais de humanas, as consequências sociais do alcoolismo também englobam: *perda da dignidade, da cidadania, falta de respeito perante a sociedade, delinquência, rejeição por parte dos profissionais da saúde e desprezo*.

De acordo com os profissionais de ambas as áreas, o alcoolista também *perde sua moral, perde a confiança perante as pessoas, é desmoralizado, rejeitado, perde o amor--próprio e sofre de preconceito* podendo chegar à *sarjeta; são presos, abandonados pela família e amigos.* Desse modo, o alcoolismo gera uma destruição total do sujeito e de seus familiares, que são codependentes do álcool. Os profissionais afirmam ainda que o alcoolismo aumenta os custos para o governo e que pode ser a *porta de entrada para outras drogas.*

Dentre as inúmeras consequências sociais advindas do alcoolismo, verifica-se grande número de aposentadorias por invalidez, proporcionando custos elevadíssimos para a previdência.

Na apresentação do Programa Nacional de Controle dos Problemas Relacionados com o Consumo de Álcool – PRONAL pelo Ministério da Saúde (1997), de acordo com Bertolote (1997), no Brasil, o alcoolismo consistiu na oitava causa de requerimento de concessão de auxílio-doença. Revela ainda que 40% das consultas prestadas pelo Ministério da Previdência Social direcionam-se aos pacientes com abuso de álcool.

Quando o alcoolista tem um emprego, frequentemente este é prejudicado, visto que há que em sua produção, ocasionada tanto pelo absenteísmo quanto pela incapacidade física para o trabalho, o que muitas vezes chega a causa acidentes de trabalho. De acordo com Bertolote (1997), no Brasil o alcoolismo é a terceira causa mais frequente de absenteísmo ao trabalho. O quadro se agrava mais quando o sujeito é demitido, o que reflete no plano financeiro, atingindo também a família. Os familiares dos alcoolistas são seriamente afetados, uma vez que suas relações são atingidas, levando muitas vezes o alcoolista ao isolamento. Esses familiares tornam-se codependentes.

A troca de papéis em consequência do alcoolismo é comum nas famílias alcoolistas devido ao fato de o sujeito perde a credibilidade perante os demais, deixando o posto para os "mais responsáveis" da família, que imediatamente o assumem.

Outro fator digno de menção refere-se às agressões provocadas pelo abuso de álcool, o que, de certa forma, atinge as relações familiares, provocando desagregação. Na concepção de Bertolote (1997), cerca de 39% das ocorrências policiais no Brasil que envolviam conflitos familiares estavam associadas ao uso inadequado ou abusivo de bebidas alcoólicas.

Um aspecto importantíssimo que emergiu nessa subcategoria foi a *rejeição dos próprios profissionais.* Essa rejeição caracteriza-se como uma relação contratransferencial entre profissional e paciente e consiste num aspecto bastante negativo para qualquer tipo de tratamento, devendo ser levada em consideração ao se abordar o tratamento do alcoolismo, visto que pode contribuir para o insucesso deste. Observam-se aqui a marginalização e a discriminação do alcoolista pelos próprios profissionais que os recebem em hospitais para "recuperação".

As consequências sociais do alcoolismo podem ser explicadas pela teoria das representações sociais através da sua função de orientação. Quando os profissionais estudados interpretam sua realidade, há um direcionamento de seus comportamentos e práticas, ou seja, passam a agir de modo particular perante os alcoolistas segundo a maneira como os representam.

Diante desses resultados, verifica-se que as consequências sociais do alcoolismo refletem-se nas relações, no plano financeiro, na família, no trabalho e na conduta do sujeito como um todo, provocando sua marginalização social. Tais representações levam

GRUPOS MARGINALIZADOS SOCIALMENTE

à estigmatização do alcoolista que passa a ser visto como uma pessoa abandonada, delinquente, vagabunda, sem moral e sem amor próprio (Barros, 2000), devido às consequências que o álcool acarreta. Com base nessas representações, as ações dos grupos que a formaram são influenciadas pelo fenômeno representado (função de orientação). Mais uma vez observa-se a adequação da teoria das representações sociais como suporte teórico para compreender o fenômeno do alcoolismo.

No que respeita à segunda subcategoria, referente às *consequências orgânicas* do alcoolismo, os sujeitos sociais indistintamente ressaltam um comprometimento clínico do alcoolista, já que este é acometido por *doenças hepáticas, gastrointestinais, epilepsia, tuberculose, problemas de desidratação, no pâncreas, no baço, renais, desnutrição, pelagra, câncer, hipertensão e, diabetes,* entre outros, levando a vários *internamentos*, e podendo ocasionar a *morte,* o que corrobora os estudos de Barros, Galperim e Grüber (1997), em que o alcoolismo compromete o sistema digestivo, atingindo o estômago, o esôfago, o pâncreas, o fígado e, os intestinos, entre outros órgãos, conforme atestam as falas a seguir:

> consequências físicas (27) dependência química (4) internamentos (3) perder o estado de saúde normal (5) cirrose (16) problemas no pâncreas (3) tremores (...) se desnutrem (3) ataca o sistema nervoso central (3) gastrointestinal (12) absorção de vitaminas (...) pelagra (4) câncer (3) fica vegetando (4) problemas cardíacos (2) problemas renais (2) convulsão (...) complicações do fígado (...) hipertensão (...) diabetes (...) epilepsia (3) morte (16) (Profissionais da área de saúde)

> orgânicas (18) doenças (15) pode chegar uma menina contaminada com AIDS (...) coma alcoólico (3) morte (22) cabelo opaco (...) pés incham (...) internamentos (8) hemorragia digestiva (...) pancreatite (2) fica paralítico (...) deprime o sistema nervoso central (...) diabetes (...) problemas renais (...) baço (...) fígado (2) pelagra (2) cirrose (5) dependência (...) problemas cardíacos (...) (Profissionais da área de humanas)

Em pesquisa feita por Barros (2000), verificaram-se resultados semelhantes ao estudo atual, no que diz respeito às consequências orgânicas proporcionadas pelo alcoolismo. Tal semelhança demonstra que o internamento para tratamento do alcoolismo também é uma consequência do alcoolismo, acarretando gastos elevados na saúde e, aumentando o número de leitos hospitalares ocupados por dependentes do álcool. Vê-se neste estudo e também na literatura (Barros *et al.,* 1997) que o alcoolismo compromete clinicamente o sujeito, diminuindo sua qualidade de vida. Para Lima (2002, p. 72), "estima-se que a prevalência de abuso e de dependência ao álcool entre pacientes hospitalizados varia entre 15 e 30%", representando gastos elevadíssimos para o governo visto que, este tem de que oferecer tratamento a esses pacientes.

As *consequências psicológicas* do alcoolismo formam a terceira subcategoria para os profissionais de ambas as áreas. Tais consequências se referem à *baixa autoestima, a complicações psiquiátricas,* como *delírios, alucinações, desorientação, ansiedade, depressão e demências.*

As unidades de análise a seguir são exemplos das objetivações referentes a essas representações:

> psicológicas (4) dependência psicológica (2) baixa autoestima (...) agitação (2) transtornos psicóticos (2) delírios (2) alucinações (3) demência (5) inconsciência do problema (...)

desequilíbrio emocional (6) desorientado (4) problemas psíquicos (3) desestrutura psíquica (2) depressão (5) ansiedade (2) síndromes de amnésia (3) ostracismo (...) (Profissionais da área de Saúde)

psicológicos (3) falta de paz (...) solidão (...) afeta a mente (3) capacidade cognitiva minada (4) perdem a autocrítica (3) autoestima dele é baixa (4) angústia (...) depressão (3) ansiedade (...) alucinações (6) delírio (...) doença mental (2) mudança na personalidade (...) sofrimento (...) infelicidade (...) amnésia (3) não sabem que dia é (...) a capacidade de amar eles perdem (...) perde o sentido da vida (2) (Profissionais da área de Humanas)

Para os profissionais da saúde, as consequências psicológicas do alcoolismo relacionam-se ainda à *desestrutura psíquica, à agitação, ao ostracismo, à dependência psicológica, à inconsciência do problema, ao desequilíbrio emocional, à angustia* e a *outros transtornos psicológicos.*

Para os profissionais de humanas, a subcategoria psicológica engloba: *perda da capacidade cognitiva, solidão, falta de paz, perda da autocrítica e da capacidade de amar, mudança da personalidade, sofrimento, infelicidade e perda do sentido da vida.*

Assim como o alcoolismo acarreta complicações clínicas e sociais para o sujeito, pode-se observar frequentemente complicações psicológicas e psiquiátricas associadas ao consumo excessivo de álcool, levando o alcoolista a inúmeras internações em hospitais psiquiátricos, pois muitos deles já apresentam essas complicações e, neste estado, é difícil o tratamento em hospitais gerais. De acordo com Scivoletto e Andrade (1997, p. 111):

O uso abusivo e a dependência do álcool são os transtornos psiquiátricos mais prevalentes, sendo responsáveis pela maioria das internações psiquiátricas não só no Brasil, mas também em países desenvolvidos como os EUA.

Vale salientar que, mesmo nos hospitais psiquiátricos, o tratamento de pacientes alcoolistas com comprometimento psiquiátrico é difícil, visto que muitas vezes esses sujeitos encontram-se desorientados, e seu comportamento impede sua participação nos grupos terapêuticos e psicoterápicos e dificulta o seu tratamento e o dos demais pacientes.

Tendo em vista as numerosas consequências do alcoolismo, os familiares ou até mesmo os próprios alcoolistas buscam uma forma para amenizar os prejuízos físicos, psicológicos e sociais decorrentes da dependência do álcool e procuram no tratamento a solução para esse problema.

A seguir serão apresentados os resultados referentes à relação entre a prática profissional e a reinserção social do alcoolista.

Tabela 3 - Representações Sociais sobre a Relação entre Prática Profissional e Reinserção Social

Categoria e Subcategorias	Profissionais da Área de Saúde		Profissionais da Área de Humanas	
Prática Profissional e Reinserção Social	F	%	F	%
Existe Relação	35	56%	60	100%
Não Existe Relação	28	44%	0	0%
Σ	63	100%	60	100%

De acordo com a Tabela 3, verifica-se a elaboração de duas subcategorias por parte dos profissionais pesquisados: *Existe Relação e Não Existe Relação* entre sua prática profissional e a reinserção social do alcoolista. Na concepção dos profissionais da área de saúde, observa-se o surgimento das subcategorias: *Existe Relação (56%) e Não Existe Relação (44%)*. Já entre os profissionais da área de humanas, observa-se na totalidade a subcategoria *Existe Relação*, com um percentual de 100%.

A primeira subcategoria elaborada pelos profissionais da área de saúde, revela a *Existência da Relação* entre sua prática profissional e a reinserção social do alcoolista, conforme demonstram as falas abaixo:

> tem que existir (2) mas uma relação pequena (...) na medida em que eu trato o paciente bem (...) que eu medico (...) enquanto médica é melhorar a qualidade de vida deles (...) todo enfermeiro tem um pouquinho de psicólogo, de assistente social (...) esse trabalho que ta sendo feito pelo pessoal da psicologia a gente não teve reincidência de internamentos (2) eu tenho feito isso constantemente (...) talvez esse trabalho já esteja surtindo efeito (2) com a própria vontade dele (...) nós com o esforço multiprofissional (4) só o paciente sem a nossa insistência eu acredito que fica difícil (...) tento ajudá-lo (...) acompanhamento de tratamento (...) aconselhando (2) ajudando (...) conversando (4) mas é muito difícil (...) informando (2) tentar fazê-lo entender que ele tem que se tratar (...) orientação boa vale tanto quanto um bom remédio (2) mas não tem eco lá fora (...) quando ele volta não existe uma estrutura que consiga segurar (...) (Profissionais da área de Saúde)

De acordo com esses sujeitos, sua prática profissional contribui para a reinserção do alcoolista na sociedade, mas restringe-se à *conscientização e à orientação* prestadas durante o processo de desintoxicação, visto que não participam dos grupos psicoterápicos, terapêuticos, de AA e das oficinas que integram o tratamento do alcoolismo nas instituições estudadas.

Ainda para os profissionais da área de saúde, essa relação ocorre no momento *da desintoxicação*, em que se procura *aconselhar e conscientizar o alcoolista sobre sua doença*, além de manter uma *relação de amizade, amor e carinho durante o tratamento*. Essa relação entre prática profissional e reinserção social também é atribuída toda a *equipe multidisciplinar*, não se limitando apenas à sua atuação. Apesar da existência dessa relação, os profissionais apontam as *dificuldades encontradas na reinserção do alcoolista na sociedade*.

A segunda subcategoria elaborada pelos profissionais da área de saúde é *Não Existe Relação* entre sua prática profissional e a reinserção sócio-familiar do alcoolista. Na concepção deles, isso se deve à sua *falta de tempo* ou mesmo por uma razão particular, *atribuindo essa prática a outras áreas*, como a psicologia e o serviço social. Os exemplos a seguir revelam esses dados:

> nosso trabalho é muito pequeno (2) não era pra ficar só a nível de consultório (...) quando eles saem daqui eu não acompanho lá fora (...) a gente psiquiatra não participa muito dos grupos (2) eu queria ter mais tempo pra poder trabalhar mais (...) a gente tem pouco essa continuidade (...) minha prática profissional não tem nada a ver com essa reinserção (2) eu não to inserido nesse contexto de participar diretamente da reinserção do paciente (3) a relação maior é com o serviço social (2) com a psicologia (3) com psiquiatria (...) grupos de AA (...) com família (2) com sociedade (2) não com enfermeira (3) a gente nunca acompanha (...) (Profissionais da área de Saúde)

Com base nesses resultados, evidencia-se a representação da *não existência de relação* entre o serviço que prestam ao alcoolista e a reintegração dele ao meio social, já que *não participam de grupos*, como o fazem os profissionais da área de humanas.

Com relação aos profissionais da área de humanas, verifica-se que 100% deles acreditam na *Existência de uma Relação* entre sua atuação profissional e a reinserção sociofamiliar dos alcoolistas. Tal relação dá-se pela *conscientização* do alcoolista sobre sua doença e sua cidadania. Dá-se também a partir da realização de *encaminhamentos para grupos de AA*, da *promoção de condições de trabalho* para o alcoolista, do *apoio voltado à sua família*, da *preparação para a alta hospitalar, dos trabalhos realizados em grupo durante o tratamento*, enfim, da busca de *tratar o alcoolista como um todo*, desde que ele tenha *motivação para o tratamento*, conforme as falas abaixo:

> eu acho (17) isso por conta do AA que assistiu (...) trabalhamos o indivíduo como ser social (...) trabalhamos a alta (5) faço a parte do social (2) trabalhar tanto o paciente como a família (8) a gente mantém o contato com a família (...) ao longo de um processo psicoterápico (...) a partir do momento que o assistente social tem interesse (...) não ver o indivíduo só por parte mas ver o todo (4) eu sei que to contribuindo com a minha parte social (...) só que não sou eu só (...) às vezes consigo que eles lavem um carro (...) pintar uma casa (...) trago anúncio de emprego de jornal (...) a gente tem conseguido minimamente (2) o pouco que a gente tá fazendo por eles no momento aqui é o que a gente pode mesmo, mas ta surtindo efeito (...) tô contribuindo de alguma forma (5) nossa contribuição é no sentido de levantar a autoestima (...) trabalhar muito a cidadania (2) encaminho pra grupos de jovens (...) para grupos de AA (...) para grupos da pastoral da sobriedade (...) (Profissionais da área de Humanas)

A representação social da existência dessa relação é um ponto positivo para o tratamento do alcoolismo, já que pode orientar a ação desses profissionais para a promoção de um tratamento que contemple a reinserção sociofamiliar dos dependentes do álcool, melhorando a qualidade do tratamento e consequentemente aumentando as chances de o alcoolista ter uma vida mais saudável.

Com tais resultados, torna-se claro que, no tratamento do alcoolismo, há necessidade de um trabalho inter e multiprofissional, para que haja melhores resultados, apesar de se saber que esse tratamento é bastante difícil.

Um fator que merece ser mencionado é que, em geral, há um desgaste na relação entre o profissional que "cura" e o alcoolista, decorrente das inúmeras reinternações causadas pelas recaídas do alcoolista, e levando o profissional a descrer no tratamento. Necessita-se, portanto, de um empenho imenso dos profissionais que atuam nessa área, além da crença na "cura" do alcoolista, para que o tratamento produza efeito e não se torne um trabalho voltado para o vazio, quando não se crê nele.

O conhecimento das representações sociais de profissionais sobre o alcoolismo contribui para a possibilitar elementos que auxiliem no planejamento de possíveis intervenções que possam ser realizadas no processo de tratamento do alcoolismo. Eis a importância de utilizar a teoria das representações sociais para compreender o fenômeno do alcoolismo.

Considerações finais

Com relação às representações sociais das concepções do alcoolismo, verificou-se uma relação indissociável entre o conceito pluridimensional de alcoolismo e de alcoolista. Nessa relação, o alcoolismo foi representado como uma doença orgânica, psicológica, de cunho social, relacionando-se também à esfera da moralidade. Com relação ao alcoolista, ele foi representado como uma pessoa abandonada, triste, que foge dos problemas, que tem baixa autoestima, comportamentos compulsivos e pensamentos nefastos, associados sobretudo à morte. Nesse sentido, observou-se uma ampliação do conceito de alcoolismo, que não se limitou a uma concepção orgânica e, sim, foi representado também como um fenômeno que contempla a esfera psicológica e sociomoral do sujeito. Mesmo diante desta ampliação, verificou-se que na prática dos profissionais investigados, o alcoolismo se apresenta de forma ambígua, visto que, é considerado uma doença. No entanto, com base nas representações sociais dos sujeitos desta pesquisa, observou-se que não há uma aceitação do alcoolismo como doença no momento da internação hospitalar, já que os alcoolistas são rejeitados pela própria equipe de saúde.

Sobre a relação entre a prática profissional e a reinserção do alcoolista na sociedade e na família, verificou-se que os atores sociais, em sua maioria, apontaram a existência de uma relação que favorece a reinserção. Nesse sentido, essas representações, de certa forma trazem uma esperança quanto à melhoria da atenção destinada ao alcoolista em tratamento, na medida em que uma representação social, em uma de suas funções, atua como orientadora das ações dos sujeitos.

Os resultados apontam para dados importantes, ao revelarem a existência de uma rejeição/marginalização dos alcoolistas pelos próprios profissionais que participam do tratamento do alcoolismo. Tal dado produz um efeito negativo no que concerne ao tratamento dessa dependência, visto que favorece uma relação enviesada entre o profissional cuidador e o paciente, que necessita de ajuda. Sendo assim, o conhecimento dessas representações sociais pode servir como um meio para a reflexão das práticas profissionais nas diferentes instituições contempladas, além das condições de trabalho oferecidas a esse público. Sugere-se a realização de um estudo posterior que contemple esses fatores.

Espera-se que o conhecimento dos resultados desta pesquisa contribua, principalmente, para uma reavaliação da prática de profissionais que atuam no tratamento do alcoolismo, além de poder contribuir para discussões no campo das representações sociais, da saúde e da educação.

PARTE II

PSICOLOGIA SOCIAL E RELAÇÕES INTERGRUPAIS

CAPÍTULO 4

Identidade racial e atitudes para o próprio e outro grupo em crianças

Dalila Xavier de França, Maria Benedicta Monteiro

O estudo da identidade racial em crianças tem se tornado crescente atualmente, o enfoque tem sido sobre a reação destas crianças ao preconceito e a discriminação sofridos. Apesar do despertar para a identidade racial da criança, existem muitas lacunas no entendimento deste fenômeno. Neste estudo temos o objetivo de analisar a identidade racial de crianças brancas, mulatas e negras de cinco a dez anos, suas atitudes para com o próprio grupo e para outros grupos raciais, com ênfase na compreensão da identidade de crianças mulatas e negras.

A identidade racial é entendida na perspectiva da teoria da identidade social de Tajfel (1978a), como a parcela do autoconceito da criança que deriva do conhecimento da sua pertença a uma categoria racial, juntamente com o significado emocional e de valor associado a essa pertença. A preferência pode ser entendida como a disposição pessoal para estabelecer relações com alguém do próprio grupo ou de outros grupos raciais (Milner, 1973).

Identidade social e identidade racial

A noção de identidade é central na compreensão e na explicação das interações e das relações entre os grupos (Murrell, 1998). É através de experiências diretas e indiretas que os indivíduos vão construindo sua identidade (Tajfel & Turner, 1986). Parte da identidade é formada nas (e pelas) relações sociais dos indivíduos e está associada à pertença a categorias sociais ou a grupos de pessoas. Esta identidade é denominada por Tajfel (1978a) de identidade social.

O critério determinante da pertença é que os indivíduos se definam e sejam definidos pelos outros como membros de um determinado grupo (Tajfel & Turner, 1986). A pertença do indivíduo a um grupo atinge seu significado quando comparada à avaliação das diferenças relativas a outros grupos, de modo que o outro é um instrumento e um pretexto para a construção, manutenção e defesa da identidade social (Monteiro & Ventura, 1997). A comparação pode resultar em uma identidade social positiva, na preservação e na valorização da identidade e no favoritismo do próprio grupo, caso o grupo seja avaliado positivamente; ou em uma identidade social negativa, caso a avaliação do próprio grupo seja negativa (Tajfel, 1978a; Tajfel & Turner, 1986). Existe uma tendência dos indivíduos a manter ou acentuar a autoestima pela valorização da identidade social (Tajfel & Turner, 1979). Nas relações entre grupos sociais, a acentuação da autoestima se dá pela comparação do próprio grupo com outros e pela valorização de seu grupo em detrimento dos outros grupos (Tajfel, 1978a,b).

Como afirma Tajfel (1978a), os indivíduos apresentam várias identidades conforme os grupos em que estejam inseridos. Uma maneira pela qual o indivíduo pode distinguir sua identidade é em termos de grupos raciais. Muitos autores afirmam que desde muito cedo na vida o indivíduo é capaz de se definir em termos da pertença a grupos raciais e mostrar-se ativo na aprendizagem e na compreensão desta inserção (Aboud, 1988; Allport, 1954; Brown, 1995; Clark & Clark, 1947; Clark & Cook, 1988; Hirschfeld, 1996; Katz, 1983; Ramsey, 1987; Rotheran & Phinney, 1987; Tajfel, 1978a). Por exemplo, Holmes (1995) afirma que, na primeira infância, as crianças já se definem em termos da pertença a um grupo racial.

A identidade é composta por várias dimensões que variam de um polo individual e privado para um polo intergrupal, público e contextual (Jackson & Smith, 1999; Trew & Benson, 1996). Ellemers, Kortekaas e Ouwerkerk (1999) propõem que a identidade social tem três dimensões distintas: uma cognitiva, uma outra avaliativa, e ainda uma emocional. A dimensão cognitiva é composta pela autocategorização, que os autores definem como a consciência cognitiva da pertença de alguém a um grupo social. A dimensão avaliativa é representada pela autoestima, que consiste na conotação de valor positivo ou negativo associado ao grupo social. E por fim a dimensão emocional é composta pelo compromisso emocional, que consiste no envolvimento emocional com o grupo. Seguindo Ellemers *et al*. (1999) analisaremos as seguintes dimensões da identidade: a) a categorização racial; b) a autocategorização; e c) a avaliação emocional da pertença.

A categorização racial

A categorização racial refere-se à capacidade da criança de distinguir as pessoas em termos de seus traços físicos de natureza racial tais como a cor da pele, o tipo de cabelo e a estrutura facial (Brown, 1995; Ramsey, 1987; Rotheram *et al*.., 1987). A identidade racial pressupõe conhecimento de que o mundo social é organizado em grupos étnico--raciais (Katz, 1983). Assim, a criança necessita ser capaz de distinguir os grupos e aprender quais características são relevantes para a inclusão ou a exclusão de alguém em um determinado grupo (Katz, 1983). Isto é possível através do processo de categorização (Tajfel, 1978a), o qual considera a acentuação de similaridades das características dos objetos em uma mesma categoria, e de diferenças entre características dos objetos em categorias diferentes, critério para distinguir objetos sociais e não sociais e organizar o mundo social. O efeito de acentuação é tanto mais pronunciado quanto a categorização é relevante e saliente para o indivíduo (ver Abrams & Hogg, 1988).

O processo de categorização racial é o primeiro passo na formação de atitudes raciais, quer positivas, quer negativas (Aboud, 1988; Katz, 1976). Allport (1954) afirma que muito cedo as crianças apresentam curiosidade e interesse pelas diferenças raciais, de modo que os primeiros indícios da categorização racial podem estar na observação da criança de que algumas peles são brancas e outras negras.

Aos três anos de idade as crianças podem identificar, classificar e rotular pessoas por grupos raciais (Aboud, 1988; Allport, 1954; Brown, 1995; Clark & Clark, 1947, 1988; Holmes, 1991, Katz, 1983; Rotheram *et al.*, 1987; Ramsey, 1987; Tajfel, 1978a), contudo a categorização de pessoas por etnia e raça é influenciada por fatores situacionais e do desenvolvimento cognitivo da criança (Ramsey, 1987). Do ângulo situacional, os contactos sociais prévios que as crianças mantêm com pessoas de outras raças e a saliência da raça na situação podem determinar as categorizações (Allport, 1954, Ramsey, 1987).

Do ângulo do desenvolvimento, apesar das crianças já aos três anos de idade usarem as características étnicas e raciais para categorizarem os grupos (Katz, 1983), a posterior aquisição de capacidades cognitivas como a reversibilidade e a descentração (ver Piaget, 1964; Piaget & Inhelder, 1998) permite-lhes classificações desta espécie mais rigorosas.

Uma última observação sobre a categorização racial consiste no fato de que, à medida que as crianças percebem as diferenças entre os grupos, percebem também, ainda que de modo rudimentar, o *status* social relativo dos diferentes grupos. Ao tomar consciência do *status* de seu grupo social de pertença, a criança é envolvida em uma grande rede de emoções, conflitos e desejos, os quais são parte do seu conhecimento crescente acerca daquilo que a sociedade pensa sobre seu grupo racial (Clark & Cook, 1988).

Autocategorização racial

Seguindo Ellemers *et al.* (1999)[1], definimos a autocategorização como o conhecimento por parte do indivíduo de sua pertença a um grupo racial. Acrescentamos a esta definição a ideia contida na definição de autoidentificação étnica de Rotheram *et al.* (1987) de que o grupo de pertença do indivíduo deve ser aquele que as outras pessoas atribuem a ele. Uma vez que se ignoramos esse aspecto, a escolha da categoria racial para a autodefinição de alguém seria correta para qualquer grupo ao qual o indivíduo escolhesse pertencer. Ter em conta a opinião das outras pessoas limita o cabedal de escolhas do indivíduo, de modo a considerar a sua autoclassificação como condicionada à escolha de uma categoria particular, àquela que os outros atribuem a ele ou à categoria socialmente convencionada.

A autocategorização tem estreita relação com o *status* social do grupo; uma vez que os indivíduos lutam por uma identidade social positiva, provavelmente resistirão a identificar-se com grupos de baixo *status* ou tentarão mudar sua afiliação. Entretanto, outras variáveis sócio estruturais, além do *status* relativo, influenciam a aceitação do grupo de pertença.

As investigações na área da autocategorização em crianças, anteriores à década de 1980, evidenciavam a aceitação da categorização social convencional entre as crianças de *status* social alto (e.g., crianças brancas na América do Norte e na Europa), enquanto as de *status* social baixo (e.g., crianças negras e outras minorias) apresentavam rejeição e procuravam negar a categoria socialmente convencionada (Clark *et al*, 1947, 1988; Katz, 1983, Milner, 1973, 1983, 1984). Katz (1983) afirma que o *status* relativo que a sociedade confere aos grupos é refletido nos sentimentos das crianças sobre seu próprio grupo: crianças que pertencem a grupos de alto *status* social (crianças do sexo masculino e crianças brancas) raramente desejam ser de grupos de baixo *status* (sexo feminino ou negra).

Aboud (1977, 1980, 1988) verifica, ainda nos EUA, que a autocategorização racial torna-se mais consistente com o aumento da idade. Assim, crianças brancas, já aos três anos de idade, apresentaram cerca de 75% de capacidade de autocategorização; aos quatro e cinco anos de idade, crianças brancas autocategorizam-se como brancas em torno de 70% a 80 % das vezes, e estes valores elevam-se para cerca de 100% aos seis

---

[1] Ellemers *et al.* (1999) avaliaram a autocategorização através das seguintes afirmações que deveriam ser respondidas em uma escala de 7 pontos, sendo 1 *"not at al"* e 7 *"very much"*: *I identify with other members of my group; I am like other members of my group; My group is an important reflection of who I am.*

e oito anos de idade. Com relação às crianças de baixo *status*, Aboud afirma que, aos três anos de idade, as crianças negras são capazes de autocategorizarem-se. Contudo, a autocategorização não é forte nas idades iniciais (três a cinco anos), já aos seis e sete anos de idade a capacidade de autocategorização chega a 80%; e raramente excede os 90% dos oito a dez anos de idade.

Observa-se, com base nesses estudos, um quadro de autocategorização diferenciado entre grupos de baixo e alto *status*. Nas crianças de grupos de alto *status*, a autocategorização é forte; ao passo que as crianças de grupos de baixo *status* apresentam uma tendência à rejeição da categoria de pertença. Como se pode perceber a autocategorização pode ser influenciada pelo *status* do grupo de pertença.

No Brasil, observa-se que, em relação a emprego, escolaridade e rendimento, os negros e mulatos apresentam *status* social e econômico inferior aos brancos. A condição de inferiorização dos negros no Brasil se arrasta ao longo da história, a ponto de historiadores, sociólogos e antropólogos afirmarem que a valorização da cor branca e o branqueamento caracterizam o racismo brasileiro (Fernandes, 1978; Munanga, 1999; Schwarcz, 1993).

O *status* diferenciado de brancos, mulatos e negros no Brasil cria hierarquias entre os grupos raciais, como demonstrou o estudo de Lima (2003, Lima & Vala, 2004) com universitários brasileiros, no qual os negros e brancos que obtêm sucesso socioeconômico são percebidos pelos estudantes de modo mais positivo do que negros e brancos que fracassam socioeconomicamente. Neste estudo, observa-se ainda que os grupos que obtêm sucesso são percebidos como mais brancos do que os grupos que fracassam, e os que fracassam são percebidos como mais negros, de modo que a percepção da brancura da pele como algo associado a coisas positivas e valiosas está presente nos brasileiros.

Avaliação emocional da pertença

Um aspecto importante na definição da identidade é o da avaliação emocional da categoria de pertença (Tajfel, 1988b). Este aspecto tem sido usualmente definido em termos de afetos (amor ou ódio, gosto ou desgosto) (Condor, Brown, & Williams, 1987) e de valor (Monteiro, Lima & Vala, 1991) ligados à própria categoria ou a outras.

A avaliação emocional da pertença têm sido estudada no campo da autoestima (Hutnik, 1991; Milner, 1983; Tajfel & Turner, 1986; Trew & Benson, 1996). Corenblum, Annis e Tanaka (1997) afirmam que a autoestima das crianças é influenciada pela visão predominante na sociedade a respeito de seu grupo. As crianças de grupos de *status* alto experienciam consistência avaliativa entre os afetos positivos associados à pertença ao seu próprio grupo e o valor atribuído a este pela sociedade, de modo que sua autoestima é acentuada por identificarem-se com os membros do seu grupo. Num estudo de Monteiro e Ventura (1997), as crianças tendiam a se autodefinir como tendo desenvolvimento "normal" e a diferenciarem-se positivamente de crianças com "deficiência"; assim mantinham-se positivamente distintas ao identificarem-se com um grupo valorizado socialmente (crianças "normais").

Já as crianças de grupos de baixo *status* experienciam discrepância entre o afeto positivo, relativo ao desenvolvimento de atitudes para o próprio grupo, e o afeto negativo, associado à percepção da avaliação social desfavorável de seu grupo. Essa avaliação desfavorável pode ser mais elevada nas crianças com idade superior a sete anos, pois, com o advento do pensamento operacional concreto, crianças de grupos majoritário e minoritário podem compreender o *status* de seu grupo e como ele é percebido pelos outros (Yee & Brown, 1992; Corenblum, Annis & Tanaka, 1997).

Rosenberg (1977) estudou crianças negras em escolas integradas e segregadas nos Estados Unidos. Ele observou que crianças negras de escolas integradas tinham um nível mais baixo de autoestima do que crianças negras de escolas segregadas, mesmo considerando que suas notas na escola eram melhores do que as das crianças das escolas segregadas. Rosenberg conclui que as crianças negras nas escolas integradas estavam comparando-se com suas colegas brancas, e esta comparação diminuía a autoestima delas, ao passo que nas escolas segregadas, as crianças faziam comparações endogrupais.

Rosenberg afirma ainda que, na adolescência e na idade adulta, a comparação com grupos de *status* mais elevado é inevitável, pois a inserção na sociedade, mais ampla característica desta etapa, leva os indivíduos a escolhas ocupacionais e, formação de ideologias políticas, entre outras inserções que os colocam em situações competitivas e os levam a fazer comparações. De fato, Schunk (1992) afirma que, após os oito anos de idade, as crianças apresentam um intenso um interesse por informações comparativas, e este interesse estende-se pela adolescência.

Em contrapartida, a capacidade de comparação exige níveis mais elevados de desenvolvimento cognitivo, tal como a capacidade de descentração; assim, antes dos seis anos de idade, as crianças não podem avaliar-se em relação a outras, suas avaliações estão em relação a elas próprias (Schunk, 1992). Para Rosenberg (1977), a comparação social de crianças menores é provavelmente feita exclusivamente com base no próprio grupo étnico e racial.

Preferência racial

A categorização e a autocategorização raciais *per se*, não determinam as concepções das crianças sobre os grupos raciais. Para termos uma apreciação das atitudes das crianças em face de outros grupos, temos que investigar sua disposição para interagir socialmente com pessoas dos diferentes grupos e; isto pode ser percebido através da análise da preferência em relação à própria categoria racial e em relação às outras categorias raciais. A preferência pode ser definida como a disposição pessoal para estabelecer relações com alguém do próprio ou de outros grupos raciais (Milner, 1973).

A preferência pela categoria racial e de gênero pode ser percebida em crianças muito jovens (Brown, 1995). Ramsey (1987), investigando crianças de três a seis anos de idade, observou que a categoria gênero determinou mais a escolha de amizade do que a raça. Entretanto, a categoria racial mostrou-se mais saliente do que a de gênero, quando foi enfatizada a intensidade da relação, de modo que ao escolher o "melhor amigo", as crianças preferiam alguém da sua própria raça. Quando a escolha era de alguém para brincar ou trabalhar na classe, havia menor preferência por alguém da mesma raça. Tem-se observado que a predominância de escolhas inter-raciais parecem persistir em contextos nos quais as relações sociais são mais próximas (por exemplo: casamento inter-racial) do que em contextos de relações sociais mais distantes (estudar em escola integrada) (Schofield, 1986).

Vários pesquisadores afirmam que existe um período 'crítico', entre os cinco e os oito anos de idade, durante o qual as crianças parecem tornar-se especialmente etnocêntricas em suas escolhas (Aboud, 1987; Bigler & Liben, 1993; Brown, 1995; Doyle & Aboud, 1995; Yee & Brown, 1992). Yee e Brown (1992) observaram este fenômeno em crianças de três, cinco, sete e nove anos de idade, num estudo cuja pertença grupal e *status* foram manipuladas experimentalmente. Eles concluem que este período crítico começa aos cinco anos, quando as crianças começam a preferir seu próprio grupo. Neste período, mesmo as crianças de grupos de baixo *status* podem apresentar preferência etnocêntrica.

Os estudos demonstram preferência etnocêntrica em crianças de grupo majoritários, a preferência etnocêntrica nas crianças brancas pode ser percebida desde os 4 anos de idade (Aboud, 1987; Davey, 1983).

Com relação à preferência das crianças de grupos minoritários, apresenta-se alocêntrica (Milner, 1973). Entretanto, a partir da década de 1970, verifica-se nos EUA uma mudança na preferência de crianças de grupos minoritários em direção ao seu próprio grupo de pertença (Asher & Allen,1969; Hraba & Grant, 1970), talvez essa mudanças tenham sido impulsionados pela emergência de diversos movimentos sociais e políticos em benefício da causa negra, ocorridos naquele pais.

Brown (1995) afirma que a natureza e a direção da preferência parecem depender do *status* do grupo na sociedade, pois crianças de *status* alto respondem às questões de preferência de modo diferente daquelas de *status* baixo. Este autor salienta ainda que tem sido encontrado em várias sociedades uma tendência consistente para crianças de grupos de alto *status* a apresentarem forte preferência endogrupal, enquanto as crianças de grupos de baixo *status* apresentam preferência exogrupal.

Com base nestes pressupostos, este estudo teve como objetivo contribuir para um melhor entendimento da identidade racial e da preferência para o próprio grupo racial e os outros grupos raciais em crianças brasileiras brancas mulatas e negras de cinco a dez anos de idade.

Método

Participantes

Participaram da pesquisa 238 crianças brasileiras, sendo 113 do sexo masculino e 125 do sexo feminino, com idades variando dos cinco aos dez anos; sendo 33,2% de cinco e seis anos, 33,2% de sete e oito anos e 33,6% de nove e dez anos. Com relação ao grupo racial, 36,1% eram brancas, 37,4% eram mulatas e 26,5% eram negras. A amostra foi retirada de escolas da rede pública (60,1%) e de escolas da rede privada (39,9%) de ensino da cidade de Aracaju, no Nordeste do Brasil.

As variáveis independentes do estudo foram a cor da pele e a idade. A cor da pele consistiu na classificação das crianças em uma das três categorias raciais: branco, mulato e negro. Esse procedimento foi feito momentos antes de cada entrevista: três juízes (entrevistadoras) marcavam secretamente sua opinião sobre o grupo racial ao qual cada criança entrevistada pertencia, anotando as letras "B" (para branco), "M" (para mulato) ou "N" (para negro) em papel tipo "post-it", que era entregue à pessoa encarregada de entrevistar a criança. Todas as crianças foram avaliadas com relação ao grupo de pertença pelos três juízes. De maneira geral, o consenso foi elevado, sendo que houve maior grau de consenso entre os juízes na classificação do grupo racial de crianças brancas e negras. Consideramos a idade, nas faixas de cinco e seis anos, sete e oito anos, e nove e dez anos.

Instrumentos e procedimentos

As crianças foram entrevistadas individualmente, em suas próprias escolas, por três entrevistadoras treinadas (duas mulatas e uma branca). Utilizaram-se fotografias de crianças como material estímulo. Foram doze fotografias foram divididas em quatro subconjuntos (1- sexo masculino até sete anos, 2 – sexo masculino com mais de sete anos, 3 – sexo feminino até sete anos; e 4 – sexo feminino com mais de sete anos), cada um contendo uma fotografia de uma criança branca, uma de uma mulata e uma de uma negra.

Foi elaborado um questionário com dezesseis perguntas, oito delas visando a avaliar as seguintes medidas dependentes: categorização racial, autocategorização racial e avaliação emocional da pertença- determinantes do modo como se processa a identidade racial. Assim, a identidade racial foi avaliada segundo os seguintes indicadores: a) categorização e auto categorização raciais das crianças; e b) avaliação emocional que fazem de sua pertença. Foi analisada ainda outra medida dependente mais voltada para as atitudes, que foi a preferência pelas categorias raciais.

a) A categorização racial foi avaliada em dois níveis: classificação e reconhecimento (ver Aboud, 1988). Para proceder à construção do índice de categorização racial, os indicadores de classificação e reconhecimento de cada grupo racial foram somados, sendo que os índices inferiores a 50% indicaram a falta de capacidade de categorização, e os superiores a essa porcentagem indicaram a presença dessa capacidade.

Adotamos como indicadores de classificação a organização das fotografias, em pilhas diferentes, sendo uma pilha para cada grupo racial. O indicador de reconhecimento consistiu em organizar fotografias em caixas que continham os rótulos branco, negro e mulato. Além dos nomes de cada grupo racial, havia um papel adesivo com uma cor correspondente ao rótulo.

b) A autocategorização foi avaliada perguntando-se à criança: "Qual desses se parece mais com você?". A resposta era em termos da escolha da fotografia de uma criança do grupo racial igual ao da criança entrevistada. A partir dessa variável, pudemos verificar também a rejeição da categoria de pertença, que consistiu na escolha da fotografia de uma criança de raça diferente da criança entrevistada.

c) A avaliação emocional da pertença, foi medida através das questões: "Você gosta de ser 'X'?" e "Você gostaria de ser diferente do que você é?". A resposta era em termos de uma escala de quatro pontos que variou entre "muito", "mais ou menos", "pouco" e "nada". Para auxiliar nas respostas as questões, foi elaborado um gráfico, contendo quatro copos apresentando quatro diferentes graus de preenchimento. Um copo cheio representava 'muito'; um copo preenchido pela metade, representava 'mais ou menos'; um copo com preenchimento bem abaixo da metade representava 'pouco' e, por fim, um copo vazio representava 'nada'.

Tivemos como indicador das atitudes raciais a preferência para o próprio grupo e para outro grupo.

d) A preferência racial foi definida em termos da disposição da criança para estabelecer relacionamento com outras crianças. Foi avaliada em termos das seguintes escolhas: 1) um irmão adotivo, 2) o melhor amigo, 3) uma criança com quem dividiria doces e 4) uma criança com quem faria uma prova para nota. Para cada item acima, a criança poderia fazer uma única escolha entre as fotografias de uma criança negra, uma mulata ou uma branca.

Para proceder à análise da preferência, foi construído um índice, considerando-se o grau de intimidade ou de proximidade envolvido na relação descrita em cada item. A construção do indicador consistiu na atribuição de um valor a cada tipo de preferência em função do grau de intimidade. Assim, o irmão adotivo foi considerado como indicador de maior grau de intimidade, sendo-lhe atribuído o valor 4[2]. Em seguida veio "uma criança com quem fariam uma atividade para nota", o "melhor amigo" e uma criança "com quem dividiria um doce", que receberam os valores 3, 2 e 1 respectivamente. A escala de preferência variou então de 0 (preterição total) a 10 (preferência total) para cada um dos possíveis alvos da preferência.

Resultados

Análise da identidade racial: categorização e a autocategorização e avaliação emocional da pertença.

Para proceder à análise da categorização racial e da autocategorização racial, fizemos uma análise de contingência, cruzando cada variável com a cor da pele (branca, mulata ou negra) e a idade das crianças (cinco e seis, sete e oito, e nove e dez anos).

Com relação à capacidade de categorização racial, verificamos a influência da idade ($x^2 = 6,555$; g.l.= 2; $p < 0,038$). Notamos o aumento na capacidade de categorização com a idade, 83,5% das crianças aos cinco e seis anos categorizam os grupos, enquanto este índice cresce para 92,4% aos sete e oito anos e para quase 95,0% aos nove e dez anos de idade. A relação entre a idade e a categorização é determinada pelas crianças de cinco e seis anos de idade, como indicam os valores residuais superiores a+2 ou inferiores a –2. Estes resultados podem ser vistos na Tabela 1.

Tabela 1 - Frequências e Percentagens da Categorização Racial em função da idade das Crianças (n= 238)

Idade		Não categorizam	Categorizam	Total
	Bruto	13	66	79
5 – 6 anos		16,5%	83,5%	100,0%
	Residual	2,5	-2,5	
	Bruto	6	73	79
7 – 8 anos		7,6%	92,4%	100,0%
	Residual	-,8	,8	
	Bruto	4	76	80
9 – 10 anos		5,0%	95,0%	100,0%
	Residual	-1,7	1,7	
Total		23	215	238
		9,7%	90,3%	100,0%

---

[2] Baseamo-nos em Hinde (1997), que afirma que as relações de intimidade possuem as seguintes propriedades: 1) quantidade de tempo que as pessoas passam juntas; 2) variedade de coisas que pessoas fazem juntas; 3) e o grau de influência que cada pessoa exerce sobre a outra. Já Holmes (1995) distingue diversos graus de intimidade entre os quais inclui aqueles dirigidos para os familiares e o melhor amigo como os mais íntimos. Miller e Gentry (1980) verificaram que a escolha de alguém para realizar um trabalho escolar não exige alto grau de proximidade mas uma avaliação das capacidades acadêmicas da pessoa envolvida. Esta escala pode ainda ser considerada um indicador de distância social no sentido de Bogardus (1925).

IDENTIDADE RACIAL E ATITUDES PARA O PRÓPRIO E OUTRO GRUPO EM CRIANÇAS

No que diz respeito à autocategorização racial, verificamos que esta variável é afetada pela cor da pele das crianças (x^2= 95,450; g.l.= 4; p < 0,000). Na Tabela 4.2, podemos observar que nas crianças brancas entrevistadas, quase 80% percebem-se como brancas. Já nas mulatas este índice caiu para 53,9%, sendo que 38,2% delas se percebem como brancas e 7,9% se veem como negras. Entre as crianças negras, menos de 40% se percebem como negras, a maioria delas (47,6%) percebe-se como mulata e há ainda 12,7% de crianças negras que se percebem como brancas. Como indicam os residuais, a relação entre a cor da pele e a autocategorização é determinada sobretudo pelas crianças negras que se veem como negras (39,7%), pelas crianças brancas que se dizem brancas (79,1%) e pelas crianças negras que se veem como brancas (12,7%). Nestes resultados, observamos percentuais bastante elevados de crianças mulatas e negras auto-categorizando-se como mais claras, na direção do branqueamento. Esses resultados não foram influenciados pela idade das crianças (x^2= 4.4; g.l.= 4; p > 0,10, n= 141[3]).

Tabela 2 - Frequências e Percentagens da Autocategorização Racial em função da Cor da Pele das Crianças (n= 238)

| Cor da pele | Autocategorização Racial | | | |
	Sou branco	Sou mulato	Sou negro	Total
Bruto	68	18	0	86
Branco	79,1%	20,9%	,0%	100,0%
Residual	7,6	-4,6	-4,6	
Bruto	34	48	7	89
Mulato	38,2%	53,9%	7,9%	100,0%
Residual	-1,9	3,3	-2,0	
Bruto	8	30	25	63
Negro	12,7%	47,6%	39,7%	100,0%
Residual	-6,2	1,4	7,1	

Assim, podemos observar que 46,1% das crianças mulatas e 60,3% das crianças negras rejeitam a sua pertença racial.

A análise da avaliação emocional da pertença foi feita através de uma Análise de Correspondência Múltipla das variáveis "Você gosta de ser 'X'?" e "Você gostaria de ser diferente do que você é?" juntamente com os demais indicadores da identidade racial: autocategorização racial, avaliação emocional da pertença (gosta de ser, gostaria de ser diferente). E ainda com a cor da pele (branco, mulato e negro) e idade (cinco e seis anos, sete e oito anos e nove e dez anos). Os resultados podem ser vistos na Figura 1.

De acordo com os valores próprios de cada dimensão[4], a melhor interpretação dos resultados é a que opõe os eixos verticais. Neste sentido, podemos observar um quadro das identidades das crianças que opõe uma identidade positiva, caracterizada pelo "gosta de ser" (muito ou mais ou menos) e pela pouca vontade de querer "ser diferente do que é", a uma identidade negativa, caracterizada pelo "não gosta de ser" ou pelo "gosta pouco" e pelo elevado desejo de "ser diferente". Observamos então que as crianças

---

[3] Para análise da autocategorização em função da idade foram considerados apenas os sujeitos de responderam corretamente a esta questão.

[4] Dimensão 1 = .48, Dimensão 2 = .35.

brancas de todos os grupos etários se situam na dimensão positiva da identidade e aceitam a sua pertença racial. Por outro lado, as crianças negras até os oito anos de idade, apesar de afirmarem-se negras, aceitando a sua pertença, apresentam-se muito insatisfeitas com ela, pois gostam pouco ou nada de serem como são e queriam muito ser diferentes. Já as crianças mulatas, de todas as faixas etárias, e as negras de nove e dez anos afirmam-se mulatas e ocupam a fronteira entre uma identidade positiva e uma identidade negativa.

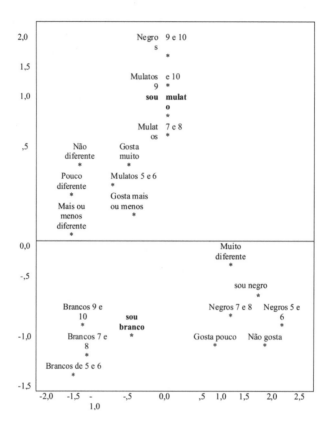

Figura 1 - Análise de Correspondências Múltiplas (Princals) da Auto categorização, da Avaliação Emocional da Pertença, da Cor da Pele e da Idade das crianças (n= 238).

Análise das atitudes raciais:
A preferência para o próprio e outros grupos

Para proceder à análise da preferência, cada um dos quatro indicadores desta variável foi tratado mediante de uma análise de contingência juntamente com a cor da pele da criança e a idade. Observou-se que a cor da pele não afetou esta variável para qualquer dos indicadores (ver Tabela 5). Interessante examinar resultados, pois a não significância deveu-se à preponderante preferência pela categoria branco e um distanciamento das categorias negro e mulato em todos os indicadores. Sendo assim, 79,8% das crianças escolhem ter como irmão adotivo uma criança branca. E cerca de 69,1%

das crianças preferem fazer atividades para nota também com crianças brancas. Este quadro de preferência pela categoria branco permanece, embora em percentagens mais baixas (cerca de 50%) quanto à preferência para o melhor amigo e para dividir um doce.

Tabela 5 - Frequência em Porcentagem da Preferência em Função da Cor da Pele da Criança (irmão adotivo, para atividade para nota, melhor amigo e para dar um doce)

Cor da pele	Qual você escolhe como irmão adotivo?[1]			Total
	Branco	Mulato	Negro	
Branco	78,6%	19,0%	2,4%	100,0%
Mulato	77,5%	14,6%	7,9%	100,0%
Negro	85,0%	11,7%	3,3%	100,0%
Total	79,8%	15,5%	4,7%	100,0%
	Com qual você faria atividades para nota?[2]			Total
Branco	69,0%	20,2%	10,7%	100,0%
Mulato	69,7%	22,5%	7,9%	100,0%
Negro	68,3%	18,3%	13,3%	100,0%
Total	69,1%	20,6%	10,3%	100,0%
	Qual você escolhe como amigo?[3]			Total
Branco	51,2%	32,1%	16,7%	100,0%
Mulato	51,7%	33,7%	14,6%	100,0%
Negro	50,0%	38,3%	11,7%	100,0%
Total	51,1%	34,3%	14,6%	100,0%
	Qual você escolhe para dar doce?[4]			Total
Branco	48,8%	32,1%	19,0%	100,0%
Mulato	51,7%	23,6%	24,7%	100,0%
Negro	55,0%	25,0%	20,0%	100,0%
Total	51,5%	27,0%	21,5%	100,0%

[1] (x^2= 4,660; gl= 4; P > .10; n= 233).
[2] (x^2= 1,378; gl= 4; P > .10; n= 233).
[3] (x^2= 1,027; gl= 4; P > .10; n= 233).
[4] (x^2= 2,281; gl= 4; P > .10; n= 233).

Com relação à preferência em função da idade, observamos que esta influenciou a preferência da criança para dar doce (x^2= 14,014; g.l.= 4; p <0,007; n = 233): aos sete e oito anos as crianças preferem menos dar doces às crianças negras (11,5%) do que às mulatas (35,9) e do que às brancas (52,6%); aos nove e dez anos a preferência pelo negro aumenta um pouco (33,8%), em relação à preferência pelo mulato (22,1%), contudo permanece bem mais baixa em relação à preferência para dar doce ao branco (44,2%). Estes resultados podem ser observados na Tabela 6.

Para verificar as possíveis interações da preferência em função da cor da pele e da idade da criança, fez-se a uma análise dos indicadores de preferência para negros, brancos e mulatos. Realizamos uma MANOVA, tomando como variáveis independentes a idade e a cor da pele, e como dependentes as preferências para branco, mulato e negro. Utilizando-se o *Pilais* como critério, observou-se que a combinação de VDs não foi influenciada quer pela idade $F(3, 223) = 0,97$; $p > 0,10$, quer pela cor da pele $F(3, 223) = 1,10$; $p > 0,10$, quer pela interação entre estas duas variáveis $F(4, 224) = 0.44$; $p > 0,10$. Não foram observados efeitos específicos das VIs sobre as VDs.

Tabela 6 - Frequências e Porcentagens da Preferência para dar Doce à Crianças de Diferentes Categorias Raciais em Função da Idade

Idade	Qual você escolhe para dar o doce?			Total
	Branco	Mulato	Negro	
Bruto	45	18	15	78
5 e 6 anos	57,7%	23,1%	19,2%	100,0%
Residual	1,3	-1,0	-,6	
Bruto	41	28	9	78
7 e 8 anos	52,6%	35,9%	11,5%	100,0%
Residual	,2	2,2	-2,6	
Bruto	34	17	26	77
9 e 10 anos	44,2%	22,1%	33,8%	100,0%
Residual	-1,6	-1,2	3,2	

Discussão

Neste estudo pretendeu-se analisar a identidade racial e as atitudes para o próprio e para outros grupos em crianças brancas, negras e mulatas de cinco a dez anos.

De início, procuramos verificar se as crianças categorizam corretamente os grupos raciais; Os resultados indicam que mais de 80% das crianças já aos cinco anos de idade são capazes de categorizar os grupos raciais estudados. Este índice chegou a 95% nas crianças de nove e dez anos de idade.

Embora os estudos realizados por Clark e Clark (1947) tenham analisado crianças de grupos raciais diferentes dos abordados neste estudo, podemos dizer que nossos resultados corroboram aqueles, visto que as faixas de idade são semelhantes. Todavia, ocorre uma diferença entre os resultados aqui encontrados e aqueles verificados por Clark e Clark (1947), ao verificar que já aos cinco anos de idade as crianças categorizam 90% das vezes.

Como sugere Katz (1983), a identidade racial pressupõe o conhecimento de que o mundo social é organizado em grupos raciais. Com base nos resultados aqui encontrados, podemos dizer que a maioria das crianças, aos cinco anos de idade, percebe que existem categorias raciais diferenciadas e que esta percepção aumenta com a idade. Assim, o primeiro critério para o surgimento da identidade racial foi satisfeito, ou seja, as crianças brasileiras percebem a distinção entre os grupos raciais.

Em seguida pesquisamos como ocorre a autocategorização das crianças. Os resultados indicaram uma tendência ao branqueamento na autocategorização das crianças, ou seja, 60% das crianças negras e 40% das mulatas branquearam, não observamos o efeito da idade. Estes resultados são diferentes daqueles encontrados por Aboud (1977, 1980, 1988)[5], que verifica o aumento da autocategorização em crianças ao longo das idades.

Conforme Clark e Cook (1988), logo que as crianças aprendem a categorizar os grupos, apreendem, de modo elementar, o *status* desses grupos na sociedade. Esta afirmação leva-nos a compreender que o modo como as crianças negras e mulatas se autocategorizam pode estar permeado pelo modo como percebem as categorias negro e mulato no seu dia-a-dia. Ao observarem que a maioria dos indivíduos destas categorias ocupam trabalhos menos valorizados, têm menor qualificação educacional e moram em lugares pouco infraestruturados, ou seja, ao perceberem o valor dado à sua categoria pela sociedade (ver dados do INSPIR, 1999), adotam o branqueamento como forma de defender-se da carga estereotípica negativa imposta à sua categoria racial. Estariam estas crianças tentando atenuar a percepção da cor de sua pele, tornando-a mais agradável para si e mais próxima da que é valorizada socialmente, a fim de conseguir ascender a uma identidade racial mais positiva?

Os resultados verificados vão na direção das afirmações de Fernandes (1978) a respeito da perda da identidade dos negros brasileiros, expressa pela da negação da própria cor e da busca do branqueamento. Também corroboram os achados de Oliveira (1998), relativos à negação da ascendência negra pelas crianças negras e mulatas brasileiras, e os achados de Milner (1973, 1983, 1984) sobre a negação da pertença étnica em crianças paquistanesas e indianas na Inglaterra, relacionada com o *status* superior da cor branca para os indivíduos daquela sociedade.

Analisamos ainda o conjunto de indicadores da identidade racial (ver Figura 1), e verificamos um quadro das identidades bastante amplo e complexo.

Podemos afirmar, com base na Figura 1, que apenas as crianças brancas apresentam identidade racial positiva, visto que são elas que afirmam serem brancas, gostarem de ser como são e que não gostariam de ser diferentes. Juntamente com Corenblum *et al.* (1997), podemos dizer que estas crianças apresentam congruência entre seus afetos e as avaliações que fazem do próprio grupo e que sua autoestima elevada faz com que afirmem sua identidade.

Com relação às mulatas, os resultados revelam que, apesar da maioria delas afirmarem que são mulatas, estão na fronteira entre uma identidade positiva e uma identidade negativa. O mesmo acontece com as crianças negras de 9 e 10 anos, que se afirmam mulatas e, portanto, rejeitam a sua pertença.

Assim, a identidade das crianças negras de 9 e 10 anos, demonstra que estas crianças afirmam que são mulatas, estão na fronteira de uma identidade positiva e uma identidade negativa. não querem ser diferentes do que são, ou seja, mulatas. Nesta idade, estas crianças já percebem *status* social de seu grupo (Yee *et al.*, 1992). Adicionalmente, já sofrem com o conflito de não quererem identificar-se com um grupo percebido desfavoravelmente (Corenblum *et al.*, 1997), e sua saída parece ser a de dizer que são de uma outra cor, negando o fato objetivo em função das expectativas sociais ligadas à cor da pele no Brasil. Podemos dizer, então, que estas crianças estão utilizando a mobilidade social como estratégia de acentuação de sua identidade.

A Análise de Correspondência Múltipla (ACM) revela-nos ainda que as crianças negras de cinco a oito anos apresentam identidade racial negativa, visto que afirmam não

---

[5] Crianças brancas de 3 a 8 anos de idade e negras de 3 a 10 anos de idade.

gostarem de ser como são e que gostariam de ser diferentes. Nas crianças de cinco e seis anos, estes resultados podem ocorrer porque a incapacidade de descentração as impede de dissociar-se de seu grupo e utilizar a estratégia do branqueamento. Dessa forma, sua autoestima é afetada porque elas se avaliam em relação ao próprio grupo (ver Schunk, 1992; Rosemberg, 1977), o qual possui baixo *status*. Com relação às crianças negras de sete e oito anos, os resultados conjuntos, das ANOVAs e da ACM, indicam que elas ocupam uma posição intermediária entre as outras duas faixas etárias.

Se analisássemos os resultados relativos às crianças negras na perspectiva de Corenblum *et al.* (1997), poderíamos dizer que elas apresentam igualmente congruência entre seus afetos e as suas avaliações, já que essas crianças recusam-se a pertencer a um grupo que é socialmente desvalorizado. Isto é tanto provável que, as crianças negras de 9 e 10 anos que se percebem como mulatas, são as que têm altos valores de avaliação emocional da pertença.

Estes dados permitem concluir que a identidade racial das crianças negras pode ser assim resumida: dos cinco aos oito anos elas dizem ser negras, mas não gostam de ser assim; aos nove e dez anos as crianças não aceitam a pertença, afirmam que são mulatas e gostam de ser assim. Já a identidade racial das crianças mulatas apresenta-se mais neutra, como um meio termo entre perceberem-se positivamente e negativamente. Por fim, as crianças brancas, independentemente da idade, possuem uma identidade racial positiva.

A análise das atitudes raciais, feita a partir da preferência para o próprio grupo e para outros grupos, nos revela que as crianças brancas de todos os grupos de idade preferirem seu próprio grupo em todas as escolhas relativas à preferência, corroborando, assim, os achados de Aboud (1987, 1988), Davey (1983), Hutnik (1991), Milner (1973,1983). Contudo a preferência das crianças negras e mulatas foi exclusivamente dirigida à categoria "branco", independentemente da idade.

Com relação à preferência, de maneira mais ampla, independentemente da idade e da cor da pele das crianças, elas preferiram os brancos, quer como irmão adotivo, quer para realizarem atividades escolares, quer como melhor amigo, quer para dividirem um doce. Esses resultados foram contrários aos de Ramsey (1987) e Schofield (1986), que defendem que a intensidade da relação pode produzir preferência etnocêntrica. Não foi observado, no presente estudo, a existência do "período crítico" da preferência salientado por alguns autores (Aboud, 1987; Bigler & Liben, 1993; Brown, 1995; Doyle & Aboud, 1995; Yee & Brown, 1992), ou seja, após os oito anos de idade, o padrão de preferência das crianças permaneceu inalterado.

O que chama mais a atenção nestes resultados é que mesmo na interação mais importante, escolha para irmão, que indica maior grau de proximidade no relacionamento, as crianças negras quase não escolhem um negro ou mulato. Estes resultados foram contrários aos encontrados por Asher *et al.* (1969), Davey (1983) e Hraba *et al.* (1970). Talvez a diferença entre os resultados encontrados no presente estudo e o dos referidos autores esteja no modo como são encaradas as questões raciais nos diferentes contextos nos quais as pesquisas foram feitas.

Os resultados demonstraram um efeito da idade apenas relativamente à preferência para dar doce. Embora as crianças prefiram predominantemente a criança branca, ocorre uma diminuição dessa escolha com a idade e um aumento da preferência pelo negro entre as crianças mais velhas. Este efeito pode indicar a percepção do negro como "necessitado". Assim, a ação de dar doce ao negro, antes de indicar proximidade na relação, pode estar indicando filantropia, sendo ainda um comportamento que não implica nenhuma percepção de competência no outro ou necessidade de interação com ele, como as outras ações implicavam. E ainda pode associar-se à norma de justiça da necessidade, no sentido de que os pobres/negros são necessitados e que quem pode deve ajudar.

Por fim, uma vez que a identidade é construída em um contexto social, mudanças no contexto podem operar mudanças na identidade e estas podem ter resultados sobre a preferência, como foi demonstrado por algumas da pesquisas supra citadas (Asher *et al.*, 1969; Hraba *et al.*, 1970), nas quais mudanças na identidade e na preferência de crianças negras norte-americanas coincidiu com a expansão do movimento negro nos EUA. Assim, acreditamos que o quadro de identidade das crianças negras e mulatas brasileiras pode ser revertido.

CAPÍTULO 5

Partidos políticos brasileiros: conteúdos representacionais e suas respectivas ancoragens

Ana Raquel Rosas Torres, Cícero Pereira,
José Luis Álvaro Estramiana, Miriam de Freitas Albernaz

As mudanças nas filiações partidárias dos políticos brasileiros têm sido uma constante no cenário político nacional. Talvez o Brasil seja um dos únicos lugares democráticos do mundo onde existe a figura do político sem partido. Raros são aqueles que permanecem durante toda a sua vida política fiéis ao partido pelo qual foram eleitos.

O partido político é conceituado por Bobbio, Matteucci e Pasquino (2000, p. 898) como "uma associação que visa a um fim deliberado, seja ele objetivo [...], seja pessoal [...] ou então voltado para todos esses objetivos conjuntamente". Oppo (1986) afirma que todas as definições de partidos políticos põem em relevo a) a natureza associativa do partido político e b) a natureza de sua ação essencialmente orientada à conquista do poder político. Ainda segundo Oppo (1988), os partidos políticos são a base da moderna democracia, pois é por meio deles que o cidadão poderia participar na condução da sociedade. Ou seja, um partido político deveria funcionar como um canal de ligação entre as diversas esferas que formam o Estado.

No entanto, a pergunta que fazemos neste trabalho refere-se a como a sociedade vê a organização partidária brasileira na atualidade. Essa pergunta se reveste de primordial importância, pois se a democracia brasileira está alicerçada na obrigatoriedade do voto do eleitor, os partidos políticos são agentes essenciais para o funcionamento do governo. Por outro lado, eles também garantem a participação popular, mediante a escolha dos governantes nesse próprio governo. Contudo, apesar da democracia brasileira inspirar--se no modelo liberal-democrático, durante sua história ela tem convivido com práticas centralizadoras e autoritárias, o que possivelmente influenciou essa certa fragilidade no sistema partidário brasileiro. Essa fragilidade pode ser notada não só nos baixos índices de fidelidade partidária dos políticos brasileiros, mas também nos baixos índices de simpatia partidária e confiança nas instituições partidárias brasileiras. Por exemplo, Coelho (2000) mostra que 62% dos eleitores de uma amostra significativa do Distrito Federal não têm preferência por nenhum partido político. Especificamente, o questionamento feito no presente artigo refere-se ao conhecimento que os eleitores têm sobre a organização da arena política brasileira. Não ter simpatia partidária pressupõe conhecer os partidos políticos existentes e não gostar de nenhum deles. Assim, o objetivo geral deste trabalho foi investigar as representações sociais que estudantes universitários fazem dos partidos políticos e também como eles se posicionam no espectro direita-esquerda, usando para tanto o modelo de análise quantitativa das representações sociais (Doise, Clémence & Lorenzi-Ciolldi, 1993).

Para alcançar esse objetivo, fizemos duas pesquisas com estudantes universitários de Goiânia (Goiás). Na primeira (N = 312), eles responderam a um questionário em que se pedia que posicionassem os partidos políticos brasileiros no espectro direita-esquerda e, logo em seguida, citassem livremente suas respectivas características. Em seguida, cada um respondia ao *Social Value Survey* (Shalon & Tamayo, 1993) e às questões sociodemográficas (sexo, renda, situação nos cursos, idade e se trabalhava). Por último, perguntava-se se ele tinha algum tipo de identificação partidária e, em caso afirmativo, perguntava-se qual o partido. O questionário empregado na segunda pesquisa ($n = 248$) era idêntico, só que agora os participantes responderam ao *Questionário de Valores Psicossociais* (Pereira, Lima & Camino, 2001). A inclusão de questões sobre a adesão a sistemas de valores deveu-se a importância dada por Doise, Clemence e Lorenzi-Cioldi (1993) à análise das ancoragens dos conteúdos representacionais em sistemas de valores. Em ambos os estudos os questionários foram respondidos individualmente, em aplicação coletiva que durava, em média, 35 minutos.

Direita-esquerda e os partidos políticos no Brasil contemporâneo

Bobbio (2001) afirma que direita e esquerda políticas não são conceitos absolutos nem tampouco qualidades intrínsecas ao universo político. Direita e esquerda políticas seriam lugares do espaço político que representariam uma determinada topologia política e designariam diversos conteúdos conforme o tempo e a situação histórica de uma dada sociedade. Dessa forma, certa relatividade do conceito direita e esquerda políticas corresponderia às diversas posições e contraposições, como: igualdade-desigualdade, conservação-revolução, incluídos-excluídos, aceitação-recusa do *status quo* (Seiler, 2000; Singer, 2000).

Com base nessa última contraposição, Fausto (2001) defende que o sistema partidário brasileiro atual começou a delinear-se a partir do fim dos anos 1970 e início dos anos 1980 com o processo da abertura política. Nesse período, cinco novos partidos substituíram o arranjo bipartidário que vigorou depois do Golpe Militar de 1964. Do lado governamental e abrigando os políticos da antiga ARENA (Aliança da Renovação Nacional), surgiu o Partido Democrático Social (PDS). Fazendo oposição e abrigando políticos do extinto MDB (Movimento Democrático Brasileiro), surgiram o Partido do Movimento Democrático Brasileiro (PMDB), o Partido Democrático Trabalhista (PDT), o Partido Trabalhista Brasileiro (PTB) e o Partido dos Trabalhadores (PT). Esse último também abrigava políticos oriundos do universo extra-parlamentar, como líderes sindicais, intelectuais e militantes populares ligados à Pastoral da Igreja Católica. Além desses partidos, os partidos de orientação comunista (PC do B – Partido Comunista do Brasil – e PCB – Partido Comunista Brasileiro) voltaram à legalidade. Posteriormente, políticos dissidentes do PDS fundaram o PFL (Partido da Frente Liberal). Da mesma forma, políticos dissidentes do PMDB fundaram o PSDB (Partido da SocialDemocracia Brasileira). Além disso, alguns dissidentes do PCB fundaram o PPS (Partido Popular Socialista). Nestes últimos vinte anos, outros partidos surgiram (por exemplo, o PRONA – Partido da Reedificação da Ordem Nacional – do Enéas) e muitos desapareceram (PRN – Partido da Renovação Nacional, do ex-presidente Fernando Collor). Assim, diante dessa profusão de nomes e siglas partidárias, como o eleitor brasileiro organiza os partidos políticos que dão sustentação à democracia brasileira? Como ele percebe a dicotomia direita--esquerda? Para responder a essas questões, neste trabalho foi adotado o marco teórico das representações sociais.

Análise quantitativa das representações sociais

Moscovici (1978, p. 79) conceitua as representações sociais como um "sistema de valores, noções e práticas que proporcionam aos indivíduos os meios para orientar-se no contexto social e material". Elas não seriam apenas respostas mentais a um estímulo do meio social, mas seriam construídas partindo das próprias contradições existentes numa dada sociedade, formando verdadeiras teorias do senso comum, que teriam como finalidade tornar familiar o não familiar.

No entanto, apesar do enorme poder heurístico desse conceito ter sido demonstrado nas mais diversas pesquisas sobre fenômenos sociais, ele não está imune a críticas. Nesse sentido, Billig (1988) e Doise (1989) têm criticado o aspecto consensual das representações sociais. Esses autores defendem que o consenso não estaria no conteúdo das representações, mas nos princípios que organizam o campo representacional.

O modelo proposto por Doise, Clemence e Lorenzi-Cioldi (1993) para a análise das representações sociais oferece alternativas metodológicas para essa área. Doise (1990, p. 125) define as representações sociais como "princípios organizadores das tomadas de posições ligadas a inserções específicas em um conjunto de relações sociais e que organizam os processos simbólicos que intervêm nessas relações". Nesse modelo, são analisados três aspectos das representações sociais: a organização do campo representacional; os princípios organizadores das diferenças individuais e a ancoragem social desses princípios.

A organização do campo representacional refere-se à exploração da natureza dos aspectos compartilhados socialmente, ou seja, refere-se essencialmente ao modo como um objeto abstrato é transformado em uma imagem compartilhada por um grande número de pessoas. Por outro lado, a noção de princípios organizadores pressupõe que o consenso das representações sociais não existe. Assim, a estruturação do campo organizacional baseia-se no pressuposto da variabilidade das representações, investigando as dimensões implícitas aos diferentes posicionamentos individuais na estrutura do campo representacional. Aqui, o pensamento do senso comum não implica uniformidade nos níveis de opiniões dos indivíduos e dos grupos. Finalmente, a ancoragem dos princípios organizadores investiga como as pertenças sociais organizam-se para definir as representações sociais que as pessoas constroem. Doise, Clemence e Lorenzi-Cioldi (1993) destacam três níveis de análise nos estudos da ancoragem: o psicológico, que se refere à ancoragem das posições individuais nas atitudes e nos valores dos indivíduos; o nível sociológico, em que se pesquisa o papel das pertenças sociais dos indivíduos sobre as representações; e o nível psicossociológico, que identifica a ancoragem nas teorias do senso comum adotadas pelas pessoas para explicar a natureza dos grupos sociais.

Foi com base nos trabalhos de Doise, Clemence e Lorenzi-Cioldi (1993) que os estudos aqui apresentados foram feitos. Dessa forma, nossos objetivos específicos eram três: a) analisar a organização do campo representacional sobre os partidos políticos brasileiros; b) investigar quais os princípios organizadores desse campo representacional; e c) analisar a ancoragem social desses princípios organizadores na adesão sistemas de valores, nos diferentes graus de identificação partidária e em características sociodemográficas.

Estudo 1

Participantes

Participaram dessa investigação 312 estudantes de uma universidade privada de Goiânia. A amostra foi estratificada em função da quantidade de alunos nas três grandes áreas do conhecimento e do período do curso. Assim, 58% dos estudantes são da área de Ciências Humanas, 23% de Ciências Biológicas e 19% de Ciências Exatas. Com relação ao período do curso, 25% estão no início do curso, 55% no meio e 20% no fim do curso. A idade desses estudantes variou de dezessete a 59 anos, com média igual a 24 anos ($DP = 6,86$), sendo a maioria (72%) do sexo feminino. A renda familiar mensal dos estudantes variou de R$ 300,00 a R$ 40.000,00 ($M = 4.224,2$; $DP = 3993,73$).

Instrumento

O instrumento adotado foi um questionário desenvolvido para avaliar as seguintes variáveis:

Classificação dos partidos políticos pertencentes à esquerda e à direita: a categorização que os estudantes têm dos partidos que constituem a esquerda e a direita política foi acessada por duas questões abertas. Primeiro, solicitou-se que os participantes listassem os partidos políticos que consideram de direita e, em seguida, pediu-se a eles que indicassem os partidos que julgam pertencer à esquerda política.

Representações da esquerda e da direita política: para acessar as representações sociais que os estudantes têm da esquerda e da direita também foram usadas duas questões abertas. Primeiro, pediu-se a esses estudantes que citassem três características dos partidos considerados por eles representantes da direita. Logo depois, solicitou-se que indicassem as três características dos partidos de esquerda.

Social Values Survey – SVS: a avaliação dos sistemas de valores dos estudantes foi feita por meio do *SVS* validado no Brasil por Shalon e Tamayo (1993). Esse instrumento contém 61 valores que avaliam dez tipos motivacionais: o poder (poder social, autoridade, riqueza, preservador da imagem, reconhecimento social e vaidade); realização (bem-sucedido, capaz, ambicioso, influente, inteligente, esperto); hedonismo (prazer e que goza a vida); estimulação (audacioso, uma vida variada e uma vida excitante); autodireção (curioso, criatividade, liberdade, escolhendo minhas metas, independente e autorrespeito); universalismo (protetor do ambiente, união com a natureza, um mundo de beleza, aberto, justiça social, sabedoria, um mundo em paz, igualdade, harmonia interior, sonhador); benevolência (prestativo, honesto, que perdoa, leal, responsável, uma vida espiritual, amizade verdadeira, amor maduro, sentido da vida e trabalho); tradição (ciente dos meus limites, devoto, humilde, respeito pela tradição, moderado e desprendimento); conformidade (obediente, respeitoso com os pais, autodisciplina e polidez); segurança (limpo, segurança nacional, reciprocidade de favores, ordem social, segurança familiar, senso de pertencer e saudável). Os estudantes avaliaram cada valor como "um princípio-guia na minha vida", adotando uma escala variando de -1 (oposto aos meus valores) a 7 (de suprema importância).

Identificação partidária: a identificação partidária dos estudantes foi avaliada por meio de uma pergunta aberta, solicitando a indicação do partido político com o qual eles se sentem mais identificados. O levantamento das frequências dos partidos citados revela que 73% dos estudantes identificam-se com algum partido político. O partido com maior frequência de identificação foi o PT (39%), seguido por PSDB (14%), PMDB (8%), PFL (4%), PDT (1,3%) e PL (1%). Os demais partidos tiveram frequências de identificação inferiores a 1%: PTB ($f = 2$); PSTU ($f = 1$); PCdoB ($f = 1$); PV ($f = 1$); PSB ($f = 1$).

Resultados

A pergunta inicial deste trabalho se refere à maneira como os participantes organizam cognitivamente o espectro político: será que conseguem distinguir entre partidos de esquerda e de direita? Ou as siglas partidárias são citadas aleatoriamente? A análise das porcentagens de partidos mencionados pelos participantes revela a existência de certa congruência nas respostas. Assim, para mais da metade dos participantes (54%) o PMDB seria de direita e para 80% dos participantes o PT seria de esquerda. A polarização, portanto, se daria entre esses dois partidos. Nos demais, a localização no espectro político deu-se por meio de porcentagens bastante baixas, mostrando certa insegurança dos participantes em suas respostas.

Tabela 1 - Frequência e porcentagens dos Partidos Políticos Considerados pelos Estudantes como de Direita e de Esquerda

	Partidos de direita		Partidos de esquerda	
	f	%	F	%
PMDB	167	54		
PSDB	70	22		
PFL	26	8		
PT			250	80
PCdoB			11	4
PSTU			8	3

O próximo passo foi analisar os conteúdos representacionais relacionados tanto aos partidos de direita como aos de esquerda. Para tanto, primeiro fizemos o levantamento das palavras evocadas pelos participantes para direita e para esquerda, o que resultou em 82 palavras diferentes. A eliminação das repetições e o agrupamento dos sinônimos resultaram em cinquenta palavras. O levantamento das palavras mais evocadas (dez vezes ou mais) revelou que a direita é vista como conservadora, que apoia sempre o governo, formada pelos ricos, é democrata, defende a liberdade, mas é também ditatorial, capitalista e corrupta. Para investigar a lógica organizadora desses conteúdos, usamos a Análise Hierárquica de Aglomerados para dados nominais. Foram atribuídos valores 1 para quando a palavra foi evocada e 0 para quando não foi evocada. Os resultados (Figura 1) mostram que as evocações estão organizadas em dois blocos. O primeiro aglutina as palavras democracia, liberdade e capitalismo. Denominamos essa visão de direita como "direita liberal". O segundo bloco é constituído por ditador, corrupto, conservador, ricos e apoio ao governo e foi denominado "direita conservadora".

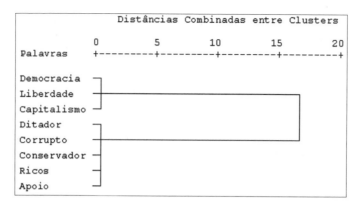

Figura 1 - Organização do campo representacional da direita.

A análise dos conteúdos relacionados com a esquerda também revelou uma organização constituída por dois blocos. O primeiro é formado por povo, democracia, social, igualdade e comunismo e foi nomeado "esquerda socialista". O segundo aglutina contra o governo, revolução, radical e idealista e foi denominado "esquerda revolucionária".

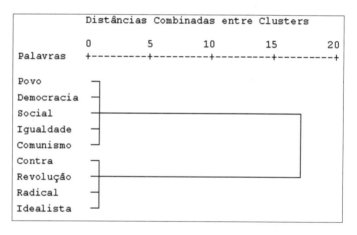

Figura 2 - Organização do campo representacional da esquerda.

O *Social Value Survey* foi analisado como apresentado por Shalon e Tamayo (1993) e os resultados demonstraram, como era esperado, a existência da mesma estrutura organizativa encontrada por esses autores.

Conforme as ideias defendidas por Doise, Clemence e Lorenzi-Cioldi (1993), em seguida foram analisadas as ancoragens dessas representações sociais na identificação partidária, nos sistemas de valores e nas pertenças sociodemográficas dos participantes. Essa análise foi realizada por meio de quatro regressões múltiplas (Tabela 2), pelo método gradual, tendo como variáveis-critério as duas representações dos partidos de direita e as duas representações dos partidos de esquerda. As variáveis antecedentes adotadas foram a identificação com os partidos considerados de direita ou de esquerda, os sistemas de valores e as variáveis sociodemográficas. A composição das variáveis-critério deu-se pela soma das palavras evocadas pelos participantes em relação a cada uma das categorias organizativas das representações dos partidos políticos. Esse procedimento é idêntico ao utilizado por Spini e Doise (1998) e Doise e Herrera (1994) para o estudo da ancoragem social das representações sociais dos direitos humanos. As identificações com o PMDB, o PFL e o PSDB foram agrupadas para formar a identificação com a direita. Já as identificações com o PT, o PC do B e o PSTU formaram a identificação com a esquerda.

Iniciando nossa análise pelas ancoragens na representação da direita como conservadora (Tabela 2), os resultados da regressão múltipla mostram que ela está ancorada na renda e na identificação com a esquerda e com a rejeição aos valores da conformidade ($R = 0,30$; $R^2 = 0,09$; $F(3,266) = 9,023$; $p < 0,001$). Assim, temos que aqueles participantes com renda mais alta, que mais de identificam com a esquerda e rejeitam os valores da conformidade, são também os que representam a direita com palavras como corruptos, conservadores, ricos e apoio ao governo. No que se refere à representação da direita como liberal, apenas a identificação com a própria direita ancorou esse conteúdo ($R = 0,16$; $R^2 = 0,02$; $F(1,668) = 6,675$; $p < 0,01$).

Passando às representações da esquerda, a representação dela como revolucionária está ancorada na renda, na situação do curso, na idade, na adesão aos valores de benevolência. Assim, são os participantes de maior renda, no início do curso mais jovens e que aderem aos valores benevolentes os que representam a esquerda com palavras como contra o governo, revolução, radical e idealista ($R = 0,31$; $R^2 = 0,10$; $F(4,265) = 6,961$; $p < 0,001$). Finalmente, os conteúdos que figuram na representação da esquerda como socialista estão ancorados apenas na identificação com a própria esquerda ($R = 0,12$; $R^2 = 0,02$; $F(1,310) = 4,721$; $p < 0,05$).

Tabela 2 - Resultados das Regressões Múltiplas usadas para Analisar a Ancoragem Social das Representações dos Partidos de Esquerda e de Direita

	Representações sociais			
	Direita		Esquerda	
	Conservadora	Liberal	Revolucionária	Socialista
Variáveis antecedentes	**Beta**	**Beta**	**Beta**	**Beta**
Sociodemográficas				
Sexo	0,01	-0,11	-0,04	-0,01
Renda	0,23***	-0,10	0,15**	-0,07
Situação no curso	-0,11	0,10	-0,18**	-0,02
Idade	-0,09	0,04	-0,16**	0,02
Trabalho	0,01	-0,07	-0,05	0,05
Identificação partidária				
Esquerda	0,20***	0,02	-0,09	0,12*
Direita	-0,02	0,16**	0,04	0,08
Tipos de valores				
Universalismo	0,04	-0,04	-0,13	-0,03
Benevolência	0,10	0,05	0,12*	-0,05
Autodireção	0,03	0,02	0,01	-0,02
Estimulação	0,07	-0,03	0,01	0,01
Hedonismo	-0,01	0,06	0,01	0,01
Realização	0,07	0,04	0,04	0,05
Poder	0,03	-0,06	0,02	0,01
Tradição	0,03	-0,05	-0,10	-0,06
Segurança	-0,01	0,04	-0,06	0,06
Conformidade	-0,14*	0,07	-0,05	-0,05

Nota: Na variável sexo atribuíram-se os valores 1 para os homens e 2 para as mulheres. A situação no curso varia de 1 (início) a 3 (fim do curso). Na variável trabalho, foram atribuídos 1 (trabalha) e 2 (não trabalha). A renda familiar é expressa em reais. As identificações partidárias são dummy variables, sendo 1 representando a identificação e 0 a não-identificação. * $p < 0,05$; ** $p < 0,01$; *** $p < 0,001$.

Tomados em conjunto, os resultados indicam que, primeiro, há uma lógica quando os participantes classificam os atuais partidos políticos brasileiros no espectro direita--esquerda. Os resultados também indicam que, pelo menos para esses estudantes universitários, os partidos de direita e de esquerda são descritos de formas diferentes e esses conteúdos representacionais se ancoram diferentemente na rede de pertenças sociais, nos níveis de identificação partidária e na adesão a sistemas de valores. No entanto, pesquisas debatidas anteriormente mostram um quadro desanimador, no que se refere aos níveis de identificação partidária e interesse pela vida política como um todo (Coelho, 2000). Assim, objetivando verificar a confiabilidade desses resultados, o Estudo 2 foi planejado três meses depois do Estudo 1.

Estudo 2

Participantes e procedimentos

A amostra foi composta por 248 estudantes de uma universidade privada de Goiânia que responderam ao questionário individualmente, em aplicação coletiva, em sala de aula. Essa amostra foi estratificada em função da quantidade de alunos matriculados nas três grandes áreas do conhecimento e do período do curso. Assim, 58% dos estudantes são da área de Ciências Humanas, 21% de Ciências Biológicas e 21% de Ciências Exatas. Com relação ao período do curso, 26% estão no início do curso, 51% no meio e 23% no fim do curso. A idade desses estudantes variou de dezessete a 49 anos, com média igual a 23 anos ($DP = 5,6$), sendo a maioria (66%) do sexo feminino. A renda familiar mensal dos estudantes variou de R$ 500,00 a R$ 15.000,00 ($M = 4.062,8$; $DP = 2.684,66$).

Instrumento

O instrumento adotado era idêntico ao do Estudo 1, com exceção do *Social Value Survey*, que aqui foi substituído pelo QVP-24 (Pereira, Lima & Camino, 2001). Essa modificação foi feita porque, no estudo anterior, a influência da adesão a valores sociais na análise dos conteúdos representacionais dos partidos de direita e de esquerda foi mínima. Assim decidimos mudar o instrumento, visando a analisar essas ancoragens de forma diferente.

Sistemas de valores: esse instrumento foi validado em uma amostra de estudantes universitários de Goiânia por Pereira, Torres e Barros (2004). Trata-se de uma escala contendo 24 itens utilizados para avaliar quatro sistemas de valores: materialista (auto-ridade, lucro, riqueza e *status*); religioso (obediência às leis de Deus, religiosidade, salvação da alma e temor a Deus); hedonista (prazer, sensualidade, sexualidade e uma vida excitante); pós-materialista, que é composto pelos subsistemas do bem-estar individual (alegria, amor, autorrealização e conforto), do bem-estar social (fraternidade, igualdade, justiça social e liberdade) e do bem-estar profissional (competência, dedicação ao trabalho, realização profissional e responsabilidade). Foi solicitado aos estudantes que atribuíssem uma nota variando entre um e cinco a cada valor da escala de acordo com sua importância para a construção de uma sociedade ideal. A análise da fidedignidade dos quatro sistemas, avaliada pelo Alfa de Cronbach, mostra coeficientes variando de 0,69 a 0,86 ($M = 0,78$): materialista (alfa = 0,74); religioso (alfa = 0,86); hedonista (alfa = 0,81); pós-materialista (alfa = 0,69). Esses coeficientes estão coerentes com os verificados nos estudos realizados por Pereira *et al.* (2004), permitindo a construção de indicadores da adesão dos estudantes aos quatro sistemas de valores.

Identificação partidária: solicitou-se a indicação do partido político com o qual eles se sentem mais identificados. O levantamento das frequências dos partidos citados revela que 75% dos estudantes identificam-se com algum partido político. O partido com maior frequência de identificação foi o PT (39%), seguido por PMDB (10%), PSDB (10%), PFL (4%) e PCdoB (3%). Os demais partidos tiveram frequências de identificação inferiores a 1%: PTB ($f = 3$); Prona ($f = 2$); PPS ($f = 2$); PV ($f = 2$); PDT ($f = 1$); PL ($f = 1$).

Resultados

Como feito no Estudo 1, primeiro analisou-se a representação que os estudantes têm dos partidos políticos que constituem o campo representacional da esquerda e da direita. O levantamento das porcentagens de partidos citados pelos estudantes como de direita ou de esquerda revela que o PMDB, o PSDB, o PFL e o PL aparecem como partidos de direita, ao passo que o PT, o PC do B, o PSTU e o PV como de esquerda. O PTB e o PDT são classificados tanto como partidos de direita quanto como de esquerda.

Para averiguar se há algum grau de organização na forma como os estudantes evocam os partidos políticos, efetuou-se uma Análise Hierárquica de Aglomerados de variáveis para dados nominais. Para a execução dessa análise, os partidos políticos citados por pelo menos 10% dos participantes foram codificados com valores 1 (quando o partido foi classificado como de direita) e 2 (quando o partido foi classificado como pertencente à esquerda). Com base nessa classificação, o programa produziu uma matriz de correlações *fi* entre os partidos políticos e, com base nessa matriz, derivou os agrupamentos entre os partidos. Como pode ser constatado (Figura 3), os partidos são organizados pelos estudantes em um campo representacional formado por dois blocos: os partidos por eles considerados de direita (PMDB, PSDB e PFL) e os partidos considerados de esquerda (PT, PC do B, PSTU, PV e PDT). Portanto, esse resultado indica que os estudantes não citam os partidos de forma aleatória, mas têm constituído, em seu mapa cognitivo, uma representação relativamente organizada dos partidos políticos de esquerda e de direita. Mas quais são as características que, segundo esses estudantes, são comuns a esses partidos?

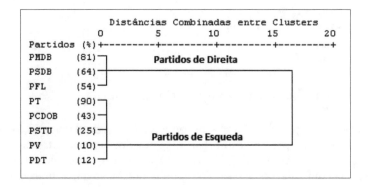

Figura 3 - Organização dos partidos políticos.

Como no Estudo 1, foi feito primeiro o levantamento das frequências das palavras evocadas pelos participantes como características dos partidos de direita e de esquerda. Esse levantamento mostrou que, no total, foram evocadas 78 palavras. Após a eliminação das palavras repetidas e o agrupamento dos sinônimos, esse total foi resumido para 54 palavras. Finalmente, o levantamento das palavras mais citadas (evocadas pelo menos dez vezes) revela que a representação dos partidos de direita é constituída pelas seguintes características: ricos, liberdade, conservador, apoio, capitalismo, ditador, corrupto e moderado. Em contrapartida, a representação que os estudantes têm dos partidos de esquerda é constituída pelas características: povo, social, revolução, contra, radical, igualdade, comunismo e idealista. É importante salientar que a palavra democracia é uma característica comum aos partidos de direita e de esquerda.

Para verificar a existência de uma organização na representação que os estudantes têm dos partidos, da mesma forma que no Estudo 1, aplicaram-se duas Análises Hierárquicas de Aglomerados para dados nominais, uma para a representação da direita e a outra para a representação da esquerda. Em cada caso, a análise foi feita considerando as palavras citadas pelos estudantes, para as quais foram atribuídos os valores 1 (quando o estudante evocou a palavra) e 0 (quando o estudante não evocou a palavra). Com relação à representação dos partidos de direita (Figura 4), os resultados da Análise de Aglomerados mostram uma representação organizada por dois conjuntos de palavras. Um dos agrupamentos, que pode indicar uma representação da direita como "Conservadora", descreve os partidos com as palavras: conservador, ricos, corruptos, apoio ao governo/à situação e ditador. O outro agrupamento, que indica uma representação da direita como "Liberal", descreve os partidos de direita com as palavras: capitalismo, liberdade, democracia e moderado.

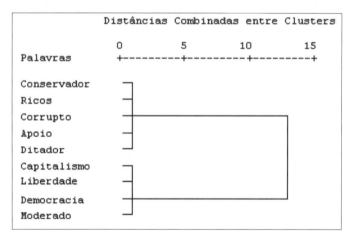

Figura 4 - Organização do campo representacional da direita.

Com relação à representação dos partidos de esquerda (Figura 5), os resultados também revelam uma representação organizada por dois aglomerados de palavras que descrevem conteúdos diferentes dos da direita. O primeiro aglomerado descreve os partidos de esquerda com palavras que se referem a um discurso que representa a esquerda com base em suas realizações concretas, usando para tanto as palavras social, povo, revolução, contra o governo e radical. O segundo aglomerado descreve os partidos de esquerda com base em palavras com características mais ideológicas, como democracia, idealista, comunismo e igualdade. Assim, os estudantes organizam seu campo representacional dos partidos de esquerda com base em duas categorias: Esquerda de Realizações Concretas e Esquerda Socialista.

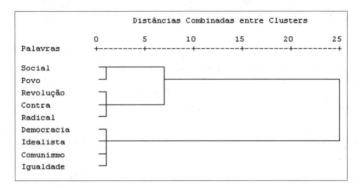

Figura 5 - Organização do campo representacional da esquerda.

Após a análise das representações sociais dos partidos, foi avaliada a ancoragem social dessas representações na identificação partidária, nos sistemas de valores e na pertença sociodemográfica dos estudantes. Essa análise foi feita por meio de quatro regressões múltiplas (Tabela 3), pelo método gradual, usando como variáveis-critério as duas categorias das representações dos partidos de direita e as duas categorias das representações dos partidos de esquerda. As variáveis antecedentes utilizadas são a identificação com os partidos considerados pelos estudantes (Figura 3) como pertencentes à direita ou à esquerda, os quatro sistemas de valores avaliados com o QVP-24 (Pereira *et al.*, 2004) e as variáveis sociodemográficas (sexo, renda, situação no curso, idade e trabalho). A composição das variáveis-critério deu-se pela soma das palavras evocadas pelos estudantes em relação a cada uma das categorias responsáveis pela organização de suas representações dos partidos. Dessa forma, foi possível derivar indicadores do posicionamento de cada estudante em relação a essas categorias representacionais. Esses indicadores variam da seguinte forma: Direita Conservadora, escores variando de 0 (ausência de representação) a 5 (máxima representação); Direita Liberal, escores variando de 0 (ausência de representação) a 4 (máxima representação); Esquerda Concreta, escores variando de 0 (ausência de representação) a 5 (máxima representação); Esquerda Socialista, escores variando de 0 (ausência de representação) a 4 (máxima representação). Como dito anteriormente, esse procedimento é idêntico ao aplicado por Spini e Doise (1998) e por Doise e Herrera (1994). Para a construção dos indicadores de identificação partidária dos estudantes, foram agrupadas as identificações com o PMDB, PFL e PSDB para formar a identificação com partidos de direita, ao passo que as identificações com o PT, o PC do B, o PV, o PSTU e o PDT constituem a identificação com partidos de esquerda.

Com relação à representação da direita como conservadora, os resultados da regressão múltipla revelam que essa representação está ancorada na identificação partidária e na adesão dos estudantes ao sistema de valores religiosos (R = 0,41; R^2 = 0,16; F = 11,860; p < 0,001), de modo que a identificação tanto com partidos de esquerda quanto com partidos de direita favorece, de forma mais acentuada entre os esquerdistas, a percepção dos partidos de direita como conservadores. Por outro lado, quanto maior a adesão aos valores do sistema religioso, menos conservadores esses partidos são percebidos. No que se refere à representação da direita como liberal, constata-se um modelo de regressão significativo, responsável pela ancoragem social dessa representação ($R = 0,25$; $R^2 = 0,06$; $F = 4,635$; $p < 0,01$). Nesse caso, tanto os estudantes com renda familiar mais elevada quantos os com identificação por partidos de direita tendem a representar os partidos de direita como liberais. Já a adesão aos valores do sistema pós-materialista contribui para a redução na percepção de que esses partidos são liberais.

Tabela 3 - Resultados das Regressões Múltiplas usadas para analisar a Ancoragem Social das Representações dos Partidos de Esquerda e de Direita

	Representações sociais			
	Direita		Esquerda	
	Conservadora	Liberal	Concreta	Socialista
Variáveis Antecedentes	**Beta**	**Beta**	**Beta**	**Beta**
Sociodemográficas				
Sexo	0,04	-0,02	-0,01	0,15*
Renda	0,10	0,13*	0,22**	0,16*
Situação no curso	0,04	0,02	0,10	-0,09
Idade	0,01	-0,04	-0,05	-0,04
Trabalho	-0,04	-0,05	-0,11	0,09
Identificação partidária				
Identificação de esquerda	0,43***	0,07	0,32***	-0,01
Identificação de direita	0,18*	0,14*	0,26**	0,04
Sistemas de valores				
Materialistas	-0,02	0,02	-0,12	-0,02
Hedonistas	0,06	-0,03	-0,05	-0,12
Religiosos	-0,14*	0,05	-0,06	0,02
Pós-materialistas	-0,03	-0,14*	-0,02	-0,01

Nota: Na variável sexo, atribuíram-se os valores 1 para os homens e 2 para as mulheres. A situação no curso varia de 1 (início) a 3 (fim de curso). Na variável trabalho, foram atribuídos 1 (trabalha) e 2 (não trabalha). A renda familiar é expressa em reais. As identificações partidárias são dummy variables, sendo 1 representando a identificação e 0 a não identificação. * $p < 0,05$; ** $p < 0,01$; *** $p < 0,001$.

Com relação à representação da esquerda como capaz de exercer ações sociais concretas, os resultados mostram que essa representação está ancorada na identificação partidária e na renda familiar dos estudantes ($R = 0,36$; $R^2 = 0,13$; $F = 10,266$; $p < 0,001$). Tanto a identificação com partidos de esquerda quanto com partidos de direita levam à percepção, fundamentalmente entre os estudantes esquerdistas, de que os partidos de esquerda exercem ações sociais concretas. Do mesmo modo, essa representação também é mais frequente entre os estudantes com renda familiar mais elevada. No que se refere à representação da esquerda como socialista, os resultados mostram essa representação ancorada apenas na renda familiar e no sexo dos estudantes ($R = 0,21$; $R^2 = 0,05$; $F = 4,316$; $p < 0,05$). Nesse caso, tanto as mulheres quanto os estudantes com renda familiar mais elevada tendem a destacar em sua representação as características socialistas dos partidos de esquerda.

Discussão geral

Este trabalho analisou as representações sociais sobre partidos políticos e suas ancoragens em sistemas de valores e em diferentes graus de identificação partidária. A abordagem adotada apoia-se no modelo para a análise quantitativa das representações sociais proposto por Doise, Clemence e Lorenzi-Cioldi (1993). Esses autores sugerem que as representações sociais sejam analisadas partindo de três aspectos: a organização do campo representacional, os princípios organizadores das diferenças individuais e a ancoragem social desses princípios.

Os resultados dos dois estudos feitos revelam que os estudantes universitários participantes têm uma organização cognitiva do espaço social ocupado pelos atuais partidos políticos brasileiros. Assim, quando questionados sobre quais partidos eram de direita e quais de esquerda, os participantes souberam classificá-los com certa unanimidade, pois, das dez agremiações mais citados, apenas duas (PTB e PDT) aparecem tanto na direita como na esquerda. Os demais estão polarizados ou na direita ou na esquerda. Ressalte-se que não foi apresentada nenhuma lista de partidos: os estudantes responderam as perguntas com base em associações livres.

No que se refere às características associadas aos partidos considerados de direita ou de esquerda, as análises de *cluster* feitas a partir das palavras evocadas mostraram a existência de quatro grupos de respostas: duas para a direita e duas para a esquerda, demonstrando, assim, que não foram dadas de forma aleatória. Dessa forma, os partidos considerados de direita foram associados ao apoio ao governo, à corrupção e a um determinado grupo social, o dos ricos. Além disso, foram também associados ao capitalismo. Já os partidos considerados de esquerda foram associados à oposição ao governo, à representatividade política de determinado grupo social, ao povo, ao comunismo e à igualdade. Aqui é importante ser ressaltado que tanto os partidos de direita como os de esquerda foram relacionados à democracia, remetendo talvez à importância de um sistema pluripartidário para essa forma de governo.

Outro aspecto importante a ser ressaltado nos dois estudos é que tanto as duas categorias da esquerda como as da direita são independentes entre si, conforme análises complementares feitas por meio da técnica *multidimensional scaling* (MDS). Ou seja, quem evocava uma palavra contida numa das categorias da direita, não evocava nenhuma palavra contida na outra categoria. Da mesma forma, quem evocava palavras relacionadas a uma das categorias da esquerda, não evocava nenhuma palavra da outra categoria, demonstrando, assim, a existência de diferenças individuais Assim, esses quatro grupos de respostas seriam os princípios organizadores das diferenças individuais. A análise das ancoragens sociais desses princípios demonstrou que a evocação das palavras inseridas em cada um desses grupos encontra-se ancorada nas características sociodemográficas dos participantes, bem como na identificação partidária e na adesão a determinados tipos de valores. No entanto, devemos ressaltar que, nos dois estudos, os níveis de adesão a sistemas de valores tiveram uma influência reduzida na análise das ancoragens. Pelo menos no que se refere à esfera político-partidária, as pertenças sociais concretas (renda, sexo, idade etc.) desempenham um papel preponderante.

Tomados em conjunto, esses resultados demonstram que, pelo menos nessa amostra de estudantes universitários, os partidos políticos brasileiros são conhecidos do eleitor, bem como sua posição no espectro político. O que esses resultados não explicam é a lógica do voto do eleitor. Ou seja, uma vez sabendo que os partidos de direita podem ser corruptos, ditatoriais e que tendentes a apoiar o *status quo*, por que o eleitor resolve votar neles? Por outro lado, acredita-se também que os resultados deste trabalho abrem caminhos para pesquisas sobre a própria democracia, uma vez que um sistema pluripartidário é a base de toda e qualquer democracia. Assim, o entendimento das representações sociais do sistema partidário brasileiro falará também da democracia brasileira.

CAPÍTULO 6

Orientação à dominância social: necessidade, motivação e tendência ao preconceito

Sheyla Christine Santos Fernandes, Joselí Bastos da Costa,
Leoncio Camino, Roberto Mendoza

Mediante uma simples análise de nossa realidade comum, podemos observar as exageradas e explícitas manifestações de hostilidade, agressão e intolerância entre os diferentes grupos sociais. Vivemos em um mundo onde a marca central e naturalizada do homem é a inaceitabilidade aberta ou camuflada da diversidade. Allport (1954), numa das obras marcantes do período pós-guerra, intitulada – A natureza do preconceito", chama a atenção para essa marca e a nomeia preconceito, o definindo como uma antipatia baseada numa generalização errada e inflexível, que pode ser sentida ou abertamente expressa, e que pode ser dirigida a um grupo como um todo ou a um indivíduo por ser membro de tal grupo. Nesse aspecto, o preconceito se refere, sobretudo, a uma orientação ou posicionamento afetivo negativo de um indivíduo ou de um grupo diante de um outro grupo social. Deve-se observar que essa forma de antipatia não se refere ao sentimento de repulsa produzido por uma situação negativa concreta (embora os preconceitos possam ser reforçados por esse tipo de situação), mas a uma antipatia constante baseada numa generalização errada e inflexível sobre um grupo social.

O preconceito pressupõe, como o próprio nome indica, "pré-julgamentos" negativos sobre os membros de uma etnia, religião ou qualquer outro grupo social (Jones, 1972). Esses pré-julgamentos podem ser considerados crenças sobre a natureza e as características de um grupo social, e constituem, portanto, os aspectos cognitivos implícitos na noção de preconceito. Brown (1995), entretanto, acrescenta que o preconceito não é apenas um conjunto de sentimentos de antipatia e de crenças distorcidas e negativas sobre grupos sociais, é essencialmente relacionado a práticas e comportamentos discriminatórios diante de membros desses grupos pelo fato de pertencerem a eles (Brown, 1995). Nota-se aqui que o fenômeno do preconceito vai além de sentimentos, emoções e conteúdos psicológicos negativos dirigidos a grupos minoritários e a seus membros – em seu núcleo encontra-se também a ideia da expressão desses sentimentos.

Fazendo uma retrospectiva histórica no estudo do preconceito, encontra-se que os primeiros estudos procuravam provar a existência de uma base factual (Katz & Braly, 1958), de forma que até meados dos anos 1920, o preconceito (sendo basicamente estudado o preconceito racial), não era estudado como fenômeno irracional ou injustificado (Duckitt, 1992), mas partia-se do pressuposto de que realmente havia diferenças entre as raças, tendia-se a explicar a suposta inferioridade dos negros atribuindo-a a um atraso evolutivo, a limitações na capacidade intelectual e a um excessivo ímpeto sexual. Atualmente questiona-se muito essa ênfase no aspecto verídico do preconceito (Oakes, Haslan & Turner, 1994).

Já em outra perspectiva, considera-se que os estereótipos constituem as crenças sobre a natureza da discriminação (Yzerbyt, Rocher & Schadron, 1997). Neste sentido, é irrelevante avaliar o conteúdo de verdade que têm as opiniões preconceituosas, dada a natureza relativa das representações que os grupos têm dos outros grupos (Brown, 1995).

Como pode ser visto, diversas são as definições adotadas para explicar o significado do preconceito, algumas delas salientam sua essência basicamente psicológica (e.g. Gaertner & Mclaughilin, 1983), enquanto outras enfatizam sua natureza social ou psicossocial (e.g. Tajfel, 1981; Brown, 1995). Entretanto, atualmente é possível se verificar uma forte tendência a se perceber esse fenômeno como social, situado no contexto das relações intergrupais (Tajfel, 1981; Brown, 1995) e dos processos políticos (Billig, 1985; Camino, Da Silva, Machado & Pereira, 2001; 2004), fazendo com que a visão do preconceito como uma propensão individual de personalidade (Adorno *et al.*, 1950), ou de estilo cognitivo (Gaertner & Mclaughilin, 1983), torne-se cada vez menos corroborada.

Neste sentido, faz-se pertinente explanar duas maneiras distintas de se compreender essa problemática: uma perspectiva em que o preconceito está relacionado aos processos psicológicos normais que ocorrem de forma automática, usados constantemente pelos indivíduos com o intuito de simplificação do meio social e uma outra visão, na qual o preconceito é compreendido como um processo construído no seio das relações intergrupais, sendo, portanto, produto e efeito de atos de discriminação e exclusão sociais.

Preconceito: a dialética de um fenômeno psicológico e social

Destacando os aspectos cognitivos do preconceito, observa-se que os estereótipos têm sido alvos de grande quantidade de estudos por constituírem parte da categorização social, um dos processos fundamentais da cognição social. Os estereótipos são generalizações sobre pessoas, baseadas no fato de essas pertencerem a algum grupo ou categoria social (Oakes, Haslam & Turner, 1994). Certos grupos são percebidos como bastante homogêneos, e, portanto, um membro desse grupo é considerado e tratado como fundamentalmente igual aos outros membros do grupo. Nesse sentido, o estereótipo é constituído por um conjunto de atributos (características físicas, traços de personalidade, valores etc.) que se acredita caracterizar os membros de determinado grupo social. Deve-se observar que esse conjunto de atributos do grupo estereotipado constitui as crenças ou os conhecimentos amplamente compartilhados, de modo amplo, por um grupo social (Tajfel, 1981) independentemente de serem verdadeiros ou falsos.

Os estereótipos referem-se, frequentemente, mas não sempre, a características negativas de grupos sociais. Desde o início, diversos estudos têm mostrado forte relação entre estereótipos negativos e atitudes ou práticas preconceituosas (Katz & Braily, 1933; 1958), fazendo com que se conjeture que a base do preconceito está nos estereótipos.

Embora os estereótipos sirvam para estabilizar e tornar mais previsível e tratável o mundo social do sujeito, foram considerados, desde o início (Lippmann, 1922), generalizações imprecisas e, às vezes até, erradas, sobre as características de um grupo social.

Numa perspectiva psicossocial, por seu turno, considera-se que o preconceito se desenvolve no interior dos processos de exclusão social e se modifica com estes. Desta forma pode-se definir o preconceito como uma forma de relação intergrupal em que no quadro específico das relações de poder entre grupos desenvolvem-se e expressam-se atitudes negativas e depreciativas, bem como comportamentos hostis e discriminatórios em relação a membros de um grupo, pelo fato de pertencerem a esse grupo (Camino, Da Silva, Machado & Pereira, 2001, 2004).

De acordo com essa visão, o preconceito faz parte de fenômenos sociais mais amplos. Isso não quer dizer, contudo, que o preconceito não tenha sua própria dinâmica psicológica. Assim, por exemplo, quando se analisa o racismo como uma ideologia típica de culturas colonialistas, não se pretende, de forma alguma, negar seu caráter subjetivo, mas procura-se colocar em relevo a natureza e a função sociopolítica dessa disposição psicológica (Billig, 1991; Tajfel, 1981).

Essa discussão entre os aspectos psicológico e social do preconceito não tem como finalidade propor o estudo direcionado de uma perspectiva em detrimento da outra, mas tem o objetivo de esclarecer que a primazia dada a um dos dois aspectos não necessariamente leva a negligenciar o outro. Assim, a compreensão do preconceito, fenômeno definido nos níveis psicológico e psicossocial, exige também uma análise em termos do funcionamento da sociedade, ou seja, no nível das relações de poder (Doise, 1986; Lorenzi-Cioldi & Doise, 1990). E, nesses termos, uma série de abordagens contemporâneas da psicologia social enfatizam a importância dos processos intergrupais na construção da realidade social, colocando em questão a relevância de se falar de verdades ou erros nas crenças e nas opiniões sociais (Augoustinos & Walker, 1995; Vala, 1994). Defendemos que considerar os processos de exclusão social como fundamentados ou injustificados, não levaria a um entendimento ou a uma resolução deste problema, mas antes se estaria caindo na falácia dos anos anteriores a 1920 e 1930, época em que o preconceito era estudado em termos da explicação das diferenças entre as raças, partindo da visão de que algumas raças realmente eram inferiores, e não em termos das desigualdades sociais que permeiam esse fenômeno, o que, por sua vez, não implicaria em novas descobertas sobre o tema, muito menos na tão almejada dissolução desse problema social. Foi partindo desse debate que nos anos 1990 foi desenvolvida a teoria da dominância social (TDS; Pratto, Sidanius, Stalworth & Malle, 1994; Sidanius & Pratto, 1999).

Teoria da Dominância Social (TDS): a natureza psicossocial das assimetrias grupais

Numa perspectiva que pretende integrar os aspectos individuais com os sociais do preconceito, Sidanius e Pratto (1999) propuseram a TDS (*social dominance theory*). Esta teoria teve forte influência de modelos da psicologia da personalidade, da psicologia social e da sociologia política. Não se reduzindo a teorias psicológicas ou sociológicas estritamente, ela procura integrar diferentes níveis de análise no intuito de formular uma teoria mais compreensiva e completa no estudo do preconceito e da discriminação. Essa perspectiva se inicia partindo da observação central de que todas as sociedades humanas tendem a se estruturar em sistemas de grupos baseados em hierarquias sociais, consistindo em um pequeno número de grupos dominantes e hegemônicos no topo e grupos subordinados na parte inferior.

Dois tipos de hierarquias são observados pelos autores: as hierarquias individuais e as hierarquias grupais. As hierarquias individuais são compostas por aqueles indivíduos que abusam do poder do prestígio, ou de qualquer virtude de valor individual. Já as hierarquias grupais se referem ao poder social, ao prestígio e ao privilégio que um indivíduo tem em virtude de ser membro de um grupo socialmente construído, como etnia, clã, religião, tribo, grupo étnico, classe social etc. As hierarquias grupais são independentes das características individuais dos membros, entretanto, influenciarão as características individuais deles. Com base nessas hierarquias os sujeitos desenvolvem representações e ideologias condizentes com sua realidade, elaborando assim, inevitavelmente, uma visão de mundo tendenciosa ao preconceito. Uma sociedade organizada nas hierarquias grupais não classifica tanto os indivíduos por suas aptidões individuais, mas por suas pertenças sociais.

Sidanius e Pratto (1999) identificaram três processos responsáveis por estruturar as hierarquias sociais, os quais vão se acumulando, interagindo e se complementando: 1) a discriminação individual; 2) a discriminação institucional; e 3) a assimetria comportamental proveniente das assimetrias grupais.

A adesão à discriminação individual refere-se aos simples, diários e, às vezes, imperceptíveis atos de discriminação individual, como os casos em que se vota ou não num candidato, emprega-se ou não alguém, como também aprova-se ou não uma pessoa de um grupo minoritário em razão de sua etnia ou gênero. Quando esses milhares de atos individuais são difundidos por dias, semanas, anos décadas e séculos, eles contribuem para clarear e salientar diferenças de poder entre os grupos sociais. A discriminação institucional refere-se a regras e a ações de instituições sociais que promovem, implícita ou explicitamente, distribuições assimétricas e desproporcionais de valores negativos e positivos a partir da hierarquia social instituída. Finalmente, as assimetrias comportamentais se referem às formas complementares de comportamentos sociais nas relações intergrupais (dominância e submissão, desprezo e estima etc.) baseados nas hierarquias sociais.

Os autores da TDS apontam ainda três sistemas de estratificação social provenientes das hierarquias grupais:

1) *sistema de idade*: pessoas adultas e de meia-idade têm desproporcionalmente poder social acima das crianças e dos jovens adultos;

2) *sistema de gênero*: o sexo masculino tem desproporcionalmente maior poder social e político quando comparados com indivíduos do sexo feminino;

3) *sistemas arbitrários*: esses sistemas são formados pelas estruturas sociais que denotam altas diferenças grupais em razão de suas características, como clã, etnia, estado, nação, classe social, ou qualquer relevância social que a mente humana seja capaz de construir, que apresente distinção entre grupos. Dessa forma, um grupo sempre será material ou politicamente dominante em relação aos outros.

Os sistemas de idade e de gênero seriam universais e potencialmente inflexíveis em relação a quem é definido como jovem ou velho, masculino ou feminino. Já os sistemas arbitrários seriam caracterizados pelo alto grau de plasticidade que têm, dependendo do contexto e das distinções atribuídas por *ingroups* a *outgroups*, e estariam associados aos maiores índices de violência, não sendo encontrados nas pequenas sociedades (Sidanius & Pratto, 1999, 2003).

Esses sistemas são muito difíceis de se modificar e têm alto grau de estabilidade, embora haja sistemas paralelos que lutem contra as hierarquias sociais e que, em alguns casos, produzam algumas mudanças para moderar as desigualdades sociais (Pratto, Sidanius, Stalworth & Malle, 1994; Sidanius & Pratto, 2003; Pratto, Sidanius & Levin, 2006).

Embora seja positivo se pensar em um avanço na diminuição da propensão a se comportar de maneira discriminatória de modo geral, estudos recentes (Fernandes, Da Costa, Camino & Mendoza, 2006; 2007) apontam que as mudanças sociais ocorridas que visam à dissolução ou, pelo menos, à moderação das desigualdades sociais, não se mostram bem sucedidas. Com efeito, o que vem ocorrendo são modificações nas formas pelas quais as pessoas expressam o preconceito. Em face da coação dos princípios democráticos de igualdade e liberdade, as pessoas começaram a expressar o preconceito de maneira mais contida e sutil. Mostrar-se preconceituoso se tornou antiquado e aversivo. Mas o preconceito continua vivo e enraizado, sendo, portanto, uma temática essencialmente urgente e atual (Lima & Vala, 2004; Fernandes *et al.*, 2006). Nesse sentido, tendo como aporte teórico a TDS (Sidanius & Pratto, 1999), este estudo busca dar sua contribuição à compreensão desse problema, analisando a magnitude da dominância social em jovens universitários de uma capital do Nordeste brasileiro, partindo do pressuposto de que a dominância social é um construto capaz de abarcar em seu núcleo tanto os aspectos sociais quanto os individuais e psicológicos do preconceito.

Método

Amostra

Participaram deste estudo 205 estudantes universitários do curso de Psicologia de duas universidades da cidade de João Pessoa, sendo 77,6 % de mulheres e 22,4 % de homens, com idade variando entre dezesseis e trinta anos ($M = 21,5$; Moda 20; $DP = 2,54$). Destes 89,3% eram solteiros e 48,3% se dedicavam exclusivamente aos estudos. Os sujeitos foram escolhidos em razão de sua presença nas salas de aula no momento da coleta de dados.

Instrumentos e procedimentos

Para a coleta de dados, além de um conjunto de questões sociodemográficas, foi usada a *Escala de Orientação à Dominância Social* (Sidanius & Pratto, 1999), destinada a avaliar níveis individuais de orientação à dominância social. Trata-se de uma escala de tipo *Likert,* variando de 1 a 7, sendo 1 totalmente em desacordo e 7 totalmente de acordo, composta por dezesseis itens, oito referentes à igualdade (e.g. "Seria bom que todos os grupos pudessem ser iguais") e oito referentes à dominância (c.g. "Os grupos superiores devem dominar os grupos inferiores"). Esta escala foi amplamente testada sendo aplicada a 45 amostras de onze nações distintas e, sempre que preciso, sofrendo refinamentos pelos autores e chegando a sua forma final, adotada neste estudo. Suas análises apresentam uma estrutura unidimensional, testada por uma análise fatorial confirmatória. Embora em duas de suas amostras Sidanius e Pratto (1999) tenham encontrado uma estrutura com duas dimensões, pelo fato de essas dimensões serem altamente correlacionadas, os autores defendem a estruturação unidimensional de sua escala, alegando que até o momento nenhuma evidência empírica foi encontrada para poder se considerar as duas dimensões da escala de SDO independentes.

Para coletar os dados, os participantes foram abordados nas salas de aulas com a prévia autorização do docente responsável pela turma no momento da coleta de dados. Em seguida, foram fornecidas as informações necessárias à participação no estudo e os estudantes responderam aos questionários individualmente.

Resultados

Com a finalidade de analisar os níveis de orientação à dominância social, primeiro foi feita uma análise psicométrica do instrumento usado para a validação do construto. Desse modo, realizou-se uma Análise Fatorial dos Componentes Principais com rotação *Oblimin* da escala de orientação à dominância social, devido à alta correlação esperada entre as dimensões de igualitarismo e de dominância, objetivando verificar sua estrutura fatorial. Esse procedimento permite expressar um número elevado de variáveis (itens da escala) em um pequeno número de indicadores (fatores ou dimensões) (Dancey & Reidy, 2006). Numa primeira análise, os itens apresentaram-se organizados em quatro fatores (Tabela 1), sendo o primeiro fator correspondente aos itens de igualitarismo, fator composto por metade dos itens da escala, com a maior parte da variância explicada (Variância Explicada = 34,76) e um alto índice de confiabilidade interna (*Alpha* de cronbach = 0,88); os demais fatores reuniram os itens referentes à dominância ou hierarquia social, sendo o segundo e o terceiro compostos por dois itens, cada um (*Alphas* de Cronbach = 0,67 e 0,56; Variância Explicada = 12,50 e 7,67, respectivamente) e o quarto fator composto por quatro itens (*Alphas* de Cronbach = 0,67; Variância Explicada = 7,02%). Esse resultado sugere que a dominância social não se apresenta de forma unificada para esta amostra, mas aparece caracterizada por tipos divergentes de dominação entre os grupos, uma dominação mais aberta e uma dominação mais velada, sendo esses dois tipos bastante complexos e misturados nos três fatores encontrados. Ao passo que o fator de igualitarismo apresenta forte consistência e unicidade. Esses dados não nos permitem considerar essa solução fatorial apropriada. Os pressupostos teóricos assim como os indicadores estatísticos justificam tal decisão.

Tabela 1 - Análise dos Componentes Principais com Rotação Oblimin da Escala de Orientação à Dominância Social

Itens	1	2	3	4
10 - A igualdade entre os grupos deve ser o nosso ideal.	0,81			
15 - Devemos nos esforçar para tornar os rendimentos mais iguais.	0,80			
14 - Devemos fazer o que for possível para igualar as condições dos distintos grupos sociais.	0,79			
9 - Seria bom que todos os grupos pudessem ser iguais.	0,76			
11 - Todos os grupos devem ter as mesmas oportunidades na vida.	0,75			
12 - Teríamos menos problemas se tratássemos os grupos diferentes de forma igualitária.	0,75			
13 - Deveríamos aumentar a igualdade social.	0,74			
16 - Nenhum grupo deve dominar na sociedade.	0,52			
8 - Em certas ocasiões outros grupos devem ser mantidos em seu lugar.		0,88		
5 - Se certos grupos permanecessem em seu devido lugar, teríamos menos problemas.		0,69		
2 - Ao fazer o que o grupo quer, às vezes é necessário usar a força contra outros grupos.			0,75	

ORIENTAÇÃO À DOMINÂNCIA SOCIAL

Itens	1	2	3	4
1 - Alguns grupos têm, simplesmente, mais valor do que outros.			0,75	
3 - Os grupos superiores devem dominar os grupos inferiores.				0,72
4 - Para progredir na vida, às vezes, é necessário pisar nos outros grupos.				0,69
7 - Os grupos inferiores devem permanecer em seu lugar.				0,68
6 - Provavelmente é bom que alguns grupos fiquem em cima e outros embaixo.				0,67
Alphas de Cronbach	0,88	0,67	0,56	0,67
Variância explicada	34,8	12,5	7,67	7,02
Eigen values	5,57	2,00	1,23	1,12

Nota: KMO = 0,82; Teste de Esfericidade de Bartlett X2 = 1307,515; g.l. = 120; p < 0,000.

Assim, seguindo o preconizado pela TDS (Sidanius & Pratto, 1999), foi feita uma Análise Fatorial dos Componentes Principais com rotação *Varimax* forçando a matriz em um único fator. Para que os itens estivessem todos em uma mesma direção (orientação à dominância social), os itens indicadores de igualitarismo foram invertidos (e.g. "Seria bom que todos os grupos pudessem ser iguais"; "A igualdade entre os grupos deve ser o nosso ideal"; "Todos os grupos devem ter as mesmas oportunidades na vida", estando todos a indicar a sentença oposta). Em seguida foi analisado o índice de confiabilidade interna do fator encontrado (Alfa de Cronbach) e pode-se constatar que esta solução se mostrou bastante satisfatória (Alfa de Cronbach = 0,83) (ver Tabela 2).

Tabela 2 - Análise dos Componentes Principais da Escala de Orientação à Dominância Social com Rotação Oblimin

Itens	Fator
1 - Alguns grupos têm, simplesmente, mais valor do que outros.	0,30
2 - Ao fazer o que o grupo quer, às vezes é necessário usar a força contra outros grupos.	0,29
3 - Os grupos superiores devem dominar os grupos inferiores.	0,54
4 - Para progredir na vida, às vezes, é necessário pisar nos outros grupos.	0,50
5 - Se certos grupos permanecessem em seu devido lugar, teríamos menos problemas.	0,17
6 - Provavelmente é bom que alguns grupos fiquem em cima e outros embaixo.	0,63
7 - Os grupos inferiores devem permanecer em seu lugar.	0,35
8 - Em certas ocasiões outros grupos devem ser mantidos em seu lugar.	0,19
9 - Seria bom que todos os grupos pudessem ser iguais.*	0,65
10 - A igualdade entre os grupos deve ser o nosso ideal.*	0,71
11 - Todos os grupos devem ter as mesmas oportunidades na vida.*	0,79
12 - Teríamos menos problemas se tratássemos os grupos diferentes de forma igualitária.*	0,71
13 - Deveríamos aumentar a igualdade social.*	0,79

Itens	Fator
14 - Devemos fazer o que for possível para igualar as condições dos distintos grupos sociais.*	0,78
15 - Devemos nos esforçar para tornar os rendimentos mais iguais.*	0,80
16 - Nenhum grupo deve dominar na sociedade.*	0,51
Alfa de Cronbach	0,83
Variância explicada	34,78
Eigenvalue	5,564

Nota: KMO = 0,82; Teste de Esfericidade de Bartlett X2 = 1307,515; g.l. = 120; p < 0,000. * Itens invertidos.

Para averiguar a adesão da amostra à dominância social, ou, em outras palavras, para mensurar a magnitude da tendência ao preconceito, foi feita uma análise dos escores médios das respostas dos participantes (Tabela 3). Pôde-se observar uma forte discordância dos respondentes em relação à dominância social, pois as médias aproximaram-se do ponto mais baixo da escala (lembrando que a escala variou de 1 a 7). Este fato reforça a ideia de maior importância atribuída à crença na igualdade entre os grupos como uma característica da amostra do estudo atual.

Tabela 3 - Médias e Desvios-padrão dos Itens da Escala de SDO - Igualitarismo

Itens	*M*	*DP*
Alguns grupos têm, simplesmente, mais valor do que outros.	3,22	2,13
Ao fazer o que o grupo quer, às vezes é necessário usar a força contra outros grupos.	3,28	1,80
Os grupos superiores devem dominar os grupos inferiores.	1,66	1,22
Para progredir na vida, às vezes, é necessário pisar nos outros grupos.	1,68	1,29
Se certos grupos permanecessem em seu devido lugar, teríamos menos problemas.	3,34	2,08
Provavelmente é bom que alguns grupos fiquem em cima e outros embaixo.	1,85	1,27
Os grupos inferiores devem permanecer em seu lugar.	1,81	1,44
Em certas ocasiões outros grupos devem ser mantidos em seu lugar.	3,45	1,96
Seria bom que todos os grupos pudessem ser iguais.*	2,05	1,52
A igualdade entre os grupos deve ser o nosso Ideal.*	2,09	1,52
Todos os grupos devem ter as mesmas oportunidades na vida.*	1,55	1,08
Teríamos menos problemas se tratássemos os grupos diferentes de forma igualitária.*	1,95	1,38
Deveríamos aumentar a igualdade social.*	1,51	1,05
Devemos fazer o que for possível para igualar as condições dos distintos grupos sociais.*	1,74	1,16
Devemos nos esforçar para tornar os rendimentos mais iguais.*	1,65	1,09
Nenhum grupo deve dominar na sociedade.*	2,19	1,60

Nota: * Itens invertidos.

Discussão

Este estudo foi motivado por uma finalidade central: analisar a tendência ao preconceito em uma amostra de jovens universitários sob a teoria da dominância social (TDS), partindo do pressuposto de que a dominância social, construto amplamente usado em estudos transculturais (Pratto *et al.*, 1994; Sidanius & Pratto, 1999, 2003), faz parte da geração de estudos do preconceito que incorpora em sua natureza tanto aspectos psicológicos quanto sociais nas disposições frente às assimetrias sociais.

Os resultados mostraram que a dominância social não se apresenta uniforme, subdividindo-se em quatro eixos: um composto pelo indicador de igualitarismo e três outros compostos pelos indicadores de dominação entre os grupos, sendo estes distintos por uma versão mais explícita e outra menos explícita de orientação à dominância social. Interpretando essa configuração, pode-se sugerir que o igualitarismo, como marca central e normativa do mundo contemporâneo, apresenta-se fortemente difundido e aclamado em detrimento de uma visão hierárquica e dominadora de mundo, que se apresentou bastante difusa. Apesar de haver uma possível explicação sociocultural para essa configuração, os indicadores psicométricos desse conjunto não se deram satisfatórios e, portanto essa solução foi rejeitada.

Com esses primeiros achados, pode-se supor que, em nossa sociedade, a ambiguidade das normas sociais leva a uma falta de consenso quanto às escolhas atitudinais e comportamentais que verdadeiramente são tidas como corretas como ideologia social e, por isso, fica o juízo de que aderir de forma aberta a uma visão preconceituosa é deveras inadequado, mas aderir de forma mais camuflada, mais sutil, a uma visão preconceituosa, já parece ser permitido. Isso explica o porquê do fator dominância, que em estudos realizados em outras nações aparece bastante consistente, neste estudo ter-se apresentado de forma um tanto quanto confusa.

Algumas abordagens no estudo do preconceito defendem a existência de novas formas de sentir e expressar esse tipo de emoções negativas em função das normas sociais. As mais proeminentes são a teoria do racismo aversivo (Gaertner & Dovidio, 1986), a teoria do racismo simbólico (McConahay & Hough, 1976), a teoria do racismo moderno (McConahay, 1986), a teoria do racismo ambivalente (Katz, Wackenhut & Hass, 1986) e a teoria do preconceito sutil (Pettigrew & Meertens, 1995).

Com efeito, na atualidade, uma série de teorias discute essa nova configuração nas formas de expressão do preconceito. Essas teorias demonstram o que na vida cotidiana é comum se observar. Os comportamentos discriminatórios dirigidos a membros de grupos minoritários socialmente, como mulheres, homossexuais e negros, entre outros, são bastante comuns em ambientes nos quais os sujeitos se sentem à vontade para expressá-los. Essa expressão ocorre em forma de piadas, satirizações e até mesmo atos hostis e agressivos contra esses alvos, desde que o emissor se sinta confortável e apoiado em seu meio.

É muito comum não se perceber esses tipos de comportamentos como expressão do preconceito, pois fazem parte do socialmente desejável e, como tal, são aceitos pela maior parte das pessoas. Em outras palavras, o contexto e as normas vigentes nesse contexto determinam as formas pelas quais as pessoas demonstram seu preconceito.

É importante comentar que é com brincadeiras e satirizações engraçadas se dá início ao processo de estereotipagem, de generalizações inadequadas e exageradas, incluindo como alvo de pilhérias e de ridicularização todo e qualquer membro do grupo a que a anedota se refere. Sem se dar conta, ao emitir tais conteúdos, as pessoas expressam sua visão preconceituosa e contribuem para a difusão e manutenção do preconceito e da discriminação social.

Alguns estudos realizados no Brasil com amostras de estudantes universitários (Fernandes *et al.* 2006, 2007; Pereira, Torres & Almeida, 2003) demonstram que as atitudes igualitárias são bastante valorizadas, sobretudo quando são abertas, em detrimento de uma visão tradicional e conservadora de mundo, enfatizando que a realidade social contemporânea se apresenta estreitamente vinculada ao socialmente desejável em comparação às formas manifestas de diferenciação grupal. Isso significa que todos preferem mostrar o que é bonito ser mostrado, exibir o que será aceito pelo seu meio, mas em se tratando de conteúdos rejeitados socialmente o melhor é esconder, ou, pelo menos, só mostrar em locais em que se tem certeza de que a expressão clara e direta do que verdadeiramente se sente não sofrerá repúdios sociais.

Considerando o proposto pelos estudos da TDS, este estudo optou por seguir seus pressupostos teóricos e metodológicos e defende que a dominância social seja estudada com base em um único fator ou dimensão, pois, além de apresentar uma ótima disposição psicométrica, apresenta também uma excelente configuração teórico-metodológica que pode facilitar estudos mais amplos nos quais a dominância social pode ser estudada tanto como causa quanto como consequência das demais variáveis.

Em tal sentido, a partir do indicador de dominância social, foi encontrado que essa necessidade, motivação ou tendência ao preconceito é fortemente rejeitada pelos participantes, sendo mais fortemente rejeitados os itens que denotam uma expressão mais hostil de uma visão social baseada na hierarquia em comparação com os itens mais sutis.

Tais considerações podem demonstrar ainda que, em se tratando de um fenômeno imbricado nas relações sociais e intimamente ligado ao contexto, o preconceito efetivamente não vem se dirimindo na sociedade, mas assumindo novas formas (Lima, 2002; Lima & Vala, 2004) que irão depender da arena social em que ele se configura. Essa indicação pode ser observada principalmente quanto à falta de consenso dos respondentes ao examinarem algumas sentenças referentes à dominância social, tema ainda controverso e intrigante.

Os dados ora apresentados podem ser considerados como indicadores da importância de considerar o tanto o preconceito quanto a rejeição ao mesmo à luz da TDS uma vez que ela destaca aspectos indispensáveis à compreensão do posicionamento dos indivíduos em relação ao mundo e às diversas formas de comportamento social.

Para concluir, faz-se fundamental e de alto valor heurístico esclarecer que os estudos que contemplam a dominância social como indicador do preconceito seguem uma linha de base que defende a existência de duas bases factuais na natureza do preconceito, uma cognitiva e outra histórica e social, ambas igualmente salientes. Por outro lado, a dominância social deve ser entendida como um desejo individual, uma necessidade ou motivação intrínseca de enxergar o mundo de forma hierárquica, com base na dominação do grupo inferior pelo grupo superior, e, por isso, salienta-se em seu conceito a pressuposição de que, qualquer que seja o agrupamento humano, teremos grupos baseados em hierarquias sociais, o que reflete um truísmo universal e intrínseco à raça humana. Deste modo, entender amplamente como se dá este fenômeno em sua origem natural e como se manifesta, se mantém e se modifica em sua forma social é de extrema relevância para a psicologia social.

CAPÍTULO 7

Medo da morte e comportamento social: testando hipóteses da teoria do gerenciamento do terror

Taciano L. Milfont, Pollyane K. da Costa Diniz

> Eu sei que determinada rua que eu já passei não tornará
> a ouvir o som dos meus passos
> Tem uma revista que eu guardo há muitos anos e que
> nunca mais eu vou abrir
> Cada vez que eu me despeço de uma pessoa pode ser
> que essa pessoa esteja me vendo pela última vez
> A morte, surda, caminha ao meu lado e eu não sei em
> que esquina ela vai me beijar
> (Raul Seixas e Paulo Coelho,
> *Canto para a minha morte*, 1976)

Uma das poucas certezas que temos na vida (senão a única!) é de que vamos morrer um dia. Na verdade, a cada tique do relógio, a cada dia decorrido, a cada ano vivido, essa certeza é mais próxima e real. Como não poderia deixar de ser, a morte e sua inevitabilidade têm despertado o interesse de filósofos, artistas e cientistas. Neste capítulo discutiremos uma teoria da psicologia social, a teoria de gerenciamento do terror ou teoria do controle do medo da morte (*terror management theory*, TMT), que visa a explicar como os comportamentos sociais, incluindo conflitos intergrupais, estão relacionados às preocupações sobre a mortalidade.

A TMT está baseada na obra do antropólogo cultural Ernest Becker, que, por sua vez, inspirou suas análises em tradições existenciais e nas obras de Charles Darwin, Sigmund Freud, Erich Fromm, Erving Goffman, Soren Kierkegaard, Otto Rank e outros. Em seu livro *The Denial of Death* ("A negação da morte"), Becker (1973) apresenta três habilidades humanas que considera críticas: consciência e pensamento autorreflexivo ("Eu sou e sei que eu sou; eu sei que sei que eu sou; eu sei que sei que sei que eu sou."); capacidade para pensamentos abstratos e simbólicos (construção de ideias, construtos, conceitos, linguagem e símbolos); e capacidade para pensar temporalmente (o que fizemos na semana passada, o que faremos na próxima semana e o que estaremos fazendo na última semana do próximo mês).

Embora essas habilidades cognitivas permitam autorregulação e plasticidade comportamental inigualáveis aos seres humanos, essas mesmas habilidades também podem ser perturbadoras, pois a consciência e a autorreflexão também produzem temor. Os seres humanos são conscientes de que independentemente de qualquer esforço para prosperar como formas vivas, o tempo não para e a passagem do tempo significa a passagem da vida. Ou seja, consciência temporal também significa consciência da própria morte (Routledge & Arndt, 2005). Dessa forma, a despeito de todas as vantagens que a autoconsciência e a possibilidade de pensar em termos temporais fornece, essas capacidades são potencial-mente problemáticas. A justaposição da motivação de autopreservação e a consciência da mortalidade criam o potencial para ansiedades paralisantes diante da morte.

Para Becker (1973), o real dilema da existência é sermos animais mortais que são ao mesmo tempo conscientes da própria morte. Por isso ele afirma que ninguém é livre do medo da morte e que esse medo é o princípio fundamental que move os seres humanos. Ele chama o medo da morte "terror" (p. 15) – por isso o uso dessa palavra para descrever a teoria –, e afirma que o terror é uma característica universal dos seres humanos que está relacionada ao instinto de autopreservação. Para Becker (1973), há duas dimensões que definem a existência humana – o corpo e o eu – que nunca poderão ser reconciliadas de forma harmoniosa. Os seres humanos têm mecanismos biológicos que visam à preservação e à continuação da vida, mas também têm uma inteligência que os fazem cientes de que tudo que vive terá de morrer um dia, inclusive eles próprios. Dessa forma, o sentido da existência humana está dividido em dois domínios: o simbólico (liberdade) e o corpóreo (destino).

Ter conhecimento da própria existência e ser capaz de antecipar o futuro produz uma consciência inquietante da certeza inevitável da morte. Além disso, Becker (1973) propõe que as pessoas reconheçam que a morte não apenas é inevitável, mas também pode ocorrer de forma trágica e prematura por motivos que nunca podem ser antecipados ou controlados completamente. Por fim, ele também afirma que as pessoas se sentem horrorizadas pela realização de que são criaturas conscientes e corpóreas, que sangram, vomitam, fornicam, defecam, urinam, menstruam, ejaculam e peidam. Becker (1973, p. 31) exemplifica esses sentimentos com uma frase de Montaigne que diz que no trono mais alto do mundo senta alguém em sua bunda. Esse pavor existencial e consciência da criaturidade humana são também brilhantemente ilustrados por Clarice Lispector no romance *A paixão segundo G.H.* de 1964, quando G.H. encontra uma barata no quarto da empregada. Clarice Lispector descreve as inquietudes vividas por G.H. ao perceber que, embora se sinta superior, é mais semelhante e mesmo inferior à barata do que pensa.

A Teoria do Gerenciamento do Terror (TMT)

A TMT derivou das análises de Becker (1973) de que o medo da morte é o principal medo que persegue as sociedades humanas e forma as manifestações culturais. A TMT foi proposta no fim da década de 1980 pelos psicólogos sociais Jeff Greenberg, Tom Pyszczynski e Sheldon Solomon e leva em consideração o terror experienciado pelos seres humanos na tentativa de explicar sua posição única no reino animal (Greenberg, Pyszczynski & Solomon, 1986; Solomon, Greenberg & Pyszczynski, 1991). Uma das principais contribuições dessa teoria é ter trazido tais reflexões existenciais para o domínio da psicologia social empírica (Greenberg, Koole & Pyszczynski, 2004).

Em termos gerais, a TMT sustenta a ideia de que além de termos mecanismos biológicos que visam a garantir a preservação e a continuação da vida, também temos uma inteligência que nos faz cientes desses mecanismos e de nossa própria mortalidade. A teoria propõe então que uma vasta quantidade dos nossos comportamentos sociais pode ser entendida como uma tentativa de conseguir tranquilidade psicológica diante dessa consciência. Essa tranquilidade psicológica é obtida por meio do gerenciamento efetivo do terror resultante da consciência da morte. O gerenciamento efetivo do terror exige fé em uma concepção significativa da realidade (*o sistema cultural*) e crença de que se está atendendo aos valores prescritos por este sistema cultural (*autoestima*). A fé nos sistemas culturais e a necessidade de autoestima são duas estruturas psicológicas fundamentais para esta teoria.

Sistemas culturais. A TMT afirma que a justaposição entre a predisposição biológica de autopreservação que os seres humanos têm (como todos os outros seres vivos) e a consciência humana única da inevitabilidade da morte dá origem ao potencial e devastador terror. Todavia, as habilidades cognitivas que criam o problema da consciência da morte também facilitam sua solução pela capacidade dos seres humanos de pensar simbolicamente, o que lhes permite a construção de um mundo controlável e com significado, ou seja, a construção de sistemas culturais. Assim, a redução da ansiedade da morte se situa na construção e na aderência a sistemas de crenças culturais que fornecem a ideia de que a nossa existência transcende as fronteiras físicas da vida biológica.

Os sistemas culturais fornecem a proteção para o medo existencial da morte por meio de respostas para questões cosmológicas básicas e universais, como: "Quando e onde minha vida começou?", "O que eu faço com o tempo de vida que tenho?" e "O que acontece quando eu morrer?". Os sistemas culturais também fornecem valores e direções sobre quais comportamentos são socialmente aceitos ou não. Se os valores e os comportamentos aceitos são cumpridos, há uma promessa de proteção e de transcendência da própria morte: literalmente por meio de crenças sobre céu e reencarnação, ou simbolicamente por meio da identificação com entidades que transcendem a existência individual. Por esse motivo, Becker (1973) afirma que os sistemas culturais funcionam com um acordo entre a vida e a morte que torna a existência humana possível.

Autoestima. Os sistemas culturais são concepções da realidade que possibilitam que as pessoas sejam valorizadas e se sintam importantes membros de um universo com significado, permitindo-lhes, portanto, ter autoestima. Segundo a TMT, uma das principais funções da cultura é permitir que as pessoas controlem o potencial, e sempre presente, terror da morte, fazendo-as acreditar que são seres de significância eterna vivendo em uma realidade que tem significado. Dessa forma, para manter a tranquilidade psicológica durante toda a vida, as pessoas têm de manter a fé num sistema cultural que dá ordem, estabilidade, significado e permanência à realidade, além de crer que contribuem de forma significativa para essa realidade.

Em resumo, a possibilidade do terror é gerenciada pela construção e manutenção de sistemas ou visões culturais de mundo. Esses sistemas culturais são crenças sobre a natureza da realidade que produz nos indivíduos um sentimento de que eles são pessoas de valor num mundo de significado e que são diferentes e superiores à natureza mortal e corpórea. Portanto, capazes de transcender os limites naturais de tempo e espaço, e, ao fazer isso, enganar a morte. Por esse motivo, grande quantidade das atividades humanas é devotada à manutenção da fé no sistema cultural que cada um tem e à manutenção da crença de que a pessoa está atendendo, ou mesmo superando, os padrões de valores derivados desse sistema cultural.

Esses pressupostos teóricos dão fundamento a duas perguntas centrais que a TMT tenta responder: 1) Por que as pessoas precisam de autoestima? e 2) Por que é tão difícil para as pessoas conviverem pacificamente com pessoas que são diferentes? Ou em outras palavras, por que há conflitos intergrupais? A primeira pergunta é respondida da seguinte forma: A teoria afirma que os sistemas culturais gerenciam o terror, associado à consciência da morte, principalmente por meio do mecanismo cultural da autoestima, ou seja, da crença de que se é um importante colaborador para um universo com significado. Portanto, as pessoas precisam de autoestima para poder gerenciar o terror associado à consciência da morte.

Como explicar os conflitos intergrupais? Essa pergunta é respondida da seguinte forma: como o sistema cultural e a autoestima dele derivada fornecem proteção contra o potencial sentimento de terror, as pessoas são motivadas a manter a fé nas suas visões culturais de mundo e buscam satisfazer os padrões de valores associados a essas visões de mundo. Se os valores e os comportamentos socialmente aceitos são cumpridos, há uma sensação de proteção e maior segurança diante do potencial terror e da ansiedade gerados pela consciência de que somos seres mortais. O que, consequentemente, confere maior autoestima. Logo, com fins de preservar essa autoestima, as pessoas irão responder positivamente àqueles que mantêm as mesmas visões culturais de mundo e negativamente àqueles que as ameaçam. O fato de ser necessário manter a fé em determinado sistema cultural torna difícil conviver pacificamente com outras pessoas que acreditam e têm fé em outra visão de mundo, levando a conflitos intergrupais. Esses pontos foram formalmente elaborados e testados por meio de estudos empíricos.

Pesquisas empíricas testando a teoria do gerenciamento do terror

A hipótese geral derivada da TMT é denominada hipótese da saliência da mortalidade (*mortality salience hypothesis*). Segundo a TMT, os sistemas culturais e a autoestima fornecem crenças sobre a natureza da realidade cuja função é aliviar a ansiedade associada à consciência da morte. Se essa proposição é correta, fazer as pessoas refletirem sobre sua própria morte (isto é, induzir a saliência da mortalidade) deve aumentar a necessidade de proteção fornecida por essas crenças. Ou seja, as pessoas irão responder positivamente àqueles que reforçam suas visões de mundo e negativamente àqueles que as ameaçam, porque as visões de mundo são baseadas num sistema cultural que diminui a ansiedade relacionada ao terror.

A saliência da mortalidade é geralmente manipulada por de um procedimento padrão denominado *Teste Projetivo das Atitudes sobre a Vida* (Rosenblatt, Greenberg, Solomon, Pyszczynski & Lyon, 1989). Os participantes do grupo experimental são solicitados a responder a duas questões abertas sobre seus pensamentos e sentimentos a respeito de sua própria morte. Primeiro diz-se aos participantes que se trata de um teste de personalidade recente e inovador, e que suas respostas serão avaliadas qualitativamente mediante análise de conteúdo. Os participantes então são solicitados a escrever sobre (a) as emoções que o pensamento da sua própria morte desperta neles, e (b) o que pensam que lhes acontecerá enquanto estiverem morrendo e uma vez que estiverem fisicamente mortos. Essa manipulação é descrita no Quadro 1 e uma meta-análise recente confirmou sua utilidade empírica (Burke, Martens & Faucher, 2010).

Quadro 1 - Manipulação experimental: tornando a mortalidade saliente.

Teste Projetivo das Atitudes sobre a Vida

Este é um teste de personalidade recente e inovador. Pesquisas atuais indicam que os sentimentos e as atitudes que uma pessoa tem sobre aspectos significativos da vida nos diz bastante sobre sua personalidade.

Suas respostas a estas duas perguntas serão analisadas qualitativamente através de uma análise de conteúdo para avaliar algumas dimensões da sua personalidade. Pedimos que responda às seguintes perguntas da forma mais honesta possível.

POR FAVOR, DESCREVA BREVEMENTE AS EMOÇÕES QUE O PENSAMENTO DA SUA PRÓPRIA MORTE DESPERTA EM VOCÊ.

_____
_____
_____
_____

INDIQUE, DA FORMA MAIS ESPECÍFICA POSSÍVEL, O QUE PENSA QUE ACONTECERÁ COM *VOCÊ* ENQUANTO ESTIVER MORRENDO E O QUE LHE ACONTECERÁ UMA VEZ QUE ESTIVER FISICAMENTE MORTO.

_____
_____
_____
_____
_____

Fonte: Rosenblatt *et al.* (1989, p. 682) e http://www.tmt.missouri.edu/images/Death%20Manipulation.doc

Os primeiros estudos que testaram empiricamente a TMT foram conduzidos por Rosenblatt *et al.* (1989) e Greenberg *et al.* (1990). Esses autores testaram a hipótese da saliência da mortalidade buscando verificar se quando a mortalidade é salientada, as pessoas responderiam positivamente diante daqueles que mantêm valores culturais semelhantes e negativamente diante dos que violam esses valores. Uma noção comum à essa hipótese é de que as pessoas preferem outras semelhantes em virtude da necessidade de uma validação consensual de suas próprias crenças e atitudes. Como outros psicólogos sociais também verificaram (por exemplo, Festinger, 1954), a fé e a confiança em uma visão de mundo particular é fortalecida à medida que outros também acreditam na mesma visão de mundo, corroborando assim nossa concepção de realidade.

A fim de testar essas hipóteses concernentes às reações diante daqueles que mantêm ou violam concepções culturais, Rosenblatt *et al.* (1989) conduziram seis experimentos. O primeiro foi feito com 21 juízes de uma corte municipal com o objetivo de verificar o efeito da saliência da mortalidade em suas reações a um transgressor moral (uma prostituta). Os juízes foram apresentados ao relato de um caso de uma mulher acusada de prostituição e solicitados a prescrever sentenças para a acusada. Metade dos juízes, todavia, tiveram sua mortalidade feita saliente. Os resultados indicaram que os juízes que tiveram a saliência da mortalidade induzida (grupo experimental) recomendaram sentenças significativamente maiores e mais severas à acusada (ou seja, ao transgressor moral) do que os juízes que não foram induzidos a pensar acerca de sua própria mortalidade (grupo controle). Todos os outros cinco experimentos também confirmaram as hipóteses derivadas da TMT de que quando a mortalidade é feita saliente, as pessoas tendem a responder favoravelmente àqueles que confirmam seus valores culturais e desfavoravelmente àqueles que ameaçam esses valores.

Greenberg *et al.* (1990) conduziram três experimentos também avaliando as reações dos participantes perante pessoas que mantêm ou ameaçam sua visão de mundo. No primeiro experimento, a saliência da mortalidade influenciou a reação de participantes cristãos perante outros indivíduos cristãos ou judeus. A saliência da mortalidade fez com que os participantes cristãos apresentassem mais avaliações positivas diante de outro cristão e mais avaliações negativas diante de um judeu. Os resultados do segundo experimento indicaram que participantes com tendências autoritárias apresentaram mais avaliações negativas perante outro indivíduo com atitudes dissemelhantes após a mortalidade ter sido feita saliente, e que a saliência da mortalidade teve um efeito catalítico nas tendências autoritárias dos participantes: após terem a mortalidade feita saliente, aqueles com alta tendência autoritária rejeitaram mais veementemente pessoas com crenças e atitudes dissemelhantes das suas próprias do que aqueles com baixa tendência autoritária. Por fim, os resultados do terceiro estudo indicaram que a saliência da mortalidade intensificou as reações dos participantes dos Estados Unidos perante aqueles que atacavam ou davam apoio à sua própria cultura. Após a mortalidade ter sido feita saliente, reações positivas foram encorajadas entre aqueles que elogiavam a cultura estadunidense e reações negativas entre aqueles que a criticavam. Dessa forma, estes três experimentos sustentam a hipótese derivada da TMT de que fazer indivíduos conscientes de sua mortalidade é importante para entender as relações intergrupais pois influencia avaliações sobre outros indivíduos que têm crenças e atitudes semelhantes (positivamente) e dissemelhantes (negativamente).

Após mais de duas décadas desde sua proposição, mais de quatrocentos estudos empíricos já foram feitos confirmando a TMT. Esses estudos têm testado hipóteses derivadas da teoria e aplicadas a vários outros tópicos mais específicos, como: consumismo (Kasser & Sheldon, 2000), relações intergrupais (Castano, Yzerbyt, Paladino & Sacchi, 2002) e terrorismo (Pyszczynski, Solomon & Greenberg, 2003) – para uma lista completa dos estudos, basta acessar a página da teoria: www.tmt.missouri.edu

Em geral, esses estudos têm confirmado cinco princípios da TMT: 1) a autoestima reduz a ansiedade em resposta a circunstâncias ameaçadoras; 2) a lembrança da morte cria uma necessidade exagerada das propriedades que os sistemas de valores têm para reduzir ansiedade (através do aumento da consideração e do respeito às pessoas e aos comportamentos que reforçam as visões de mundo, e aumento de desprezo às pessoas e aos comportamentos que ameaçam as visões de mundo); 3) a saliência da mortalidade estimula esforços para reforçar a autoestima; 4) a autoestima elevada reduz ou elimina as defesas das visões de mundo após a saliência da mortalidade; e 5) os efeitos causados pela saliência da mortalidade são provocados pelo aumento da acessibilidade implícita de pensamentos sobre a morte e a função dos processos de gerenciamento do terror é reduzir essa acessibilidade (Solomon, Greenberg & Pyszczynski, 2004).

Testando a TMT no Brasil

Apesar de alguns estudos terem considerado aspectos existenciais e psicossociais da morte em suas análises (ver, por exemplo, Bellato & Carvalho, 2005; Combinato & Queiroz, 2006) e vários outros estudos terem tratado das relações intergrupais (ver capítulos neste volume), para o nosso conhecimento nenhum estudo prévio testou a TMT no Brasil. Por isso decidimos fazer um estudo exploratório para testar uma hipótese derivada da TMT. Como visto anteriormente, a teoria afirma que as pessoas tendem a responder positivamente àqueles que reforçam suas visões de mundo (e negativamente àqueles que as ameaçam) porque há a necessidade de uma validação consensual dessas visões de mundo, já que os sistemas culturais reduzem a ansiedade relacionada ao terror da morte.

Baseados nas análises de Becker (1973) de que as pessoas também se horrorizam pela consciência de que somos criaturas corpóreas e, por isso, semelhantes às outras formas de vida, a psicóloga social Jamie L. Goldenberg e seus colegas têm examinado como a saliência da mortalidade influencia a identificação das pessoas com seus corpos e com a criaturidade/animalidade humana (Goldenberg, McCoy, Pyszczynksi, Greenberg & Solomon, 2000; Goldenberg *et al.*, 2001; Goldenberg & Roberts, 2004). Ela parte do pressuposto de que se os seres humanos lidam com a ameaça existencial da inevitabilidade da morte pela construção simbólica de significado (visões de mundo) e valores (autoestima), lembretes da fisicalidade e da criaturidade humana ameaçariam a eficácia dessas defesas simbólicas contra a ansiedade existencial da morte (Goldenberg & Roberts, 2004).

Goldenberg *et al.* (2001) fizeram dois experimentos testando essas ideias. Os resultados do primeiro experimento indicaram que quando a mortalidade é feita saliente os participantes respondem com maior repulsa a produtos corpóreos (sentir cheiro de urina, ver alguém vomitando) e a animais (pisar em uma minhoca, ver uma barata na casa de alguém). No segundo experimento, a saliência da mortalidade influenciou a preferência dos participantes por um texto dizendo que os seres humanos são distintos dos animais. Os participantes que tiveram a mortalidade feita saliente apresentaram maior preferência a esse texto, em comparação aos participantes do grupo controle, e também preferiram muito mais esse texto a outro que discutia as similaridades entre os seres humanos e os animais. Em resumo, os resultados desses experimentos sustentam a hipótese de que a tendência humana de se distanciar dos outros animais é motivada por preocupações relacionadas à morte.

Mas qual a relação entre as relações intergrupais e as relações entre seres humanos e animais/natureza? Embora estudos em psicologia social tenham enfatizado conflitos entre grupos de indivíduos, os conflitos existentes entre seres humanos e animais/natureza apresentam características similares (Bizumic & Duckitt, 2007; Milfont, 2007, p. 59; Schultz & Stone, 1994). Por exemplo, Bizumic e Duckitt (2007) verificaram uma forte correlação (0,38) entre antropocentrismo (crença que os seres humanos são mais importantes do que os outros animais) e etnocentrismo (crença que seu grupo é mais importante do que os demais). Mais importante, observaram que o antropocentrismo apresentou correlações similares com atitudes contra animais (0,42) e atitudes contra minorias étnicas (0,31). Esses resultados indicam que conflitos entre seres humanos (visto como grupo superior) e animais/natureza (visto como grupo inferior) são psicologicamente semelhantes a conflitos intergrupais.

O estudo

Como visto acima, a lembrança da fisicalidade e da criaturidade humana ameaça a eficácia das defesas simbólicas contra a ansiedade existencial da morte (Goldenberg & Roberts, 2004) e as relações entre seres humanos e animais podem provocar conflitos com a ideia de um grupo superior e outro inferior. Partindo desses resultados empíricos, desenvolvemos o seguinte argumento: os sistemas culturais permitem aos seres humanos se colocarem acima dos animais, que são considerados criaturas inferiores, pois a lembrança da criaturidade humana leva à ansiedade existencial da inevitabilidade da morte. Se ver como distinto dos animais é uma defesa simbólica contra a ansiedade da mortalidade que a realização de que somos semelhantes a qualquer outra forma de vida potencialmente cria. Postulamos, então, que a morte é um forte lembrete da natureza animal dos seres humanos e que quando lembradas da própria morte as pessoas tenderiam a se ver como mais semelhantes aos animais. Nosso argumento é baseado também nas análises de Becker (1973) de que a mortalidade é uma ameaça poderosa contra a distinção entre os seres humanos e os animais. Para testarmos a hipótese de que a saliência da mortalidade reduziria as defesas simbólicas das pessoas sobre a distinção entre os seres humanos e os animais (distinção humanos-animais), fizemos um estudo experimental por meio de um questionário *online* na internet. O uso da internet em pesquisas psicológicas tem crescido em número (Reips, 2006) e existe um volume publicado tratando do tema (Joinson *et al.*, 2007). Essa é, portanto, uma metodologia de pesquisa aceitável na área.

Método

Amostra

Um total de 244 pessoas acessaram o *link* da página da pesquisa e concordaram em participar do estudo. Porém apenas 170 responderam todo o questionário. Para evitar viés de resposta, decidimos selecionar apenas participantes que estavam residindo no estado da Paraíba durante a pesquisa. Dessa forma, a amostra final contou com 87 participantes, a maioria do sexo feminino (66,7%), com idade variando entre dezessete e cinquenta e cinco anos ($M = 25$; $DP = 6,94$).

Procedimento

A pesquisa *online* foi criada usando-se a tecnologia do SurveyMonkey (www.surveymonkey.com) que ficou disponível por três semanas. A maioria dos participantes tomou conhecimento sobre a pesquisa por meio de um e-mail (67,8%), foi informada sobre o caráter confidencial e anônimo do questionário e solicitada a ler e concordar com um Termo de Consentimento Livre e Esclarecido antes do início da pesquisa. Os participantes foram informados também de que a pesquisa envolvia um questionário sobre opiniões, personalidade e atitudes cujo objetivo era investigar a relação entre personalidade e atitudes sociais. Os participantes da pesquisa foram aleatoriamente divididos segundo o mês em que nasceram. Os nascidos nos meses de número par responderam a duas questões abertas para tornar a mortalidade deles saliente (grupo experimental, $n = 47$). Já os participantes nascidos em meses de número ímpar não responderam a essas perguntas (grupo controle, $n = 40$). Após o término da pesquisa, todos foram informados de que foram aleatoriamente divididos e que o real objetivo da pesquisa tinha sido verificar em que medida a saliência da mortalidade influencia as atitudes e os comportamentos sociais.

Instrumentos

O questionário foi composto por dez páginas, incluindo informações gerais, consentimento esclarecido, informações finais sobre a pesquisa e página final de agradecimento pela participação no estudo. Apenas as partes do questionário relevantes à nossa hipótese serão consideradas aqui.

Questões sociodemográficas. Os participantes responderam questões relativas ao seu sexo, idade, local em que estavam e como tomaram conhecimento da pesquisa.

Tratamento experimental da saliência da mortalidade. A saliência da mortalidade foi manipulada pelo procedimento padrão em estudos da TMT descrito no Quadro 1. Apenas os participantes do grupo experimental responderam a duas questões abertas sobre seus pensamentos e sentimentos a respeito de sua própria morte: a) as emoções que o pensamento da própria morte despertam neles e b) o que pensam que lhes acontecerá enquanto estiverem morrendo e uma vez que estiverem fisicamente mortos. Participantes do grupo controle não responderam a essa parte do questionário.

Escala da Distinção Humanos-Animais. Para avaliar a necessidade de se ver a si mesmo como distinto dos outros animais, os participantes responderam a três itens expressando o quanto os seres humanos são especiais e únicos quando comparados a outros animais. Os itens foram criados especialmente para este estudo e derivam da manipulação experimental descrita por Goldenberg *et al.* (2001, Estudo 2). Os três itens foram: "Somos muito mais inteligentes do que outros animais", "Somos apenas outra espécie de animais" (item invertido) e "Embora tenhamos aspectos em comum com um simples animal, nós seres humanos somos verdadeiramente especiais e únicos". Os participantes indicaram seu nível de concordância mediante uma escala tipo *Likert* de 7 pontos, variando entre 1 = *Discordo totalmente* e 7 = *Concordo totalmente*, uma vez que escores maiores indicam maior crença na distinção entre os seres humanos e outros animais. Essa escala apresentou índice de consistência interna satisfatório (a = 0,73).

Resultados

Para testar a hipótese de que a saliência da mortalidade diminuiria a crença de que os seres humanos são distintos dos animais, as médias da *Escala da Distinção Humanos-Animais* foram comparadas entre os participantes do grupo experimental e grupo controle. Em suporte à nossa hipótese, o teste *t* de *Student* indicou que houve uma diferença significativa ($p < 0,01$) nas médias dos grupos: os participantes do grupo experimental, após terem sua mortalidade feita saliente, indicaram maior crença de que os seres humanos são semelhantes aos outros animais quando comparados aos participantes do grupo controle (ver Tabela 1). Além de ser estatisticamente significativa, a diferença das médias teve um tamanho de efeito mediano, de acordo com as orientações de Cohen (1988, 1992). Além disso, a diferença permanece significativa ($p < 0,01$) mesmo quando a idade e o sexo dos participantes são incluídos na análise, indicando não haver uma variação dos resultados com respeito a essas variáveis.

Tabela 1 - Teste t do Efeito da Saliência da Mortalidade nas Crenças sobre a Distinção entre Homens e Animais

Escala	Grupo	M	DP	d	t	g.l.	p
Escala da Distinção Humanos-Animais	Experimental	4,16	1,56	0,67	-3,14	84	0,002
	Controle	5,11	1,25				

Notas: Grupo experimental (n = 47), grupo controle (n = 40). M = média. DP = desvio-padrão. d = tamanho do efeito baseado em Cohen (1988, 1992). t = teste t de Student. g.l. = graus de liberdade. p = nível de significância.

Discussão

Os resultados do nosso experimento sustentaram a hipótese de que a saliência da mortalidade faria que os participantes se vissem mais semelhantes aos animais. Como houve uma redução na visão de que há um grupo superior (seres humanos) e outro inferior (animais), a saliência da mortalidade reduz pois o antropocentrismo. De forma geral, os resultados indicam que a morte é realmente um forte lembrete da natureza animal dos seres humanos e que a consciência da mortalidade é uma ameaça contra a distinção humanos-animais (Becker, 1973). Assim, a consciência da mortalidade faz os seres humanos assumirem (ou ao menos refletirem) que também são animais e que também irão morrer como qualquer outra forma de vida.

Não obstante, é importante indicar que num primeiro momento nossos resultados parecem contradizer os encontrados por Goldenberg *et al.* (2001, Estudo 1). Como visto anteriormente, esses autores verificaram que a saliência da mortalidade influenciou a preferência dos participantes a um texto discutindo as distinções entre os seres humanos e os animais. Ou seja, a consciência da mortalidade induziu à maior distinção humanos-animais e não à maior semelhança como encontrado no nosso estudo. Todavia, diferenças no procedimento empregado pelos dois estudos explicam essa distinção nos resultados. Embora ambos os estudos tenham empregado o procedimento padrão para tornar a mortalidade saliente (ver Quadro 1), no estudo de Goldenberg *et al.* (2001) os participantes responderam ao questionário com uma pausa e distrações entre a variável independente (saliência da mortalidade) e a variável dependente (distinção humanos--animais), ao passo que em nosso estudo a variável dependente foi avaliada logo após a variável independente.

Assim, houve uma variação na acessibilidade cognitiva da mortalidade. Estudos têm indicado que há mecanismos cognitivos distintos entre pensamentos da morte que são facilmente acessíveis em relação àqueles que não o são (Pyszczynski, Greenberg & Solomon, 1999). Isso indica que quando os pensamentos da morte são ou estão mais facilmente acessíveis cognitivamente, como em nosso estudo, as defesas simbólicas contra a ansiedade existencial da morte são reduzidas; por outro lado, quando os pensamentos da morte não estão facilmente acessíveis, como no estudo de Goldenberg *et al.* (2001), as defesas simbólicas são enfatizadas.

Ambos os estudos, portanto, demonstraram de forma diferente que a saliência da mortalidade influencia a identificação das pessoas com a criaturidade humana. A distinção entre os seres humanos e os animais é uma defesa simbólica contra a ansiedade da mortalidade, suportando a tese da TMT de que os sistemas culturais ajudam os seres humanos a negar sua criaturidade, e, dessa forma, sua mortalidade.

Conclusão

> E se somos Severinos
> iguais em tudo na vida,
> morremos de morte igual,
> mesma morte severina:
> que é a morte de que se morre
> de velhice antes dos trinta,
> de emboscada antes dos vinte
> de fome um pouco por dia
> (de fraqueza e de doença
> é que a morte severina
> ataca em qualquer idade,
> e até gente não nascida).
>
> (João Cabral de Melo Neto,
> *Morte e vida Severina*, 1956)

A preocupação com a morte não é algo que se reflete apenas no âmbito individual. Tal preocupação também exerce forte influência no comportamento social das pessoas. Neste capítulo discutimos a teoria do gerenciamento do terror (*terror management theory*, TMT). A TMT é uma teoria da psicologia social que procura explicar comportamentos sociais através da consciência da inevitabilidade da morte. Essa teoria é baseada na proposição de Becker (1973) de que ninguém é livre do medo da morte e que esse medo é o fundamental princípio que move os seres humanos.

Para a TMT os seres humanos utilizam soluções simbólicas para lidar com a ansiedade associada com a consciência da morte (Becker, 1973). Os seres humanos usam o domínio simbólico (o eu) para lidar com o domínio corpóreo (o corpo). O gerenciamento do terror associado à consciência da morte se dá, portanto, pela fé em um sistema cultural que sustenta uma concepção significativa da realidade e pela autoestima associada à crença de que se está atendendo aos valores prescritos por esse sistema cultural. Por esse motivo, os sistemas culturais e a autoestima são os principais construtos analisados pela TMT.

As crenças e os valores socialmente compartilhados por uma cultura e um grupo exercem, entre outras, a função de prover sentido e significado à existência. Quando essas crenças são questionadas, em geral por um membro de um grupo externo, as pessoas se sentem motivadas a recuperar o consenso, pois a estabilidade foi abalada por uma opinião divergente e isso provoca desconforto, ansiedade e insegurança. A TMT propõe que particularmente em contextos ou situações em que a mortalidade torna-se saliente, essa motivação para conservar a estabilidade consensual do grupo é mais pronunciada. Nesse sentido, o comportamento inerente a essa situação é o de valorizar as pessoas que se empenham em manter as crenças culturais e rechaçar as que violam essas crenças, criando conflitos intergrupais. Constitui-se, assim, a hipótese central da TMT que, quando a mortalidade é salientada, as pessoas responderão positivamente perante àquelas que mantêm valores culturais e negativamente perante às que violam esses valores. Vários estudos empíricos têm dado lastro a essa hipótese (ver, por exemplo, Greenberg *et al.*, 1990; Rosenblatt *et al.*, 1989).

Outra hipótese derivada da TMT é a de que os sistemas culturais permitem aos seres humanos se perceberem distintos dos outros animais, pois a lembrança da criaturidade humana leva à ansiedade existencial da inevitabilidade da morte. Os resultados do nosso estudo corroboram essa hipótese e indicam que quando a saliência da mortalidade está acessível cognitivamente, a distinção entre os seres humanos e os animais é reduzida. Assim, diante da consciência da mortalidade a diferenciação entre os seres humanos e qualquer outro ser vivo é minimizada, uma vez que a morte é certa para toda forma de vida. Quando a mortalidade não é feita saliente, por outro lado, a distinção entre os seres humanos e os animais torna-se mais evidenciada. Esses resultados sustentam também outros estudos indicando que a saliência da mortalidade influencia a identificação das pessoas com a criaturidade humana (Goldenberg *et al.*, 2000; Goldenberg *et al.*, 2001; Goldenberg & Roberts, 2004).

A TMT é uma teoria ampla, com implicações para compreender uma larga escala de comportamentos sociais, como relações interpessoais e intergrupais. A teoria permite entender porque alguns grupos são capazes de atitudes e comportamentos tão severos para com aqueles que lhes parecem diferentes. Permite compreender porque em situações de conflito (por exemplo, em uma grande guerra em que a morte se torna um tema evidente), os processos de diferenciação grupal tornam-se mais marcantes e as pessoas mais suscetíveis a agir severamente diante daquelas que não são semelhantes em algum aspecto relevante.

Antes de concluirmos, faremos duas importantes ponderações. Primeiro, o foco da TMT é entender o terror provocado pelo confronto entre o desejo de estar vivo e a consciência da morte. Os seres humanos têm uma predisposição biológica para continuar a existência, ou ao menos para evitar que a vida termine prematuramente, mas, ao mesmo tempo, têm uma capacidade intelectual sofisticada que lhes permite ter consciência de sua mortalidade. Assim, para a teoria, "a vida é o objetivo psicológico fundamental e a morte é o medo humano fundamental" (Solomon, Greenberg & Pyszczynski, 1997, p. 62). Embora o foco seja analisar as consequências psicológicas provocadas pela consciência da morte e seus efeitos nos comportamentos sociais dos indivíduos, a teoria não afirma que estar vivo é a única motivação humana. Os seres humanos também têm outros motivos, como os de crescimento, afiliação/pertença e experienciar prazer (Maslow, 1954). Mesmo Becker (1973, p. 268) afirma que outras motivações (transcendência heroica, vitória sobre a maldade, consagração da vida em busca de significados maiores) são vitais para dar sentido e mobilidade à existência humana. A teoria reconhece, pois, que há muito mais na vida do que apenas o fato de que morreremos um dia (Solomon *et al.*, 1997).

A segunda ponderação refere-se às críticas à TMT. Como visto, um grande número de resultados empíricos dá sustentação às proposições e às hipóteses derivadas da teoria. Porém, várias críticas têm sido feitas e incluem os seguintes pontos: 1) a teoria não é consistente com a teoria da evolução; 2) a teoria é vista como reducionista; 3) há uma descrença de que os resultados empíricos realmente testam hipóteses derivadas da teoria; e 4) uma descrença que o medo da morte é o motivo fundamental que move os seres humanos. Embora limitações de espaço nos impeçam de abordar essas críticas neste capítulo, recomendamos aos leitores interessados os artigos publicados no volume 8, número 1, de 1997 da revista *Psychological Inquiry*, onde poderão encontrar críticas feitas à TMT, bem como respostas a estas.

Concluindo, a TMT é uma teoria da psicologia social que emprega métodos empíricos para investigar a preocupação existencial mais fundamental – a consciência da inevitabilidade da morte – e para examinar como essa preocupação influencia comportamentos sociais, como as relações intergrupais. Acreditamos que essa teoria representa um avanço nas pesquisas e nas teorias da psicologia social contemporânea e esperamos que este capítulo gere discussões e pesquisas empíricas testando essa teoria no Brasil.

PARTE III

PSICOLOGIA SOCIAL E PERSPECTIVAS POSITIVAS

CAPÍTULO 8

Bem estar subjetivo em estudantes
universitários paraibanos

José Angel Vera Noriega, Rosa Maria Alvarez, Francisco José Batista Albuquerque,
Carlos Eduardo Pimentel, Tatiana Cristina Vasconcelos

Desde o início dos tempos, a felicidade foi motivo de preocupação para o homem – derivado desse interesse, a filosofia foi um dos primeiros ramos científicos que tomaram o termo como parte de seu repertório de estudo.

Com o transcorrer do tempo, as conotações relativas ao termo foram modificando-se e ajustando-se às necessidades de cada época. Não obstante, a busca de respostas a perguntas como "o que é a felicidade?" "Ela pode ser medida?" "O que causa a felicidade?" mantiveram-se vigentes e grande parte dos esforços para encontrar tais respostas foram baseadas nas teorias desenvolvidas pela filosofia, sem se chegar a parâmetros claros com esses esforços.

No âmbito da psicologia, a felicidade é motivo de estudos relativamente novos. Há quarenta anos, por exemplo, Wilson (1967) apresentou uma ampla pesquisa sobre a felicidade, baseada nos dados de seu tempo e concluindo que a pessoa feliz se caracterizava por ser jovem, saudável, com boa educação, bem remunerada, extrovertida, otimista, livre de preocupações, religiosa, casada, com elevada autoestima, com grande moral no trabalho, aspirações modestas, pertencente a qualquer sexo e com inteligência de alto alcance.

Em 1974, a psicologia adota oficialmente o termo bem-estar subjetivo (*subjective well-being*) como parte de seu repertório de estudo na revista *Social Indicators Research* (Diener & Griffin, 1984) e a partir desse ano é iniciado um grande número de pesquisas relativas ao construto.

Uma linha de investigação no estudo do bem-estar subjetivo que vem desenvolvendo-se há mais de dez anos é a que conformam Vera *et al.*, abarcando diversos aspectos populacionais e de personalidade, procurando enriquecer o panorama conceitual e metodológico (Laborín & Vera, 2000; Albuquerque, Vera, Ribeiro & Souza, 2007).

Não obstante, relativamente poucas pesquisas têm sido feitas com populações mais jovens, que se encontram na etapa de conformação e de maturação dos valores, atitudes, expectativas e experiências; a população de dezoito a trinta anos de idade, a qual segundo De Garay (2001), sofre modificações determinantes nesse período, e na qual se encontra, mundialmente, a maioria dos estudantes universitários. Porém, resulta de vital importância o reconhecimento das necessidades e das motivações dessas pessoas, a fim de obter indicadores que permitam melhores desempenhos tanto acadêmicos quanto pessoais, até mesmo diminuindo a evasão escolar.

A população estudantil, deve-se ponderar, tem animado amplo campo de estudos. No geral, tem-se procurado determinar os aspectos comuns e mais gerais desse grupo particular, seja na educação básica, na média ou na superior. A ideia de estudar esses perfis em geral é para conhecer a população com que se trabalha e tentar responder à pergunta: Quem são os alunos?

A maior parte dessas investigações inclui: características pessoais, antecedentes acadêmicos, características sociofamiliares e socioeconômicas, motivadores para estudar ou para eleger uma carreira, interesses, inclinações e influências na decisão, condições e hábitos de estudo, percepções e opiniões em torno da escola, atividades culturais e recreativas, expectativas acadêmicas e laborais.

Por outro lado, há estudos que têm centrado esforços em investigar questões relativas à qualidade de vida dos estudantes (Velázquez, Lugo & Mireille, 1999), à autoestima (Durand, 2002), aos valores (Gutiérrez, 1993) e à assertividade (Flores & Díaz Loving, 1995), entre outras variáveis. Essas pesquisas geralmente objetivam observar a relação entre tais indicadores e o rendimento acadêmico, buscando com isso a melhora de programas e planos de estudo, conforme as necessidades dos alunos.

Os resultados normalmente descrevem variabilidade e pouca homogeneidade entre os grupos estudantis, De Garay (2001) assinala que essas diferenças se devem sobretudo ao fato de os sujeitos terem condições materiais muito diversas, famílias com capital cultural muito díspares. E, ainda, contam com apoios distintos para seu processo de formação e, como parte de sua conclusão, assinala que ao menos no México não há um tipo uniforme de estudantes, nem um modelo único e padronizado, pois se trata de um grupo altamente complexo e heterogêneo (De Garay, 2001).

Como se pode observar, apesar dos esforços feitos para conhecer esse grupo de estudantes, tem-se dado pouca ênfase para responder às perguntas relativas à felicidade desses indivíduos, centrando-se principalmente nas características objetivas das populações estudadas. Entretanto, buscar respostas a questões como: Quais fatores determinam a felicidade dos estudantes? Suas percepções de felicidade influem na relação em seu nível de bem-estar subjetivo? Ou buscar responder se variáveis do tipo atributivo como o gênero, a idade ou a área de estudos influem de alguma maneira no bem-estar subjetivo, permite ter um panorama mais amplo em relação a estes grupos.

O bem-estar subjetivo

O estudo do bem-estar subjetivo tem constituído um importante ponto de interesse para as ciências da conduta, mas também tem sido um tema complexo de abordar, mesmo atualmente a psicologia social não estabeleceu um consenso sobre sua delimitação conceitual.

No entanto, Anguas (2000) oferece uma clara delimitação do termo bem-estar subjetivo (*bienestar subjetivo*), descrevendo-o como "la percepción propia, personal, única e íntima que el individuo hace sobre su situación física y psíquica, lo cual no necesariamente coincide con la apreciación concreta y objetiva que se genera de la evaluación que desde el exterior se hace de aquellos indicadores de ambas situaciones".

Derivado de definições como a anterior, na opinião de Diener (1984), essa área de estudo encerra três características importantes: 1) seu caráter subjetivo, que repousa sobre a própria experiência da pessoa; 2) sua dimensão global, pois inclui uma valoração ou juízo de todos os aspectos da vida do indivíduo e 3) a necessária inclusão de medidas positivas, já que sua natureza vai além da ausência de fatores negativos.

Por outro lado, as pesquisas têm centrado seus interesses nos elementos que constituem o bem-estar subjetivo; Diener e Emmons (1984) e Diener (1994), com base nos estudos feitos, assinalam que são três os principais elementos que consideram independentes uns dos outros (Lucas, Diener & Suh, 1996). O primeiro refere-se ao aspecto cognitivo, denominado satisfação com a vida, ao passo que os outros dois fazem referência ao marco das emoções, isto é, o afeto positivo e negativo (Anguas, 1997), constituindo esses últimos o balanço dos afetos, isto é, a preponderância relativa da experiência emocional prazerosa sobre a não prazerosa ou desagradável (Diener, 1984; Diener & Larsen, 1993).

A distinção entre a valoração afetiva (emoções) e cognitiva (pensamentos) na avaliação sobre o bem-estar subjetivo só é realizada quando se faz referência ao foco de avaliação (García, 2002); assim, quando este é a satisfação com a vida como um todo, se considera a avaliação cognitiva, ao passo que quando se centra nas experiências emocionais da vida diária, a avaliação é qualificada de afetiva, isto é, não implica o uso dos processos cognitivos a fim de lograr conclusões valorativas, senão simplesmente reavalia presença/ausência ou frequência das emoções presentes.

Satisfação com a vida

A satisfação com a vida, que compartilha frequentemente significado com a felicidade (Diener, Napa & Lucas, 2003), se baseia em padrões que determinam o que é uma boa forma de vida para o indivíduo.

Diener (1994), sendo um dos principais precursores do tema, indica que o componente de satisfação com a vida inclui uma valorização de todos os aspectos da vida do indivíduo, incorporando uma medição positiva, a qual perpassa a ausência de fatores negativos. A valorização em torno disso inclui a presença de emoções como alegria, euforia, satisfação, orgulho, carinho e êxtase (Diener, Suh, Lucas & Smith, 1999). O elemento de satisfação com a vida, como parte do construto de bem-estar subjetivo, normalmente é correlacionado com outras variáveis para observar o grau de influência entre estas, os elementos mais comumente relacionados são idade, sexo e educação.

Em tal marco conceitual, Vera, Laborín, Córdova e Parra (2007) estudaram a relação entre idade e nível educativo com bem-estar subjetivo em duas populações, uma do Brasil e outra do México. Com relação à idade, encontrou-se que na sub-escala de satisfação com a vida para o Brasil, a percepção de bem-estar é maior para os adultos na dimensão família e econômica, ao passo que para os jovens é maior no social. Já em Sonora, México, destaca-se que os níveis de bem-estar são maiores para os adultos em relação com as dimensões do governo e da economia, o que coincide com os encontrados para o Brasil com respeito à economia. Por outro lado, com relação à escolaridade, para a subescala de satisfação com a vida, as pessoas que estudaram o primário na Paraíba (Brasil) têm uma percepção maior de bem-estar que aqueles que estudaram até o ensino médio e cursinho pré-vestibular, ao passo que para o México os da licenciatura percebem os seus níveis de bem-estar mais altos, seguidos das pessoas com escolaridade primária (Vera, Laborín, Córdova & Parra, 2007).

Como se pode observar, as satisfações com a vida e as correlações mostradas representam parte importante do construto, mas é inegável a importância dos processos afetivos no bem-estar subjetivo.

Afetos positivos e afetos negativos

Os afetos positivos e negativos referem-se a avaliações pessoais dos estados de humor e de emoções como "afeto", os quais refletem experiências básicas dos acontecimentos em curso, nos quais o afeto positivo implica a presença de emoções prazerosas e o afeto negativo diz respeito a emoções não prazerosas ou negativas (Emmons & Diener, 1985).

Muitos pesquisadores têm encontrado que o bem-estar subjetivo e os afetos positivos tendem a relacionar-se positivamente com medidas de extroversão, interesses pelos outros, envolvimento social ativo, otimismo e autoestima, estando menos relacionado com neuroticismo. Em contraste, os afetos negativos tendem a relacionarem-se com neuroticismo e com baixos níveis de competência pessoal (como traço) e não com extroversão.

Do mesmo modo, os afetos positivos e negativos se relacionam com variáveis como sexo, idade e escolaridade. O estudo feito por Vera, Laborín, Córdova e Parra (2007) investiga também a relação entre essas variáveis em ambas as populações (México-Brasil) apresentando que, quanto ao sexo e à sua relação com os afetos, se encontrou que tanto no México como no Brasil as mulheres percebem um maior nível de bem-estar relacionado com a intensidade e freqüência de afetos e emoções negativas e positivas.

Em relação à idade, e atendendo às dimensões da subescala de intensidade e de frequência de emoções, esses autores encontraram que no Brasil não se observaram diferenças significativas por grupos de idade através das dimensões de bem-estar; ao passo que no referente ao grau de escolaridade, as pessoas com ensino médio no Brasil apresentam percepções de um bem-estar mais elevado, o qual pode indicar una relação com as oportunidades de desenvolvimento pessoal e de interação social que uma pessoa tem neste país quando tem o ensino médio cursado.

O bem-estar subjetivo no Brasil

O estudo do bem-estar subjetivo vem desenvolvendo-se com grande êxito em diversos contextos socioculturais, em que se tem demonstrado estreita relação entre essas variáveis e a distribuição do bem-estar subjetivo.

O Brasil é um dos países que maior importância tem dado ao estudo desse construto (Chaves, 2003; Gusmão, 2004; Tróccoli & Salazar, 2003; Tróccoli, Salazar & Vasconcelos, 2002), buscando descrever a distribuição deste em diversos grupos populacionais; assim como a relação que guarda o construto com outras variáveis de personalidade e condições de vida (Bernandes & Flaury, 2006, D'Elboux, 2006).

Por outro lado, o Brasil é um dos países que maior interesse têm demonstrado no estudo da geriatria. Há várias investigações que apresentam dados em relação a esta população e o bem-estar subjetivo; Joia, Ruiz e Donalisio (2007) concluem em sua pesquisa que a maioria dos anciões estudados estava satisfeito com sua vida em geral. As médias nas seguintes variáveis se associaram com o grau de satisfação com a vida: conforto domiciliar, valorização do ócio como qualidade de vida, despertar bem pela manhã, não referir solidão, fazer três ou mais refeições diárias e referência de não ter diabetes melito. Ribeiro, Becerra, Fernández e Romero (2002) referem que, em seu estudo, as pessoas da terceira idade do Brasil avaliam de maneira regular sua satisfação com a vida.

Domínguez, Albuquerque, Trócolli, Vera, Seabra e Domínguez (2006) analisaram a relação das estratégias de *coping* (de se lidar com os problemas, enfrentá-los), apoio social e variáveis sociodemográficas com o bem-estar subjetivo também em população brasileira, encontrando que a satisfação com a vida foi maior entre as mulheres, entre as pessoas que recebem pensão, entre as que estão satisfeitas com o apoio recebido, entre as que dão apoio aos outros e nas que enfrentam os problemas de forma direta e fazem reavaliações positivas. Encontraram também que os afetos positivos aumentam com a percepção de apoio recebido, com o *coping* direto e reavaliativo e a diminuição do *coping* de evitação. Ademais, verificaram que os afetos negativos diminuem ao se dar apoio e aumentam quando se empregam estratégias de *coping* de evitação.

Albuquerque e Trócolli (2004) desenvolveram um instrumento para mensurar os maiores componentes de bem-estar subjetivo na população geral, que são satisfação com a vida, afetos positivos e afetos negativos. Encontraram que os três fatores juntos explicaram 44,1 % da variância total do construto em uma população heterogênea.

Em populações de estudantes, De La Coleta e De La Coleta (2006) buscaram determinar índices de felicidade e bem-estar e sua relação com o comportamento acadêmico, em uma amostra de estudantes universitários dos últimos períodos de diversos cursos em diferentes instituições de educação superior e encontraram que, de maneira geral, esses estudantes estão satisfeitos com a faculdade e com o próprio ingresso acadêmico, ainda que se preocupem um pouco com a garantia de êxito profissional que a formação recebida lhes proporciona.

Nunez, Souza e Gouveia (2006) apresentaram um estudo que objetivou conhecer em que medida estão correlacionados os valores humanos e o bem-estar subjetivo dos professores do ensino fundamental do estado da Paraíba. Entre os resultados encontrados, destaca-se que os valores normativos apresentaram correlação positiva com os afetos positivos e a satisfação com a vida e se correlacionaram negativamente com depressão e a pontuação total de bem-estar.

Por outro lado, Albuquerque, Vera, Coelho, Souza e Ribeiro (2006) realizaram uma investigação similar com estudantes de uma universidade pública brasileira, encontrando que os critérios pessoais e sociais predisseram sutilmente o bem-estar subjetivo, mas os valores centrais não. Nessa pesquisa, pois, verificou-se que os valores só predisseram o bem-estar subjetivo quando são apresentados isoladamente (pessoais e sociais).

Preditores, correlatos culturais e de personalidade

No tocante aos elementos componentes do bem-estar subjetivo, há diversas variáveis de tipo preditivo que determinam a presença, a ausência ou o impacto de cada componente. Ao se discutirem correlatos e as possíveis causas do bem-estar subjetivo, discute-se sobretudo os motivos que fazem uma pessoa mais feliz que outra (Diener & Lucas, 2000).

Atualmente, os estudos em torno do bem-estar subjetivo buscam observar a relação entre essas variáveis e o construto, sendo com frequência aspectos de cultura e de personalidade os que mostram relações mais significativas, dado que, por exemplo, as pesquisas feitas por Argyle (1999) e Diener e Lucas (1999) mostraram que os aspectos biodemográficos são em geral tidos como variáveis de controle, para melhor compreensão dessas relações e que sexo, idade, escolaridade, classe social e renda exercem débil ou nenhuma influência no bem-estar. Em contraposição, o casamento, o emprego e as atividades de lazer apresentam forte influência sobre esse construto (Argyle, 1999; Seligman, 2004).

A personalidade é apresentada como uma das variáveis mais consistentes e fortes preditoras do bem-estar subjetivo (Deneve & Copper, 1998; Diener & Lucas, 1999). Cabe ressaltar que cada pessoa, de acordo com sua própria personalidade, apresenta um "ponto de ajuste" em relação ao bem-estar (Diener & Lucas, 1999; Seligman, 2004).

O bem-estar pode variar, aumentando ou diminuindo, porém isso só ocorre de modo temporal durante certo período, e imediatamente esse índice retorna ao "ponto de equilíbrio" (de ajuste), de acordo com o temperamento do indivíduo. Assim como acontece com o bem-estar, a personalidade é influenciada por aspectos culturais e valorativos (Diener, Oishi & Lucas, 2003). Como demonstraram Diener e Suh (1999), as nações coletivistas tendem a apresentar índices maiores de apoio social que as nações individualistas, o que contribui para que os individualistas experimentem níveis mais elevados de bem-estar, ao passo que os coletivistas tendem a apresentar uma estrutura de bem-estar mais estável, de vez que podem contar com o apoio de familiares e amigos, demonstrando assim seu caráter gregário.

Acerca da personalidade, Vera, Albuquerque, Laborín, Morales e Torres (2002) realizaram um estudo no qual avaliaram o autoconceito dos habitantes da Paraíba, observando que estes se definem como compreensivos, bons, carinhosos, amorosos, hospitaleiros, fraternais e sociais. Em outras palavras, têm um autoconceito eminentemente afiliativo, enfatizando um caráter jovial, tranquilo, divertido e agradável, que trata de uma classe média que se descreve em termos da expressão de sua conduta social.

Os resultados encontrados parecem sumamente importantes para a atividade de pesquisa sobre a existência de traços de personalidade em diferentes culturas e subculturas; de tal modo que a percepção social da felicidade, a pertença e relevância dos padrões de expressão da felicidade no contexto social e a socialização das emoções de felicidade variam através dos coletivos, gerando padrões individuais genéricos matizados pela cultura.

Este estudo, na perspectiva positiva, tem como objetivo verificar a conformação (estrutura) fatorial dos componentes que integram a *Encuesta Internacional para Alunos Universitários* (Levantamento Internacional para Alunos Universitários; Diener, 2001). Essa medida será testada em uma amostra de estudantes da Universidade Federal da Paraíba, Brasil, além de se descreverem estatisticamente os correlatos que podem mudar com a probabilidade das pontuações de bem-estar subjetivo.

Derivadas disso apresentam-se as seguintes hipóteses:

- Naqueles participantes com níveis altos de satisfação com a vida se observará maior percepção de felicidade.
- O sexo, a área da disciplina e a idade apresentaram médias por grupo com diferenças significativas para os componentes do bem-estar.
- Os componentes que apresentam aspectos positivos e negativos nas opções de resposta serão bidimensionais.
- Os componentes restantes serão unidimensionais.

Método

Amostra

Este estudo se realizou com 1.243 estudantes da Universidade Federal da Paraíba (UFPB) escolhidos não aleatoriamente, cursando do primeiro ao décimo semestre. Não houve controle para as variáveis sexo, estado civil e idade, distribuídos em quatro áreas de conhecimento: Centro de Ciências Exatas e da Natureza/Centro de Tecnologia (CCEN/CT); Centro de Ciências Humanas, Letras e Artes (CCHLA); Centro de Ciências da Saúde (CCS) e Centro de Ciências Jurídicas (CCJ).

Os sujeitos estudados apresentaram as seguintes características: 665 mulheres e 578 homens, de dezoito a 26 anos de idade. Sessenta e dois participantes pertencem ao CCEN/CT, oitocentos ao CCHLA, 166 ao CCS e 205 ao CCJ, formando uma amostra representativa de cada centro ou divisão acadêmica da instituição.

Instrumento

O instrumento usado foi a *Encuesta Internacional para Alunos Universitários*, desenhada por Diener (2001), traduzida do inglês para o português por uma pessoa nativa dos Estados Unidos e posteriormente vertido do português ao inglês por um brasileiro nativo (*Back translation procedure*). Foram feitos ajustes em palavras, frases e expressões para uma re-tradução, em que se estabeleceu como regra o valor de 95% de coincidência.

O instrumento compõe-se de 152 questões que se relacionam a aspectos da satisfação com a vida, afetos positivos e negativos, assim como aspectos de personalidade e de cultura. As opções de resposta variam e se explicam nas informações contidas no próprio questionário, a maior parte é do tipo Likert com 4, 5, 7 ou 9 opções de resposta e outras requerem respostas dicotômicas, *sim* ou *não*.

As dimensões que têm parte neste estudo e que se encontram no instrumento são Satisfação Global com a Vida (SWLS) e Afeto Positivo e Negativo (APeN) apresentadas como variáveis critério, ao passo que Expressão das Emoções (EE), Percepção de Satisfação (PS), Socialização das Emoções (SE), Atenção a Sentimentos (AS), Percepção da Pessoa Feliz (PPF) e Busca de Felicidade e Valores (BFV) formam as variáveis preditivas.

O instrumento foi desenhado com uma folha de respostas independente das perguntas na qual o sujeito deveria fazer um círculo correspondente à sua resposta.

Além disso foram solicitados dados gerais dos participantes de caráter sócio-demográfico, como sexo e idade, os quais foram de utilidade para a análise final dos dados.

Procedimento

O instrumento foi aplicado a uma população de universitários na cidade litorânea do Nordeste do Brasil, João Pessoa (PB) e, devido a aspectos de caráter ético, esta pesquisa foi feita com participação consentida de cada sujeito.

Primeiro, cada sujeito recebeu instruções sobre a forma de responder o instrumento, mesmo sendo este autoadministrável, e foram tecidas algumas considerações sobre o objetivo do estudo. A aplicação ocorreu, coletivamente, em uma só sessão, sendo solicitada a permissão prévia dos professores que estavam ministrando a aula. O tempo médio para responder ao instrumento foi de 40 a 50 minutos e, no fim, foi verificado se todos os itens haviam sido respondidos.

Sequência das análises estatísticas

Os procedimentos estatísticos usuais e sugeridos para a validação por construto foram realizados (Nunnally & Bernstein, 1995). Inicialmente foram usados: o teste t para grupos independentes, item por item, comparando grupo alto versus grupo baixo (percentiis 25 e 75, respectivamente); se utilizou o Alfa de Cronbach para obter o índice de confiabilidade total da escala; fez-se uma análise fatorial exploratória (Comrey, 1988) para se conhecer a estrutura do constructo de bem-estar subjetivo.

Por outro lado, fez-se uma análise fatorial dos componentes principais, dado que esta toma em conta a soma dos valores observados para otimizar o peso de máxima variabilidade e confiança dos fatores resultantes (Floyd & Widaman, 1995). Adicionalmente, foram verificados os índices KMO e o Prova de Esfericidade de Bartlett, os quais indicam que os itens do instrumento são apropriados para a Análise Fatorial. Essa análise foi feita com rotação varimax, porque era esperado que as dimensões da escala não estivessem correlacionadas.

O número dos fatores obtidos foi avaliado usando: a) a regra de Kaiser, Hunka e Bianchini (1969) de extração dos fatores com valores próprios (*eigen values*) maiores que 1; b) o indicador "scree plot" (Cattell, 1978) e c) a interpretabilidade das estruturas fatoriais resultantes (Gorsuch, 1983). Por último, foi usado o Alfa de Cronbach por fator para se obter a confiabilidade.

Foram calculados quartiis dos fatores da escala (componentes) ou variáveis dependentes, Satisfação Global com a Vida (SWLS) e Afetos Positivos e Negativos (APeN), para efetuar comparações do grupo baixo (quartil I) e grupo alto (quartil IV) de ditas variáveis com as restantes.

Foram feitas análises de associações adotando-se a Correlação de Pearson entre as dimensões dependentes para a população total e para os grupos baixo e alto. Consecutivamente correlacionaram-se Satisfação Global com a Vida (SWLS) e Afetos Positivos e Negativos (APeN) para a população total e para os subgrupos com relação às demais dimensões.

Analisaram-se também as respostas com base nas frequências das dimensões Percepção de Satisfação (PS), como fator influente na concepção de felicidade na etapa vital dos jovens.

Finalmente realizaram-se análises de contraste de hipóteses com as variáveis atributivas de idade, sexo e unidade acadêmica para verificar o comportamento das dimensões com as variáveis que fazem parte do delineamento.

Resultados

Análise fatorial

O componente de Satisfação Global com a Vida gerou um fator com uma variância explicada de 56,2%, ao passo que o componente afeto positivo e negativo apresentou dois componentes com 43% de variância explicada, mostrando 29,1% de saturação da variância para o fator positivo e 13,9% para o fator negativo; os valores de intercorrelação foram de 0,79 para a satisfação global com a vida e de 0,78 para afetos positivos, ao passo que para afeto negativo foi de 0,61.

A dimensão Expressão de Emoções apresentou dois componentes; o primeiro com 23,7% da variância explicada e referente ao controle social das emoções vinculadas ao bem-estar subjetivo enquanto que o segundo fator, com 19,6% da variância explicada, representa um componente no qual se assume um controle pessoal das emoções relacionadas com a felicidade. O Alfa de Cronbach para o controle social para a expressão das emoções foi de 0,72, ao passo que para o controle pessoal das emoções foi de 0,64.

A dimensão de Percepção de Satisfação apresentou dois componentes; o primeiro com 29,4% da variância explicada, referente à percepção da satisfação em geral com a vida; ao passo que o segundo, com 9,1% da variância explicada, é específico a uma avaliação da satisfação com as atividades escolares. O primeiro componente apresenta uma intercorrelação de 0,83, ao passo que o componente relacionado com a satisfação no âmbito escolar apresentou um Alfa de Cronbach de 0,67.

A dimensão Socialização das Emoções obteve um componente apenas na análise fatorial, explicando 35,4% da variância total e com Alfa de Cronbach de 0,60. A dimensão atenção aos sentimentos apresenta dois componentes; o primeiro com variância explicada de 28,3% e referente à atenção sobre aspectos próprios da pessoa; ao passo que o segundo componente se refere a atender aos sentimentos dos demais; o Alfa de Cronbach para o primeiro foi de 0,71 ao passo que para o segundo componente foi de 0,72; para a dimensão da percepção de uma pessoa feliz, que se refere à percepção social da felicidade, encontramos um só fator que explica 36,2% da variância total com alfa de 0,46. Novamente a dimensão Busca de Felicidade de Valores se encontrou com um componente explicando 25,9% da variância e com alfa de 0,61.

Análises descritivas

Com o objetivo de fazer as análises de distribuição por quartiis, assim como a distribuição da frequência de acordo com as variáveis atributivas sexo, idade e divisão acadêmica, apresentam-se as dimensões integradas na Satisfação Global com a Vida, Afetos Positivos e Negativos, Expressão de Emoções, Percepção de Satisfação, Socialização de Emoções, Atenção a Sentimentos, Percepção de uma Pessoa Feliz e Busca de Felicidade e Valores.

Obtiveram-se valores de quartiis com o fim de observar possíveis variações na distribuição da frequência na dimensão percepção da felicidade, determinadas pelo grau de satisfação e a frequência de afetos.

Na dimensão Satisfação Global com a Vida (SWLS) o grupo que percebe maior satisfação com sua vida (Quartil IV), assim como com seus ideais e êxitos, está composto por 275 sujeitos que representam 22,1% da amostra populacional; enquanto que o Quartil I é integrado por 318 estudantes, que representam 25,6% da população total.

Na dimensão Afetos Positivos e Afetos Negativos (APeN) se verificou que no grupo alto (IV), composto por 301 sujeitos, isto é, 24,2% estão situados os sujeitos que num período curto (semana anterior) tem experimentado com maior frequência emoções positivas.

Com respeito às correlações do Quartil I da SWLS com as dimensões culturais e de personalidade, se observou correlações altamente significativas (0,01) para Percepção de Satisfação (0,342), ao passo que para o grupo mais satisfeito, se observou uma correlação baixa com Percepção de Satisfação (0,187) e Busca da Felicidade e Valores (0,162).

No referente à análise dos quartiis da dimensão Afetos Positivos e Negativos, se observa que apenas a correlação com Percepção de Satisfação (0,232) é altamente significativa. Contudo, não indica uma alta relação entre o grupo menos feliz e o grau de satisfação com as áreas de sua vida, ao passo que no quarto quartil, percepção de satisfação (0,156) mostrou a mesma característica, com o grupo que se considera que experimenta mais emoções positivas.

Foi feita uma análise de frequência do grau de satisfação nas áreas típicas dos estudantes na dimensão de percepção de satisfação ($\alpha = 0,86$) para a qual se re-categorizaram as respostas em quatro graus de satisfação de maneira tal que permitisse melhor visão das respostas.

A escala original de nove opções de respostas se compactou da seguinte maneira: com os valores 1, 2 e 3 se agruparam no ponto 1 e se etiquetou como *completamente insatisfeito*; os valores 4 e 5 formaram o segundo grupo, o qual se referiu à etiqueta de *insatisfeito*; 6 e 7 no terceiro grupo, *satisfeito*, e por último o quarto grupo com os valores de 8 e 9, rotulando-se de *completamente satisfeito*.

Observou-se que o índice mais alto de satisfação mostrado concerne a alcançar os objetivos de seus pais (29,7%) assim como suas habilidades de estudo (27,3%).

Os índices mais altos de insatisfação nos estudantes dizem respeito aos professores (19,5%) e às aulas (17,9%), mas é importante destacar que no tocante às aulas, 23,3% da população se encontra totalmente satisfeitos, ao passo que em relação aos professores, somente 15% estão totalmente satisfeitos.

Tabela 1 - Frequências do Grau de Satisfação nas Áreas próprias do Universitário da Dimensão de Percepção de Satisfação

	Completamente insatisfeito (%)	Insatisfeito (%)	Satisfeito (%)	Completamente satisfeito (%)
Habilidades de estudo	11	22	39,7	27,3
Atrativo físico	10,8	30,2	35,8	23,3
Conseguir os objetivos de meus pais	9,7	30,3	30,2	29,7
Hábitos de estudo	16,6	27,9	32,4	23,1
Aulas	17,9	26,6	32,3	23,3
Professores	19,5	29,8	35,6	15

Análises de contraste de hipóteses

Nesta seção se pretende dar resposta à hipótese que assinala que a idade, o sexo e a área da disciplina dos sujeitos apresentariam médias por grupo com diferenças significativas para os componentes do bem-estar subjetivo.

A variável idade tomou parte no instrumento de medida e está agrupada em sete intervalos: que variam de menos de dezoito anos a 28 ou mais, sendo que 80% (996 sujeitos) da amostra situou-se entre dezoito a 25 anos de idade.

Fez-se uma comparação de médias da variável idade com o total das dimensões deste estudo. Para os componentes de bem-estar subjetivo se identificaram diferenças significativas na dimensão de satisfação global com a vida ($F = 6,11$, $p<0,000$) em que o Teste Post-hoc de Scheffé mostra que a diferença se encontra entre os estudantes de dezoito a dezenove anos com uma média de 4,82 comparados aos de 26 a 27 anos que apresentaram média de 4,29.

Com respeito às dimensões culturais e de personalidade que constituem o instrumento, observou-se que nenhuma delas resultou significativa para a variável idade. A dimensão Percepção de Satisfação mostrou que os sujeitos de 28 ou mais anos de idade, foram os que mostraram mais satisfação nas áreas de sua vida, com uma média de 6,45, ao passo que os de 26 a 27 anos foram os que mostraram menor grau de satisfação (6,12).

A dimensão Socialização das Emoções mostrou que os sujeitos de 22 e 23 anos de idade valoram mais adequada e positivamente as emoções apresentadas nesta dimensão ($M = 5,62$) e os sujeitos entre 26 e 27 anos as valoram em menor medida ($M = 5,40$).

Na dimensão de Atenção aos Sentimentos pode-se encontrar que as médias oscilam entre os pontos 2 e 3, nos quais os sujeitos entre 24 e 25 anos de idade referem maior frequência na atenção que prestam a seus sentimentos ($M = 3,02$) em relação aos sujeitos de 26 e 27 anos ($M = 2,95$).

A dimensão de Percepção de uma Pessoa Feliz sublinha que as pessoas de 28 anos ou mais referem com maior frequência que as características de uma pessoa feliz correspondem às citadas nesta dimensão ($M = 3,92$), ao passo que os mais jovens, isto é, os de dezoito e dezenove anos são os que mostram menor acordo nesse aspecto ($M = 3,73$).

Tabela 2 - Comparação de médias da Variável IDADE com as Dimensões de Bem Estar Subjetivo e Variáveis Correlatas

IDADE	N	SWLS	APeN	PS	SE	AS	PPF
			Médias				
Min. e Max		1-7	1-9	1-9	1-9	1-4	1-7
18-19	266	4,82	5,97	6,37	5,61	2,99	3,73
20-21	293	4,68	5,88	6,36	5,57	2,98	3,76
22-23	282	4,62	5,89	6,38	5,62	2,97	3,76
24-25	155	4,40	5,78	6,24	5,56	3,02	3,83
26-27	79	4,29	5,78	6,12	5,40	2,95	3,81
28 o +	168	4,34	5,92	6,45	5,52	2,99	3,92
F		6,11	0,786	1,37	1,09	0,456	1,77
P		0,000	0,560	0,230	0,362	0,809	0,114

Notas: SWLS. Satisfação Global com a Vida. APeN. Afeto Positivo e Negativo. PS. Percepção de Satisfação. SE. Socialização das emoções. AS. Atenção aos Sentimentos. PPF. Percepção de uma Pessoa Feliz.

Com respeito ao sexo, a amostra foi formada por 665 mulheres e 578 homens, e pôde-se observar que na relação entre os componentes do bem-estar subjetivo, a dimensão afeto positivo e negativo mostrou diferenças significativas, com os homens experimentando maior frequência de emoções (5,99) em relação às mulheres (5,80), obtendo-se um valor t = -3.16 com p < 0,002; enquanto que na dimensão de Satisfação Global com a Vida, as mulheres assinalaram estar mais satisfeitas (4,64) em relação aos homens (4,53), sem mostrar diferenças significativas nesta dimensão.

Com respeito às variáveis culturais e de personalidade que integram o instrumento, encontrou-se que as dimensões que apresentam diferenças significativas de acordo com o sexo são Expressão das Emoções (t = -2,97, p < 0,003), Atenção aos Sentimentos (t = 3.11, p = 0,002) e Percepção de uma Pessoa Feliz (t = -5,06, p = 0,000).

Em relação às dimensões de personalidade e culturais, pôde-se observar que os homens mostraram maior acordo com as afirmações da dimensão expressão de emoções, em relação às mulheres.

Por outro lado, pôde-se observar que as mulheres mostraram maior satisfação nas áreas referidas pela dimensão de percepção de satisfação (6,39) em relação aos homens (6,30); as mulheres também valoram mais adequadamente as emoções citadas na dimensão socialização das emoções (5,61), prestam maior atenção a seus sentimentos (3,01), mostram maior acordo com as afirmações da dimensão Percepção de uma Pessoa Feliz e busca da felicidade e valores; como se mencionou anteriormente, apenas as dimensões Atenção aos Sentimentos e Percepção de uma Pessoa Feliz mostram diferenças significativas com a variável sexo.

Tabela 3 - Comparação de Médias da Variável SEXO com as Dimensões de Bem Estar Subjetivo e Variáveis Correlatas

	SWLS	APeN	EE	AS	PPF
	MEDIAS				
Min./Máx.	1-7	1-9	1-9	1-4	1-7
Mulher	4,64	5,80	4,45	3,01	3,69
Homem	4,53	5,99	4,63	2,95	3,90
t	1,79	-3,16	-2,97	3,11	-5,06
p	0,074	0,002	0,003	0,002	0,000

Notas. SWLS. Satisfação Global com a Vida. APeN. Afeto Positivo e Negativo. EE. Expressão de Emoções. AS. Atenção aos Sentimentos. PPF. Percepção de uma Pessoa Feliz.

Finalmente foram feitas comparações de médias da Divisão Acadêmica (Tabela 4) da que faz parte a carreira que cursam os sujeitos; com respeito às dimensões que subjazem ao bem-estar subjetivo se encontrou que apenas na dimensão de satisfação global com a vida se observam diferenças significativas (F = 9,58, p = 0,000), a diferença está dada pela divisão de ciências da saúde com uma média de 4,90 com respeito às ciências jurídicas com média de 4,26.

A dimensão de Afetos Positivos e Negativos não mostrou diferenças significativas (M = 0,94), observando-se um valor F = 0,137, mas se pode observar que os sujeitos pertencentes às ciências da saúde mostraram maior frequência de emoções (M = 5,93) em relação às demais áreas.

Com respeito às dimensões culturais e de personalidade que constituem o instrumento, observou-se que nenhuma delas resultou significativa para a variável divisão acadêmica, mas se apresentou a seguinte distribuição de médias.

Os sujeitos pertencentes ao Centro de Ciências Exatas e da Natureza/Centro de Tecnologia mostraram as médias mais elevadas nas dimensões de Expressão de Emoções (5,63), Socialização das Emoções (5,66) e Busca da Felicidade e Valores (6,40), enquanto que mostraram as médias mais baixas nas dimensões Percepção de Satisfação (6,14) e Atenção aos Sentimentos (2,95).

Os sujeitos das Ciências da Saúde mostraram médias mais elevadas nas dimensões de Percepção de Satisfação (6,41) e Atenção aos Sentimentos (3,03) e as médias mais baixas nas dimensões Expressão de Emoções (5,45) e Percepção de uma pessoa feliz (3,69), com respeito aos outros centros.

A amostra de alunos do Centro de Ciências Jurídicas apresentou médias mais elevadas na dimensão Percepção de uma pessoa feliz (3,84) com respeito ao restante das dimensões e as médias mais baixas nas dimensões Socialização das Emoções (5,51) e Busca da Felicidade e Valores (6,20).

Tabela 4 - Comparação das Médias Mediante Prova Sheffé para Divisão Acadêmica que pertence aos Sujeitos com as dimensões de Bem-Estar Subjetivo e Variáveis Correlatas

	N	SWLS	APeN	EE	PS	SE	AS	PPF	BFV
		Médias							
Min/Max		1-7	1-9	1-9	1-9	1-9	1-4	1-7	1-9
CCHLA	800	4,61	5,89	5,53	6,34	5,57	2,98	3,79	6,27
CCS	166	4,90	5,93	5,45	6,41	5,62	3,03	3,69	6,39
CCJ	205	4,26	5,88	5,60	6,39	5,51	2,97	3,84	6,20
CCEN e CCT	72	4,59	5,83	5,63	6,14	5,66	2,95	3,79	6,40
F		9,58	0,137	0,790	1,18	0,819	1,25	1,43	2,12
p		0,000	0,938	0,499	0,314	0,483	0,288	0,230	0,095

Notas: SWLS. Satisfação Global com a Vida. APeN. Afeto Positivo e Negativo. EE. Expressão das Emoções. PS. Percepção de Satisfação. SE. Socialização das Emoções. AS. Atenção aos Sentimentos. PPF. Percepção de uma Pessoa Feliz. BFV. Busca de Felicidade e Valores.

Discussão e conclusões

Os estudantes pesquisados neste estudo mostraram maior satisfação com seus princípios morais, família, saúde e educação, observando que os objetivos pessoais e a família são fatores determinantes na realização de seus juízos, independentemente do grau de satisfação que apresentem. Além disso, as percepções relativas ao bem-estar econômico são mais comuns nos sujeitos com baixa satisfação; enquanto que as emoções positivas experimentadas se relacionaram com aqueles sujeitos mais satisfeitos. Encontrou-se também que os sujeitos experimentam grande variedade de emoções, destacando-se o amor, a preocupação e a gratidão com una frequência moderada, na qual os grupos mais satisfeitos mostraram maiores frequências em emoções como amor e gratidão e os menos satisfeitos, em preocupação com a vida.

Os mais jovens parecem estabelecer sua percepção de bem-estar de uma perspectiva em que as oportunidades e o apoio brindados por familiares e amigos são de grande valor para seus juízos de satisfação e afeto, mas seus critérios para desenvolvimento pessoal e estilo de vida estão determinados de maneira unilateral, corroborando-se por altos níveis de satisfação familiar e objetivos pessoais e níveis menores ao responder pela desejabilidade social e familiar (Albuquerque, Vera, Ribeiro & Souza, 2008).

Encontrou-se que para eles, sua sociedade valora mais adequadamente emoções positivas como felicidade, amor e alegria, e em menor medida as emoções negativas como tristeza, culpa e vergonha, das quais, alegria e felicidade são valoradas prioritariamente como características de uma pessoa que é feliz, acrescentada à inteligência, destacando, ademais, que de seu ponto de vista, a pessoa feliz gosta dos demais, não é arrogante e tem princípio morais.

Os dados encontrados coincidem com os apresentados por Rodríguez (2006) em sua investigação com estudantes mexicanos, pois observou que independente do gênero de seus filhos esperam a felicidade para eles. Por outro lado, buscam na família e nos amigos companhia em termos de alegria e diversão, mas não em termos de desejabilidade social. Albuquerque, Vera, Ribeiro e Souza (2008) encontraram resultados similares com estudantes da UFPB, observando-se que estes atendem suas necessidades tanto de objetivos pessoais quanto de interação com grupos.

Um dos dados dignos de menção foi que dois de cada dez estudantes se consideram plenamente insatisfeitos e que os condicionantes de suas insatisfações se encontram na escola (professores, hábitos de estudo), na família (objetivos dos pais) e finalmente no pessoal (atrativo físico e controle de emoções). É necessário, portanto, buscar estratégias para vincular o projeto de estudante com seu papel de amigo e filho de família, para melhorar os indicadores de bem-estar subjetivo e promover coerência entre os diferentes cenários.

Por outro lado, considera-se conveniente desenhar programas nas tutorias para alunos de engenharias, assim como de ciências econômicas, administrativa, química e biológica, com o fim de melhorar tanto sua percepção de felicidade, quanto suas habilidades de auto-observação e análises, fundamentalmente, melhorando suas habilidades de resistência à frustração e à antecipação. Deve-se levar a cabo nos processos terapêuticos e de assessoria para o aluno uma ênfase na visão da psicologia positiva que ressalte a alegria, o êxito, as possibilidades e os pontos fortes mais que as debilidades ou os obstáculos, atendendo com maior seriedade seus valores religiosos, tradicionais, culturais e familiares. É importante, ainda, vincular o êxito com o apoio altruísta, buscando motivar e apoiar desde a universidade os coletivos de alunos para a formação de organizações não-governamentais dedicadas ao apoio aos demais a partir do que se sabe.

Além disso, faz-se necessário, no modelo de universidade, estabelecer mecanismos para que o aluno se acerque de seus professores e possa contar com a informação de carreira e o resultado das avaliações aplicadas; por sua vez, ao professor pede-se que conheça o contexto formativo familiar descrito em termos estruturais nas avaliações de ingresso ou no caso funcional por intermédio dos tutores (caso existam), os quais devem desempenhar um papel importante na melhoria dessa relação que se vincula com a percepção de felicidade dos estudantes.

CAPÍTULO 9

Resiliência e Síndrome de Burnout no contexto geriátrico

Virgínia Ângela M. de Lucena e Carvalho, Bernardino Fernández Calvo,
Ludgleydson Fernandes de Araújo

A psicologia positiva representa uma nova perspectiva que adota um modelo salutogênico, em lugar de um paradigma patogênico, para a conceitualização, investigação e aplicação de intervenções efetivas em experiências traumáticas. (Seligman & Csikszentmihalyi, 2000; Stuhlmiller & Dunning, 2000). Inserido entre os fenômenos indicativos de uma vida saudável sobressai a resiliência, porque avalia os processos que facilitam a superação das adversidades, e o *engagement* que se caracteriza por altos níveis de energia enquanto se trabalha, cujo discurso hegemônico de ambos os construtos destacam o protagonismo do indivíduo em intercâmbio com sua realidade (Strumpfer, 2003).

Tal paradigma psicológico prioriza as potencialidades e as qualidades humanas, com ênfase nas virtudes em oposição à psicologia tradicional e sua veemência nos componentes psicopatológicos. Concebe o homem com suas dificuldades de existência, suas capacidades para enfrentar-se com os infortúnios cotidianos, mas, procura fundamentalmente a compreensão dos fenômenos psicológicos positivos e das estratégias para aumentar o bem-estar subjetivo das pessoas, tanto saudáveis quanto enfermas. Apesar de reconhecer a necessidade de uma perspectiva positiva de saúde, a evidência empírica disponível postula que, de forma geral, não se segue uma ênfase na ausência da doença. Isto é, as investigações costumam enfatizar mais a patologia, que os aspectos da saúde (Fernández-Ríos & Buela-Casal, 1997).

A resiliência representa a capacidade de sobrepor-se à adversidade, recuperar-se, e sair fortalecido, com sucesso e de desenvolver competência social, acadêmica e vocacional, diante de eventos estressantes e/ou a tensões inerentes à vida na sociedade contemporânea (Bernard, 1991; Grotberg, 1995; Csikszentmihalyi, 1999; Rutter, 1985).

O estudo da resiliência, utilizando histórias de vida e da literatura, começa a desenvolver-se cientificamente no âmbito da psicologia. As pesquisas com filhos de mães esquizofrênicas (Garmezy, 1991), de crianças e jovens que viveram em situações de pobreza e estiveram expostos a condições altamente estressantes (Masten & Garmezy, 1985; Werner & Smith, 1982), demonstram que, mesmo que muitos sujeitos apresentassem patologias e condutas desadaptativas, marcadas pela presença de fatores de risco, eles conseguiram desenvolver-se construtivamente e alcançar um crescimento saudável, adaptativo e psicossocialmente bem-sucedido.

Com o propósito de compreender e explicar a distinção entre esses atores sociais que enfrentaram eficientemente as adversidades e apresentaram boa adaptação na presença de fatores de risco, averiguaram-se diversas características ou capacidades positivas que foram exploradas e relacionadas com comportamento resiliente: concorrência (Luthar, 1993; Rutter, 1985), otimismo (Petterson, 2000), felicidade (Csikszentmihalyi, 1999), autoestima (Grotberg, 1995), sentido de coerência (Lindström, 2003), *hardiness* (Kobasa & Pacceti, 1983). Nesta pesquisa entende-se a resiliência como um construto complexo, interdisciplinar e multifacetado.

Na sociedade contemporânea, o ambiente laboral é considerado um *locus* com significativa recorrência de eventos estressantes. Na Europa tais eventos constituem-se um problema de saúde trabalhista que afeta mais de quarenta milhões de trabalhadores; estima-se que entre 70% e 90% das consultas médicas de atenção primária tenham o estresse como causa essencial (Piñuel, 2004). Como resultado do destaque da Psicologia Positiva, também no âmbito laboral, denota-se a ênfase nos aspectos positivos da pessoa, o seu bom ajuste e rendimento no trabalho, e não só as disfunções psicossociais (Seligman & Csikszentmihalyi, 2000). É o caso do construto considerado o polo oposto do conceito de *burnout* ou estado laboral negativo (Maslach, Schaufeli & Leiter, 2001).

As ciências da saúde coletiva, principalmente medicina e psicologia, há décadas buscam compreender e identificar as doenças relacionadas ao contexto laboral, e desde a década de 1970 (Freudenberger, 1974; Maslach, 1977) têm contemplado pesquisas sobre o *burnout* como resposta do ator social ao estresse laboral crônico, integrada basicamente por: esgotamento emocional, despersonalização/cinismo e baixa realização pessoal no trabalho (Maslach, 2003). A síndrome de *burnout* caracteriza-se como um paradigma patogênico no âmbito da saúde mental.

Mesmo que originariamente essa síndrome tenha sido diagnosticada em profissionais cujo trabalho consiste nas relações interpessoais (MBI – *Human Services*; Maslach & Jackson, 1981), com a última versão do questionário (MBI – *Geral Survey*; Schaufeli, Leiter, Maslach & Jackson, 1996) se ampliou a uma gama de profissionais. Essa nova escala apresenta mais um caráter genérico, mas mantém a estrutura tridimensional: Esgotamento (EG), que inclui a fadiga emocional causada pelo trabalho; Cinismo (CI), que reflete indiferença e atitudes distantes em geral; e falta de Eficácia (EF) ou a percepção de ausência de eficácia profissional. Não obstante, alguns autores (Green, Walter & Taylor, 1991) consideraram que a EF desempenha um papel distinto ao apresentado pelo EG e pelo CI no *burnout*, que se considera a essência e o, que se considera a essência e o "coração" (Lê & Asforth, 1996; Maslach *et al.*, 2001).

O paradigma contemporâneo *engagement* começa a ser explorado junto ao *Burnout* que é considerado teoricamente seu oposto (Salanova, Schaufeli, Llorens, Peiró & Grau, 2000). O *engagement* é um estado mental positivo relacionado com o trabalho e determinado por Vigor, Dedicação e Absorção (Schaufeli, Salanova, González-Romá & Bakker, 2002a). O Vigor (VI) caracteriza-se por altos níveis de energia e resistência enquanto se trabalha, o desejo de investir esforço na tarefa que está sendo feita, até mesmo quando aparecem dificuldades em sua execução. A Dedicação (DE) denota alta implicação laboral, com a manifestação de um sentimento de significação, entusiasmo, inspiração, orgulho e desafio pelo trabalho. A Absorção (AB) ocorre quando se está totalmente focado no trabalho, enquanto se apresenta dificuldades na hora de desligar devido às fortes doses de desfrute e de concentração na atividade laboral.

O *burnout* é como um desgaste do compromisso (Maslach & Leiter, 1997). O que começou no seu dia como um desafio laboral importante pode converter-se para alguns trabalhadores, em algo desagradável, vazio e sem significado. A energia do profissional pode transformar-se em esgotamento, sua implicação, em distanciamento e cinismo, e a eficácia trabalhista, em ineficácia. As pesquisas que relacionam o *engagement* e o *burnout* não são em número significativo, se bem que existem trabalhos feitos com amostras de estudantes (Schaufeli, Martinez, Salanova & Bakker, 2002b), com trabalhadores que adotam novas tecnologias (Salanova *et al.*, 2000), ou com trabalhadores que fazem intervenções em residências geriátricas (Manzano, 2002).

O aumento da esperança de vida e o aumento da população idosa, suscetível de adquirir doenças crônicas, estão demandando a ajuda de profissionais em residências geriátricas. Nesse âmbito laboral foi estudado o estresse e o *burnout* considerando que os cuidados aos problemas incapacitantes dos idosos durante um tempo prolongado, pode ser uma tarefa física e emocionalmente esgotante para esses profissionais, e impactar de forma negativa sua saúde e bem-estar (Menezes de Lucena, 2000). Não obstante, a Psicologia Positiva considera o ser humano em sua potencialidade e capacidade de adaptar-se, de encontrar sentido e crescimento pessoal diante de experiências traumáticas ou estressantes.

A maioria das investigações em resiliência, como argumenta Bonanno (2004), centra-se em população infantil e adolescente e, atualmente, pouco se conhece sobre como a resiliência se manifesta na vida adulta e na velhice. Mesmo que recentemente tenham sido publicadas algumas pesquisas qualitativas, que demonstram a existência de uma relação entre resiliência e *burnout* (Edward, 2005; Howard & Johnson, 2004).

As variáveis individuais e as influências do ambiente desenvolvem um processo de interação dinâmica, que pode aumentar a possibilidade de produzir estresse e desajustes psicossociais aos atores sociais (Menezes de Lucena, 2000), mas, também, pode aumentar a capacidade de responder eficazmente à adversidade ou reduzir a probabilidade de desencadear desajustes psicossociais (Manzano, 2002). Isto é, em – em contrapartida, outros, aprendem a desenvolver alternativas de resposta que não são destrutivas e atenuam os efeitos de risco (*engagement*). Assim, parece importante estudar o binômio saúde/doença (*engagement/burnout*) e avaliar o papel da resiliência como um construto formado de virtudes, fortalezas e atributos pessoais, que reduz sua vulnerabilidade diante das situações de risco. Assim, esta pesquisa se propõe a analisar a relação: o *burnout* e o *engagement* e explorar a relação existente entre a resiliência e as dimensões desses dois construtos em cuidadores de idosos espanhóis. Portanto, espera-se contrastar as hipóteses:

I11. As pontuações nas escalas de *engagement* estarão relacionadas com as dimensões do *burnout*, positivamente com EF e negativamente com EG e CI.

H2. As pontuações da escala de resiliência se relacionarão positivamente com as de VI, DE e AB do *engagement*, e com a de EF do *burnout*, e negativamente com as de EG e CI do *burnout*.

H3. Os participantes com altas pontuações na escala de resiliência terão significativamente maiores pontuações nas escala de VI, DE, AB e EF, e menores nas de EG e CI, que os sujeitos com baixas pontuações na escala de resiliência.

H4. As pontuações na escala da resiliência predizem negativamente as pontuações no *burnout*.

H5. As pontuações da escala de *engagement* acrescentam variância explicada à resiliência no pro *burnout*.

Método

Participantes

Participaram da amostra, de forma anônima e voluntária, 261 cuidadores de idosos espanhóis pertencentes a diversas instituições geriátricas das Comunidades de Extremadura e de Castela e Leão, dos quais 223 do sexo feminino (85,4%) e 38 masculino (14,6%), cuidadores que atendem às necessidades básicas e instrumentais dos idosos na vida diária. A média de idade foi de 40,05 anos (DP = 9,70), sendo que 86,2% são casados; 72,1%, não têm estudos universitários ao passo que 13,5% têm titulação de diplomado e 14,3% a de licenciado. A permanência de atuação gerontológica é de 11,71 anos (DP = 9,09).

Instrumentos

Questionário de Burnout de Serviços Gerais MBI-GS. (Shaufeli *et al.*, 1996), na adaptação espanhola de Salanova *et al.* (2000). Os quinze itens do questionário, pontuados numa escala do tipo *Likert* que varia de zero a seis. O Alfa de Cronbach, no presente estudo foram 0,83 para EG, 0,73 para CI e 0,81 para EF; todos os coeficientes superam o valor recomendado de 0,70, que indica uma consistência interna razoável (Nunnaly & Bernstein,1994).

Utrecht Work Engagement Scale (Shaufeli *et al.*, 2002), na adaptação espanhola de Salanova *et al.* (2000). Compreende três dimensões: VI, DE e AB. Os quinze itens foram pontuados de acordo uma escala de resposta tipo *Likert* que varia de zero a seis. A consistência interna de cada uma destas estas escalas no presente estudo segundo o Alfa de Cronbach foi respectivamente de 0,83, 0,82 e 0,78.

The Connor-Davidson Resilience Scale (CD-RISC; Connor & Davidson, 2003). É um questionário autoaplicado de 25 itens que avalia, em uma escala de frequência tipo *Likert*, de zero até quatro. A pontuação máxima é de 100, e pontuações mais altas refletem maior resiliência. Essa escala aborda os conceitos de *locus* de controle interno e externo, compromisso, desafio, mudança, conduta orientada à ação e às metas, autoestima, autoeficácia, busca de apoio social, resistência ao mal-estar, sentido do humor, otimismo, adaptação à mudança e às situações estressantes, fé e tolerância à frustração (Davidson, Connor & Lê, 2005).

As características psicométricas do CD-RISC, em estudo preliminar na população geral e amostra clínica, demonstraram ter uma adequada consistência interna, confiabilidade teste-reteste, validade convergente e divergente (Connor & Davidson, 2003), e boa validade de construto em população adulta (Campbell-Sills, Cohan & Stein, 2005).

A análise fatorial exploratória do CD-RISC feita por seus autores, sugere que deveria ser multidimensional, com uma estrutura de cinco fatores (competência pessoal, confiança na intuição e tolerância à adversidade, aceitação positiva da mudança, controle e espiritualidade). A estrutura fatorial encontrada neste estudo foi de três fatores (competência pessoal, capacidade de ação e espiritualidade); no entanto, a escala de espiritualidade não cumpriu o critério de consistência interna e validade significativa estatisticamente. E, como outros autores (Campbell-Sill *et al.*, 2005), nas análises foi usada a pontuação total dos itens, com uma consistência interna elevada (a = 0,89).

Análise dos Dados

Primeiro analisou-se a consistência interna dos instrumentos, mediante o Alfa de *Cronbach*. A relação entre os fatores de cada escala foi verificada pela correlação de Pearson. Aplicou-se uma análise fatorial de segunda ordem (método Varimax) para comprovar a existência de uma estrutura subjacente de dois fatores. Posteriormente, comprovou-se que as pontuações do *burnout* se modificavam em função dos níveis de resiliência salientes. Estabeleceu-se, para isso, os percentiis 25 (grupo com baixa resiliência, 24,2% da amostra, $n = 64$) e 75 (grupo com alta resiliência, 23,8%, $n = 63$), e se efetuou uma Teste T de *Student* para comparar as pontuações das dimensões de *burnout* e *engagement* entre os grupos; no caso não se verificou a homocedasticidade, usou-se o teste não- paramétrico U de Mann-Whitney. Finalmente, aplicou-se uma análise de regressão hierárquica para verificar os efeitos principais e a interação dos construtos resiliência e *engagement* sobre a *burnout* foram estabelecidos três passos, nos quais foram sendo acrescentadas sucessivamente as diferentes variáveis independentes padronizadas (resiliência, *engagement* e interação de ambas variáveis).

Resultados

As variáveis sociodemográficas, idade e tempo na profissão, correlacionaram significativamente com a escala de cinismo (ver Tabela 1). Assim, os cuidadores com mais de quarenta anos exibiram mais cinismo que os cuidadores com menos de quarenta anos de idade ($t(262) = -3,037$, $p = 0,003$). Da mesma forma, os cuidadores mais antigos manifestaram mais cinismo que os mais novatos ($t(262) = -2,701$, $p = 0,007$).

Tabela 1 - Correlações Parciais entre Resiliência-Engament e Síndrome de Burnout

	M	D.P.	Idade	TP	EG	CI	EF	VI	DE	AB
Idade	40,04	9,71	-	,						
TP	11,71	9,09	0,59**	-	-					
EG	1,80	1,40	-	-	-	-				
CI	1,26	1,34	0,14*	0,21**	0,53**	1				
EF	4,96	1,24				-0,13*	1			
VI	24,22	6,21			-0,38**	-0,37**	0,39**	1		
DE	22,53	7,21			-0,29**	-0,42**	0,44**	0,68**	1	
AB	21,71	6,79			-0,27**	-0,31**	0,28**	0,63**	0,61**	1
RE	70,00	13,57			-0,22**	-0,32**	0,33**	0,46**	0,44**	0,39**

** $p < 0,01$ (bilateral). * $p < 0,05$ (bilateral).

A matriz de intercorrelações entre as diferentes escalas revela que as dimensões de *burnout* e *engagement* correlacionam-se no sentido esperado; isto é, as escalas de EG e CI correlacionam-se negativa e significativamente com VI, DE e AB, ao passo que a EF correlaciona-se de forma moderada, significativa e positiva com as três dimensões do *engagement*. Da mesma forma, o sentido das correlações entre as variáveis do *burnout* foi o esperado, mesmo que neste estudo a correlação negativa entre as variáveis EG e EF não tenha pontuado significativamente. Em paralelo, a escala de AB foi a que pontuou suas correlações significativas mais baixas com as dimensões do *burnout*.

Além disso, como era esperado, houve forte correlação positiva entre VI, DE e AB. Verificou-se a relação entre *burnout* e *engagement* mediante uma análise fatorial exploratória de segunda ordem com as seis escalas (EG, CI e EF, VI, DE e AB), identificando a existência de dois fatores que em conjunto explicaram 70% da variância. O primeiro fator, que explica 40% da variância, configura uma dimensão positiva já que ficou constituído pelas três dimensões do construto *engagement* além da escala EF, ao passo que o segundo fator, que dá conta de 30% da variância, compreendeu as outras duas dimensões do *burnout* (EG e CI) e o *burnout*. A dimensão de EF parece funcionar independente do EG e CI e, no entanto, incluir EF por suas propriedades positivas no primeiro fator pode levar a cometer um erro metodológico, segundo Schaufeli e Bakker (2004).

A resiliência correlacionou-se significativa e negativamente com EG e CI e positivamente com o fator EF e as dimensões do *engagement* (ver Tabela 1). As correlações de resiliência com as escalas de *engagement* foram maiores, em especial com VI que com as dimensões de *burnout*, de modo que EF foi a escala que mais fortemente correlacionou-se com a resiliência. Além disso, a escala de resiliência correlacionou-se com o *burnout* $r = -0,30$, $p < 0,0001$).

No que diz respeito às variáveis sociodemográficas, o tempo na profissão correlacionou-se com o coração do *burnout* $r = 0,16$, $p < 0,0001$), de modo que os cuidadores com significativa experiência em intervenções com idosos revelaram maiores sentimentos de haver- se queimado pelo trabalho que os cuidadores com menor experiência.

Uma vez estratificada a amostra em dois grupos, de acordo com a variável resiliência (baixa/alta resiliência), percebeu-se também, que aqueles cuidadores que exibiram baixa resiliência manifestaram significativamente maior EG (t (120) = 3,998, $p < 0,0001$), e CI (t (125) = 3,104; $p < 0,0001$), e menor EF (U = -17,500; $p < 0,0001$), VI (U = -774,000; $p < 0,0001$), DE (U =-825,500; $p < 0,0001$) e AB (t (125) -6,261; $p < 0,0001$) que os cuidadores que demonstraram ter maior resiliência.

Finalmente, com o propósito de detectar o valor preditivo da resiliência e do *engagement burnout* feita uma análise de regressão múltipla hierárquica. Inicialmente a regressão indica que a resiliência teve um efeito preditor negativo e significativo do *burnout* ($R_a^2 = 0,088$, $F(1\ 263) = 26,396$, $p < 0,0001$). Ao entrarem as dimensões de *engagement*, melhora a variância explicada sobre o *burnout* ($R_a^2 = 0,203$, $F(2, 262) = 34,647$, $p < 0,0001$); no entanto, o efeito da resiliência deixa de ser significativo no prognóstico. No terceiro passo não se verificou um efeito de interação significativo, por isso não melhora o modelo ($R_a^2 = 0,201$, $F(3\ 261) = 23,118$, $p < 0,0001$; ver Tabela 2).

Tabela 2 - Equação de Regressão Hierárquica

Modelo		B	Erro típico	b	t	P valor
Passo 1	(Constante)	6,819	0,74		9,137	0,000
	RE	-0.054	0,01	-0,30	-5,138	0,000
Passo 2	(Constante)	8,100	0,72		11,141	0,000
	RE	-0,018	0,01	-0,10	-1,619	0,107
	EG	-0,054	0,00	-0,39	-6,251	0,000
Passo 3	(Constante)	7,319	1,708		4,284	0,000
	RE	-0,008	0,026	-0,04	-,298	0,766
	EG	-0,040	0,029	-0,29	-1,389	0,166
	Egxre	0,000	0,000	-0,14	-0,505	0,614

Considerando que separadamente a relação de resiliência e *engagement* têm um efeito significativo sobre o *burnout*, mas, ao atuarem juntas o efeito significativo da resiliência desaparece, infere-se um possível efeito mediador do *engagement* na relação verificada entre resiliência e *burnout*.

De acordo com Baron e Kenny (1986) é necessário demonstrar quatro pressupostos para que haja um efeito mediador entre dois construtos: a) o preditor (resiliência) deve estar relacionado significativamente com a variável dependente (*burnout*; ver Tabela 2, passo 1); b) o preditor deve estar associado significativamente com a variável mediadora (*engagement*). Este ponto foi demonstrado com a análise de regressão linear onde a variável independente foi resiliência e a variável dependente *engagement* ($R^2 = 0,24$, $\beta = 0,49$, $F(1\ 250) = 82,340$, $p < 0,0001$); c) a variável mediadora deve estar significativamente associada com a variável dependente (*burnout*; ver Tabela 2, passo 2); e d) o efeito preditor (resiliência) sobre a variável dependente (*burnout*) desaparece quando participa o mediador (*engagement*) no modelo de prognóstico (resiliência, ver Tabela 2, passo 2).

Além disso, um contraste estatístico (teste de Sobel; ver Baron & Kenny, 1986) confirmou a existência desse efeito mediador (*Sobel z-value* = 4,715227, $p < 0,0001$), já que a associação entre a variável independente (resiliência) e a variável dependente (*burnout*) foi significativamente reduzida pela inclusão da variável mediadora (*engagement*) no modelo de regressão. Por tanto, os resultados apontam que o efeito da resiliência sobre o *burnout* está mediado pela variável *engagement*. Isto é, os cuidadores com baixas pontuações em resiliência têm menores níveis de *engagement*, e esses menores níveis em compromisso laboral estão associados com altas pontuações de *burnout*.

Discussão

Denota-se que a maioria das pesquisas científicas usam um paradigma patogênico de saúde mental para evidenciar os aspectos negativos que as levam a determinadas patologias e posteriormente, formulam/implementam intervenções efetivas sobre esses construtos. Esse tipo de modelo foi empregado, por exemplo, para averiguar o *burnout* que os cuidadores de idosos em instituições geriátricas sofrem (Menezes de Lucena, 2000). No entanto, tendo como premissa o modelo salutogênico, são priorizados os aspectos positivos do indivíduo fortalezas humanas – que permitem enfrentar as adversidades, adquirir um nível ótimo de funcionamento ou aumentar a satisfação pessoal (Seligman & Csikszentmihalyi, 2000).

Salienta-se que este estudo é um dos poucos com essa temática na realidade espanhola que procura averiguar cuidadores formais de idosos no contexto laboral gerontológico, que relaciona os aspectos positivos da resiliência com aqueles fatores ou propriedades que determinam os atores sociais com *burnout* e/ou *engagement*.

Em primeiro lugar, analisou-se o modelo *burnout/engagement*. Os resultados assinalam que as escalas EG e CI estão negativa e significativamente relacionadas com as três escalas de *engagement* (VI, DE e AB), ao passo que a escala EF denotou uma correlação positiva com essas três escalas. Como em outras investigações se confirma assim a hipótese 1 (Schaufeli *et al.*, 2002a; Manzano, 2002).

Usando uma análise fatorial exploratória de segunda ordem para as seis escalas mencionadas, verificou-se, da mesma forma que Salanova *et al.* (2000), dois fatores, um positivo com as escalas VI, DE, AB e EF, e outro negativo, denominado *burnout* (EG e CI). Este resultado também foi confirmado mediante modelos de equações estruturais (Schaufeli *et al.*, 2002b; Manzano, 2002). Infere-se que, devido à elaboração positiva dos itens de EF, essa escala sature no mesmo fator que o *engagement burnout* (Durán, Extremera & Rei, 2004; Lê & Ashforth, 1996), mas está indicando que o fator positivo é inadequado (Schaufeli *et al.*, 2002a). Portanto, os resultados do modelo *burnout/engagement* sugerem que ambos os construtos são diferentes, mas correlacionados (Schaulfeli & Bakker, 2004), e não parece ser o extremo positivo e negativo de um mesmo contínuo (Maslasch & Leiter, 1997).

Esses dados permitem corroborar as hipóteses 2 e 3. Os cuidadores com baixa resiliência parecem sofrer maior esgotamento e atitudes de indiferença no trabalho; já, os sujeitos com alta resiliência alcançam alternativas de *engagement*, as quais reduzem sua vulnerabilidade diante situações de risco laboral, como por exemplo, síndrome de *burnout* (Manzano, 2002; Salanova, Grau, Llorens & Schaufeli, 2001).

Nesse sentido, Howard e Johnson (2004) utilizando uma metodologias qualitativa, identificaram num grupo de quatro professores diversas características protetoras que lhes faziam resistir ao estresse laboral e ao *burnout*: capacidade de ação; percepção de apoio organizacional; foco nos lucros; e competência pessoal. No entanto, não há uma constância de estudos publicados que usem alguma das escalas de resiliência vigentes para explorar sua relação com *burnout-engagement*.

Um aspecto importante a destacar dos resultados foi a relação positiva entre resiliência e as dimensões de *engagement*, que podem ser consideradas características individuais que reforçam a capacidade para enfrentar de forma ativa os estressores laborais, ao passo que, a relação negativa entre resiliência e *burnout* diante desses fatores de risco. Provavelmente tais dados, permitem apontar as características positivas do compromisso com o trabalho (VI, DE e AB), (resiliência) são aspectos que diferenciam alguns cuidadores de outros para uma boa adaptação ao meio psicossocial e que atuam como eventos protetores frente o risco de *burnout*.

Dessa forma, esses resultados vislumbram a busca pela compreensão das propriedades do *engagement*, que poderiam considerar-se características de um constructo positivo demonstrou sua relação com resiliência. Strumpfer (2003) considera o *engagement* aliado a outros construtos positivos (significatividade, comportamento preventivo ou bem-estar subjetivo), integrantes de uma dimensão psicológica mais ampla que denomina *fortigenic*, similar ao de resiliência.

Mesmo que a resiliência tenha tido um pequeno valor preditivo sobre o *burnout* na regressão hierárquica múltipla observou-se que, esse valor preditivo desapareceu e o das dimensões de vigor e dedicação tiveram maior nível de prognóstico. Esses resultados permitem corroborar a hipótese 5 e parcialmente a hipótese 4, já que o efeito de r *burnout* é, o efeito do *engagement* médio na relação que existe entre resiliência *burnout*.

A resiliência provavelmente predispõe a menores níveis de *burnout* à medida que aumenta as dimensões de *engagement*. Isto é, em presença de situações de adversidade laboral, os cuidadores mais resilientes têm a capacidade de empregar sua energia e implicação trabalhista para sobrepor-se às dificuldades, adaptar-se adequadamente e experimentar emoções positivas, ao passo que os cuidadores menos resilientes têm predisposição às emoções negativas, a enfatizar o risco e a aumentar seu efeito, como cansaço e indiferença no trabalho.

As condições adversas de uma organização podem ser cruciais à etiologia do *burnout* (Maslach *et al.*, 2001), e há contextos tão difíceis que as variáveis individuais são insuficientes para resistir a seus efeitos; no entanto, de acordo com Strumpfer (2003), os resultados insinuam que, os cuidadores mais resilientes também podem sofrer de *burnout*, embora seja muito mais provável que adquiram habilidades e competências de *engagement* no contexto laboral. Esta pesquisa tem algumas limitações: é um estudo exploratório, de corte transversal e correlacional entre diferentes variáveis, em que não é possível precisar o grau de causalidade, mas de associações entre variáveis num contexto localizado do tempo. Utilizou-se de autoinformes para medir os diferentes construtos que, em razão das circunstâncias e do momento, é possível que variem seus resultados de acordo com contexto sociocultural, e, além disso, a amostra também, não obedece a critérios aleatórios, mas à voluntariedade dos participantes, o que corresponde a ser parcimonioso no que diz respeito à abrangência dos resultados.

Apesar dessas limitações, denota-se que este sinaliza que o uso de competências sociais e fortalezas humanas pelos cuidadores atua como fatores protetores diante do risco de *burnout* e estimula o compromisso e a eficácia laboral. Pesquisas futuras deveriam incidir no estudo e no fomento daqueles fatores resilientes que funcionam como verdadeiros escudos protetores contra forças negativas e a favor de um desenvolvimento saudável. Seria conveniente elaborar novas formas de intervenção que se baseiem não tanto na remissão de sintomas psicopatológicos, mas em um modelo positivo, salutogênico, centrado na prevenção e no bem-estar, que estimulem nos trabalhadores sua energia (vigor), implicação (dedicação) e concentração no trabalho (absorção) e superação de experiências traumáticas.

Considerações finais

- As dimensões do modelo *burnout/engagement* estão correlacionadas, mas não parecem ser os polos opostos de um mesmo contínuo;
- Os cuidadores com altas pontuações na escala de resiliência, em relação aos de baixas pontuações, mostraram maiores níveis de eficácia e compromisso trabalhista (vigor, dedicação e absorção), e, por sua vez, apresentaram menor esgotamento emocional e *burnout;*
- O valor preditivo que apresenta a r *burnout* indireto devido ao efeito mediador do *engagement*;
- O desafio será reconduzir a resposta humana diante das dificuldades do cotidiano e do contexto laboral, ratificando os fatores de proteção que permitem o enfrentamento ativo das adversidades e projetar que experiências e aprendizagens são também consequências de eventos negativos, e que podem ser reelaborados para um significado positivo.

PARTE IV

PSICOLOGIA SOCIAL E COMPORTAMENTO SEXUAL

CAPÍTULO 10

Sexo antes ou depois? A influência dos valores humanos e da experiência sexual no liberalismo-conservadorismo sexual

Valeschka M. Guerra, Valdiney V. Gouveia

Reportagens recentes, divulgadas pela mídia, têm chamado a atenção para novos padrões de comportamento sexual estabelecidos, sobretudo pelos jovens, em dois movimentos considerados opostos: uma onda liberal, guiada especialmente pelas mulheres, que demonstram o surgimento de uma nova sexualidade plástica (Azevedo, 2004; Giddens, 1993; Macedo & Novaes, 2004; Mageste, 2003) e uma onda conservadora, em que grupos de jovens promovem a virgindade antes do casamento (McCabe & Cummins, 1998; Risman & Schwartz, 2002). Grupos conservadores podem ser liberais no que diz respeito ao sexo pré-marital e, ao mesmo tempo, condenar atos sexuais considerados "perversos", como a homossexualidade e a masturbação (Haidt & Hersh, 2001).

Esse quadro ilustra apenas uma parte das chamadas guerras culturais entre liberais e conservadores (Haidt & Hersh, 2001). No centro dessa guerra, estão os jovens. Segundo dados do Censo Demográfico (IBGE, 2000), há 51 milhões de brasileiros com idade entre dez e 24 anos, o que representa 30% da população total do país. Essa quantidade de adolescentes (entre púberes e jovens adultos) é a maior que já existiu no Brasil. Desse total, 80% residem nas cidades, ou seja, cerca de 41 milhões de jovens encontram-se nos espaços urbanos do território brasileiro. Essa população tem mudado o cenário social e cultural das cidades no mundo todo, além de expor na mídia uma grande diversidade de estilos de vida e comportamentos, com valores humanos e sociais organizados em sistemas diferenciados de outras gerações. As influências recebidas pela mídia, com as crenças de seus familiares e amigos, ajudam a construir suas próprias crenças com relação ao tema (Barbero, 2002; Chapin, 2000; Pasquali, Souza, & Tanizaki, 1985), influenciando seu desenvolvimento afetivo e cognitivo e, consequentemente, seu comportamento sexual (D'Amorim, 1993).

Para Werner-Wilson (1998) as atitudes e o comportamento sexual dos jovens são influenciados por: 1) fatores biológicos e psicológicos; 2) relacionamentos íntimos com a família e grupos de amigos; e 3) contexto sociocultural, como a etnia, religião, escola e a mídia. A conduta sexual dos indivíduos pode ser vista como algo dinâmico, apresentando componente moral e que pode ser compreendida de acordo com o contexto em que ocorre. Na literatura, sua explicação pode ser dada em termos de personalidade, cujos traços podem ser vistos como fatores psicobiológicos do comportamento (John & Srivastava, 1999; Paunonen & Ashton, 2001), ou em termos de valores, crenças e atitudes, quando considerados fatores psicossociais (Dias, 1995; Gouveia, 2003; Lima, 2002).

De acordo com Werner-Wilson (1998), a maioria das pesquisas sobre a sexualidade fragmentou-se e descontextualizou-se, enfocando exclusivamente variáveis separadas, como autoestima e *locus* de controle; ou conjuntos de variáveis, como fatores individuais ou relacionamento familiar. Este autor sugere uma integração dessas múltiplas categorias de variáveis psicológicas e sociais nos modelos a serem desenvolvidos. Nesse sentido, decidiu-se considerar aqui variáveis específicas, que podem contribuir na compreensão de tais condutas e atitudes sexuais (liberais ou conservadoras).

A *World Association for Sexology* (WAS, 1999) propõe que a sexualidade é parte integral da personalidade do indivíduo e seu desenvolvimento depende da satisfação de necessidades básicas, como contato interpessoal, intimidade, prazer e amor.

Ao compreender a sexualidade enquanto uma construção permanente, influenciada pelas relações interpessoais e pelo contexto social, o estudo desse objeto se dará de forma a possibilitar uma visão mais abrangente do tema. Especificamente, os dois estudos apresentados a seguir procuram mostrar a influência dos valores humanos e da desejabilidade social.

De forma concreta, o objetivo principal desta pesquisa é conhecer em que medida os valores humanos, a experiência sexual prévia e a desejabilidade social explicam o liberalismo/conservadorismo sexual dos jovens.

Liberalismo/conservadorismo sexual

Giddens (1993), em sua discussão acerca das transformações que estão ocorrendo nos relacionamentos íntimos na sociedade atual, menciona como o sexo saiu da obscuridade e passou a ser discutido e percebido como um aspecto central na vida das pessoas, uma nova forma de identificação. Das mudanças sociais decorrentes da conhecida Revolução Sexual dos anos 1960, é importante mencionar a influência de diversos estudos realizados no meio acadêmico, que afetaram de forma profunda as ideias, as concepções e as leis acerca da sexualidade.

Bancroft (2004) procura fazer um resumo da enorme contribuição de Alfred Kinsey nas pesquisas referentes a práticas sexuais nas décadas de 1940 e 1950. A enorme quantidade de informações acerca de práticas sexuais até então consideradas proibidas e imorais, como sexo oral, masturbação, sexo antes do casamento, extramarital e homossexualidade, chocou os Estados Unidos e o restante do mundo. De acordo com este autor, um dos maiores legados de Kinsey foi a transformação do sexo em algo menos misterioso, especialmente com relação à sexualidade feminina.

Ao compreender que as ideias acerca da sexualidade mudam de acordo com o momento histórico e o contexto sociocultural, é possível conceber a sexualidade enquanto processo em permanente construção. Kahhale (2001) compreende a sexualidade como um processo de constituição e expressão da identidade individual, o modo como se vivenciam a intimidade e as normas do grupo social de inserção.

De acordo com a definição do dicionário (Sexuality, 2007), o termo sexualidade é definido como a qualidade ou estado de ser sexual. Essa "qualidade" ou "estado" de que fala o dicionário pode ser compreendida como o conjunto de desejos, práticas, relacionamentos e identidade erótica, ou ainda como aspectos bastante abrangentes da vida pessoal e social que têm algum tipo de significado erótico para a pessoa (Jackson, 2006).

Tal definição de sexualidade, bastante ampla, permite a diversidade cultural, social e pessoal do que é considerado erótico, ou seja, abrange tudo o que é definido como erótico nos mais variados contextos e situações. O que uma pessoa considera altamente excitante pode não ser considerado tendo carga sexual por outra pessoa, ou ainda ser visto como imoral e indecente por uma terceira (Jackson, 2006).

Mediante essas definições, torna-se evidente a importância do estudo da sexualidade. No entanto, geralmente, as pesquisas apresentam resultados contraditórios no que diz respeito às experiências sexuais, sobretudo, dos jovens. Segundo McCabe e Cummins (1998), dados de pesquisas dos últimos trinta anos indicaram claramente uma redução da idade de início das relações sexuais e um aumento na quantidade de experiências sexuais dos adolescentes e jovens adultos, acompanhados por maior liberalização das experiências sexuais antes do casamento. O sexo passou a ser visto como uma forma de expressar intimidade na relação, uma parte natural do desenvolvimento da relação e não uma experiência posterior (Azevedo, 2004).

Caron e Moskey (2002) discutem a diferença nas atitudes liberais ou conservadoras entre turmas de jovens estudantes estadunidenses durante os anos de 1950, 1975 e 2000. Essas autoras encontraram um aumento no liberalismo com o passar dos anos, sendo que a turma de 2000 apresentava pontuações muito mais altas em liberalismo do que as de 1950 e 1975.

Outro estudo que procurava diferenciar as atitudes liberais/conservadoras – em relação à própria sexualidade – das atitudes em relação à sexualidade do outro, constatou que os participantes apresentaram maior tolerância e atitudes mais liberais acerca do comportamento do outro do que a respeito da própria conduta (Hannon, Hall, Gonzalez, & Cacciapaglia, 1999).

Entretanto, outras pesquisas indicaram que os jovens estão se tornando mais conservadores em suas atitudes e comportamentos sexuais (McCabe & Cummins, 1998). Entre 1991 e 1997, foi percebida uma queda de 6% na taxa de experiência sexual dos adolescentes, e uma queda de 14% na taxa de gravidez na adolescência (Risman & Schwartz, 2002). É muito improvável que essa mudança nas atitudes e nos comportamentos sexuais seja decorrência das campanhas ou da preocupação com a AIDS ou com as DSTs; se essas fossem as causas, seria esperado um aumento no uso de camisinha entre os jovens sexualmente ativos. Uma explicação mais provável é aquela que afirma que os jovens modificaram suas atitudes diante da sexualidade (Azevedo, 2004; McCabe & Cummins, 1998).

Risman e Schwartz (2002) acreditam que este discurso acerca de um novo conservadorismo sexual dos adolescentes é, no mínimo, exagerado. Segundo esses autores, muitos estudos indicam uma queda na atividade sexual de jovens do sexo masculino, mas não do feminino. A atividade sexual de mulheres brancas e hispânicas permaneceu estável, ao passo que a de mulheres negras caiu de forma mais drástica. Os autores especulam ainda que as normas culturais para as mulheres mudaram dramaticamente, dando a elas maior influência ou controle nos relacionamentos.

É o resultado desse fenômeno que vem alimentando filmes, livros e séries, como *"Sex & The City"*, a respeito do novo padrão de comportamento feminino. Essa nova postura demonstra uma libertação da mulher do estereótipo feminino, usualmente passivo e sem demonstrar desejo sexual.

Contrariamente, numa pesquisa sobre os valores, as atitudes e os comportamentos sexuais de homens e mulheres em Portugal, Alferes (2002) encontrou que a taxa de virgindade dos jovens do sexo masculino é sempre menor do que a do sexo feminino, sendo a primeira relação sexual dos homens, em média, um ano antes da média das mulheres. Os homens também apresentaram maior número de parceiros sexuais, maior adesão ao sexo em relacionamentos de uma noite, assim como ao sexo sem afeto e à masturbação, e maior quantidade de relações sexuais simultâneas a uma relação afetiva estável. Ou seja, no geral, os homens revelaram-se mais permissivos em termos de comportamento sexual, aceitando mais facilmente o sexo ocasional, o sexo sem compromisso e impessoal do que as mulheres, que demonstraram ter um maior conhecimento acerca do uso e da eficácia dos métodos contraceptivos e do planejamento familiar, e declararam-se mais apaixonadas pelo parceiro durante a primeira relação. Em contrapartida, essa mesma pesquisa revelou que a ideia de "sexo com afeto", orientado para o prazer e vivido numa relação íntima duradoura é compartilhada tanto por homens quanto por mulheres. Ambos os sexos estão de acordo no que diz respeito ao exercício pleno e livre da sexualidade antes do casamento.

Tais resultados encontrados por Alferes (2002) corroboram os achados de uma meta-análise feita por Oliver e Hyde (1993), que afirmam a existência de diferenças de gênero, em especial com relação à idade da primeira relação sexual (com os homens afirmando uma média de idade inferior durante a primeira experiência), à incidência de masturbação e a de atitudes frente ao sexo antes do casamento.

Diferenças de gênero com relação às atitudes frente ao sexo também foram encontradas por Knox, Sturdivant e Zusman (2001), que pesquisaram as atitudes perante a intimidade sexual entre estudantes universitários estadunidenses. Os resultados encontrados por esses autores mostraram que os homens, assim como pessoas de ambos os sexos não envolvidas em um relacionamento no momento, apresentam maior probabilidade do que mulheres e pessoas envolvidas em um relacionamento, de procurar relações sexuais com desconhecidos ou sem compromisso. Em relação aos usuários de internet, também foram encontradas diferenças de gênero na busca de estímulos sexuais através da rede, com os homens e dependentes da internet com escores mais altos do que as mulheres e os não dependentes (Cooper, Scherer, Boies, & Gordon, 1999).

O gênero também apresentou um efeito principal significativo no que diz respeito ao liberalismo sexual [F (1,783) = 71; $p < 0,001$], mostrando que as mulheres ($M = 2,61$) tendem a ser mais conservadoras do que os homens ($M = 3,07$). A idade também apresentou um efeito significativo [F (3,783) = 23; $p < 0,001$], com os participantes jovens ($M = 3,08$) considerados mais liberais do que os adultos ($M = 2,59$) (Le Gall, Mullet, & Shafighi, 2002). No entanto, outro estudo relatado por Shoveller, Johnson, Langille e Mitchell (2004), no Canadá, não encontrou diferenças entre as atitudes de jovens e adultos acerca da sexualidade: 82% dos jovens e 84% dos adultos aprovavam o sexo pré-marital; 86% dos jovens e 84% dos adultos aprovavam que casais não casados legalmente morassem juntos; e 54% dos jovens e 60% dos adultos aprovaram atos homossexuais e o aborto.

Além do gênero, a cultura também parece influenciar na pontuação do liberalismo sexual. Kennedy e Gorzalka (2002) encontraram que os respondentes asiáticos relataram maior conservadorismo sexual do que os não asiáticos [F (1,396) = 17,3; $p < 0,001$]. De acordo com uma pesquisa sobre as práticas sexuais dos chineses, 46% das mulheres e 30% dos homens indicaram aprovação do sexo pré-marital, com diferença significativa de gênero ($t = 4,30$; $p < 0,001$). Porém, um fator importante foi a identidade do parceiro sexual: este estudo mostrou que os participantes concordavam com o sexo pré-marital, contanto que o parceiro fosse o futuro(a) esposo(a) (Higgins, Zheng, Liu, & Sun, 2002). Nessa mesma pesquisa, pediu-se que os participantes respondessem se concordavam que um casal que tivesse relações sexuais deveria casar-se: 91% das mulheres e 85% dos homens não asiáticos discordaram dessa associação entre sexo e casamento, ao passo que apenas 13% dos homens e 11% das mulheres chinesas discordaram da mesma questão.

Outra pesquisa procurou comparar o liberalismo sexual de suecos e estadunidenses. A Suécia foi escolhida por ser um país que, em 1944, descriminalizou a homossexualidade e apresentou muito cedo uma ideia de igualdade de gênero, e por sua concepção negativa acerca do padrão duplo de comportamento, que afirma que homens devem ter maior liberdade sexual do que as mulheres. Algumas características socioculturais desse país estão relacionadas a uma perspectiva mais igualitária e tolerante no que diz respeito à sexualidade: a) um menor nível de religiosidade; b) maior igualdade no que diz respeito aos papéis de gênero; c) uma concepção mais naturalista da sexualidade; e d) uma visão menos reguladora, refletida nas políticas legais e sociais. Como esperado, a cultura foi considerada um forte preditor do liberalismo sexual (b = 0,48), com os estudantes suecos apresentando maior liberalismo do que os estadunidenses (Weinberg, Lottes, & Shaver, 2000).

Para a realização dos estudos aqui propostos, foi usada a definição de liberalismo/ conservadorismo sexual proposta por Guerra e Gouveia (2007). *Liberalismo sexual* é, então, definido como um posicionamento de aceitação e/ou afirmação da autonomia sexual e pessoal, ao passo que o *conservadorismo sexual* é concebido como um posicionamento social de aceitação e/ou afirmação das normas e convenções sociais a respeito da sexualidade, em nome da tradição e da manutenção da sociedade.

Numa tentativa de explicar esses construtos, este estudo se baseará na teoria dos valores humanos básicos, de Gouveia (1998; Gouveia, 2003; Gouveia, Fischer, & Milfont, 2006). Enquanto elementos subjetivos, os valores são inerentes ao homem e perpassam suas avaliações e julgamentos, assim como suas atitudes, ideias e ações. Este autor os define como categorias de orientação baseadas nas necessidades humanas e nas condições para satisfazê-las, variando de acordo com a cultura, a magnitude e seus elementos definidores (Gouveia, 2003).

Nesse sentido, os valores têm várias funções consideradas relevantes para a compreensão do comportamento individual. Ao estudar, portanto, o impacto dos valores sobre o relacionamento sexual, todo o conjunto das prioridades axiológicas do indivíduo está sendo relacionado com o comportamento mencionado.

Sobre a relação entre os valores e o liberalismo/conservadorismo, Heaven e Oxman (1999) sugeriram que os valores podem predizer a ideologia pessoal, ao notar que as pessoas que endossam valores como a *religião*, a *segurança familiar*, a *obediência* e apresentam baixos escores em *abertura à mudança* tendem a apresentar pontuações altas em uma medida de conservadorismo. Braithwaite (1998) percebeu, ao estudar os valores *harmonia* e *segurança*, que estes apoiam diferentes crenças sociais e políticas. O valor *harmonia* procura enfatizar o bem-estar pessoal e social de outros, assim como a liberdade individual. Os valores relacionados a *segurança*, por outro lado, estão mais relacionados à ordem e à disciplina, e direcionados à obtenção do sucesso e poder, preocupando-se com as consequências dos comportamentos e sugerindo que as normas sociais devem ser obedecidas.

Em uma pesquisa feita com o intuito de verificar a relação entre os valores e o conservadorismo, Heaven e Oxman (1999) encontraram que os valores *harmonia* e *igualdade* se correlacionaram negativamente com estereótipos de *gays* (r = -0,28; p < 0,01) e *lésbicas* (r = -0,34; p < 0,01). Para esses autores, o conservadorismo funciona como um mediador do efeito dos valores sobre os estereótipos, no sentido de ajudar a construir a realidade social para os indivíduos. Ou seja, a ideologia serve para legitimar, manter e reproduzir os arranjos sociais existentes e as relações de poder estabelecidas na sociedade.

Goodwin *et al.* (2002) fizeram um estudo sobre a associação dos valores com comportamentos sexuais de risco (por exemplo: múltiplos parceiros sexuais, não uso de preservativos etc.) e encontrou que valores como poder, realização, hedonismo e estimulação relacionam-se positivamente às práticas sexuais de risco, ao passo que valores como conformidade, tradição, universalismo e benevolência estão negativamente relacionados a estas práticas.

A partir desse marco teórico, este estudo procura conhecer a relação entre os valores básicos e o liberalismo/conservadorismo sexual. Apesar da grande quantidade de pesquisas sobre a sexualidade de jovens adultos, nenhum estudo foi encontrado na literatura brasileira sobre o tema. Nesse sentido, o Estudo 1 tem o objetivo de verificar a influência dos valores humanos nas atitudes liberais/conservadoras perante o sexo.

Estudo 1 – Valores humanos e liberalismo sexual

Método

Participantes

Participaram deste estudo 397 estudantes universitários da cidade de João Pessoa (PB), sendo a maioria do sexo feminino (51,6%), com idade variando entre dezessete e 51 anos ($M = 21,5$; $DP = 4,76$). O grupo consistia, em sua maioria, de participantes solteiros (89%) e católicos (73%). Além das perguntas de caráter demográfico, 96% dos participantes afirmaram ser heterossexuais, 70% afirmaram ter tido a primeira relação sexual quando tinham entre os onze e os 27 anos ($M = 16,2$; $DP = 2,31$). Foi encontrada uma diferença significativa entre homens e mulheres na idade da primeira relação, e as mulheres relataram início mais tardio da vida sexual ($M = 17,6$; $DP = 2,05$) do que os homens ($M = 15,5$; $DP = 2,1$), t (262) $= 7,82$; $p <,001$.

Instrumentos

Os participantes foram solicitados a responder às seguintes medidas:

Escala de liberalismo/conservadorismo sexual. Desenvolvida por Guerra e Gouveia (No prelo), a medida divide-se em duas escalas principais: uma destinada a medir as atitudes dos participantes perante a própria sexualidade (*Self* – por exemplo: *"Usaria pornografia para me estimular sexualmente"* ou *"Trocaria carícias com uma pessoa do mesmo sexo"*) e a segunda, medindo atitudes frente a sexualidade de outras pessoas (Outro – por exemplo: *"É aceitável que pessoas sintam-se atraídas por pessoas do mesmo sexo"* ou *"É aceitável que pessoas solteiras pratiquem a masturbação como uma forma de expressão sexual"*). Cada escala é, por sua vez, subdividida em quatro subescalas: masturbação, homossexualidade, pornografia e sexo pré-marital. O total de 32 itens são respondidos com uma escala tipo Likert de 5 pontos, variando entre 1 = *Discordo totalmente* e 5 = *Concordo totalmente*. De acordo com o estudo original, as escalas apresentaram índices de consistência interna satisfatórios (*Self* a =,90; *Outro* a =,92).

Questionário de valores básicos. Desenvolvido por Gouveia (2003; Gouveia, Fischer, & Milfont, 2006), esta escala é composta por dezoito itens que expressam valores específicos (por exemplo: *"Afetividade – Ter uma relação de afeto profunda e duradoura"*; *"Tradição –Respeitar as tradições da sua sociedade"*). O participante deve indicar o nível de importância de cada valor como um princípio guia em sua vida, usando uma escala de 7 pontos, com extremos 1 = *Totalmente não importante* a 7 = *Totalmente importante*.

Questões sociodemográficas. Os participantes também foram solicitados a responder a perguntas sobre seu gênero, idade, religião, nível de religiosidade (escala *Likert* variando de 0 = *Nada religioso* a 4 = *Muito religioso*), estado civil, além de perguntas sobre sua sexualidade, como orientação sexual, se o participante já teve relações sexuais (Relação sexual prévia – RSP) e, em caso de resposta afirmativa, a idade na época da primeira relação sexual.

Procedimento

Os participantes responderam aos questionários individualmente, porém em ambiente coletivo de sala de aula. Uma vez obtida a autorização do professor da disciplina, os aplicadores se apresentavam solicitando a colaboração voluntária dos estudantes presentes. Foi-lhes informado que se tratava de uma pesquisa sobre *condutas e atitudes sociais*, não havendo respostas certas ou erradas. Uma vez tendo concordado em participar, estes preencheram um *termo de livre consentimento*. A todos foi assegurado que suas respostas seriam confidenciais, devendo ser tratadas estatística e coletivamente. Em média, 15 minutos foram suficientes para concluir sua participação.

Resultados

Duas regressões múltiplas hierárquicas foram conduzidas para determinar o grau em que as variáveis gênero e relação sexual prévia (RSP; Bloco 1), assim como os valores humanos (Bloco 2) prediziam o liberalismo / conservadorismo sexual diante da própria sexualidade (*Self*) e diante da sexualidade de outros (*Outro*). Nestas análises, o gênero foi codificado como 1 (*masculino*) e 2 (*feminino*); a RSP obteve a mesma codificação, sendo o valor 1 atribuído a respostas negativas (*Não*) e 2 a respostas positivas (*Sim*). As funções psicossociais dos valores humanos (Experimentação, Autorrealização, Interacional e Normativo) foram analisadas como variáveis contínuas). Os resultados de ambas escalas são apresentados na Tabela 1.

No que diz respeito a escala *Self*, as variáveis excluídas foram gênero e os valores de experimentação e interacionais. No bloco 1, a relação sexual prévia (*RSP*) dos participantes explicou significativamente 14% do liberalismo/conservadorismo sexual. No segundo bloco, os valores normativos e de autorrealização aumentaram a porcentagem de variância explicada para 21%, mudança considerada significativa, F *change* (1, 375) = 7,912, $p <$,01.

Tabela 1 - Regressão Múltipla Hierárquica das Escalas Self e Outro

Escalas	Preditores	R^2	F	p	β	t	p
Self							
Bloco 1	RSP	0,14	63,00	0,001	0,38	7,94	0,001
Bloco 2	Normativos	0,21	33,61	0,001	-0,24	-5,19	0,001
	Autorrealização				0,13	2,81	0,01

Escalas	Preditores	R^2	F	p	β	t	p
Outro							
Bloco 1	RSP	0,07	27,58	0,001	0,26	5,25	0,001
Bloco 2	Normativos	0,17	19,20	0,001	-0,26	-5,51	0,001
	Interacionais				0,16	2,96	0,01
	Autorrealização				0,11	2,41	0,05

Com relação à escala *Outro*, o gênero foi excluído mais uma vez da análise, assim como os valores de experimentação. Nesta análise, *RSP* explicou 7% da variância do liberalismo/conservadorismo sexual. Uma mudança significativa [*F change* (1, 376) = 5,787, *p* < 0,05] foi encontrada com a adição dos valores normativos, interacionais e de autorrealização, aumentando a explicação do modelo para 17%.

Discussão

O principal objetivo do Estudo 1 foi verificar o relacionamento entre os valores humanos e o liberalismo/conservadorismo sexual. Os resultados encontrados demonstraram que os valores normativos e de autorrealização predizem as atitudes liberais/conservadoras diante da própria sexualidade de forma significativa. As atitudes perante a sexualidade de outras pessoas foi explicada pelas mesmas funções psicossociais dos valores, sendo adicionada a função interacional.

A função psicossocial normativa expressa um padrão de orientação social direcionado aos demais e é composta pelos valores *religiosidade, tradição, obediência* e *ordem social*, que enfatizam a estabilidade do endogrupo através de uma visão conservadora e de conformidade. Nesse sentido, as pessoas que apoiam esses valores parecem ter uma noção mais reguladora acerca da sexualidade em geral. Esses achados corroboram pesquisas prévias, que afirmam a função normativa da instituição religiosa, enfatizando valores de estabilidade, obediência e tradição, usualmente associados a tendências conservadoras no âmbito da sexualidade (Hardy & Raffaelli, 2003; McCree, Wingood, DiClemente, Davies, & Harrington, 2003).

A função de realização ressalta o sentimento de ser importante e poderoso, ser uma pessoa com identidade e espaço próprios. Quem assume esse padrão de valores costuma manter relações pessoais com o fim de obter benefícios (Gouveia, 2003). Esses resultados estão de acordo com os encontrados em estudos anteriores, demonstrando uma relação entre valores como poder e realização com o livre exercício da sexualidade (Goodwin *et al.*, 2002).

Valores interacionais, por sua vez, enfatizam o relacionamento com outras pessoas. Fundamentam-se no interesse por sentir-se querido, ter amizades verdadeiras e uma vida social. Não foram encontrados estudos que demonstrem a importância de valores interacionais nas atitudes perante a sexualidade. No entanto, como as atitudes descritas aqui são aquelas relacionadas ao exercício da sexualidade por outras pessoas, é compreensível a associação encontrada entre essas pontuações.

Estes resultados mostram a importância de se associar o estudo da sexualidade humana ao perfil valorativo dos indivíduos. Entretanto, um resultado que chama particularmente a atenção é aquele que diz respeito à influência da relação sexual prévia (*RSP*) no liberalismo/conservadorismo sexual.

Os estudos que incluem a relação sexual prévia, em sua maioria, citam a idade da primeira relação como variável de interesse na explicação de outros construtos, ou usam a primeira experiência sexual como variável a ser explicada (Gupta & Mahy, 2003; Jessor, Costa, Jessor, & Donovan, 1983; Rosenthal, Smith, & de Visser, 1999). Não foram encontrados estudos que usam o fato de o participante ter tido ou não uma relação sexual como explicador de atitudes, crenças ou valores. Nesse sentido, sugere-se um aprofundamento no estudo desta variável para o próximo estudo.

Da mesma forma, é importante enfatizar a possibilidade de que outros fatores individuais possam ser responsáveis pelos resultados encontrados. Muitos resultados de pesquisas podem ser influenciados indiretamente por "avaliações culturais" dos comportamentos estudados, devido à utilização do autorrelato como fonte principal de informações (Schmitt & Steyer, 1993).

Ao se adotar instrumentos de autorrelato e considerar a relação de interdependência entre os indivíduos além de uma possível necessidade de aceitação, é importante se discutir a influência da desejabilidade social, definida como uma tendência inconsciente de criar uma impressão positiva de si mesmo, evitar críticas e receber a aprovação geral (Crowne & Marlowe, 1960).

No comportamento sexual, especificamente, a influência da desejabilidade social deve ser observada atentamente, dada a natureza privada da atividade sexual e o fato de que as pessoas, em geral, sentem-se embaraçadas ou ameaçadas quando solicitadas a fornecer informações acerca de seus relacionamentos sexuais. Dessa forma, respondentes com pontuações altas em desejabilidade social podem: a) reduzir ou aumentar o relato de certos atos sexuais; b) negar a participação ou falsamente reivindicar a participação em certos atos sexuais; e c) omitir respostas a questões que eles acreditam que irão refletir negativamente sobre seu caráter (Meston, Heiman, Trapnell, & Paulhus, 1998). Uma pesquisa feita por Rowatt e Schmitt (2003) verificou que a desejabilidade social se correlacionou negativamente com o desejo de manter um relacionamento sexual por um maior período de tempo ($r = -0,31$, $p < 0,001$), com o número de parceiros sexuais ($r = -0,29$, $p < 0,001$) e com a sociossexualidade ($r = -0,24$, $p < 0,01$).

Segundo uma pesquisa feita por Meston *et al.* (1998), o autoengano apresentou uma correlação direta com uma autoimagem corporal positiva ($r = 0,26$, $p < 0,01$); o manejo de impressão se correlacionou negativamente com comportamento sexual irrestrito ($r = -0,26$, $p < 0,01$) e atitudes sexuais e fantasias irrestritas ($r = -0,30$, $p < 0,01$) para as mulheres. Participantes do sexo feminino com pontuações altas no manejo de impressão apresentam maior probabilidade de afirmar que são virgens e manter atitudes sexuais conservadoras, do que aquelas com baixas pontuações no mesmo fator. Para as mulheres, atitudes sexuais liberais se correlacionaram inversamente com o manejo de impressão ($r = -0,25$, $p < 0,01$). Para os homens, a autodecepção apresentou correlação positiva com a pontuação total de satisfação sexual ($r = 0,21$, $p < 0,01$). Com relação ao manejo de impressão, esta apresentou correlação negativa com atitudes e fantasias sexuais irrestritas ($r = -0,23$, $p < 0,01$).

Com relação ao uso de camisinha durante uma relação sexual, Agnew e Loving (1998) encontraram que os homens que relataram maior intenção de uso e atitudes mais positivas com relação ao preservativo também apresentaram maiores pontuações no manejo de impressão ($r = 0,46$; $p < 0,01$).

Os valores humanos constituem um construto que também apresenta uma relação empiricamente comprovada com a desejabilidade social. De acordo com Schwartz, Verkasalo, Antonovsky e Sagiv (1997), valores são transformações das necessidades e motivações, e das exigências de interação social e sobrevivência grupal em objetivos que são comunicados e ensinados. Essa relação se deve ao fato de que o construto "valor" é, por definição, socialmente desejável e está relacionado ao que a pessoa deveria querer para sua vida (Rokeach, 1973; Schwartz & Bilsky, 1987), de forma a garantir menor rejeição social.

Desta forma, o Estudo 2 objetiva testar a influência da desejabilidade social na relação dos valores humanos com o liberalismo/conservadorismo sexual. Além disso, procurar-se-á estudar mais a fundo o efeito da relação sexual prévia nas atitudes sexuais.

Estudo 2 – Liberalismo sexual, valores e desejabilidade social

Método

Participantes

A amostra foi formada por 313 estudantes universitários, em sua maioria do sexo feminino (51%), com idades variando entre dezessete e 56 anos ($M = 21,.8; DP = 4,88$). Da mesma forma que no Estudo 1, a maioria dos participantes era solteira (87,5%), católica (52%) e heterossexual (93%). No que diz respeito ao início da vida sexual, 70% dos participantes afirmaram já ter tido a primeira relação. A idade da primeira relação variou de nove a 28 anos ($M = 16,7; DP = 2,65$), com as mulheres relatando um começo mais tardio da vida sexual ($M = 18,4; DP = 2,62$) do que os homens ($M = 15,7; DP = 2,10$), $t (210) = 8,12, p < 0,001$.

Instrumentos

O questionário era constituído por três escala para avaliar os construtos estudados. As duas medidas usadas no primeiro estudo foram repetidas, com a inclusão de mais uma escala, descrita a seguir.

Escala de Desejabilidade Social. Proposta por Crowne e Marlowe (1960), este instrumento expressa atos que podem indicar necessidade de aprovação por parte dos participantes, e é formado por 33 itens. Para respondê-los, o participante deve marcar *Verdadeiro* (V) ou *Falso* (F), de acordo com seu comportamento. Os autores do estudo original reportam um coeficiente Kuder-Richardson de 0,88. Quanto maior o valor, maior a tendência a desejabilidade social.

Questões sociodemográficas. As mesmas questões do primeiro estudo foram repetidas no Estudo 2 (por exemplo: sexo, idade, religião, etc.). Foi introduzido um item acerca do nível geral de liberalismo / conservadorismo com relação à sexualidade, respondido em uma escala variando de 0 = *Muito conservador* a 4 = *Muito liberal.*

Procedimento

Os participantes foram convidados a responder ao questionário em sala de aula, uma vez obtida a permissão do professor responsável ao fim da aula. Os alunos foram informados sobre o estudo que a participação deles era anônima e que poderiam desistir a qualquer momento. Aqueles que concordaram em participar receberam e assinaram um termo de consentimento livre e informado. Em geral, 20 minutos foram suficientes para responder ao questionário.

Resultados

Primeiro, foi analisado o nível de liberalismo/conservadorismo sexual dos participantes. No geral, estes apresentaram uma tendência moderada ($M = 2,49$; $DP = 0,92$) acerca da sexualidade, não sendo encontrados extremos de opinião.

Ao considerar o principal objetivo deste estudo, que é o de verificar o poder preditivo dos valores humanos sobre o liberalismo/conservadorismo sexual controlando o nível de desejabilidade social, uma regressão múltipla hierárquica foi conduzida. Os resultados para ambas as escalas estão apresentadas na Tabela 2.

Tabela 2 - Regressão Múltipla Hierárquica das Escalas Self e Outro

Escalas		Preditores	R^2	F	P	b	T	p
Self								
	Bloco 1	RSP	0,20	70,36	0,001	0,43	8,39	0,001
		Gênero				-0,12	-2,18	0,05
	Bloco 2	Normativos	0,49	48,45	0,001	-0,43	-9,27	0,001
		Experimentação				0,32	7,55	0,001
		Desej. social				-0,10	-2,29	0,05
		Interacionais				0,10	2,06	0,05
Outro								
	Bloco 1	RSP	0,16	58,75	0,001	0,40	7,66	0,001
	Bloco 2	Normativos	0,49	55,77	0,001	-0,51	-11,19	0,001
		Experimentação				0,28	6,69	0,001
		Interacionais				0,11	2,25	0,05
		Desej. social				-0,10	-2,24	0,05

Para a escala *Self*, ambas as variáveis do primeiro bloco foram consideradas significativas (gênero e relação sexual prévia), explicando 20% da variância. Com a adição dos valores normativos, interacionais e de experimentação, além da desejabilidade social, o modelo passa a explicar 49% da variância, com uma mudança significativa de um modelo para o outro, F *change* $(1, 299) = 4,25$, $p < 0,05$.

Nos resultados encontrados para a escala *Outro*, a *RSP* foi incluída no primeiro bloco, com 16% de variância explicada. A mudança do modelo com a inclusão dos valores normativos, de experimentação e interacionais, e da desejabilidade social, também foi considerada significativa, F *change* $(1, 301) = 5,02$, $p < 0,05$, agora explicando 49%.

Ao observar o padrão de correlação entre a relação sexual prévia (*RSP*), o gênero e ambas as escalas *Self* e *Outro*, decidiu-se explorar um possível efeito mediador da *RSP* na relação entre o sexo e as atitudes liberais/conservadoras (Baron & Kenny, 1986). Esses autores propõem quatro critérios que devem ser preenchidos para a aceitação da variável proposta como mediadora, analisados através de três regressões múltiplas: 1) é encontrado um efeito da variável independente (*VI*; neste caso, o sexo) sobre a variável dependente (*VD*; escores na escala *Self* ou *Outro*); 2) é observado um efeito da *VI* sobre a variável mediadora (*VM*; neste caso, a *RSP*); 3) a *VM* prediz a *VD* significativamente; e 4) o efeito do sexo (*VI*) sobre as atitudes (*VD*) é reduzido (*mediação parcial*) ou excluído (*mediação perfeita*) quando a *RSP* (*VM*) é incluída no bloco da análise.

Dessa forma, as três análises de regressão foram conduzidas, sendo uma regressão logística e duas regressões múltiplas, usando o método *stepwise*. De início, os resultados da regressão logística demonstraram que o sexo tem um efeito significativo sobre a *RSP*, c^2 (1, N = 313) = 46,04, p < 0,001; B = 1,82, *Wald* = 38,80, p < 0,001. O aumento no escore sexo de 1 (*masculino*) para 2 (*feminino*) foi associado com um aumento de 6.15 vezes no escore da *RSP* (*Nagelkerke* R^2 =,19).

Quanto aos resultados das regressões múltiplas, na escala *Self*, também foi encontrado um efeito do sexo sobre as atitudes (b = -0,27, t = -4,98, p < 0,001); a *RSP*, por sua vez, previu significativamente as atitudes independentemente do gênero (b = 0,44, t = 8,74, p < 0,001). Quando a *RSP* estava sob controle, o gênero teve seu efeito sobre a escala reduzido (b = -0,12, t = -2,30, p < 0,05). Esses resultados são consistentes com um padrão de mediação parcial, apresentando um z teste *Sobel* significativo, z_-= -5,32, p < 0,001.

Acerca da escala *Outro*, mais um efeito do sexo sobre as atitudes foi encontrado (b = -0,24, t = -4,44, p < 0,001); a *RSP* também previu significativamente as atitudes (b = 0,41, t = 8,02, p < 0,001). Diferentemente da escala *Self*, quando controlada a *RSP*, o gênero teve seu efeito sobre a escala *Outro* reduzido a não significância (b = -0,10, t = -1,84, p = 0,07). Esses resultados são consistentes com um padrão de mediação perfeita, apresentando um z teste *Sobel* significativo, z = -5,25, p < 0,001.

Em ambos os estudos, a vivência de relações sexuais foi apresentada em todos os modelos como um importante preditor do liberalismo/conservadorismo sexual. Devido a isso, decidiu-se pela realização de uma análise múltipla de variância para verificar as diferenças nas médias marginais estimadas para cada objeto das atitudes, separadamente: masturbação, sexo pré-marital, pornografia e homossexualidade. Os resultados, para ambas as escalas, estão apresentados na Tabela 3, a seguir.

Tabela 3 - Análise Múltipla de Variância das Atitudes de Acordo com a RSP

Fatores	Relação Sexual Prévia				Efeitos			Eta²
	Sim		Não					
	M	DP	M	DP	F	df	p	
Self	3,21	0,05	2,47	,07	76,76	1	0,001	0,20
Masturbação	3,46	0,07	2,64	,10	43,90	1	0,001	0,12
Sexo pré-marital	4,20	0,06	3,12	,10	88,73	1	0,001	0,22
Pornografia	3,28	0,05	2,65	,08	38,61	1	0,001	0,11
Homossexualidade	1,91	0,06	1,45	,10	15,02	1	0,001	0,05
Outro	3,61	0,05	2,88	,08	62,84	1	0,001	0,17
Masturbação	3,86	0,06	3,09	,09	46,29	1	0,001	0,13
Sexo pré-marital	4,07	0,06	3,11	,09	76,17	1	0,001	0,20
Pornografia	3,46	0,05	2,88	,08	32,41	1	0,001	0,09
Homossexualidade	3,05	0,07	2,45	,11	22,44	1	0,001	0,07

Todos os fatores do liberalismo/conservadorismo sexual, em ambas as escalas, apresentaram diferenças significativas de acordo com a vivência ou não de relações sexuais prévias. As médias dos participantes que já iniciaram sua vida sexual são maiores do que aqueles que não iniciaram, consistentemente em todos os fatores.

Em resumo, a importância da relação sexual prévia e dos valores humanos pode ser observada no estudo do liberalismo/conservadorismo sexual, mesmo controlando a desejabilidade social dos participantes.

Discussão geral

O comportamento sexual não acontece num vácuo social e cultural, e sim num contexto interpessoal carregado de valores, crenças, incertezas e expectativas. As prioridades axiológicas expressam concepções geralmente compartilhadas do que é bom para o indivíduo e para a sociedade (Tamayo, Lima, Marques, & Martins, 2001).

Estes estudos tiveram como objetivo principal conhecer a relação entre os valores humanos e o liberalismo/conservadorismo sexual. Além disso, foi estudada a influência da desejabilidade social e da relação sexual prévia nessas atitudes. Espera-se que esses objetivos tenham sido alcançados.

Os resultados do Estudo 2 corroboraram os achados do Estudo 1, no que diz respeito à importância da relação sexual prévia e dos valores na explicação das atitudes. Os valores normativos foram consistentemente enfatizados como fortes preditores em ambos os estudos. No entanto, encontrou-se uma diferença no que diz respeito à função psicossocial dos valores como explicadores do liberalismo sexual. No Estudo 1, foi encontrada a influência dos valores normativos, de autorrealização e interacionais, ao passo que no segundo estudo os valores de autorrealização (como poder, prestígio, êxito) foram substituídos pelos valores de experimentação (como sexual, emoção, prazer).

Os valores de experimentação explicaram positivamente tanto a escala *Self* como a *Outro*. Essa função psicossocial abarca valores que enfatizam a busca por novidade e estimulação, incluindo satisfação sexual (Gouveia, 2003). Isto pode ser devido à ação de alguma variável mediadora ou moderadora do efeito destes valores. Sugere-se a possibilidade de que a função psicossocial de realização tenha mediado o efeito da função de experimentação nas pontuações do Estudo 1, hipótese a ser testada futuramente.

Acerca do relacionamento entre a desejabilidade social e o liberalismo sexual, os resultados corroboram estudos prévios (Agnew & Loving, 1998; Meston, Heiman, Trapnell, & Paulhus, 1998; Rowatt & Schmitt, 2003). Considerando que altos pontuadores em desejabilidade social priorizam a conformação às normas sociais e a aprovação da maioria, não seria coerente que essas pessoas assumissem atitudes liberais diante da sexualidade. Uma visão mais conservadora dos comportamentos sexuais aceitos socialmente é um posicionamento coerente com a busca por aprovação social expressa por esses indivíduos.

Em resumo, mediante os resultados obtidos, foi possível observar que os indivíduos que atribuem maior importância a valores de experimentação, cuja ênfase se dá na busca de prazer, emoção e diversidade, demonstram menor tendência a respostas socialmente desejáveis e se identificam como já tendo vivenciado a primeira relação sexual, apresentam-se também como mais prováveis ao liberalismo sexual do que aqueles que dão importância aos valores normativos, que enfatizam a estabilidade e a manutenção do grupo social.

Finalmente, é possível afirmar que os resultados aqui apresentados possibilitam identificar a relação das prioridades valorativas dos jovens com seu liberalismo/conservadorismo sexual, relação essa de grande importância para o estudo da sexualidade. Da mesma forma, percebeu-se a relação dessas atitudes com o gênero e com a vivência de relações sexuais prévias.

De acordo com a *World Association for Sexology* (WAS, 1999), a sexualidade é uma parte integral da personalidade de todo ser humano e se constrói pela interação do indivíduo com as estruturas sociais. Com base nessa concepção, essa instituição desenvolveu uma declaração dos direitos sexuais, definidos como direitos humanos universais baseados na liberdade inerente, dignidade e igualdade para todos os seres humanos no campo da sexualidade. Durante o XV Congresso Mundial de Sexologia, ocorrido em Hong Kong em 1999, a Assembleia Geral da *WAS* aprovou a versão final da Declaração dos Direitos Sexuais. Essa declaração inclui uma lista de onze direitos fundamentais, como o direito à liberdade, à autonomia, à privacidade, à expressão e à saúde sexual.

Bancroft (2004) sugere que as leis, no que diz respeito ao comportamento sexual, podem ter três usos específicos: 1) têm o objetivo de proteger membros da sociedade de danos físicos e psicológicos, afrontas e exploração; 2) devem evitar a desordem social; e 3) expressam o chamado uso "declarativo", em que comportamentos específicos são considerados ilegais devido a sua natureza indesejável ou imoral.

A função declarativa das leis foi (e ainda é) enfatizada na sociedade ocidental contemporânea como fonte de regulação dos comportamentos individuais, baseada sobretudo em concepções religiosas da natureza do homem (Catonné, 1994). Com base nas pesquisas de Alfred Kinsey, em 1955, o *American Law Institute* publicou a versão revisada de seu Código Penal, em que sugeria a descriminalização de todas as formas de comportamento sexual privado e consentido entre adultos, como o sexo oral (previamente proibido até entre marido e mulher), homossexualidade, e sexo antes do casamento, em um processo chamado "privatização da moralidade sexual" (Bancroft, 2004).

A formulação desses direitos sexuais deriva desses estudos e pesquisas científicas que objetivam aprofundar o conhecimento sobre o comportamento sexual na vida dos indivíduos e cujos achados fornecem informações pertinentes para a elaboração de propostas de políticas públicas que possam levar até a população os frutos de tais pesquisas.

Para os indivíduos participantes desses estudos, o sexo não é um objeto científico explicado em conceitos e fórmulas. A imensa diversidade cultural a respeito do sexo, existente na contemporaneidade, mostra que não há uma verdade a ser descoberta, mas apenas propostas a serem elaboradas acerca da melhor forma de convivência e respeito no interior dessa diversidade.

CAPÍTULO 11

Práticas discursivas de estudantes masculinos sobre o aborto[1]

José Vaz Magalhães Néto, Conceição Nogueira, Lídio de Souza

Apesar dos pequenos avanços na discussão sobre o aborto no Brasil na última década, ainda estamos distantes de um consenso nacional sobre a descriminalização do abortamento. Segundo dados publicados na edição de abril de 2001 da revista *Superinteressante*, gestores públicos, representantes de pacientes e trabalhadores da área de saúde aprovaram na 11ª Conferência Nacional de Saúde (Brasil, dezembro de 2000) a descriminalização do aborto, o que configura um passo importante para pressionar a revisão da legislação em vigor sobre o tema. Na mesma revista encontramos que 43% das crianças nascidas em nosso país são fruto de gestações indesejadas e, mais alarmante ainda, que ocorrem 1,4 milhão de abortos anualmente (3.835 diariamente).

Estudos apontam que se a mulher vive em um país onde o aborto é descriminalizado ou se pode arcar com os custos médicos, mesmo à revelia da lei, costuma sair do abortamento sem grandes sequelas; ao contrário, se realiza o aborto em condições precárias e sem amparo legal, o fim da história pode se converter numa tragédia (Bruno, 2006). Apesar desses dados preocupantes, ainda impera a opção pelo silêncio e a negação de que a cada ano cresce o número de mulheres que praticam o aborto no Brasil (Cavasim & Arruda, 1999). Ao investigar esse tema junto a diversos segmentos sociais geralmente esbarramos em tabus e opiniões conservadoras que pouco diferem da posição de gerações passadas, como também atestam as autoras acima citadas. Ademais, nem mesmo na cristandade, sistema religioso predominante no hemistério ocidental, encontramos uma opinião consensual sobre o tema (Candotti, 2006).

Na maioria dos grupos sociais o aborto é definido como um crime, um pecado ou uma alternativa extrema a uma gravidez indesejada, conforme atestam Verardo (1987) e Manriquez e Le-Bert (1994). Essa percepção do aborto como crime e/ou pecado é relatada na literatura especializada sobre sexualidades juvenis (Guzmán *et al.*, 2001; Castro *et al.*, 2004), apesar da escassez de estudos que incluam dados relativos especificamente à percepção masculina (Aquino *et al.*, 2006). A responsabilidade do homem na situação de abortamento é reconhecida, entretanto cabe à mulher tomar todas as precauções para evitá-la e arcar praticamente sozinha com as consequências (Carvalho, Pirotta & Schor, 2001; Trindade & Menandro, 2002).

Neste artigo analisamos as práticas discursivas sobre o aborto feitas por estudantes masculinos do ensino médio noturno de um município da região metropolitana de Vitória - ES, considerando que as práticas discursivas constituem-se nas e pelas práticas

---

[1] Esta pesquisa é parte de um estudo mais amplo feito no Programa de Pós-Graduação em Psicologia da Universidade Federal do Espírito Santo e no Programa de Doutoramento em Psicologia Social – Gênero e Sexualidade da Universidade do Minho, com o apoio da CAPES e do CNPq.

sociais ao mesmo tempo que produzem essas últimas. Pretendemos com este estudo contribuir modestamente para a compreensão das práticas sociais desse estrato social específico e para os estudos sobre masculinidades em geral.

Masculinidades

Os estudos sobre a categoria **masculinidade** foram ampliados de maneira significativa a partir da década de 90 do século passado. Um dado interessante é que, se antes os estudos acerca das identidades de gênero e sexuais eram feitos sobretudo por mulheres, nos últimos anos pesquisadores do sexo masculino passaram a se debruçar com maior ênfase sobre esse campo de investigação. No Brasil (Lins, 1998; Lopes, 2002; Gastaldo, 2005; Vicente & Souza, 2006) e no exterior (Connel, 1995; Bourdieu, 1999; Almeida, 2000; Olavarría, 2004), para citar alguns.

Pode-se observar uma tendência nesse movimento inicial dos estudiosos: o de voltarem seu olhar para os homens dos estratos sociais urbanos de classe média. Os estudos sobre a identidade masculina nas camadas populares ainda são pouco significativos nas pesquisas de gênero. Essa tendência pode nos levar a inferir, equivocadamente, que as transformações pelas quais passam os homens de classe média urbana na trilha das mudanças dos papéis sociais de gênero na atualidade possam ser estendidas aos homens de todas as categorias socioeconômicas.

As transformações sociais ocorridas nas últimas décadas teriam feito surgir uma nova identidade masculina (Badinter, 1993), que abdica dos traços identificatórios hegemônicos (branco, heterossexual, cristão) em favor de uma identificação com atributos historicamente definidos como femininos, como a sensibilidade e a passividade.

Estudos mais recentes, como os de Rodrigues (2003) e Tílio (2003), apontam para outra direção. Para Rodrigues, a existência desse **novo homem** se restringe a certos grupos sociais, e cita as pesquisas de Lopes (2002) e Connel (1995) que confirmam a preponderância da figura masculina patriarcal nas esferas pública e privada. Já em sua própria pesquisa, Tílio (2003) conclui que o surgimento desse novo homem, apontado em estudos como os de Nolasco (1993, 2001) e Badinter (1993), pode ser questionado, posição também compartilhada por Vicente e Souza (2006).

Connel (2003) lembra que a masculinidade hegemônica não corresponde a um caráter fixo situado sempre da mesma forma em um mesmo lugar. Essa posição hegemônica é um constante objeto de disputa em qualquer tempo, na qual se sobressai uma forma de masculinidade em detrimento de outras. De qualquer forma é sempre uma prática discursiva que legitima uma posição dominante dos homens e uma subordinação das mulheres e daqueles a essas identificados.

Para Amâncio (2004), a masculinidade hegemônica caracteriza-se por contradições e está à mercê de frequentes crises. Para ela, uma sociedade onde homens e mulheres possam viver livremente na diversidade requer uma ruptura com esse modelo de masculinidade prevalecente. Já Alsina e Castanyer (2000) conjeturam sobre a ampla perspectiva que se abre a partir da compreensão de que, se a masculinidade se constrói, também pode transformar-se.

Em seu artigo sobre a construção do masculino, Welzer-Lang (2001) alude às novas possibilidades identitárias da masculinidade propostas com base em modelos de homem não afinados com a hegemonia heterossexual, a exemplo do que sugere o movimento defendido pela teoria *queer*. Os ativistas desse movimento (gays, lésbicas, transgêneros, bissexuais, simpatizantes, etc.) criticam o binarismo masculino/feminino e o predomínio da heterossexualidade como norma, propondo como alternativa a descategorização das identidades de gênero e/ou sexuais. Não se trata aqui de abdicar do conceito de identidade, mas de reformulá-lo, compreendendo que qualquer política de afirmação identitária traz em si uma política de exclusão (Gamson, 2002). Daí se ter como alternativa a ampliação do construto de identidade para além das lutas emancipatórias isoladas dos vários grupos que formam a sociedade. Reivindica-se aqui uma política pós-identitária contrária a quaisquer binarismos que excluam as diferenças. Identidades sexuais e de gênero não são dadas pela natureza, são construídas, são políticas. Como nos lembra Levy (2004, p. 203) seguindo o pensamento de Judith Butler (2004): a compreensão do sexo como político é parte necessária dos movimentos sociais "contra binarismos e hierarquizações expressas nos espaços públicos e privados, sedimentadas e legitimadas por um discurso no masculino".

Atualmente, é mais sensato pensar que há uma gama de possibilidades identificatórias masculinas. Mesmo a masculinidade hegemônica sendo predominante, vislumbramos questionamentos e novos posicionamentos do homem diante das mais diversas situações do cotidiano social. Não há um caráter pétreo na identidade masculina, como de resto em qualquer identidade, social ou psicológica, esta definida como aquela que qualifica o eu individual. Todas as identidades são construídas na interação social, reformulando-se nas transformações da realidade e estabelecendo novas perspectivas de identificação. As diversas masculinidades se confrontam na dinâmica social possibilitando intercâmbios que sempre vão interferir na compreensão e nos relacionamentos dos homens entre si, e destes com as mulheres.

Guarida metodológica e delineamento dos fitos

Os novos espaços de subjetivação (incluindo aí os virtuais), os intercâmbios comerciais e os culturais, as novas configurações familiares e as tecnologias de transformação dos corpos são alguns dos mecanismos pós-modernos de construção de novas identidades. Mecanismos fundamentados em discursos que dialogam em maior ou menor conflito para se firmarem como hegemônicos. Discurso aqui entendido como uma prática social constituinte e reguladora, de acordo com a definição de Iñiguez e Antaki (1994, p. 63): "um conjunto de práticas linguísticas que mantêm e promovem certas relações sociais" (tradução nossa).

Nesse ponto pretendemos clarificar o escopo desta investigação. Demarcamos como objeto os discursos masculinos sobre o aborto nas camadas populares extraídos das interações discursivas de alunos do ensino médio público de um município da Grande Vitória, ES.

Entre as várias correntes de Análise do Discurso usadas na psicologia social (Análise Conversacional, Repertórios Interpretativos, Sociolinguística, entre outras), adotamos nesta pesquisa a vertente denominada Análise Crítica do Discurso (ACD).

Partindo da compreensão do discurso como agente reprodutor e transformador da estrutura social, a ACD abandona qualquer postura que se diga neutra, pois reconhece o cunho ideológico existente nas práticas sociais discursivas e o toma como um de seus objetos. Ao sustentar que a análise do discurso tem de combinar-se a uma crítica social, a ACD assume como uma de suas metas a desmistificação dos discursos revelando as ideologias neles embutidas. Van Dijk (1999, p. 23) define bem qual o papel da ACD diante disso ao referir:

> A análise crítica do discurso é um tipo de investigação analítica sobre o discurso que estuda primariamente o modo em que o abuso de poder social, a dominação e a desigualdade são praticados, reproduzidos, e ocasionalmente combatidos pelos textos e pelas falas em um contexto social e político. A análise crítica do discurso, em sua forma peculiar de investigação, toma explicitamente partido e espera contribuir efetivamente na resistência à desigualdade social (tradução nossa).

Como estratégia metodológica nos aproximamos do objeto da pesquisa pela análise das verbalizações dos sujeitos, numa tentativa de delinear as construções semânticas sobre a temática do aborto. Para isso adotamos como técnica de perscrutação a realização de entrevistas grupais. O método de entrevistas grupais se caracteriza segundo Iñiguez *et al.* (2002, p. 441) como "uma situação de questionamento desenvolvida em um contexto de dinâmica grupal que pretende assemelhar-se a uma conversação cotidiana" (tradução nossa). A partir da dinâmica grupal estabelecida se promove a emergência dos processos de construção coletiva, usando-se estratégias de confrontação, oposição e divergência (Iñiguez, 2002).

As entrevistas foram feitas com uma amostra de alunos do ensino médio noturno de três escolas que oferecem essa modalidade de ensino, localizadas em três bairros do município pesquisado. Dois desses bairros têm características próprias de arrabaldes dos centros metropolitanos brasileiros: alta densidade demográfica, problemas de infraestrutura (saúde, educação, saneamento básico), índices elevados de criminalidade e grande concentração de igrejas evangélicas (Jacob *et al.*, 2003). O terceiro bairro está situado mais distante do entorno de Vitória e guarda características mais próximas às de cidades interioranas com forte penetração da fé católica. Esse predomínio das igrejas evangélicas[2] missionárias e pentecostais nos anéis que circundam as sedes metropolitanas do Brasil confirma-se na Grande Vitória, onde a maior parte dessas congregações se concentra nos municípios de Vila Velha, Serra, Cariacica e Viana (Jacob *et al.*, 2003). Ainda segundo Jacob *et al.* (2003, p. 215), esses territórios de predomínio evangélico nas periferias imediatas (ou primeiras coroas) das sedes metropolitanas são "espaços caracterizados pelo número acentuado de jovens, de população de cor não branca e por uma taxa de masculinidade mais elevada do que a média brasileira".

Os dados da pesquisa reúnem três entrevistas grupais, sendo cada grupo composto por quatro entrevistados do sexo masculino mais o entrevistador e um auxiliar de pesquisa (também do sexo masculino). Os participantes, todos voluntários, foram indicados pela direção das escolas atendendo nossa solicitação de que os alunos preenchessem as seguintes características: um homossexual que assumisse publicamente essa identidade, um heterossexual com fama de conquistador, um religioso com posições fundamentalistas e um aluno que se declarasse não religioso.

O guião das entrevistas grupais foi elaborado, a princípio, com treze frases ou temas geradores. Para o alcance deste artigo apresentaremos os discursos produzidos a partir da asserção geradora "aborto é...".

---

[2] Usamos a classificação das agremiações religiosas proposta por Jacob *et al.* (2003).

Entre os dados obtidos por questionário aplicado a 231 alunos masculinos do ensino médio noturno das três escolas pesquisadas, destacamos os expostos a seguir por considerá-los importantes para perfilar o segmento social característico dos doze participantes das entrevistas grupais.

Oitenta por cento dos alunos respondentes estavam na faixa etária entre dezesseis e 25 anos, a maioria cursava a 1ª série do ensino médio; 73% desses estudantes masculinos eram naturais de algum município da Grande Vitória (Vitória, Vila Velha, Cariacica, Serra, Guarapari, Viana e Fundão); 65% exerciam alguma atividade remunerada, embora a renda familiar da maioria não ultrapassasse três salários mínimos; 90% dos alunos homens das três escolas afirmaram ser solteiros e a maioria deles respondeu ter iniciado a vida sexual antes de completar dezoito anos. Com relação à religiosidade é importante observar que a soma dos respondentes que se declararam evangélicos (37,7%) mais os que afirmaram não ter religião (12,1%) ultrapassou à dos estudantes católicos (48,9%).

Qualificamos os discursos das entrevistas conforme as quatro identidades sociais que tipificam os participantes, a saber: 1) Discurso homossexual (DH); 2) Discurso heterossexual (DHT); 3) Discurso religioso (DR); e 4) Discurso não religioso (DNR).

Discussão

A análise consistiu em verificar como a categoria "discurso sobre o aborto" (extraída do guião) situou-se nos discursos anteriormente classificados. Para este artigo sintetizamos os quatro discursos correlacionados com o tema aborto no quadro abaixo, apresentando sua respectiva análise em seguida.

Quadro 1 - Discursos sobre aborto.

	Discurso homossexual	Discurso heterossexual	Discurso religioso	Discurso não religioso
Aborto	Posição ambígua com tendência a aceitar; crime; a mulher decide se for dentro da lei; errado; punição injusta para o feto; crime quando a mulher engravida por negligência.	Aceitável nos termos da lei; pecado; contra a lei, mas optaria em salvar a mãe/esposa; crime; uma coisa horrível.	Crime; aceitável nos termos da lei; pecado; a lei está errada; irresponsabilidade; assassinato; não tem perdão;	Crime; aceitável nos termos da lei; a lei está errada no caso de estupro; depende em caso de risco para a mãe.

Observa-se no quadro acima que a questão do aborto é quase tratada com unanimidade pelos estudantes. Nos quatro discursos o vocábulo **crime** aparece com poucas variações quanto ao sentido. No discurso homossexual imputa-se negligência à mulher que engravida. Note-se que ser negligente nesses casos é quase sempre um atributo feminino. Mesmo sendo proferido no DH sabe-se que socialmente tal assunção é proferida até mesmo pelas mulheres.

No DHT surgiu um típico reposicionamento discursivo quando um dos sujeitos identificados com esse discurso se viu confrontado com o dilema da gravidez de risco para a mulher. A princípio, posicionou-se contra a lei brasileira que permite o aborto nesse caso[3], mas, se o fato ocorresse hipoteticamente com uma parenta sua, concordaria com a lei.

Onde se poderia esperar um posicionamento mais flexível em relação ao aborto, dado o suposto julgamento livre das pressões religiosas, como é o caso do DNR, encontramos um dos posicionamentos mais fortemente contrários à descriminalização da prática abortiva.

A descriminalização do aborto ainda é tabu na sociedade brasileira, entretanto, nos últimos anos, essa discussão saiu dos meios acadêmicos e atingiu vários setores da sociedade gerando debates marcados por posições apaixonadas, tanto daqueles que defendem o direito de escolha das mulheres quanto daqueles contrários, esses últimos usando argumentos morais e religiosos ou teses legais de salvaguarda da vida fetal.

O que a criminalização do aborto encobre são as milhares de mulheres pobres que perdem a vida ou ficam com graves sequelas decorrentes de abortos feitos em condições impróprias. A força do discurso social conservador estimula até mesmo a recusa dos profissionais da saúde pública a atenderem as mulheres autorizadas a fazer o aborto legal. Não é difícil associar a posição quase unânime dos discursos masculinos contrários à legalização do aborto com o fato de que as leis são, na maioria, elaboradas por homens, que são também quase uníssonos ao imputarem às mulheres a responsabilidade exclusiva pela evitação da gravidez.

Apresentamos a seguir um excerto de um dos grupos entrevistados no qual a temática do aborto gerou uma conversação elucidativa das práticas discursivas dos estudantes pesquisados sobre esse assunto. Esclarecemos que para preservar o sigilo da identidade dos participantes foram adotados onomatóposes, exceto para o entrevistador e para o auxiliar de pesquisa.

Códigos de transcrição:

...	- pausa breve (até 2”)
...;...	- pausa longa
(?)	- inaudível
(rs)	- riso do falante
(rsrs)	- riso de todos

Participantes:

1) **Vaz**, entrevistador;

2) **Iron**, adulto, evangélico *religioso*

3) **Rodrigo**, adulto, sem religião *não religioso*

4) **Roberto**, adulto, católico *homossexual*

5) **Matrix**, adulto, evangélico *heterossexual*

6) **Carlos**, graduando em psicologia da UFES, colaborou na logística da entrevista, sem manifestação oral.

---

[3] A legislação brasileira também permite o aborto nos casos de gravidez decorrente de estupro e há jurisprudência em alguns casos de má-formação fetal e doenças congênitas diagnosticadas precocemente no feto.

[...] Vaz: *Inclusive aqui é só uma questão de saber a opinião pessoal, por isso eu insisti praticamente pra que a posição de cada um ficasse clara na entrevista, certo? Vamos pra uma outra etapa, então, agora. Aborto é...*

Matrix: *Pecado.*

Vaz: *Desenvolva. Pecado por quê?*

Matrix: *Por que... pra nós, evangélicos, Deus ele te deu a vida. E eu... como estudante, assim, da biologia, a vida começa a partir do momento que você, o gene já começa a se reproduzir, começa a se reproduzir na mulher. Então ali a vida começa. Quando ele começa a correr, quando o sêmen começa a correr atrás do óvulo, a vida já começa aí. Entrou lá dentro, começou a etapa, todas as fases pra vida inteira. Então se você mata, se você aborta, você tá matando. Mesmo que seja um caso assim de você não ter estabilidade pra você manter aquilo que você fez. É o que a gente falou no começo: através de um erro vem as consequências. Deus, ele não fala que você errou e ele vai abonar. Não, você vai passar pelas consequências dos pecados. Você vai passar. Se você crê nele você vai passar em vida, não vai deixar de passar pela prova, você vai passar. Então se você matou (?) é pecado.*

Rodrigo: *Bom, o aborto ele é crime, na lei do homem ele é crime. O aborto foi inventado pelos médicos que não têm nada pra fazer, ficam jogando baralho na mesa, então é ganhar mais dinheiro dos pobres, (?) dos pobres, entendeu? Então se o sujeito não tem como acabar com o aborto, só Deus mesmo que sabe, Deus acaba com o aborto ou não. Então é o seguinte, eu já falo uma coisa: o pessoal que engravida, de preferência o homem, (?) porque na hora de você transar, fazer sexo, sentir o prazer você tava lá na hora. Agora, na hora de você passar o pecado que você fez, vai correr? Entendeu? Pra mim é o seguinte: tem que pegar esses médicos desse aí, dar logo uma pena de morte. O ruim é que a gente não pode tirar a morte de ninguém, né? Só Deus, né? É até melhor ainda. Só que uma coisa, a pessoa mau do mundo tem que tirar, de qualquer jeito. Eu penso assim.*

Iron: *Aborto, pecado. Deus te deu um dom maravilhoso que é você viver. Você pode desfrutar das coisas boas da vida, desfrutar de todas as coisas, viver. Você pode gozar de tudo o que é bom na sua vida. Ele não te deu esse direito que é o de matar. Tirar a vida de outra pessoa. Sendo que tá nas leis de Deus, um dos Dez Mandamentos "não matarás", Deus não te deu isso de, esse negócio de tirar a vida de uma pessoa (?). Por isso eu creio que é pecado.*

Roberto: *Eu acho que o aborto, assim, é um crime que jamais poderia ser perdoado. Porque hoje em dia tem muitas meninas inocentes engravidando, que não pensam com a cabeça, aí vai e decide... e resolvem abortar. Aí eu acho assim, que é um risco que traz pra saúde delas. Muitas vezes ela pode perder o útero, ficar estéril o resto da vida, aí quando ela for querer engravidar ela não pode. Eu acho assim, que antes da pessoa abortar, tem que pensar bem, porque só quem tem o direito de tirar a vida é Deus. Não o ser humano.*

Matrix: *(rs) Rapaz, é o que ele falou mesmo. Porque a gente, hoje em dia a questão do aborto é o que você mais vê. Todo mundo aperta e a criança vive, quando vive nasce com defeito, nasce com um sério risco de vida, e... quando a pessoa ainda tem o filho ainda e não tem capacidade pra criá-lo, larga em qualquer lugar. Depois o filho ainda acaba crescendo, aí depois é aquela burocracia todinha porque a mãe quer o filho de volta depois de ter jogado fora, é o que a gente mais vê. Mas a gente, o que a gente mais quer por na minha cabeça é o seguinte: é que em primeiro lugar, antes de tudo, mesmo que não seja errado, é pecado. É pecado. É abominação aos olhos de Deus, é contra. A palavra de Deus é contra. Lembra até uma história, uma história da Bíblia (?), não sei se você conhece. A história de Salomão, que uma mãe tem uma filha, e acaba deixando a filha com outra, a outra acaba criando, depois a mãe quer a filha de volta, que, na verdade, a outra roubou a criança. Salomão manda cortar a criança no meio. Aí a verdadeira mãe vai e fala que não era pra fazer aquilo dali, entendeu? Então hoje em dia (?) aí.*

Vaz: *Então, aí puxando um pouco, esse debate do aborto, foi bacana vocês terem colocado isso. E agora a gente vai colocar então os dados que estão acontecendo hoje em dia em relação à questão do aborto. Então, por exemplo, vocês sabem que a lei brasileira, ela permite o aborto em duas circunstâncias: uma no estupro, se a mulher foi estuprada e engravidar, ela tem o direito de fazer o aborto. É legal, nesse caso. O outro caso que a lei permite é se houver risco de vida para a mãe, né? Se a mãe levar aquela gravidez adiante ela vai morrer. Então nesse caso a lei também permite que a mulher faça o aborto. No Brasil somente nesses dois casos, né? E aí, diante disso, eu queria saber a opinião de vocês. Diante desses dois casos, vocês acham que o aborto deve ser... a lei está correta?*

Matrix: *Vaz, nós sabemos que a lei do homem, Deus manda a gente seguir a lei do homem. Mas as leis você segue se você quiser. Você segue se você quiser. Desde que não passe por cima da palavra. Nesse ponto, nesse caso, a lei do homem para as pessoas leigas, as pessoas que não conhecem a palavra, tá certa. Para nós que conhecemos tá errado. Existem várias, não só essa, como outras várias leis.*

Vaz: *Certo, mas a pergunta agora é, Matrix, você concordaria caso, em caso de estupro ou no caso de risco de vida pra mãe, que o aborto seja feito? É essa a pergunta que eu tou colocando pra você e pra todos os outros, né? Pensar inclusive no seguinte: se a gente fosse problematizar pra deixar a coisa bem no nível pessoal, por exemplo, vamos imaginar que a mãe de vocês, a mãe de vocês fosse estuprada e engravidasse. Seria a mesma posição que vocês tomariam se caso uma conhecida fosse estuprada e quisesse fazer o aborto, né? Ou o outro caso, você tá casado e tem uma companheira, ou mesmo a sua mãe também, vamos botar o exemplo da mãe ou de uma irmã, que engravidou mas se ela levar a gravidez adiante ela vai morrer. O diagnóstico é de morte certa pra ela. Então isso faria vocês refletirem acerca da lei?*

Roberto: *Igual, assim, ambas as duas, tanto uma como na outra, assim, vai da pessoa, né? A do estrupo vai se a mulher quiser abortar, mas a do risco de vida... Igual a minha irmã mesmo, ela tem um filho de... hoje ele completou 9 anos. O médico queria tirar o filho dela. Então ela, assim ela foi até o fim, não tirou, entende? Por causa que ela tem problema de risco. Aí ela pegou e não quis abortar. O médico tinha que abortar o filho dela, mas ela falou assim que não, ia correr esse risco, mesmo que ela viesse a falecer, ela ia dar a vida a ele, né? Que ele tinha muito pra aproveitar ainda. Então (?) vai da pessoa.*

Rodrigo: *Olha só, uma coisa: o estupro já é crime. É crime da lei do homem e pecado por Deus. Tá certo. Só que é o seguinte: a lei brasileira está totalmente errada com isso, porque uma pessoa só aborta se ela quiser. Eu acharia o seguinte: a lei brasileira não poderia tá supondo isso pra mãe que tá grávida. Porque é o seguinte, você já tá no desespero porque já foi estrupada. Se você chegar pra ela e falar assim: "você quer abortar seu filho?" ela fala na hora "eu quero!". É bom sempre dialogar, conversar alguma coisa (?). Já aconteceu isso? Não tem futuro? Então pra você, tirar é uma coisa muito boa. Só que é o seguinte, a lei, a lei é o seguinte: Eu mexer com lei então ela acha pra mim que a lei muitas vezes tá errada. Tá muito errada esse negócio de lei. Lei e quantidade de tempo. Isso eu não concordo, entendeu? Agora, o aborto é o seguinte: aqui, tirando eu, ninguém aqui é pai, né? Que tá aqui. Bom, (?) é você pegar, né? Mesmo você sendo o pai ou não da criança, é uma coisa muito gostosa você pegar aquela criança recém-nascida, você olhar, entendeu? Porque pai pra mim não é o que faz, é aquele que cria, entendeu? De preferência é o pai que faz. (?) acontecesse uma coisa com a mãe, eu ia falar "não, porque é o sangue meu (?)". Então pra mim esse negócio de aborto aí é o que eu falei, é médico sem nada pra fazer, coçando o saco, jogando baralho. Que agora essa lei aí, a lei brasileira já acata. Tudo o que vier acata. Então isso pra mim, uma coisa dessas, se não tivesse essa lei, era prender o médico, mesmo se fosse por estrupo vamos prender o médico, entendeu? Porque quem deu a ideia eu tenho quase certeza que não foi o mercado brasileiro que fez isso, que fez essa lei.*

Vaz: *Rodrigo, eu entendi a sua posição em relação ao estupro, mas pra mim não ficou claro em relação ao risco de vida. Aí no caso, se tivesse que optar entre a vida da sua parceira e a do feto que tá lá dentro dela e a decisão coubesse a você?*

Rodrigo: *Ah, a decisão é com certeza a... não digamos com certeza, mas é a minha parceira, né?*

Vaz: *Nesse caso você concordaria com o aborto?*

Rodrigo: *Concordaria. A não ser se ela passasse risco de vida também, no mesmo grau. (?) você escolher, você escolhe o feto dela ou você escolhe ela. Porque o feto eu posso ficar ali, mas posso arrumar outra mulher e fazer o filho, beleza. Agora, ela não. Ela já pode (?) que tá acontecendo isso pra mim fazer outro com ela, entendeu? Isso aí eu... entendeu? Depende das coisas que acontecem no momento. Depende de muitas coisas. Não é chegar aqui e falar eu mato criança e vou ficar com a mãe, entendeu? Depende de muitas coisas, depende de muitas coisas.*

Matrix: *A minha opinião em relação a isso, a questão da vida, eu acho que mesmo assim eu ainda sou contra. Eu mesmo assim ainda acho que é errado, ainda acho que é errado o aborto mesmo assim. Na minha opinião. Por eu ser, por eu ser evangélico. Eu acho que não tem que ter o mesmo pensamento que eu. Agora... porque é o seguinte: a palavra de Deus fala bem assim que nenhuma folha cai de uma árvore quando não é da vontade de Deus. Então, se tudo acontece na Terra, se tudo aquilo acontece é porque não seja da vontade dele, mas é permitido por ele. Não é da vontade dele. A palavra de Deus fala bem assim que nem todos vão se salvar, entendeu? A vontade dele era que todos se salvassem, mas nem todos vão se salvar. (?) ser permitido por ele. Então, se é permitido por ele, não faz (?) assim, a mim, entendeu? Querer passar por cima. Por isso que eu acho que...*

Vaz: *E em relação ao risco de vida?*

Matrix: *Também eu acho errado. Mesmo que corra...*

Vaz: *Se você tivesse que optar...*

Matrix: *Pela vida da criança, porque você não pode passar pelo aborto.*

Vaz: *Então a mãe morreria e a criança...*

Matrix: *É um caso muito difícil de opinar...*

Vaz: *Então, a sua opinião pessoal que é importante. Eu sei que você tem a questão do evangelho, da doutrina da sua religião e tudo, mas a sua opinião pessoal nesse momento, você decidiria que a sua parceira, ela ou a criança?*

Matrix: *De qualquer forma, você nessa situação ou não...*

Vaz: *Nesse caso você seria a pessoa que teria que autorizar o aborto. Você autorizaria o aborto?*

Matrix: *Com certeza. Nessa forma, nessa forma mesmo assim... porque de qualquer forma, se fosse uma esposa minha, eu vejo assim, se fosse uma mulher minha, se fosse uma esposa minha, eu acho que eu optaria em relação à minha esposa, e não ao meu filho. Porque de qualquer forma, se eu autorizasse um dos dois a morrer, seria pela vida da minha esposa. Se fosse a minha mãe, pela vida da minha mãe de qualquer forma. Se você autorizasse (?) tem que passar por aquilo dali e o único meio é você assinar embaixo, de qualquer forma você vai (?).*

Iron: *Eu acho que em ambos os casos é errado.*

Vaz: *Por quê?*

Iron: *Mesmo se minha mãe fosse estrupada, não concordaria com o aborto, porque leva à morte, é pecado. Se minha irmã ou minha esposa tivesse uma gravidez de risco, o que eu posso fazer? O que eles vão começar a falar? "não, rapaz, vou fazer um aborto". Eles vão falar "você não é evangélico? Você não lê a Bíblia? Você não tem fé em Deus?". O que que Deus fala? Pro nosso Deus, pra Deus é impossível! Não é porque a minha esposa tá lá que a gente vai falar bem assim, "ó, se ela tiver esse filho, ela vai morrer". Não! Ninguém... não pode saber isso não! A gente pode orar, pode... entendeu? Clamar a Deus pra (?) aborto não.*

Matrix: *Então, eu acho que a gente tem vários meios. Se a gente for pensar dessa forma, lógico que a gente tem vários meios. A gente crê no dom de cura, a gente crê! Crê que um aleijado pode levantar e sair correndo! A gente crê nisso, é só você em posição de mão e orar. Desde que você tenha uma fé do tamanho de um grão de mostarda, assim diz a palavra. Agora a gente tá botando uma situação assim, que é certo, é a sua mãe. É certo, ela vai morrer. Não tem mais, não tem por que. É a sua mãe, ela vai morrer. Ou é essa mão ou é essa mão. Se você for botar dessa forma, aí eu opto pela vida da minha mãe. Porque senão eu vou assassinar minha mãe. Porque em nome de Jesus ela vai viver. É uma boa pra minha filha, minha irmã, minha tia, em nome de Jesus ela vai viver. Pode entrar lá, pode tirar, o que for ela vai viver. (?)*

Iron: *Se eu passar por um ponto onde (?) Deus e (?) um dos dois vai morrer e é você que vai decidir. Porque no caso o filho vai estar pequeno, então você vai ter que decidir quem vai sobreviver. É isso que eu falei.*

Vaz: *É isso que tá gravado. O que tá gravado é o que vocês falaram (rsrs). O importante é que vocês falem o que pensam, tá bom? Mais alguém?*

Matrix: *Então, foi isso, eu tô te falando, se for olhar só essa visão eu acho que eu ia escolher a vida da minha mãe. Se for olhar essa visão e falar "ó, vai morrer". Se tá gravado o que eu falei, eu falei. De qualquer forma você vai pecar, tanto pra um como pra outro. Se você assina embaixo do aborto você vai estar matando a sua mãe. Se você não assina embaixo você vai estar matando a criança. De qualquer forma há homicídio. Tirando, é lógico, as prioridades que a gente tem, que é Deus sobre de todas as coisas. Agora, colocando essas prioridades aí, pode passar pelo aborto, pode passar pelo que for, ela vai viver.*

Vaz: *E aí falando em aborto, vocês acompanharam aí na... acho que nos últimos dois meses, uma discussão muito grande sobre os bebês anencéfalos, né? Que são gerados sem cérebro, ou seja, a gente sabe que pra doar órgãos, né? Um órgão ser doado a alguém, é preciso que a pessoa tenha morte cerebral. Mesmo que o coração continue batendo, mas se ela tiver com morte cerebral ela é considerada morta, e aí já pode tirar os órgãos pra serem doados, né? Então, um bebê sem cérebro também já é morto. Ele tem o coração batendo, tem lá as outras funções do organismo funcionando, mas ele, inclusive, não sobrevive, né? Poucas horas depois, no máximo algumas horas depois, ele apaga de vez, né? E aí vocês viram que algumas mães conseguiram entrar na justiça, mães que estavam gerando bebês anencéfalos, né? Bebês sem cérebro. Conseguiram na justiça fazer o aborto, uma vez que elas não teriam que passar os nove meses carregando uma criança que já estava morta dentro delas, né? Então como é isso, o que fica na cabeça de vocês? No caso das crianças, dos bebês, né? Anencéfalos, sem cérebro? E se a gente considera que alguém que teve morte cerebral já tá morto, então como é possível o aborto nesses casos pra vocês?*

Roberto: *Eu acho que tem que, no momento que a mulher sabe que a criança tá morta, não vejo nenhum problema em abortar. Porque se ela sabe que tá morta mesmo... mais cedo ou mais tarde ela vai ter que fazer mesmo, então... aí nesse caso eu concordo. Só nesse caso.*

[...]

Vaz: *Vou ter que forçar a barra. Rodrigo, nesse caso, o que você acha? Refletindo agora, o que na sua cabeça se passa agora a respeito disso?*

Rodrigo: *Olha, eu prefiro ficar calado, ficar na minha. (?) de Deus...*

Vaz: *Não, mas o que importa é que você coloque. Coloque aí, nesse caso você pensaria o quê?*

Rodrigo: *É porque é o seguinte: essa parte aí entraria junto religião também, entendeu? Mesmo da pessoa tando morta, você não vai poder pegar um orgãozinho em cada pessoa lá. Mesmo de uma outra pessoa morta pra transferir pra outra, entendeu? Isso... sei lá, eu não concordo dependendo do caso da morte da pessoa. Não concordo, entendeu? Concordo, sim, uma coisa: se for morte, assim, atropelado, de você despencar do nono andar, mas não de assim, doença. Isso eu não concordo, os caras fazer transplante de órgãos aí com... isso eu não concordo. Que eu penso que se acontece um caso desse na minha família eu opinava que... final que ele falou.*

Vaz: *Você concordaria nesse caso com o aborto?*

Matrix: *Vaz, eu não entendi direito a pergunta. (?) repetir tudo de novo, mas em relação ao que você tá falando da doação de órgãos, assim, de uma pessoa morta pra outra pessoa morta?*

Vaz: *Não, tou dizendo o seguinte: pra você ser considerado morto e a partir daí seus órgãos poderem ser retirados, se seu cérebro não estiver funcionando você já está considerado morto, mesmo que o coração continue batendo e outros órgãos continuem funcionando, mas se o cérebro parou, você já é considerado morto e a partir desse momento você já pode doar órgãos. Então, se você, com o cérebro parado, é considerado morto e o bebê sem cérebro também é considerado morto, mesmo que bata o coração e tudo, mas ele é considerado morto, ele pode até passar os nove meses, mas logo que ele é tirado da mãe, ele também apaga geral, né? (?) com as condições vitais de doação batendo, a mãe tá passando pelo cordão umbilical, aquela coisa da alimentação e tudo. Então nesse caso específico, já que o bebê também está morto, nesse caso, o que você acha a respeito do aborto? Nesse caso.*

Matrix: *Se a gente for olhar o lado da... mais uma vez eu vou discordar. Se a gente for olhar o lado da nossa religião, no que a gente crê, a gente crê, entendeu? Você pode fazer a criança viver, Deus crê, a gente crê que vai fazer o cérebro voltar a funcionar, porque a gente sabe que Deus tem poder sobre todas as coisas.*

Vaz: *Só, nesse caso, a criança anencéfala, ela não tem cérebro. É só a caixa craniana, não tem cérebro. Então não tem como o cérebro dela voltar a funcionar, entendeu? Ela não tem cérebro.*

Matrix: *Mesmo assim a gente ainda crê. Mesmo assim, porque a gente crê que, na Bíblia...*

Vaz: *Eu entendo, mesmo assim ele pode... certo.*

Matrix: *É.*

Vaz: *Mas ela cometeu um aborto nesse caso...*

Matrix: *A criança já tá morta, né?... A criança já tá morta. A criança já tá morta sem... não havendo possibilidade dela realmente viver, tudo bem. Você pode até estar adiantando, assim, um... como é que eu vou falar? Um risco pra mãe. Você pode estar, tipo assim, evitando um risco maior pra mãe se você permitir que ela tenha (?). Tentar fazer, deixar os nove meses completar, tudo certinho, porque a criança já vai nascer morta. Então é melhor adiantar e evitar o risco que a mãe pode correr.*

Iron: *Tirando um pouquinho o lado religioso, se você vai fazer um aborto numa criança que já está morta, então isso não é um aborto, porque ela já tá morta. Então você pode fazer. Ela já tá morta...*

Vaz: *A colocação foi feita, né? Foi posta aqui pra discussão justamente porque alguns grupos religiosos ficaram contra, mesmo nesses casos, alegando que como o coração batia, como a criança tava formada e tudo, ela era um ser vivo, portanto tinha alma, portanto merecia viver da mesma forma, né? Por isso que eu achei interessante colocar a questão aqui pra vocês, pra vocês colocarem sua opinião a partir disso, né? Porque foram exatamente os grupos religiosos que se manifestaram contra, né?*

Matrix: *Porque... se a gente for, se a gente falar dessa forma "a criança tá morta", entendeu? O coração dela tá batendo mas ela tá morta, é considerado morta. Se o cérebro parou, é considerado morta. Se uma criança tá vivendo por aparelho, o cérebro parou, ela tá vivendo só por aparelho respiratório, entendeu? Tudo depende da família (?) poder desligar. Agora, se a criança não vai ter vida, não vai ter como ela nascer com vida, é o que ele falou, não é aborto. A criança já tá morta! O coração tá batendo, mas já tá morta. E isso você vê não só em crianças mas quando você entra, por exemplo, em CTI, você vai ver pessoas em estado vegetativo. Eu que trabalho na área, você vê pessoas em estado vegetativo que tá só esperando o aval da família. São pessoas que já tão mortas há um mês e tão lá chocando, entendeu? Então não é aborto. [...].*

O tema aborto costuma suscitar discussões acaloradas e isso fica claro ao lermos o fragmento acima. Ainda que todos os participantes tenham de início condenado o aborto, quer como crime, quer como pecado, à medida que a discussão foi avançando vários reposicionamentos foram se configurando.

Para o participante *heterossexual*, a lei de Deus deve sempre prevalecer sobre a dos homens. Ele utiliza adornos retóricos típicos do proselitismo evangélico para reforçar sua estratégia de convencimento. Quando é confrontado com o dilema acerca da decisão sobre uma situação de aborto legal, seu posicionamento primeiro é de se manter contrário ao aborto, mas, logo em seguida, passa a defendê-lo quando há risco de vida para a mãe. Há uma disputa pela apropriação do discurso religioso entre Matrix e Iron quando ambos tentam deixar claras as posições de suas igrejas. Apesar de, em tese, as igrejas evangélicas de missão, como a do Iron, disseminarem um discurso mais conservador, as agremiações pentecostais têm como política treinar seus fiéis como disseminadores de uma semântica doutrinária. Por isso pode-se verificar que, a cada fala, o integrante pentecostal tentou justificar seus argumentos à luz da *Palavra*.

A influência do discurso religioso e sua consequente imposição por Matrix e Iron tiveram o poder de pressionar o participante **não religioso** a ponto de este fazer várias referências a Deus e demonstrar uma das mais radicais posições contrárias ao aborto, mesmo nos casos autorizados por lei. Já o **homossexual** foi flexibilizando sua opinião desfavorável ao aborto à medida que a discussão avançava e foi o único a defender, ao menos no caso de estupro, que a decisão fosse da mulher.

Quando se colocou em discussão o problema das crianças anencéfalas, o participante **homossexual** posicionou-se sem hesitação a favor do aborto e, surpreendentemente, essa também foi a posição do sujeito **religioso** apesar de este, a princípio, condenar todas as formas de aborto. O **heterossexual**, que primeiro manteve-se contra, voltou atrás em sua posição, sobretudo ao sentir-se respaldado pela fala do outro evangélico (Iron).

Acompanhando a evolução da conversa nesse excerto observa-se que primeiro Matrix expôs duas posições identitárias (evangélico e estudante de biologia) para justificar-se contrário ao aborto. Progressivamente, é sua identidade religiosa que prevalece para apoiar seus argumentos, desqualificando inclusive as pessoas **leigas** que não conhecem as leis de Deus e, por isso, seguem normas inferiores (as leis humanas). Quando exposta a questão do aborto legal e lançado o dilema da decisão sobre abortar ou não para uma situação mais pessoal, Matrix oscilou entre concordar e rebater a lei. Mas acabou posicionando-se favorável ao aborto. Ao ouvir a posição do **religioso** (Iron), contrária ao aborto mesmo diante do dilema apresentado, Matrix apressou-se em justificar sua mudança de opinião e uma tensão foi estabelecida entre os dois evangélicos, tensão que só diminuiu quando ambos se reconciliaram concordando com o aborto no caso de anencefalia.

O participante **não religioso** desde o início da entrevista intimidou-se perante a ostensiva pregação religiosa dos dois evangélicos e em vários momentos tentou esquivar-se de emitir opiniões. Quando o tema do aborto foi lançado, ele já estava bastante hesitante em pronunciar-se, parecendo às vezes confuso, de modo a não conseguir expressar com clareza sua opinião. Apesar disso mostrou-se bastante rígido quanto à questão levantada. Mesmo referindo a Deus em suas falas, centrou suas críticas aos médicos que fazem aborto, acusando-os de exploradores dos pobres. Ao posicionar-se em relação à anencefalia, relacionou o aborto nesses casos ao comércio ilegal de órgãos. Entretanto foi o único a mencionar a responsabilidade masculina, ou a falta dela, nas situações que levam as mulheres a abortarem.

Também intimidado pelos discursos religiosos, o participante **homossexual** expôs suas opiniões de maneira concisa parecendo querer evitar a polêmica. Até porque os sorrisos e olhares de desaprovação à sua figura, em particular vindos do participante **heterossexual**, o deixaram visivelmente constrangido. Ao opinar sobre o aborto, primeiro condenou-o, depois flexibilizou sua posição para os casos autorizados pela lei. Já no fim da discussão sobre esse tema, pronunciou-se a favor do aborto nos casos de anencefalia, enfatizando que era favorável apenas nessa situação.

Ressaltamos nesse extrato da entrevista a forma explícita com que o participante **religioso** demonstrou a vulnerabilidade à pressão social que os fiéis de sua agremiação religiosa sofreriam, caso se posicionassem favoravelmente em casos de aborto por estupro ou de risco de vida para a mãe. Sua fala revela o quanto a coerência com os discursos religiosos é cobrada dos seus prosélitos para coibirem transgressões a seus dogmas, cobrança também feita pela sociedade em geral quando esta quer conferir a fidelidade dos religiosos aos princípios doutrinários que professam.

Considerações finais

Nesta pesquisa demarcamos como objeto as construções discursivas sobre o aborto em um estrato social característico das periferias urbanas brasileiras. Os sujeitos foram estudantes masculinos pobres, residentes em um município do anel metropolitano de Vitória, cujas experiências de subjetivação são desvalorizadas e submetidas à coerção discursiva das elites sociais dominantes.

Práticas discursivas indicando posições de resistência ao discurso masculino hegemônico surgiram de forma incipiente nas conversações dos grupos, apesar de a masculinidade hegemônica predominar na discussão de todos os temas sugeridos. Nestes, os sujeitos demonstraram o quanto são coagidos pelo discurso social dominante, pois na maior parte das conversações se mantiveram alinhados às construções ideológicas que sustentam a primazia do poder masculino na sociedade.

Padrões heteronormativos relacionados a temas, como descriminalização do aborto e normas religiosas (cristãs) de conduta sexual, foram reproduzidos nos grupos. Contudo, observou-se na investigação que a força coercitiva das instituições, particularmente das educacionais e religiosas, encontra oposição nas práticas discursivas dos sujeitos que reverberam em suas demais práticas sociais, abrindo múltiplas possibilidades de empoderamento desse grupo que potencializam mudanças na estrutura social da qual fazem parte. Através das ambiguidades e contradições discursivas dos sujeitos e seus reposicionamentos identitários, no contexto de suas religiosidades e das suas sexualidades evidenciadas nas entrevistas, pode-se entrever sinais de desconstrução da masculinidade hegemônica.

Os jovens masculinos pobres das periferias ou dos bolsões de pobreza dos centros urbanos têm sua identidade forjada no modelo de homem que emerge dos discursos sociais dominantes, veiculados pelos diversos meios de transmissão dos valores e normas de identificação. A mídia, a escola, as igrejas, a música e os espaços de lazer, entre outros, repassam de maneira bastante convincente padrões tradicionais dos papéis de gênero a serem seguidos pelos jovens.

A masculinidade hegemônica ultrapassa qualquer distinção de classe social, como mostram os estudos de Sarti (1996), Fonseca (2000), Bustamante (2005) e Leal e Knauth (2006), mas, ao mesmo tempo, as masculinidades subalternas ou alternativas também encontram solo fértil em todos os segmentos da sociedade. Isto posto, é necessário que analisemos os jovens masculinos das camadas mais pobres sem preconceitos cristalizados. Um olhar faccioso impede que avistemos espaços de produção de identidades masculinas não hegemônicas, reputando-as exclusivamente aos jovens dos estratos mais favorecidos da sociedade (Ribeiro & Lourenço, 2003).

Além da restrição ao uso dos bens materiais produzidos pela sociedade existe o impedimento do acesso de jovens pobres a seus *locus* de subjetivação. O jovem pobre, visto como estorvo no paradigma neoliberal de globalização tem a sua própria existência física ameaçada.

Propostas de inclusão desses jovens nos benefícios (concretos e simbólicos) produzidos pela sociedade, assim como liberdade de acesso aos espaços de subjetivação que lhe são próprios, devem ser implementadas urgentemente para que, num futuro próximo, novas possibilidades de identificação masculina venham somar na busca de melhor qualidade de vida para a humanidade.

PARTE V

PSICOLOGIA SOCIAL E MÍDIA

CAPÍTULO 12

Anime songs: Uma análise de letras de música dos desenhos animados

Leconte de Lisle Coelho Junior, Eliana Guimarães Silva,
Paulo Rogério Meira Menandro

À medida que a psicologia evolui como uma ciência, interessa-se cada vez mais por estudar os aspectos psicológicos da música. No Brasil algumas pesquisas vêm tentando encontrar respostas sobre não só a função da musicalidade na subjetividade humana e no imaginário social brasileiro (Nascimento, Souza & Trindade, 2001), mas também com relação à criatividade (Maheirie, 2004) e à afetividade (Bueno & Macedo, 2004; Menandro, Pereira, Amim & Santos, 2001).

Levando em consideração o enorme esforço para se compreender essas diversas dimensões dos efeitos que as músicas acarretam na vida humana, aliados aos outros estudos em diversas áreas científicas (como Euraskin, Matilla, & Vasquez, 1983; Fusari, 1985; Oliveira Pinto, 2001; Sekeff, 1998) teve-se a ideia de pesquisar as trilhas sonoras de desenhos animados de origem japonesa (*animes*).

Tal como nos filmes exibidos em cinemas, os desenhos animados têm um conjunto de músicas que acompanham as sequências e são típicas de um determinado personagem. Os *animes* são de importância estratégica para o Japão:

> Segundo o site Asahi.com, o Ministério das Relações Exteriores do Japão está considerando oferecer ajuda financeira aos canais de TV de outros países que desejam ter direitos para a exibição de *animes* e outros trabalhos de entretenimento de origem nipônica. Houve a constatação de que os animes contribuem para a disseminação da cultura japonesa e que um bom exemplo é o aumento dos interessados em aprender a língua japonesa para uma compreensão melhor dos títulos. O Ministério concluiu que os *animes* e outras formas de entretenimento são positivas para a imagem do Japão. A América Latina e África são prioridades neste Plano Oficial de Assistência de Desenvolvimento (ODA). (Monte, 2005)

É importante lembrar que essas produções têm grande aceitação sobretudo entre o público jovem (Luyten, 2005), sendo este o principal ponto de relevância para este estudo e coleta de dados.

Outro fato é a relevância da música na história da humanidade pois sempre esteve ligada aos mais diversos contextos sócio-históricos, refletindo não apenas o estilo de vida os hábitos das pessoas, como também os eventos sociais. Segundo Candé (1994), os primeiros sons irregulares originaram que mais tarde nas várias maneiras de se criar músicas datam, provavelmente, do período Paleolítico, ou seja, por volta de 70.000 anos atrás.

Sendo assim, expõe-se as origens das *anime songs* (músicas de desenhos animados de origem japonesa) e sua função. Sendo assim, o objetivo deste estudo foi o de identificar, pela análise do discurso, as crenças inseridas nas letras de músicas de desenhos animados nipônicos (*anime songs*).

A musicalidade Japonesa: do *gagaku*, ao surgimento das *Anime songs*

No que concerne ao estudo do surgimento da musicalidade, Candé (1994, p. 45) diz que o conjunto de fenômenos musicais aparece de certa forma mais ou menos de maneira igual. Assim sendo: "ritmo rudimentar", "imitação dos ruídos da natureza", "intenção expressiva", "fabricação de objetos sonoros" e "iniciativa social", foram os fatores que estimularam o surgimento da música ancestral.

O mesmo autor informa também que não há provas de que a "vocalidade" (o canto) tenha sido precursor da instrumentalidade (música instrumental). Certo sim, é que cerca de 9 mil anos atrás surgiram as primeiras sociedades que deram valor aos efeitos sonoros.

O incremento social da música ocorreu realmente com o alvorecer das "civilizações metalúrgicas", isto é, há uns 5 mil anos, na Ásia. Para Candé (1994) aquelas sociedades utilizaram o seu conhecimento do manejo de metais para o fabrico de instrumentos. Talvez o primeiro intento daqueles artistas tenha sido o de imitar os efeitos produzidos pelas cordas vocais humanas. Por isso, provavelmente, os primeiros instrumentos tenham sido os "de corda" e as flautas.

Com a fabricação de tais ferramentas, a arte se refinou e principalmente nas civilizações orientais começou a surgir uma tradição musical que se mantém até hoje. Peralva (1990) identificou a China como o centro da civilização asiática, tendo como concorrente a Índia.

Como cultura milenar, este povo acabou por irradiar seus valores e crenças pelas regiões periféricas, tendo o Japão recebido muita influência, não só em termos religiosos, mas principalmente nas artes e na hierarquia social. Os primeiros templos japoneses foram construídos segundo os moldes chineses, e a música chinesa é a precursora da japonesa. Tal fato é confirmado por Candé (1994, p. 122):

> É da China, portanto, que vem a música clássica do Japão, cujo grande período de desenvolvimento se estende do século VII ao século XII. Assim, o *gagaku*, música imperial do Japão praticada até nossos dias, veio da corte dos T'ang, por volta de 703, com seus executantes.

Até a Era Meiji (1868-1912), o Gagaku sob o patrocínio da Agência Cultural da Casa Imperial Japonesa, foi o estilo que regulou as contínuas alterações no costume musical nacional, constituindo assim uma espécie de anteparo que preservava as tradições. Apesar disso, Peralva (1990) afirma que somente em 1924 a população japonesa pôde escutar uma difusão original de *Gagaku*, pois até então esta era privilégio da nobreza.

Assim, sob o domínio desse estilo, surgiram os primeiros instrumentos tipicamente japoneses: *biwa* (alaúde), *shakuhachi* (flauta) e *koto* (harpa). Mais tarde apareceu também o *shamisen* (guitarra), bem mais conhecido no Ocidente. A partir disso, a música pôde ser inserida nos ritos religiosos e ornar o teatro nipônico.

A arte teatral no Japão configura-se tradicionalmente com o *Nô* (teatro dramático), o *Bunrako* (teatro de marionetes) e o *Kabuki* (teatro com atores imitando marionetes), e as canções acompanhadas de melodias puderam exercer maior fascínio sobre o povo sob forma artística que se renovou com as adaptações musicais.

Candé (1994) observa também que do Gagaku surgiram outros formatos de música japonesa: a *Kagura* (música originada do culto *xintoísta* com elementos folclóricos), o *Shômyô* (música que serve para acompanhar o rito budista) e o *Enka* (música popular com fortes conteúdos românticos e dramáticos). Deste último, mais propriamente, se formou a moderna música popular japonesa, também conhecida como *J-Pop*, e objeto deste estudo.

Apesar da musicidade japonesa ter percorrido um caminho próprio, por volta de 1543, quando os portugueses alcançaram o arquipélago, levaram com eles os cânticos jesuíticos, dando início à entrada da influência ocidental nesta arte (Peralva, 1990).

Em 1637 com a rebelião de Shimabara, o cristianismo foi definitivamente banido do país e o Japão entrou em um período de isolamento que só terminou em 1868, quando se permitiu que aos especialistas dessa área, sobretudo dos Estados Unidos, que trouxessem de volta a música ocidental, a qual foi inserida no currículo escolar. Interessante notar que, conforme ressalta Peralva (1990), esse fato estimulou a ampliação da mistura musical e novas formas de contato entre os diversos estilos, sendo para uma contínua renovação das tradições.

Dessas modernizações, e com o aumento pelo gosto popular por essas novas composições, no alvorecer do século XX a música clássica japonesa (*Gagaku*) entra em declínio, ao passo que o *jazz*, e, posteriormente o *rock and roll* passam a vigorar. Apesar disso, tal mescla proporcionou maior aproximação cultural com o Ocidente, mais especificamente com os Estados Unidos, proporcionando aos japoneses o uso de novos instrumentos.

Com a ocupação militar norte-americana no segundo pós-guerra do século XX, houve um incremento cultural que estimularam os artistas japoneses a partirem para uma criação que, se em um momento se voltava para a ocidentalização, em outro, os mantinha presos as suas raízes culturais.

Tal fato se revela em especial nas artes cênicas, pois o cinema se apoiará em trilhas sonoras que vão buscar tal confluência com o Ocidente. Fumio Hayasaka (1914-1955) e Seiichi Suzuki (1904-1980) foram os compositores que, segundo Máximo (2003a), representaram a tendência em voga naquele período. Filmes clássicos como *O anjo embriagado* (1948) e *Rashomon* (1950), ambos de Akira Kurosawa, são provas dessas mudanças.

De tal senda, os anos das décadas de 1960-1970 (tendo como material exemplar: *Com beleza e pesar*, 1965, e, *Império dos sentidos*, 1976) foram profícuos. Surgiram então novos trabalhos exibidos em outras obras, entre as quais merecem destaque *Furyo – Em nome da honra* (1983), e *Gohatto* (1999), ambos com composição de Ryuichi Sakamoto. Vale mencionar também as composições do seriado *Godzilla* iniciada na década de 1950 (Máximo, 2003b).

Com o desenvolvimento contínuo do cinema no Japão, as companhias de televisão também receberam investimentos para realizarem obras de boa qualidade. Um dos novos formatos foi a criação e exibição dos *animes* (desenhos animados); o primeiro a ser produzido foi *Tetsuwan Atom*, em 1963, exibido inicialmente nos anos 1970 no Brasil sob o título "*Astro Boy*", na Rede Record.

O desenho de Osamu Tezuka logo alcançou sucesso, fazendo que outras produções similares surgissem. Nesse período ficou evidente que não apenas o roteiro, mas uma trilha sonora envolvente permitiam um elo que captava o interesse do telespectador.

Como parecia que essa mídia se tornasse muito popular, foram sendo feitas adaptações de obras folclóricas ou mesmo de revistas em quadrinhos (Luyten, 2005). Tais trilhas sonoras serviram como suporte nas exibições dos desenhos animados até que, em 1974, surgiu a série de *anime* chamada *Uchû senkan Yamato* (exibida no Brasil pela Rede Manchete em meados dos anos 1980 com o título *Patrulha Estelar*), que foi responsável pela valorização e expansão do mercado de *animes* em todo o mundo. O que se cristalizou com, o surgimento em 1979, do anime *Kidô senshi Gundam* (inédito no Brasil) e, posteriormente, com *Saint Seiya*, em 1986, exibido no país pela redes Manchete e Bandeirantes com o nome de *Cavaleiros do zodíaco* (ver Moliné, 2004).

Assim os *animes* (ao lado dos *games* e dos mangás) começaram a ser exportados para todo o mundo, aparecendo mesmo como parte da classificação do Ministério da Economia, Comércio e Indústria (METI) como as exportações japonesas mais representativas ao lado dos produtos manufaturados. Os 136 milhões de cópias do *anime Pokémon* comercializadas em todo o mundo (Monte, 2005) são um exemplo de sua força comercial.

À medida que o cinema e os *animes* exibidos na televisão ganharam força e consolidaram sua posição como cultura popular japonesa, as trilhas sonoras aos poucos a pouco deixaram a obscuridade e se massificaram. Isto se dá com a predileção das pessoas recaiu no estilo do *J-Pop*, que se vincula, por exemplo, ao *rock and roll*.

Assim, não só os cantores, como também os dubladores, aliás, no Japão, é muito comum dubladores cantarem e cantores dublarem personagens, ganharam fama e prestígio junto ao público. Daí surgiu o termo *"anime song"* (do inglês abreviado *"anime"* = animação e *"song"* = canção, que se traduz como "canção de desenho animado").

Mas foi por causa das insistentes tentativas de popularização de Ichiro Mizuki (cantor da trilha sonora do *anime Mazinger Z*) nos anos 1970 que as *anime songs* se consolidaram como um estilo próprio: músicas de desenho animado cantadas com refrão em inglês e com conteúdos basicamente folclóricos e românticos. Daí serem consideradas "músicas populares japonesas" ou simplesmente *J-Pop*.

Para reforçar tal preferência popular, alguns cantores/dubladores se revezaram no gosto da mídia. Dos mais famosos, três parecem ser bastante tradicionais: Hironobu Kageyama (que canta a trilha sonora de *Dragon ball* e *Dragon ball Z*, por exemplo), Akira Kushida (que se tornou famoso por cantar as trilhas sonoras de séries televisivas como *Jáspion*) e Megumi Hayashibara (que canta as trilhas sonoras de *Love Hina, Shaman king* e *Slayers*). Algumas bandas de jovens cantores também despontam a cada temporada (por exemplo; *Da Pump, Morning Musume* e, *Hearts Grow*, entre outros).

Atualmente, da mesma forma que muitos *animes* são encomendados para serem produzidos em estúdios na Coreia do Sul, nas Filipinas e em Taiwan, muitos cantores desses países vão ao Japão tentar a sorte, na área da *anime song/J-Pop*.

Longe de se tornar um ambiente comercial aberto a esse estilo, o gosto pelas *anime songs* no Brasil ainda atinge apenas um pequeno grupo, embora, o interesse pelos *animes* seja bem grande. Tendo em vista esses fatos, decidiu-se fazer esta pesquisa, para a qual escolheu-se a técnica da análise do discurso.

Análise de discurso e crenças

Algumas considerações acerca da mídia como uma espécie de viabilizador de aquisição de repertórios, valores e crenças são encontradas em estudos na área de psicologia (Camino, Batista, Reis, Rique, Luna, & Cavalcanti, 1994; Maheirie, 2003). Medrado (2000, p. 244) faz algumas reflexões sobre a mídia:

> Por outro lado como sistema cultural, compreende também uma dimensão contextual – temporal e espacial -, na medida em que esses produtos são fenômenos sociais, situados em contextos que têm aspectos técnicos e comunicativos e propriedades estruturadas e estruturantes. Textos e imagens publicados em jornais, revistas ou livros, apresentados em TV ou rádio, divulgados via *internet* e, inclusive, textos científicos constituem instrumentos midiáticos.

Parece que as implicações ao afirmar que tudo o que é comportado dentro da mídia é algo sempre contextualizado, leva a crer que tal "contexto" esteja no âmbito do "situacional", de um processo que vai sendo construído. Seria como se tais instrumentos de mídia fossem tão maleáveis como a capacidade de um leitor interpretar um texto. Assim sendo, o ouvinte/leitor/espectador/telespectador na verdade está em uma posição de atividade interacional proporcionada pela própria mídia. Tamanha maleabilidade só pode ser comparada ao tema *linguagem*. E é a linguagem que vai possibilitar a comunicação através do discurso, isto é, aquilo que é repassado de maneira interativa e como forma de produção de sentido (Brandão, 2000). Analisar o discurso é possível como na citação de Medrado (2000) em vários aspectos da atividade criativa humana.

Um exemplo do acima exposto pode ser observado em uma pesquisa sobre imagens e intenções violentas nos mangás, feitas por Coelho Junior (2005). Já em outro estudo, Camino *et al.* (1994), realizaram uma pesquisa que explorou o conjunto de aspectos morais inseridos nas imagens de uma telenovela brasileira. Nestes casos, o material a ser estudado sempre foi produto de significado da própria subjetividade do seu criador.

Então a análise do discurso sempre tende a desvendar, segundo alguns autores (Coulthard, 1985; Gill, 2003), o que está "mascarado" por alguma determinada forma (textos e imagens, entre outros). Brandão (2000) entende que o discurso propriamente, independentemente de seu veículo ou contexto, sempre contém uma superestrutura dominante. E a isto a autora nomeia *ideologia*, que, por sua vez seria um *macrodiscurso*, ou um agrupamento maior de significados que seria implícito em qualquer interação humana. E mais ainda, é uma maneira de impor a "decisão" ou o "hábito" de um grupo de pessoas sobre outro.

Neste sentido, para Brandão (2000), qualquer relação humana, estará permeada de conflito. Isso ocorre por que cada grupo de pessoas, ou melhor, cada classe social tem seus próprios interesses, que comumente são díspares dos de outras classes sociais.

Por isso, quando um grupo predomina sobre outros, aquele naturalmente, para manter seu *status* social, irá impor seu conjunto de ideias aos demais. Isso, possivelmente ocorre pela linguagem, que media todo vínculo social na espécie humana (Brandão, 2000; Coulthard, 1985). E tais sistemas culturais estão indelevelmente ligados aos processos criativos musicais (Oliveira Pinto, 2001). As músicas identificam-se como produções de sentidos alheios, sendo também uma forma de discurso que exibe o perfil da sociedade ao qual ela pertence.

Se a música está permeando determinado grupo, então ela é instrumento social desse mesmo grupo. Destarte, ela passa a ser veículo das criações de sentido dele. Assim, valores e crenças são produções construídas não apenas por um sujeito, mas por todos os membros de determinada classe. Vale ressaltar a afirmação de Andrade (1939/1991) sobre a música ser a arte mais coletiva de todas.

As crenças são temas muito estudados em psicologia e, muitos autores (Aposlidis, Duveen & Kalampalikis, 2002; Ball-Rokeach, Rockeach & Grube, 1984; Doise, 1990; Kashima, Mckintyre & Clifford, 1998; Rokeach, 1981) lançaram pesquisas e formularam definições sobre delas.

Rokeach (1981) entende que tanto os valores quanto as crenças são estruturas cognitivas interligadas e que formam um "sistema". Sendo assim, todo comportamento humano estaria deliberadamente ligado a esse sistema e orientado pelo ele. Desta feita, as crenças seriam uma espécie de "guia social" para os humanos: crê-se em algo em detrimento de outra coisa, por conseguinte; cria-se um comportamento aceito socialmente.

Krüger (1993, p. 7), por sua vez, conceitua as crenças assim: "Trata-se de qualquer proposição que afirme ou negue uma relação entre dois objetos reais ou ideais, ou entre um objeto e algum atributo deste, aceita por ao menos uma pessoa". Desta maneira, esse autor afirma que a formação de crenças será determinada pela linguagem, pois esta tem o poder de produzir e reproduzir representações que possam por ventura ser a base de alguma crença.

Ora, se a linguagem é o veículo que irá determinar uma crença, então, esses construtos são passíveis de ser contaminados por alguma ideologia. Pode-se dizer, então, que acreditar em algo seria estar preso a alguma estrutura ideológica; afinal, para que uma crença exista, ela deve estar *ancorada* a uma realidade social (Aposlidis *et al.*, 2002).

Isto é, não há a possibilidade de aparecerem se não existir uma base real e concreta que possa ser compartilhada pelo entre os sujeitos. As crenças religiosas, por exemplo, se baseiam na consecução dos ritos. Já as crenças políticas, na luta partidária. Mas é interessante notar que tanto uma como a outra são constituintes de uma força subjetiva que consegue unir as pessoas nessas práticas.

Outra forma que concebe o sistema cognitivo unido à linguagem como produtor de interatividade é o que Doise (1990) relata e o qual é essencial para a compreensão dessa pesquisa. Ele afirma que, como as cognições são inerentes e iguais a todos os seres humanos e como são expressas sobretudo pela linguagem, a atividade de *tradução* é um instrumento que possibilita, rompendo a barreira dos idiomas estrangeiros, a compreensão das produções de sentidos alheios. Ou seja, também as crenças servem como uma *corrente* nas relações intergrupais facilitando a identificação com o sujeito que não pertence ao grupo. Dessa forma, decidiu-se adotar material traduzido nesta pesquisa, tendo a certeza de que assim poderia haver uma condição propícia à consecução desta.

Método

Este estudo se baseia em duas hipóteses:

- Hipótese 1: Há crenças que servem para promover uma identificação dos consumidores desse tipo de mídia com as personagens cantadas nas músicas;
- Hipótese 2: As crenças existentes nas letras das músicas estão relacionadas a um processo de consumismo de mídia.

Material

Para a realização da pesquisa, como pré-requisito houve a coleta aleatória de letras de música das *anime songs* desde que estas mesmas tivessem sido traduzidas do japonês para o português. As 154 letras das canções identificadas de *animes* foram acessadas primeiro no *site* de uma grande empresa da área audiovisual (www.sonymusic.com.jp), e depois em outro site nacional conhecido (http://letras.terra.com.br).

Como foram coletadas 154 letras de *anime songs* de 44 *animes*[2] diferentes, é importante esclarecer quais suas fontes, isto é, os desenhos animados. A seguir, no Quadro 1 está a quantidade de cada desenho animado por canções.

Quadro 1 - Relações de Animes e Quantidade de Anime Songs.

Anime	Quantidade de músicas
Inu Yasha	29
Cavaleiros do zodíaco	19
Samurai X	16
Digimon	15
Love Hina	8
X-1999	8
Sailor moon	4
Dragon ball	4
Dragon ball Z	3
Ah! My goddess	3
Card captors Sakura	2
Fushigi Yûgi	2
The record of Lodoss War	2
Karekano	2
Pokémon	2
Supercampeões	2
Slayers	2
Tenchi Muyo	2
The vision of Escaflowne	2
Yu-gi-oh!	2
Yu yu hakushô	2

Os demais *animes* que somente tiveram apenas uma música analisada foram: *Aeka, Ayashi no Ceres, Bastard, Bakuretsu hunter, Bubblegum crisis, DNA², Doraemon, Dragon ball GT, El Hazard, Fruits basket, Full metal panic, Gasaraki, Gundam Wing, Kingdom hearts, Macross plus, Mononokehime, Nadesico, Neon Genesis Evangelion, Ranma ½, Sen to Chihiro no kamikakushi, Tenku no shiro Laputa, Tsukihime* e *Vandread*.

Procedimento

Levou-se em consideração que a pesquisa documental se aplica ao formato da técnica de análise do discurso. Dessa maneira, todas as 154 canções foram transcritas para ser examinadas (Gill, 2003) e desmembradas uma a uma para que fosse feito a realização do seu estudo.

A atenção esteve concentrada nas "entrelinhas", nos sentidos sobrepostos e entrecruzados. Isso por que as expressões devem ser vistas como algo da ordem do conhecimento científico. Assim, com o discurso fragmentado pode-se obter uma lógica dos enunciados que estão produzindo relações entre os juízos contidos nos discursos. Como esses sentidos são simbólicos, podem estar enredados até mesmo entre vários argumentos parecidos, que podem acabar por constituir um paradoxo. Ou seja, uma mesma argumentação pode ter várias formas.

Pressupondo uma lógica de enunciados, tende-se à formalização de categorias. Por isso é necessário que haja uma espécie de codificação destas, o que deve ser feito após a transcrição; e é justamente essa técnica que permite a delimitação das categorias (ver Tabela 1) dos sentidos presentes nas letras de *anime songs*. Doravante estas serão denominá-las de "categorias de interesse".

Qualquer discurso que acabe por tornar-se um padrão no material estudado deve ser concebido como tal, isto é, uma *ordem*. Esse modelo pode, por sua vez criar uma expectativa quanto à sua relação no plano contextual total. Descobrir como se posiciona essa partícula discursiva é a chave para determinar a ação das categorias de interesse discursivas no texto geral. Em outras palavras é assim que se descobre o "discurso por detrás do discurso", ou o que o sujeito realmente está dizendo. Porém, é importante notar que muitas vezes um padrão encontrado pode refinar a análise do texto ao se impor paradoxalmente a outros já identificados.

É por isso que nesse tipo de técnica da análise do discurso não se leva muito em consideração a quantidade de unidades discursivas por categoria, como Gill afirma (2003, p. 64):

"Falando de maneira geral, contudo, os analistas de discurso estão menos interessados no tema da representatividade do que seu conteúdo, organização e funções dos textos. Embora os analistas de discurso não rejeitem de modo algum a quantificação, um pré-requisito para contar as instâncias de uma categoria particular é uma explicação detalhada de como decidir se alguma coisa é, ou não, uma instância do relevante fenômeno. Isto normalmente mostra-se ser mais interessante e complexo do que tentativas aparentemente diretas de quantificação".

Nesta pesquisa, os autores se mantiveram fiéis a tais premissas e, embora durante a codificação das categorias tenham podido quantificá-las, optou-se por não utilizá-las como dados científicos. Apesar disso, as categorias de interesse, codificadas tornaram-se não excludentes, o que permitiu que cada letra de música pudesse conter material para mais de uma categoria de interesse, como se poderá ver nos resultados a seguir.

A pesquisa ocorreu entre dezembro de 2004 a agosto de 2005. Deve-se lembrar que as letras encontradas são de domínio público, razão pela qual não houve necessidade de se entrar em contato com as gravadoras ou estúdios de dublagem para solicitar permissão para realização deste estudo.

Resultados e discussão

Alguns autores (Coulthard, 1985; Gill, 2003) afirmam que o uso da análise do discurso é sempre complexa e, portanto, deve ser feita minuciosamente, como o que foi proposto por Gill (2003). As codificações desses sentidos foram reunidas a seguir na Tabela 1:

Tabela 1 - Codificação da Análise do Discurso

Codificação dos sentidos
Ação de Personagem
Sentimentalismo
Natureza
Temporalidade
Lugar/Espaço

Conforme a Tabela 1, o uso da técnica proposta resultou em cinco (5) codificações distintas: "Ação dos personagens", "Sentimentalismo", "Natureza", "Temporalidade" e "Lugar/Espaço".

Uma vez reunidos os dados, observou-se que a primeira personificação foram as **ações dos personagens** como algo reconhecível nas letras das canções. Talvez isso porque, em geral essas músicas, como foram escritas para uma mídia especifica, objetivam as atividades das personagens. Tanto heróis quanto vilões entre outros, estão em constante movimentação, independentemente da história que se apresente. Muitas de tais ações podem ser tidas como violentas (Kodaira, 1999).

Alguns autores (Erausquin *et al.*, 1983) compreendem que algumas produções de mídia valorizam a dinamicidade das sequências de cenas das personagens principais como um evento importante que permite que os telespectadores, em geral, as crianças e adolescentes mantenham-se atentas à história. Um exemplo a ser dado é: "*Seiya é o cavaleiro/Que combate os guerreiros do mal/Ele sabe lutar/E para ele, ganhar é normal*" (letra de música de *Cavaleiros do zodíaco*).

Nestes versos evidencia-se a continuidade de informações que exprimem as qualidades de ação marcantes naquele sujeito fantasioso e, por conseguinte, expõe-se a crença de que este deve estar sempre prestes a lutar e ser vitorioso. É como se essa ideação fosse a razão de ser do personagem. No momento em que este está "em ação", a música serve para sedimentar tal ideia e estabelecer um vínculo de interesse e identificação com o público.

Com relação ao *sentimentalismo*, é natural que não só a ação, mas também a carga emotiva que está junto ao comportamento do "herói" ou do "vilão" seja evidenciada. Isso é necessário principalmente para que o consumidor saiba quem vai cumprir essas funções na história apresentada. Muitas vezes a música precede a entrada do personagem em cena, mas já determina quem será. Nesse sentido, a música, e mais ainda, o que ela diz sobre o sujeito, é importante, pois cria uma ideia pré-concebida sobre quem está sendo anunciado.

Então é necessário que as letras das músicas tenham um conteúdo que permita privilegiar os sentimentos, para que ao mesmo tempo que o telespectador esteja vendo a movimentação dos personagens, ele possa sentir também o que se passa. Por exemplo: "*Se eu a amasse até mesmo ao ponto de perder o controle/Eu não seria capaz de lhe contar nem um terço de como eu me sinto/Sentimentos puros estão correndo/mas mesmo assim não são capazes de dizer 'eu te amo'*" (letra de música de *Samurai X*). Nesse contexto acima, o conteúdo elaborado remete a uma cena, à ação em que o sentimento do amor está em voga, mesmo que parcialmente inibido. O sentimentalismo também pode vir numa forma bastante divulgada que é o do comprometimento grupal, principiado pela amizade. Valorizam-se esses sentimentos para se vencer as adversidades.

A música propicia também segundo Frith (2002), uma identificação não só com o produto apresentado, mas também com as outras pessoas que consomem a mesma produção. Para ele, a música é um fator na construção do *self* das pessoas, pois como um processo, à medida que as pessoas vão experienciando as performances das histórias, a estrutura psíquica delas pode se alterar com grande profusão de afetos (ver também em Bueno & Macedo, 2004). Em outras palavras, crenças com fortes conteúdos afetivos repetidas diversas vezes podem reestruturar todo o sistema cognitivo humano.

No que concerne ao quesito **natureza**, essas crenças estão geralmente ligadas ao conjunto de ideias que propõe um contato maior com o naturalismo. Ideologicamente, isso é um paradoxo, pois o Japão é uma das nações que mais poluem o mundo com seu complexo industrial (Peralva, 1990). Por outro lado, não se pode negar que não só a população em geral como os autores dos *animes* e seus compositores frequentemente exibem preocupação com a natureza. Muitas vezes essa atenção pode vir sob a forma desse tipo de produção.

Kodaira (1999) afirma que muitas vezes há violência incontida nesses desenhos animados, mas pode ser que isso esteja equilibrado por uma exposição positiva em prol do meio ambiente e do desenvolvimento sustentável. Então arrolam-se essas crenças de que o ser humano faz parte da natureza, embora haja um movimento que oscila entre a negação e a aceitação disso.

Outro motivo para isso, pode ser uma reeducação ideológica advinda do ataque atômico sofrido em 1945. Em todo caso, o conteúdo é efetivamente expresso: "*O céu resplandece ao meu redor/Vou voar, estrelas brilham entre as nuvens sem fim/Só a verdade vai cruzar pelo céu azul/E a verdade vai crescer dentro de mim*" (letra de música de *Dragon ball*).

No item **temporalidade**, foram reunidos os significados que dizem respeito ao tempo de maneira comum. Parece haver certa preocupação estética de situar os eventos que correspondem às histórias contadas nos *animes*. É uma necessidade de definir a relação temporal do personagem com seus sentimentos com seu espaço físico, de criar mesmo uma ideia de relação.

As crenças expostas aqui seriam uma tentativa de realçar esse entrosamento. Um exemplo seria: "*Um amanhecer triste/Então hoje, virá novamente./Trazendo a brisa do verão/Uma extremidade onde os dias se tornam familiares*" (letra de música de *Card captors Sakura*).

Por fim, o tópico **lugar/espaço**, tal qual o anterior, diz respeito apenas em situar a personagem em um espaço definido que tenha uma relação expressa com a história, ou com algum outro conteúdo efetivo de informações sobre a série. Por exemplo: "*O que você está procurando?/É algo difícil de encontrar?/Dentro da pasta da mês/eu procurei mas não consegui encontrar/Você vai continuar procurando?/Ao invés disso, não quer* *dançar comigo?/Para dentro dos sonhos/Para dentro dos sonho/Você não gostaria de ir?"* (letra de música de -*Karekano*-).

Neste caso específico o lugar/espaço do objeto procurado remete ao que está implícito ao onírico. Porém o significado central é o conjunto de comportamentos dos personagens que gira em torno do sentimento amor. O afeto em questão passa a ser comparado com algo que não é alcançável, isto é, o sonho. Isso remete a uma crença que idealiza o amor romântico como algo sofrido que deveria ser buscado através do padecimento dos apaixonados. É importante notar que:

> A análise do discurso não procura identificar processos universais e, na verdade os analistas de discurso criticam a noção de que tais generalizações são possíveis, argumentando que o discurso é sempre circunstancial – construído a partir de recursos interpretativos, e tendo em mira contextos específicos. (Gill, 2003, p. 264)

Levando-se isto em consideração, resta afirmar que a análise aqui feita, se orientou pelas circunstâncias não só da composição das letras de *anime songs*, mas também pelas circunstâncias daquelas que constituem o próprio momento de realização da interpretação da análise do discurso do documento, isto é, os textos transcritos.

Diferentemente de outros métodos, a análise discursiva não pretende também categorizar as respostas contidas de um informante. Pode-se dizer que não há como repartir completamente os sentidos (Coulthard, 1985). Dessa maneira, não houve a intenção de fazer tamanho contraponto ao expor os itens encontrados nas canções.

Em verdade, a praticidade de exposição dos resultados é que fez premente o modo de identificar aqueles significados. Outro apontamento, seguindo o que afirma Gill (2003) é sobre as generalizações. Poder-se-ia dizer que o que é genérico constitui-se como categoria de interesse. Porém como o significado é instável, dependente de seu contexto o que é generalizado é constantemente alterado.

Enfim, afirmar que os itens codificados são universais é um erro. A codificação desses significados expressa apenas a eteriedade da linguagem contida nas canções. Em outras palavras, não se deve declarar que devem ser entendidos como generalizações dos sentidos.

No que concerne às *anime songs* em si, há uma firme crítica sobre sua função como algo corruptível. Elas podem ser vistas como substitutivas das "músicas de ciranda", das canções infantis:

> As canções tradicionais só são 'recuperadas' marginalmente por certas firmas comerciais para a promoção de seus produtos, transformando seu papel inicial – acompanhamento de brincadeiras infantis – no novo papel que a telecultura lhes atribuiu: acompanhantes do consumo, atividade que, junto com a contemplação do televisor, vem a substituir o brinquedo livre ou o brinquedo com regras, no novíssimo modelo cultural ao qual a conduta infantil terá de se adaptar. (Erausquin *et al.*, 1983, p. 99)

Com o significativo poder da mídia, isso alcança um vulto maior, principalmente na faixa etária infantil, quando passa a haver a socialização para a formação do sujeito. Essa maneira de subverter valores e crenças em prol do consumismo acaba por formar orientações sociais baseadas na premissa de que a televisão seria a principal forma de lazer e educação na infância (Ball-Rokeach *et al.*, 1984; Fusari, 1985). Deduz-se disso uma alteração contínua na forma de interação social entre as pessoas, onde os laços sociais se tornam cada vez mais distantes.

Considerações finais

A despeito do que foi visto não se levou em consideração a qualidade das *anime songs*, ou seja, não foi um estudo sobre a avaliação musical, e, sim, de se tentar entender como aqueles significados se inserem nas canções.

No que concerne às hipóteses, apenas a primeira tem condição de ser corroborada, tendo em vista as explicações decorrentes da codificação. As crenças incutidas nas *anime songs* têm conteúdo presumível para provocar a identificação com os personagens fantasiosos dos *animes* em seus consumidores. Apesar disso, indicam-se futuramente pesquisas experimentais para reforçar tal conclusão.

Já a segunda hipótese não foi comprovada. Só em outros estudos citados anteriormente é que se pode reiterar alguma certeza de que as crenças assumem a função de facilitar o consumismo de forma implícita e ideológica. Porém não se pode refutar completamente que elas tenham esse poder. Isso talvez possa ser mais visível quando ocorre a massificação das músicas de propagandas ou de algumas melodias instrumentais de *animes*.

Finalmente, o assunto não se esgota, pois a mídia em geral é um extenso espaço com muitas nuances que devem ser minuciosamente exploradas a fim de dar respostas, em especial no que concerne aos efeitos que ela produz na estruturação do psiquismo das pessoas e no processo de interação humana.

CAPÍTULO 13

Os meios de comunicação e a configuração da imagem corporal em mulheres com anorexia e bulimia[1]

Jesús Saiz Galdós, Miryam Rodríguez,
José Luis Álvaro Estramiana

A anorexia e a bulimia são dois transtornos do comportamento alimentar (TCA) que têm sofrido um preocupante aumento nos últimos tempos. Segundo o Manual Diagnóstico e Estatístico dos Transtornos Mentais (DSM-IV-TR, 2002, p.653)[2],

"la anorexia nerviosa se caracteriza por el rechazo a mantener el peso corporal en los valores mínimos normales. En cambio, la bulimia nerviosa se caracteriza por episodios recurrentes de voracidad seguidos por conductas compensatorias inapropiadas como el vómito provocado, el abuso de fármacos laxantes y diuréticos u otros medicamentos, el ayuno o el ejercicio excesivo."

A diferença entre ambos se dá em virtude de que, ao contrário dos enfermos de anorexia nervosa, as pessoas com bulimia nervosa são capazes de manter o peso igual ou dentro dos padrões normais mínimos. Finalmente, uma característica essencial da anorexia nervosa e da bulimia nervosa é a alteração da percepção da forma e do peso corporais. Estas pessoas atribuem demasiada ênfase ao peso e à silhueta corporais ao se autoavaliar, sendo estes fatores os mais importantes na hora de determinar sua autoestima. Em outras palavras, o nível de autoestima das pessoas que sofrem destes transtornos depende em grande medida da forma e do peso do corpo. Poderia se dizer então, que as pessoas com anorexia e bulimia, possuem uma imagem corporal ideal e exigente, que não coincide com sua imagem real.

Como podemos observar nos Quadros 1 e 2, a distorção da imagem corporal é uma característica considerada como "critério de diagnóstico" dos TCA. Neste sentido, podem ser muitos os fatores determinantes da configuração da imagem corporal, aqui nos centraremos na influência que os meios de comunicação, a publicidade, as personalidades e a moda, podem ter sobre a configuração da imagem corporal e, consequentemente, no desenvolvimento da anorexia e da bulimia.

---

[1] A realização deste estudo foi possível graças a colaboração da *Asociación en Defensa de la Anorexia Nerviosa y la Bulimia* (ADANER). Agradecemos a todas as entrevistadas que, de forma desinteressada, participaram deste trabalho e sem as quais não seria possível a realização do mesmo.

[2] O DSM-IV-TR (2002) é uma ferramenta de classificação utilizada pela *American Psychiatric Association*, que divide os transtornos mentais em diversos tipos, baseando-se em uma série de critérios e regras previamente definidos e consensuados. Seu uso está especialmente extendido à psiquiatria, à psicología clínica, à investigação e à docência.

Quadro 1 - Critérios para o diagnóstico de anorexia nervosa.

A. Tendência a manter o peso corporal igual ou nos padrões normais mínimos considerando a idade e a altura (e.g. perda de peso que dá lugar a um peso inferior a 85% do esperado, ou fracasso em conseguir o aumento de peso normal durante o período de crescimento, alcançando como resultado um peso corporal inferior a 85% do peso esperável).

B. Medo intenso de ganhar peso ou de virar obeso, inclusive de estar abaixo do peso normal.

C. Alteração da percepção do peso ou da silhueta corporal, exagero na importância da autoavaliação ou negação do perigo que comporta o baixo peso corporal.

D. Nas mulheres pós-púberes, presença de amenorreia; por exemplo, ausência de ao menos três ciclos menstruais consecutivos (se considera que uma mulher apresenta amenorreia quando suas menstruações aparecem unicamente com tratamentos hormonais, e.g. com a administração de estrógenos).

Fonte: DSM-IV-TR (2002).

Quadro 2 - Critérios para o diagnóstico de bulimia nervosa.

A. Presença de grande apetite recorrente. O grande apetite recorrente se caracteriza por:

(1) Ingestão de alimento em um curto espaço de tempo (e.g. em um período de 2 horas) em quantidade superior a que a maioria das pessoas ingeririam em um período de tempo similar e nas mesmas circunstâncias.

(2) Sensação de perda de controle sobre a ingestão de alimento (e.g sensação de não poder parar de comer ou não poder controlar o tipo ou a quantidade de comida que se está ingerindo).

B. Comportamentos compensatórios inapropriados, de maneira repetida, com o fim de não ganhar peso, como provocação de vômito; uso excessivo de laxantes, diuréticos, lavagem intestinal ou outros fármacos; jejum e exercício excessivo.

C. Grande apetite recorrente e as condutas compensatórias inapropriadas têm lugar, como recurso, ao menos duas vezes por semana durante um período de 3 meses.

D. A autoavaliação é exageradamente influenciada pelo peso e a silhueta corporais.

E. A alteração não aparece exclusivamente no transcurso da anorexia nervosa.

Fonte: DSM-IV-TR (2002).

Por outro lado, a anorexia nervosa e a bulimia nervosa, afetam especialmente as adolescentes e as mulheres jovens dos países industrializados (UNICEF, 2004). Até poucos anos, a anorexia e a bulimia eram questões relativamente desconhecidas. Desde os anos noventa aproximadamente, a magnitude de ambas as doenças tem transcendido o número de alguns casos isolados e particulares, convertendo-se em duas das questões mais importantes que afetam, principalmente, a saúde das mulheres ocidentais.

Em todos os países ocidentais esta situação tem acelerado seu ritmo de crescimento de maneira vertiginosa em poucos anos. Nesta mesma linha, de acordo com os últimos dados das Nações Unidas, as taxas mais altas de consumo de medicamentos anorexígenos[3] para emagrecer, se encontram em países como Brasil, Argentina, Coréia e Estados Unidos (ONU, 2007).

---

[3] Fármacos que, a partir de receita e supervisão médica, são prescritos a pacientes com diagnóstico de obesidade.

É difícil encontrar estatísticas unificadas e atualizadas sobre a incidência destes transtornos, porém se calcula que durante 2006, na Espanha, 4% das adolescentes sofriam algum tipo de TCA (*Ministerio de Sanidad y Consumo,* 2007). Neste mesmo ano, foram detectados oitenta mil casos de anorexia, dos que quase quinhentos necessitaram de internação hospitalar e cem deles terminaram em óbito (ADANER, 2006).

Um estudo recente da Asociación Contra la Anorexia y la Bulimia (ACAB, 2006), entre estudantes de dezoito a vinte e cinco anos em onze universidades espanholas, indicou que 11,48% das universitárias apresentavam sintomas patológicos e um risco importante de sofrer de alguma das duas enfermidades. Além do que, 6,38% das universitárias são vitimas de algum tipo de transtorno alimentar de caráter grave. Na Comunidade de Madrid[4], de acordo com os dados de que dispõe o *Servicio Madrileño de Salud* (2006), existem aproximadamente 30.000 enfermos de anorexia e bulimia, dos quais 95% são meninas.

Paradoxalmente, os últimos dados da *Encuesta Nacional de Salud* de 2006, refletem que 53% da população espanhola têm sobrepeso e 15% é obesa; enquanto que, o crescimento da anorexia e da bulimia, em particular, e de transtornos alimentares em geral, tem convertido estas enfermidades a uma questão sócio-sanitária de primeira ordem.

Assim, 90% dos enfermos são mulheres com idades compreendidas entre 13 e 25 anos. Não obstante, a anorexia e a bulimia não apresentam um perfil único e exclusivo. Se bem que é certo que as adolescentes são o grupo de maior risco, as meninas, os homens, as mulheres adultas e também as pessoas mais maduras, tampouco estão isentas de poder sofrer de tais enfermidades.

A anorexia e a bulimia são doenças com muitas e diferentes causas, mas uma delas, possivelmente a mais importante, se deve a influência que as sociedades e as culturas ocidentais exercem sobre o cuidado do corpo e a imagem física de seus cidadãos. São duas doenças características de sociedades avançadas e industrializadas onde se exige ou ao menos se induz a mulher, principalmente, a ter uma imagem de beleza que é associada diretamente com a magreza e o baixo peso (UNICEF, 2004; Hesse-Biber, Leavy, Quinn & Zoino, 2006).

Finalmente, para ocuparmo-nos deste problema desde uma perspectiva psicossociológica, é necessário situarmo-nos primeiro dentro da psicologia social da saúde e da saúde mental. Desde que em 1948, o *Congreso de Constitución de la Organización Mundial de la Salud,* definiu a saúde como: *"el estado de absoluto bienestar físico, mental y social, y no meramente la ausencia de enfermedad"* (em Rodríguez & García, 1999, p. 354), a psicologia social tem tratado de manter uma presença ativa no campo da saúde. Segundo Rodríguez e García (1999, p. 352) *"la psicología social de la salud es la aplicación específica de los conocimientos y técnicas de la psicología social a la comprensión de los problemas de la salud, al diseño y a la puesta en práctica de programas de intervención en ese marco".*

Strobe e Strobe (1995, p. 229) enfatizam a utilidade dos conhecimentos psicossociais para a modificação de comportamentos não saudáveis, a redução do estresse psicossocial e a promoção de condutas saudáveis. Desta forma, Rutter, Quine e Chesham

---

[4] A Espanha se organiza territorialmente em 17 comunidades autônomas e 2 cidades autônomas, que contam com seu próprio governo e administração autonômica. A Comunidade de Madrid inclui a província onde se situa a capital da Espanha, Madrid, e conta com mais de 6 milhões de habitantes.

(1993, p. 55) sublinham *"el rol de los factores psicosociales como mediadores entre las influencias sociales y los resultados para la salud".* Alguns dos fatores na perspectiva da psicologia social da saúde que têm recebido grande atenção são os fatores sociais e culturais, o gênero, os meios de comunicação e os valores culturais.

Por outro lado, os conhecimentos da psicologia social também têm sido aplicados ao específico campo da saúde mental, com resultados igualmente satisfatórios (Álvaro & Páez, 1999; Sánchez, Garrido & Álvaro, 2003).

Marco teórico

Dentro da gênesis do desenvolvimento da anorexia e bulimia devemos reconhecer a importância dos grupos de fatores. Por um lado, temos os fatores socioculturais (Toro, 1996; Anderson-Fye & Becker, 2004) e, por outro, a identidade e imagem corporal (Cash & Deagle, 1997). A seguir, descreveremos algumas teorias explicativas dos mecanismos através dos quais o sistema sociocultural influencia nos valores individuais, e a forma como as pessoas incorporam ditos valores, influenciando em sua percepção e atitude em relação à imagem corporal.

O sistema sociocultural como determinante na configuração da imagem corporal

Dada a repetida importância atribuída aos fatores socioculturais na etiologia dos transtornos alimentares (Anderson-Fye & Becker, 2004), faz-se imprescindível revisar as maneiras através das quais esta dimensão macro afeta o indivíduo.

Para começar, é importante considerar a influência dos valores culturais no sujeito. Assim, os valores culturais podem ser compreendidos como as tendências dos membros de uma sociedade para julgar o que é bom ou mau, as ações ditas corretas, o que é racional ou irracional, o que pode ser considerado como natural ou não (Schwartz, 1992; Hofstede, 2001; Ros, 2002). Seguindo esta linha, diversos autores têm reconhecido a importância que para os transtornos da alimentação têm os valores culturais que enfatizam a realização e a competência (Duker & Slade, 2003), assim como aqueles que transmitem ideais de hedonismo, beleza, magreza (Hesse-Biber *et al.*, 2006) e individualismo (Selvini-Palazzoli, Cirillo, Selvini & Sorrentino, 1999). Particularmente, se tem chegado a considerar estes valores como responsáveis pela supervalorização do corpo e das atividades relacionadas com a busca do êxito pessoal e admiração por parte dos demais.

Segundo a teoria de coisificação (Fredrickson & Roberts, 1997), esta série de valores e papéis destinados a mulher, têm contribuído para reduzi-la a qualidade de um objeto, condicionando-a ao cuidado de seu aspecto exterior como meio para ter uma presença e importância social relevante. Especificamente, esta teoria adverte que as mulheres são tipicamente culturalizadas para assumir a perspectiva do observador como referente principal de seu aspecto físico[5]. Por outro lado, segundo Fredrickson e Roberts (1997), o *"depender del otro"* para conhecer seu próprio estado físico, pode tender a uma constante auto-observação, a qual, por sua vez, incrementa as probabilidades da

---

[5] Nesta perspectiva, Cooley (1902) já sustentava em sua *"Teoría del Yo Espejo"*, que a imagem que os demais têm de nós termina fazendo parte de nossa identidade.

OS MEIOS DE COMUNICAÇÃO E A CONFIGURAÇÃO DA IMAGEM CORPORAL...

mulher para sofrer vergonha e ansiedade, reduz as possibilidades de vivenciar ocasiões para desfrutar de estados emocionais positivos, assim como implica em um descuido de estados internos do corpo. Finalmente, para estes autores, esta situação também pode aumentar os riscos da mulher de padecer de uma série de transtornos, que tradicional-mente têm sofrido de maneira desproporcionada, como a depressão, a disfunção sexual ou os transtornos da alimentação.

Calogero, Davis e Thompson (2005) comprovaram empiricamente, com uma amostra de 209 pacientes de uma clínica para mulheres com distúrbios alimentares, a função que o sentimento de autocoisificação tinha no desenvolvimento destas doenças. Ademais, mediram a "vergonha corporal", as "atitudes socioculturais frente à aparência" (difundidas nos meios de comunicação), e as "condutas para emagrecer", por meio de uma série de questionários previamente desenhados. Assim, encontraram que a interna-lização de atitudes socioculturais em relação à aparência determinava o sentimento de autocoisificação ($\beta=0,49$; $t=7,90$; $p<0,0001$) e as condutas para emagrecer ($\beta=0,38$; $t=4,63$, $p<0,0001$); o sentimento de autocoisificação, por sua vez, influenciou nas condutas para emagrecer observadas nas pacientes ($\beta=0,38$, $t=4,39$; $p<0,0001$), e nos sentimentos de vergonha corporal ($\beta=0,32$; $t=4,87$; $p<0,0001$). Estes fatores, em seu conjunto, chegaram a explicar 30% da variância das condutas de emagrecimento.

O estudo anterior, além de salientar a importância que tem a assimilação por parte das mulheres de se sentir um objeto, adverte da responsabilidade que possuem os meios de comunicação social nesta matéria. A este propósito, a teoria do cultivo (McCreary & Sadava, 1999), propõe que quanto mais exposta está uma pessoa aos meios de comu-nicação e a suas mensagens, há uma tendência a os entender como reais e não fictícios. Desta maneira, com a difusão destes valores estéticos constantemente, quem os recebe tenderá a os incorporar à sua hierarquia de valores.

Sobre o tipo de influência que exercem os meios de comunicação, existe uma grande quantidade de estudos. Para Argente (1999), por exemplo, estes não são os responsáveis diretos pelas doenças como a anorexia e a bulimia, não obstante reconhece o papel que tem desempenhado como difusores de modelos estéticos específicos. Na revisão de Thompson e Heinberg (1999), os meios de comunicação são assinalados como um fator muito importante no desenvolvimento e manutenção de transtornos alimentares relacio-nados com a imagem corporal. Nesta mesma linha se encontra o estudo de Harrison e Cantor (1997), que contou com a participação de 232 mulheres estudantes universitá-rias, e encontraram que os meios de comunicação prediziam os sintomas relacionados à anorexia e à bulimia, o desejo de emagrecer, a insatisfação com o corpo e os sentimentos de ineficácia. Neste sentido, estes autores puderam determinar que a leitura de revistas, influencia mais neste tipo de doença que a própria televisão.

Teorias da aprendizagem social e da comparação social

A forma como estes valores e modelos estéticos, promovidos pelos meios de comu-nicação, modificam a conduta das jovens pode ser analisada desde duas teorias clássicas e complementares da psicologia social; por um lado a teoria da aprendizagem social (Bandura, 1982) e, por outro lado, a teoria da comparação social (Festinger, 1954).

Os processos de modelagem e imitação, tal como Bandura (1982) os descreveu, provêm de um importante marco explicativo para reconhecer a forma pela qual as jovens aprendem os valores e comportamentos que observam nos meios de comunicação.

Assim, segundo Bandura, para que ocorra a aprendizagem social duas situações são importantes: em primeiro lugar, deve existir um modelo para imitar ou para aprender, que deve aparecer com relativa frequência. E, em segundo lugar, para este autor, não é necessário que o comportamento do sujeito seja recompensado diretamente, mas a observação de outras pessoas que obtêm recompensas por seus comportamentos faz com que as ações sejam tomadas como modelos e imitadas, esperando o mesmo tipo de resultados (aprendizagem vicária). Isto explicaria a influência que os ícones e os personagens midiáticos têm nas jovens com anorexia e bulimia. Assim, é possível que, ao observar as consequências positivas (êxito, dinheiro, fama, amor, etc.) que acompanham a imagem de beleza e magreza de determinadas atrizes e personagens midiáticos, as jovens passem a imitar os valores estéticos e os comportamentos das mesmas.

A teoria da comparação social de Festinger (1954), por outro lado, estabelece que os indivíduos tendem a avaliar suas opiniões e habilidades. Na ausência de critérios objetivos, não sociais, as pessoas iniciam processos de comparação social (por exemplo, comparando suas opiniões e habilidades com as de outras pessoas) e, quando é possível, as comparações sociais são feitas com outros sujeitos similares a eles mesmos.

Não obstante, esta teoria tem sido revisada e ampliada em sucessivas ocasiões. Por exemplo, a comparação social vai além das opiniões e habilidades, chegando a alcançar dimensões como a aparência corporal ou os transtornos da alimentação (Hesse-Biber *et al.*, 2006); atualmente se reconhece que o referente para a comparação social pode ser alguém diferente de si mesmo (Martín & Kennedy, 1993); e o objeto de comparação pode ser concreto ou universal, superior ou inferior a pessoa (Morrison, Kalin & Morrison, 2004). Desta maneira, uma jovem pode se comparar com as amigas ou figuras próximas (objeto concreto) ou com atrizes, cantores ou modelos (objeto universal). Também, pode se comparar com alguém que considera inferior a ela, o que reforçará sua autoestima e imagem pessoal, ou pode se comparar com alguém que considera superior, o que pode ocasionar ansiedade e baixa autoestima.

Neste sentido, poderíamos supor que as mulheres com anorexia e bulimia comparam sua imagem corporal com pessoas que admiram. Devendo-se esta admiração, possivelmente, ao êxito associado e aos reforçadores continuados que recebem estas pessoas. A comparação social, por outra parte, ao dirigir-se em um sentido superior, poderá originar estresse e sentimentos de inferioridade, que causam ou reforçam processos patológicos como a anorexia e bulimia.

Em resumo, dada a persistente difusão de conteúdos que enfatizam a magreza como padrão de beleza, não é de se estranhar que os processos de aprendizagem e comparação social, acentuem as ações dirigidas a reproduzir estes valores estéticos. Neste sentido, poderíamos pensar que os estereótipos e padrões de beleza promovidos pelos meios de comunicação social, chegam às jovens por meio de figuras centrais admiradas, com as quais posteriormente as jovens irão se comparar, se identificar e imitar.

Metodologia

Para o desenvolvimento deste trabalho realizamos entrevistas em profundidade com onze mulheres residentes na Comunidade de Madrid, diagnosticadas de anoréxicas e/ou bulímicas, com idades compreendidas entre 20 e 35 anos e com um mínimo de seis meses de tratamento (ver Tabela 1). Ao analisar os resultados, iremos revisando a opinião,

Os meios de comunicação e a configuração da imagem corporal...

posicionamento e influência percebida que as entrevistadas mostraram sobre os diferentes meios de comunicação e a imagem corporal e estética da mulher que estas promovem.

Tabela 1 - Características das entrevistadas

1 - Arantza:	27 anos. Anorexia desde 25 anos e Bulimia há 3 meses. Em tratamento há 1 ano. Nível superior. Trabalha como agente de viajem.
2 - Luna:	22 anos. Anorexia purgativa desde 16 anos. Em tratamento há 2 anos. Estudante universitária. Trabalha eventualmente de doméstica.
3 - Sara:	22 anos. Sofre episódios alternativos de Bulimia e Anorexia desde 17 anos. Em tratamento há 6 meses por Bulimia. Estudante universitária.
4 - Nerea:	28 anos. Iniciou com Anorexia aos 15 anos e passou à Bulimia depois. Em tratamento há 3 anos. Estudante universitária. Trabalha em uma empresa de telecomunicações.
5 - Nuria:	20 anos. Iniciou com Anorexia aos 15-16 anos e passou a Bulimia aos 17 anos. Em tratamento há 2 anos. Estudante de música.
6 - Lorena:	24 anos. Anorexia desde 20 anos. Em tratamento há 3 anos. Nível superior. Trabalha em um hospital.
7 - Esther:	26 anos. Anorexia desde 18 anos. Em tratamento desde 23 anos. Nível superior. Trabalha como comercial para uma empresa de telefonia móvel.
8 - María:	31 anos. Anorexia desde 16 anos. Esteve em tratamento dos 16 aos 23 anos. Nível superior. Trabalha em um banco.
9 - Alicia:	35 anos. Bulimia desde 16 anos. Participa de grupos de autoajuda há mais de 5 anos. Estudante universitária. Trabalha em setor administrativo.
10 - Ana:	24 anos. Distúrbios alimentares desde 6 anos. Anorexia desde 12 anos. Internada durante 9 meses no hospital. Há um ano em tratamento médico, desde que deixou o hospital. Estudante universitária. Trabalha no período de férias.
11 - Marina:	20 anos. Anorexia desde 16 anos. Em tratamento há 2 anos. Estudante universitária. Trabalha por horas em uma loja de roupa.

Nota: Todos os nomes são fictícios.

Na sequência, nos deteremos em analisar os ícones pessoais das entrevistadas que, sendo majoritariamente formados através dos meios de comunicação, podem nos oferecer um indicador dos valores, atitudes e modelos com os quais as jovens se identificam e tratam, em alguns casos, de imitar. Por último, discutiremos a influência que a moda e as modelos, podem chegar a ter na configuração da mencionada imagem.

Abordamos as participantes do estudo através de diferentes associações e hospitais madrilenhos com os quais fizemos contato. Todas as entrevistas foram realizadas em lugares públicos, especificamente escolhidos por elas (cafeterias principalmente), com uma duração entre quarenta minutos e uma hora. A entrevista estava estruturada em diferentes blocos temáticos; apresentaremos os blocos correspondentes aos meios de comunicação (publicidade, rádio, televisão e imprensa), ícones pessoais, a moda e as modelos.

Assim, através da metodologia qualitativa, podemos abarcar de forma direta a realidade que representa para as mulheres entrevistadas a anorexia e a bulimia. Com a finalidade de alcançar uma maior validade e rigor metodológico, dois juízes independentes codificaram cada uma das entrevistas, e criaram um sistema de categorias para analisar os significados atribuídos a cada um dos blocos mencionados anteriormente.

As técnicas qualitativas são ferramentas fundamentais para dar sentido a questões emergentes ou complexas (Bilbao *et al.*, 2002), tal como já mencionamos que ocorre no caso da anorexia e bulimia. Do mesmo modo, a utilização de análises qualitativas traz resultados especialmente ricos, quando existe uma grande carga de significados e estereótipos associados ao objeto de estudo (Bilbao *et al.*, 2002), como é o caso das doenças abordadas neste estudo.

Em linhas gerais, a investigação que aqui se realiza é descritiva e de corte qualitativo, centrando-se na influência dos meios de comunicação, da moda e das modelos sobre a experiência subjetiva da anorexia e da bulimia. Na sequência apresentamos os resultados obtidos, estruturados em sete blocos: televisão, rádio, publicidade, revistas, ícones pessoais, moda e, por último, as modelos.

Resultados

Televisão

Do total de entrevistadas, menos da metade não recordavam de forma especial nenhum programa de televisão; mesmo porque não percebiam nada que diretamente tivesse influenciado a doença.

> *"Pues no sé, no recuerdo muy bien, la verdad. Veía dibujos, eso sí (risas). Yo siempre he sido muy infantil (risas). Recuerdo la bola del dragón y algunos dibujos más..., pero no sé, así en especial creo que ninguno (silencio prolongado). Si, la verdad..., no recuerdo ninguno."* (Marina, 20 anos; 2 anos em tratamento).

> *Yo no veía mucha tele la verdad. Mi madre nunca me dejó ver mucha televisión y siempre estaba fuera practicando algún deporte o en la universidad.* (Esther, 26 anos; 4 anos em tratamento)

Não obstante, as demais entrevistadas mencionaram séries juvenis ou de entretenimento, nacionais ou estrangeiras e *reality shows* de televisão como, por exemplo: *Cambio radical*[6], *Rebelde*[7] e *Los vigilantes de la playa*. Estas séries e programas parecem possuir um importante impacto nas entrevistadas, já que ativam processos de comparação social, que influenciam diretamente a imagem corporal ideal. Algumas delas asseguram que ao ver as séries se identificavam com os conteúdos de tal forma que queriam ser como as protagonistas.

> *[...] sí que veía a alguien, una chica súper guapa, delgada, tal y, digo, joder quiero ser como ella.* (Luna, 22 anos; 2 anos em tratamento)

Outras comparações sociais tinham um efeito muito mais direto sobre a própria autoestima e o bem-estar subjetivo.

---

[6] Versão espanhola do programa *Extreme Makeover*, emitido em EE.UU. E do programa *Extreme Makeover: reconstruçao total* do Brasil.

[7] Série de produção mexicana de grande êxito na América Latina e Espanha, destinada ao público juvenil. A série narra a vida de um grupo de meninos e meninas que estudam em um internato privado.

Series de televisión, como te digo de Rebelde, [...] que salen chicas que no son, para mi, no son reales... los Vigilantes de la playa, es que son, todo el mundo perfecto, es que eso no existe, y eso sí que es verdad, que te crea un... un chip ahí que no es bueno. De hecho, es verlo y no me dan ganas de no comer, ¿no?, pero si te pone triste, por lo menos a mí. Me da mucho complejo. Son series que me dan complejo y me hacen sufrir. (Nuria, 20 anos; 2 anos em tratamento).

Por outro lado, a televisão, sendo um dos meios de comunicação que possivelmente tem maior impacto entre as mulheres mais jovens, apareceu com destaque nos discursos das entrevistadas, por sua qualidade e capacidade de promover mensagens compatíveis com a excessiva magreza e, muito provavelmente, com a anorexia e a bulimia. Para algumas delas, a televisão transmite conteúdos que poderiam associar-se diretamente com uma imagem do corpo distorcida e com os TCA.

Yo creo que ahora está más potenciado, ¿no? con esto de Rebelde, que salen chicas impresio- nantes de 20 años como niñas de 15, yo creo que eso nos va a llevar a fomentar totalmente la anorexia. (Nuria, 20 anos; 2 anos em tratamento).

Alguns de seus discursos, muito críticos, enfatizam a coisificação da mulher e o machismo que aparecia, desde seu ponto de vista, nos distintos programas de televisão.

[...] odio la tele. Me ha hecho más daño que bien siempre. La tele es el peor bicho que ha parido madre. [...] La televisión lo que hace es coger lo peor, lo peor de la sociedad, exacer- barlo y lanzarlo en pantalla; entonces la televisión, tanto la publicidad como los programas tratan a la mujer como si fuera un objeto... Y eso hace mucho daño. [...] Porque si yo quiero pensar que soy una persona y en la tele me dicen que soy un par de tetas..., pues imagínate que dolor. Y la sociedad en la que vivimos es machista, pero la tele lo exagera... programas nocturnos como Crónicas Marcianas o los programas de moda o cualquiera así..., el papel que dejan para la mujer es pésimo. [...] La televisión es muy machista. [...] La televisión hace mucho daño. (Nerea, 28 anos; 3 anos em tratamento).

Observamos também, a importância atribuída à prevenção por parte dos pais ou educadores, na regulação do tipo de programa que os pais devem permitir que os filhos assistam.

[...] La televisión hace mucho daño. Yo educaría a la gente para que no permitiera a sus hijos ver ciertos programas. Por ejemplo, el programa este de Cambio Radical que hay ahora..., no hay nada más insano que eso; [...] la tele transmite unos valores pésimos... pésimos. (Nerea, 28 anos; 3 anos em tratamento)

Segundo esta participante, a televisão possui um duplo impacto relativo à imagem corporal e o desenvolvimento da anorexia e da bulimia. Por uma parte, salienta uma imagem corporal ideal e uma série de valores estéticos com os quais as entrevistadas se identificaram e compararam em um primeiro momento, motivando-as, em certa medida, a busca de certos ícones de beleza compatíveis com sua doença. E por outra parte, os modelos estabelecidos em determinadas séries televisivas podem repercutir de forma negativa sobre o bem-estar psicossocial das jovens, já que poderiam atuar acrescentando complexos e causando sentimentos e emoções de profundo mal-estar.

Rádio

O rádio, sendo um meio de difusão tradicional, não desempenha na vida das entrevistadas uma função tão importante como a televisão. Poucas reconheceram ouvir rádio; a maioria não se recorda de nenhum programa especial, ou mesmo de algum programa que tenha lhes influenciado de alguma forma. Os programas de música, humor e entretenimento são os mais ouvidos por elas.

> Sólo (escucho) música y además, cuando voy en el coche, camino del trabajo, la pongo y si se ponen a hablar, cambio de emisora porque no me interesa... (Nerea, 28 anos; 3 anos em tratamento)

> [...] escucho música solamente. No me gustan los programas donde los demás cuentan sus cosas (pausa), no sé, yo creo que eso de contar lo que te pasa fuera de tu entorno, pues no. Nadie tiene por qué saber lo que te pasa. (Marina, 20 anos; 2 anos em tratamento)

Uma possível resposta a pouca atenção que as entrevistadas dedicam ao rádio, poderia ser que estas são muito mais suscetíveis às mensagens transmitidas visualmente.

Revistas

A atenção que as entrevistadas depositaram nas revistas foi maior que no rádio. Quase todas elas têm lido ou seguem lendo revistas dirigidas ao público feminino. As publicações mencionadas são revistas destinadas a um público jovem, ou revistas de moda e atualidade dirigidas a mulheres principalmente e que a moda, a beleza e as relações íntimas, ocupam um amplo espaço dentro de suas páginas.

> [...] leía el Vogue y el Cosmopolitan porque mi madre las compraba. Bueno, y las sigo leyendo porque las sigue comprando. ¡Y el Hola!, también! (risas). Pero no te creas, que también compra el País (risas). [...] son las que compraba mi madre y a mi me gustaban..., bueno y me siguen gustando! Yo me compraba la Súper Pop, como tenía cosas de música... pero dejé de comprármela hace un par de años..., era ya como muy infantil y eso. (Marina, 20 anos; 2 anos em tratamento)

Em geral, as mulheres que entrevistamos não relacionaram diretamente a leitura de revistas especializadas em temas de moda, mulher ou atualidade, com nada referente à doença. Não obstante, para algumas delas, este tipo de publicação é uma fonte de obter conhecimento de dietas ou informações relacionadas ao peso e ao controle do mesmo, porém em nenhum momento a responsabilidade do uso de ditas informações se relacionam com a publicação em si mesma.

> Siempre me he comprado revistas del tipo Cosmopolitan, Glamour... Me sé todos los trucos para tal... pero... incluso antes de estar enferma [...] Porque siempre salen... la moda, las chicas... las modelos y todo... (Arantza, 27 anos; 1 ano em tratamento)

> Leía el Ragazza (risas), eso si es verdad. De esa revista saqué mi primera dieta, de eso me acuerdo. Hombre, la revista no tenía la culpa, pero sí que es verdad que me dio muchos consejos y eso para el peso. (Esther, 26 anos; 4 anos em tratamento)

Os meios de comunicação e a configuração da imagem corporal...

É importante assinalar que as entrevistadas não reconheceram nenhum tipo de influência direta da leitura deste tipo de publicação, não devemos perder de vista que estas revistas apresentam conteúdos relacionados com a moda e as modelos; ademais, difundem determinados modelos estéticos com os quais as jovens poderiam se comparar e imitar, e configurar assim, sua imagem corporal "ideal".

Publicidade

A publicidade, concretamente os anúncios emitidos pela televisão, são mencionados de forma detalhada pelas entrevistadas, especialmente a publicidade atual e não tanto aquela que se emitia nos anos que antecedem a doença ou durante o desenvolvimento da mesma. As opiniões e atitudes em relação à publicidade são de total desacordo. Há uma ampla coincidência nas mesmas opiniões negativas frente os anúncios publicitários, especialmente aqueles destinados a produtos de emagrecimento ou comida *light*.

> *No me gustan (los anuncios), me recuerdan constantemente que hay que estar delgada y no me gusta y ahora que viene la época de las dietas y eso de cara al verano, pues peor. Procuro no ver los anuncios.* (Esther, 26 anos; 4 anos em tratamento)

As entrevistadas sentem que a publicidade está dirigida às mulheres quase que de forma exclusiva; se sentem "bombardeadas" por produtos e *slogans* que lhes lembram a todo momento a importância de ter que estar magra, não por saúde mas como um requerimento ou obrigação para sentir que tem êxito. A influência deste tipo de publicidade é percebida como algo negativo, elas sentem que é uma forma de lhes lembrar constantemente que não se pode aumentar de peso, associando a magreza ao êxito e percebendo que este tipo de anúncios ou mensagens unicamente se destina a elas, às mulheres.

> *Mira los anuncios (pausa), ¿tanto trabajo cuesta no bombardear con productos para perder peso o que te digan que es horrible que te sobren kilos.* (Esther, 26 anos; 4 anos em tratamento)

> *[...] la publicidad es lo que es demoledor. Es la cultura del estar flaca para poder tener éxito. Eso es lo que se está vendiendo, es así de duro pero es lo real que está ocurriendo. La publicidad para estar delgada, para operarte, para dejar de estar gorda, toda va encaminada a la mujer. Es como si la mujer no pudiera estar "vieja y gorda" (remarca con fuerza ambas palabras) y lo digo muy en serio. Si te sobran kilos malamente. Y si eres anoréxica casi peor, porque te falta seguridad, eres influenciable y casi tonta... ¿sabes?* (María, 31 anos; em tratamento durante 7 anos)

> *[...] los anuncios ahora..., son horribles. [...] Con los de ahora es con los que te das cuenta de lo bestial que es la publicidad. Además, ¡toda se dirige a mujeres! Joder, ¡como si los hombres no estuviesen gordos o eso! Algunos me dan auténtico asco [...] ¡Has visto los anuncios sobre comida light y dietas y eso! Yo creo que no soy yo, ¡pero es un bombardeo constante! Adelgaza, come esto que no engordas, haz esto para perder peso, ¡comida light por todas partes! ¡Es horrible!, no se dan cuenta de que eso hace daño..., de que no dejas de pensar en que lo importante es estar delgada o perder peso. Es un asco, de verdad.* (Marina, 20 anos; 2 anos em tratamento)

Quase todas mencionaram a mesma publicidade, os mesmos produtos concretos. Trata-se de publicidade que causa impacto especialmente, porque incide na importância de controlar e medir a ingestão de calorias com a intenção de estar magra. Elas sentem que estão enfatizando que estão gordas ou que, caso não se percebam desta maneira, podem estar equivocadas e é necessário evitar o sobrepeso. Não percebem que a publicidade está destinada a venda de produtos saudáveis, mas que as mensagens insistem diretamente na importância de controlar o peso e se manter magra.

> *O los que te recuerdan las calorías que tiene cada cosa [...] No sé, es como decirte: -ala gorda, que si comes esto ¡sólo tomas 99 calorías!-. Es horrible que te lo estén recordando todo el tiempo. Porque en el fondo es así, estás gorda y te lo recuerdan y si no estás gorda te crees que estás gorda... y ¿sabes?, da igual que te digan que es muy sano y tiene no se qué mierda que es sana para el cuerpo... ¡que no, joder que no!, que en el fondo es porque estás gorda y tienes que perder peso. Sí, es para eso...* (Marina, 20 anos; 2 anos em tratamento)

A publicidade ocupa um lugar privilegiado dentro dos meios de comunicação de massa. Em um sistema de consumo como o que vivemos, as empresas publicitárias devem favorecer a venda de seus produtos com a maior eficácia possível. Uma possível estratégia para chegar aos consumidores é acoplar a estes produtos valores que estão no auge, imagens de moda e uma estética de magreza. A eficácia deste tipo de publicidade é considerável, posto que a venda destes produtos (comida *light*, produtos para emagrecer etc.), é importante em nossas sociedades. Neste sentido, algumas das entrevistadas apontaram que terminavam comprando os artigos publicitários que estavam dirigidos a perder peso.

> *Anunciaban de... adelgazar con tal líquido, pues yo me lo compraba [...], yo todas esas gilipolleces me las he comprado [...] todos los que sean de adelgazar, de productos de adelgazar [...]. Lo de 4, 3, 2, 1 en línea, ese [...] me lo he comprado mucho, pastillas para adelgazar, los cereales...* (Arantza, 27 anos; 1 ano em tratamento)

Por outro lado, além da influência comercial que estes anúncios possuem em relação às mulheres, algumas se mostraram muito críticas sobre o fomento das dietas e tudo relacionado à perda de peso. Enfatizaram a contradição que encontram nos anúncios que vendem produtos para emagrecer e a pessoa que os apresenta, já que em todos os casos se tratam de mulheres magras, que em nenhum caso necessitam perder ou controlar seu peso.

> *Los anuncios de cereales para adelgazar, o sea, que no engordan, muchos anuncios que ayudan a adelgazar y la gente que sale, es gente que ya está delgada, entonces algo falla.* (Nuria, 20 anos; 2 anos em tratamento)

Algumas enfatizaram mais detalhadamente a estratégia pouco saudável que, em certos anúncios publicitários se segue para vender determinados produtos.

> *Desde que yo empecé a enfermar empecé a centrar mucho la atención en este tipo de cosas, en anuncios y tal, porque me he hecho muy crítica, entonces ahora te puedo decir unos cuantos que me parecen lo peor, o sea, desde... el Donuts light, que anuncia creo que Judith*

Mascó[8], hasta... que dice -y sólo tiene 130 kilocalorías- o algo así, me parece horroroso que se digan las calorías en un anuncio de televisión. No es algo que el consumidor deba saber. Hay uno ahora de las ensaladas estas de Isabel, que dicen -y son sólo 90 kilocalorías-, con 90 kilocalorías nadie come una comida principal del día, y te podría decir, sí, sí, muchísimos... y el yogur Vitalinea, que sale la chica que ya se puede meter en el pantalón y de Roche de una crema anticelulitis que te hace bajar una talla, ahora te puedo decir todos los que quieras. (Lorena, 24 anos; 3 anos em tratamento)

Analisando esta sessão podemos observar que não é pouca a responsabilidade que recai em fabricantes e na publicidade em relação à difusão de ideais corporais, valores estéticos e comportamentos alimentarias que, possivelmente, contribuem para desenvolvimento de hábitos pouco benéficos para a saúde, desde dietas sem supervisão profissional até transtornos como a anorexia e a bulimia. Por mais paradoxal que pareça, os iogurtes, as saladas e outros produtos destinados a melhorar a saúde dos consumidores, ao serem apresentados em contextos publicitários que exacerbam certos ícones de beleza e modelos estéticos, podem resultar contraproducentes.

Ícones pessoais

Um efeito direto dos meios de comunicação nas pessoas pode ser a formação de ícones pessoais. Nestes, se refletem as atitudes e valores que os sujeitos consideram como desejáveis, e com os que, em muitas ocasiões, tendem a se comparar e imitar. Por ícones pessoais entendemos qualquer pessoa por quem podemos sentir admiração e, eventualmente, estabelecemos processos de imitação e comparação social. Neste sentido, a maioria das entrevistadas fala de atores, cantores ou modelos que têm sido importantes em um dado momento de suas vidas e que em alguns casos continuam sendo. A maioria dos ícones citados são mulheres, é destacada sua profissionalidade, mas também sua beleza, o saber manter-se jovem e sua magreza, como características principais.

Bueno, ídolo, ídolo no... (risas). Me gustaba mucho Madonna, de siempre. Me encanta, ¡es tan camaleónica! Y para lo mayor que es, está genial: delgada, a la moda siempre y parece súper joven. Me sigue gustando ahora igual. [...] Me gusta mucho Michel Pfeiffer, me parece una tía súper guapa y buena actriz [...] Bueno, me gustaba mucho Naomi Campbell y Elle Macpherson. Me parecían idos pedazo de modelos! Bueno, y lo siguen siendo ahora, me siguen gustando aunque ya son mayores [...] Me gustan las modelos y yo creo que a todo el mundo, aunque no lo digan pues les gustaría ser así de altas y delgadas y eso. (Marina, 20 anos; 2 anos em tratamento)

Me gustaba, bueno y me gusta mucho aún Nicole Kidman. Me parece una mujer muy elegante, delgada, muy guapa y muy buena actriz. (Esther, 26 anos; 4 anos em tratamento)

Outras entrevistadas comentaram que seus ídolos eram pessoas reais (um professor, uma irmã, uma enfermeira, a noiva de um amigo) das quais admiravam aspectos subjetivos como a felicidade ou a inteligência, mas também traços físicos e de interação social. Não obstante, em seus comentários se fazem evidentes também os processos de comparação social.

---

8 Ex-modelo profissional espanhola.

Yo creo que nunca me he seguido por modelos de las películas, sino más por gente real, o sea en el Instituto, la chica que tienes al lado en clase, que está muy delgada, que liga mucho más que yo. (Nuria, 20 anos; 2 anos em tratamento)

Em relação aos ícones que são apresentados através dos meios de comunicação, um aspecto que resulta sumamente interessante são as características que as entrevistadas lhes atribuem, ou os aspectos que elas destacam e que os convertem em objetos de admiração, identificação e comparação social. Atributos físicos como a magreza e a beleza, que fazem referência a valores estéticos, são os mais repetidos, porém outras qualidades também são destacadas, como a popularidade ou a inteligência.

Me gustaba Anahí[9], que era una chica muy delgadita, muy guapa, y... sí, [...], de 6 adolescentes, la popular y la tal [...]. Audry Hepburn, si, era una mujer muy delgadita y tal... [...] es guapa... es guapa... (Sara, 22 anos; 6 meses em tratamento)

Quanto à influência que os ícones pessoais tinham sobre a imagem corporal e auto-estima das entrevistadas, uma delas reconheceu a existência de processos de comparação social, através dos quais se pode deduzir a emergência de atitudes que favorecem seus próprios desejos de magreza.

(Admiraba) a todas las que estaban extremadamente delgadas. Nunca pensaba, en... -yo quiero ser como ellas-, pero las veía y pensaba, joder, seguro que todo las queda bien, ¿sabes?, seguro que se prueban (cualquier cosa) y las quedan bien. (Arantza, 27 anos; 1 ano em tratamento)

Moda

As entrevistadas assinalaram a importância que a moda, os estilistas e a indústria que lhes rodeia, têm em relação à anorexia e à bulimia. Para algumas delas, a moda não é uma questão importante, mas a maioria tinha uma opinião formada a este respeito. Desde seu ponto de vista, se percebe a moda como um cenário em que se mostram estereótipos e ícones de beleza que apresentam uma mulher alta e magra, o que não corresponde com a maioria das mulheres reais.

A moda não é, portanto, uma questão neutra, mas que se apresenta como um assunto central na hora de estabelecer um "ideal" de mulher. É percebida como uma indústria com a capacidade de criar e mostrar ícones ou protótipos de mulheres que serão referências para o resto; é um espaço com capacidade suficiente para poder influir em alguns públicos e, portanto em algumas mulheres.

[...] La culpa o más bien la responsabilidad es de los diseñadores y de los publicistas que lo orquestan todo. ¿Sabes?, lo curioso es que todos o casi todos son tíos. Ya ves. Yo creo que persiguen un ideal de mujer que no existe; una mujer muy alta, delgada, muy delgada. Y eso no existe, pero las mujeres nos lo creemos y nos creemos que debemos estar así para ser mejores, más atractivas y todo eso. [...] La industria de la moda tiene mucho que hacer al respecto, no pueden evitarlo. No es bueno que los iconos de muchas niñas sean iconos físicos, quiero decir por su aspecto físico, eso no es bueno. (Esther, 26 anos; 4 anos em tratamento)

---

[9] Uma das atrizes protagonistas da série televisiva Rebelde, já mencionada pelas entrevistadas anteriormente.

As entrevistadas reconheceram seguir a moda de alguma maneira (seja comprando revistas, indo a lojas, vendo vitrines e desfiles, observando o que vestem as pessoas nas ruas, etc.). Neste sentido, a posicionamento que mantiveram aquelas que seguiam a moda era, principalmente, positivo ou pelo menos, de certa de ambivalência.

Siempre he estado enterada de todo [...], pero yo creo que ya desde pequeña. Me acuerdo... catálogos de la revista de Mango[10] y arrancaba las fotos de las chicas que a lo mejor estaban en bikini y me las ponía en la habitación. (Arantza, 27 anos; 1 ano em tratamento)

Siempre he seguido la moda, sí, desde siempre. [...] es un poco estúpido en realidad, porque... lo que propone un diseñador luego es lo que lleva todo el mundo, o sea realmente es como... muy... frívolo. O sea, que porque lo diga uno lo lleve alguien, ya lo lleve todo el mundo, es como... no sé. (Luna, 22 anos; 2 anos em tratamento)

Para algumas entrevistadas, a moda representa algo mais conflitivo, por uma parte, é algo que lhes agrada e tratam de seguir, mas por outro lado lhes gera angústia e ansiedade.

Me voy a Bershka, Zara[11] [...] me gusta ver la ropa, y bueno, si tuviera dinero [...] me compraría faldas, zapatos, todos los del mundo, pero... tampoco veo mucha pasarela, ya te digo, que es que me genera mucha ansiedad ver desfiles y todo, a la hora de que me siento muy mal, entonces intento quitármelo lo máximo posible de enfrente... (Nuria, 20 anos; 2 anos em tratamento)

Outras foram extremamente críticas com a moda, já que para elas a moda representa e é, por sua vez, o produto de uma sociedade machista, que trata a mulher como um objeto e que favorece uma imagem corporal e ideais estéticos pouco sadios.

Lo que es la moda de las pasarelas siempre me ha parecido muy dañino para la mujer [...], ponen un canon de mujer que es un objeto..., con unas formas muy andróginas y [...] la moda de pasarela es..., me parece frívola, machista, andrógina, elitista, y me parece que es contraproducente que..., que traten de dar una imagen de elitismo y superioridad cuando caen en los defectos de los más garrulos de pueblo, en ser machistas, en tratar a la mujer como un objeto. (Nerea, 28 anos; 3 anos em tratamento)

No que se refere à influência da moda que as entrevistadas observavam, para algumas dita influência não existe, mas a maioria opina no sentido de que é determinante, sobretudo, em um sentido negativo.

Me parece que no es casualidad que [...] convivamos en una sociedad con unos cánones de belleza como los que tenemos y que esta enfermedad se acreciente tan bestialmente. Es una cuestión de trabajo de campo, de estadística. Mientras en la edad media, la anorexia era porcentualmente menos frecuente, ahora hay una epidemia y la epidemia viene a parte del machismo y de la imagen de perfección que se tiene de la mujer, pues de unos cánones de belleza que no son sanos. (Nerea, 28 anos; 3 anos em tratamento)

---

[10] Cadeia de roupa espanhola.

[11] Ambas são lojas de roupa com uma importante presença no mercado espanhol.

Também enfatizaram a função que a moda pode desempenhar ao criar ícones de beleza e determinar assim, que ícones estéticos devem seguir as jovens para adquirir êxito e prestígio social.

Sí, que creo que... que pueda causar un icono de belleza, no tanto en lo que te gustaría llegar a ser, sino en lo que puedes pensar de... -bueno, entonces esto es lo que vale, esto es en lo que los chicos se fijan, es lo que resulta atractivo-. [...] Es un mundo que demuestra una atracción [...]. (Sara, 22 anos; 6 meses em tratamento)

Neste sentido, culpabilizar a moda pela difusão de ícones de beleza e valores estéticos de extrema magreza, faz com que seja necessária a reflexão e a busca de responsabilidade pela produção destes conteúdos que enfatizam uma imagem corporal ideal pouco sadia, muito no limite de doenças como a anorexia e a bulimia.

Modelos

As modelos são percebidas fundamentalmente como corpos magros, às vezes esqueléticos.

[...] me parece fatal que se le dé tanta importancia a que el cuerpo de las modelos deba ser esquelético, porque están esqueléticas, incluso aunque después de lo de Cibeles[12] se suponga que son modelos de una 38 por talla. ¡Pero si siguen como palos! (María, 31 anos; 7 anos em tratamento)

[...] sí que es verdad que las miras y dices "joder, están como palos y mira dónde están y como son de famosas y eso..., ¡qué más da estar así isi a la gente le gusta!". Eso si que es verdad... (Ana, 24 anos; 1 ano em tratamento)

Por outro lado, entendiam que a situação extrema de muitas modelos não é boa, mas, ao mesmo tempo, algumas reconheceram que era uma situação desejada por elas. Assim, se comparavam com pessoas que consideravam superiores, o que favorecia a aparição de emoções negativas como a rivalidade, a dor e sentimentos de inferioridade.

Es un poco contradictorio (en alusión a la delgadez de las modelos); por un lado te recuerdan lo mal que puedes llegar a estar, pero a veces, de verdad, aunque esté mal decirlo (pausa), es envidia. Envidia de querer estar así de delgada, aunque sabes que no puedes..., pero quieres. (Marina, 20 anos; 4 anos em tratamento)

Seguro que están amargadas, pero bueno. [...] a mi sí, yo de pequeña, siempre decía que de mayor iba a ser modelo." (Arantza, 27 anos; 1 ano em tratamento).

Sobre todo me genera dolor, me genera un dolor y una envidia, y muchas veces dices, mira ésta está esquelética y tal, pero lo dices, y lo criticas, pero porque tu misma tienes envidia de esa persona, te genera un dolor y un... y un sentirte totalmente... inferior y ... quieres ser como esa persona. Y piensas que esa persona por ser así tiene todo lo que tu desearías. (Nuria, 20 anos; 2 anos em tratamento)

---

[12] Desfile anual de moda que acontece em Madrid e que desde 2006 exige das modelos que desfilam um Índice de Massa Corporal igual ou superior a 18.

Do mesmo modo, reconheceram o papel de exemplo e referência que podem ter as modelos, especialmente para a aprendizagem social das pessoas mais jovens. Neste sentido, as entrevistadas expressaram a contradição que sentiam ao ver, por um lado, o auge, o êxito e a valorização social que têm as modelos e, por outro lado, as mensagens que incidem na importância de não sofrer de anorexia ou bulimia.

> *Yo creo que la moda y las modelos son un ejemplo para muchas mujeres y a veces no son un buen ejemplo. Se supone que son mujeres con mucho éxito y dinero y eso. Las modelos están en todas partes y es normal que la gente las admire. ¡Pero si se las perdona todo! Mira el caso de Kate Moss, ¿has visto a una drogadicta que gane tanto dinero y que termine siendo casi una víctima de su adicción?* (Marina, 20 anos; 4 anos em tratamento)

Definitivamente, nenhuma das mulheres que entrevistamos considerou que os ícones da moda atuais, representados por algumas modelos, sejam apropriados para as meninas mais jovens. Isto é assim, devido, em grande parte, a ideia de que é muito provável que observar as consequências positivas (êxito) que premiam a conduta e imagem das modelos, leva a juventude a iniciar processos de aprendizagem social e imitação.

> *[...] a mi me da igual, para mi... pero me da rabia que se dé tanta importancia a eso, que sean palos y que eso se valore..., normal que las niñas quieran estar como ellas ¡si no hay otra imagen de éxito! Que da igual lo delegadas que estén porque las alaban incluso por esa delgadez..., ¿cómo le haces ver tú a una cría de 15 años que eso está mal [...]?* (Alicia, 35 anos; 5 anos em tratamento)

Em um sentido mais crítico, para algumas delas, as modelos encarnam ícones sociais prejudiciais, vítimas, em última instância, de estilistas e empresários do setor.

> *No son Mónica Bellucci, son palos de escoba sin nombre [...] mientras que en los 80 estaban Claudia Schiffer y Cindy Crawford, que tenían nombres propios, eran personas con nombres propios, ahora el diseñador se quiere llevar la fama y no quiere que una modelo le quite la fama, entonces ponen gente sin cara, sin nombre, sin cuerpo y perfectamente indistinguibles ente unas y otras.* (Nerea, 28 anos; 3 anos em tratamento)

Por último, para as pessoas que sofrem de anorexia e/ou bulimia, o ambiente que cerca as modelos também é percebido de forma perigosa, já que ao ver as modelos e comparar-se com elas, há uma tendência de imitá-las e manter essas mesmas atitudes.

> *Si tú estás enferma y vives con una persona o te rodeas en un ambiente, si tú ya estás un poco enfermo y todo el mundo está delgado y todo el mundo, joder, es imposible salir de ahí, imposible. ¿Por qué?, porque siempre te vas a comparar con las demás.* (Arantza, 27 anos; 1 ano em tratamento)

Conclusões

Nos últimos dez anos, as cifras sobre a incidência de anorexia e bulimia têm aumentado consideravelmente em nosso país. Isto se deve, em parte, a um melhor diagnóstico e a uma quantificação dos casos de maneira mais detalhada, embora esteja muito longe de ser sistemática. Os estudos que têm sido realizados na Espanha sobre o tema, tem ajudado a compreender certas razões que motivam e induzem a algumas pessoas a padecer de ambas as enfermidades, mas o tratamento e o estudo desde uma perspectiva psicossocial é escasso. Neste sentido, a finalidade deste trabalho foi descrever a influência dos meios de comunicação, da moda e das modelos sobre a experiência subjetiva destes transtornos desde a perspectiva da psicologia social.

As causas destes distúrbios alimentares podem ser muitas e diferentes, uma das mais importantes é a "exigência" que as sociedades ocidentais parecem primar pela magreza, especialmente das mulheres. Estar magro, tem se convertido nos últimos tempos na marca de apresentação mais importante para o triunfo social. As mensagens que fazem referência a importância da imagem corporal são constantes em todos os meios, especialmente na publicidade e no mundo da moda, como assim observamos que expressaram sentir as mulheres entrevistadas. Para muitas delas a pressão pode chegar a ser excessiva, poucas são as pessoas que podem ser absolutamente imunes a este tipo de influências. A sociedade atual, a indústria de moda, os meios de comunicação e a publicidade, nos bombardeiam constantemente com a ideia de que a felicidade ou o êxito estão associados, não a uma vida sadia ou a uma alimentação equilibrada, mas a magreza e ao consumo de produtos dietéticos ou *lights*. As participantes deste estudo, sentem que a todo momento lhes é lembrado que devem ser altas, magras e que não devem engordar. Através dos meios de comunicação é sugerido como elas podem conseguir tal êxito, por meio das dietas milagrosas, dos produtos para emagrecer ou das comidas com baixo valor calórico.

É necessário modificar nossos valores e parâmetros do que é beleza, êxito e aceitação social. Não podemos correr o risco e confundir uma alimentação sadia, uma preocupação com a saúde e com um corpo saudável, com uma alimentação baixa em calorias permanentemente e um corpo magro por obrigação. Valores como o logro, a competência ou o hedonismo, atuam de maneira negativa tanto na anorexia como na bulimia (Duker & Slade, 2003; Hesse-Bibber *et al.*, 2006; Selvini-Plazzoli *et al.*, 1999). Temos que contestar, portanto, aquelas mensagens que associam a magreza a uma forma de obter êxito, de se sentir satisfeitos e realizados.

Uma das conclusões que se desprendem desta investigação é a urgente necessidade de atuar, desde as ciências sociais, sobre o estudo e compreensão da saúde mental. Horney (1937, p.10) apontou, já há algum tempo que *"las neurosis no son engendradas por experiencias accidentales del individuo, sino, también, por las condiciones específicas de la cultura en que vivimos"*, e a anorexia e a bulimia, como doenças mentais (talvez também neuroses para Horney), não são uma exceção a esta regra, pois temos observado um importante componente sociocultural na gênesis das mesmas. Assim, isto fará justiça a urgência de contato com a realidade social e aplicação prática, que outros autores desde a sociologia clínica, demandaram às ciências sociais (McClung, 1955; Perlstadt, 1998).

Por outra parte, revisamos cinco teorias que abordam distintas dimensões da realidade humana; desde aspectos estruturais ou culturais (Ros, 2002; Fredrickson & Roberts, 1997; McCreary & Sadava, 1999), até psicossociais (Bandura, 1982; Festinger, 1954), tomando os resultados encontrados, uma direção paralela aos pressupostos que estas teorias estabelecem.

Devemos apontar uma questão não abordada neste estudo. Apesar de sabermos da existência de valores culturais promovidos pelos meios de comunicação que favorecem a aparição dos TCA, e que podemos perceber que ocorrem processos de comparação social e de aprendizagem por imitação de modelos, pelos quais estes transtornos se reproduzem nas jovens, resta então determinar a existência de fatores de risco, individuais ou de interação social, que tornam mais vulneráveis certas mulheres para o desenvolvimento destas doenças. Assim, é possível que, uma linha de investigação futura resida em reconhecer, mais além dos meios de comunicação, outros elementos de risco que, dentro deste mesmo contexto sociocultural, expliquem diferencialmente o porquê de algumas mulheres serem mais propensas que outras a desenvolverem anorexia e/ou bulimia. Neste sentido, será necessário abordar de forma particular, a incidência de fatores estressantes, valores pessoais, traços de personalidade, autoestima, etc., como fatores de risco e proteção para o desenvolvimento individual destas doenças.

Com a discussão levantada até aqui, é possível concluir que os meios de comunicação, junto com as agências publicitárias e a indústria de moda, possuem uma importante função na difusão e criação de conteúdos que determinam a imagem corporal da mulher. Além do que, podemos observar que, os ícones de beleza e magreza, assim como os valores estéticos que cercam esta imagem corporal, guardam uma aparente relação com o incremento dos TCA.

Quanto à aplicação prática dos resultados encontrados, seguindo as recomendações de Stice e Hoffman (2004), seria possível propor um plano preventivo de atuação. Dito plano estaria dirigido à população de maior risco, quer dizer, mulheres com idades compreendidas entre 13 e 25 anos. Com esta população, iria se trabalhar distintos temas como a descrição da anorexia e da bulimia, os valores culturais, o papel da mulher na sociedade moderna, os meios de comunicação, a influência da publicidade, os ícones pessoais, a identidade social, a aprendizagem social e a comparação social.

Como conclusão, devemos reconhecer que um corpo saudável não tem porque estar magro; é necessário junto à mudança de valores que defendemos trabalhar incentivando a autoestima e modelos ou ícones pessoais que não estejam estereotipados nem associados aos aspectos físicos ou a magreza exclusivamente. A todos nós cabe, não unicamente aos publicitários, às modelos ou aos estilistas, fomentar valores e atitudes que possam contribuir de forma positiva para solucionar e prevenir transtornos alimentares tão graves como são a anorexia e a bulimia nervosa.

CAPÍTULO 14

Grays reptelianos & afins: impactos da mídia e da indústria cultural na criação de um mito moderno

Marcos Emanoel Pereira

Parcela significativa das ações sociais humanas transcorre em ambientes coletivos. Os espaços coletivos de convivência permitem ao psicólogo social refletir sobre muitos elementos da natureza humana impossíveis de ser avaliados exclusivamente mediante o estudo dos comportamentos interpessoais e dos processos grupais. Viver coletivamente faz parte da essência de muitos organismos, e se no seio de uma coletividade o indivíduo se sente mais protegido e encontra condições mais apropriadas para suprir suas necessidades básicas, em contrapartida a vida coletiva humana se caracteriza como a dimensão social em que o impacto de crenças irracionais é mais forte e como o contexto no qual as ações manifestamente insanas ocorrem com uma intensidade dificilmente encontrada em outras dimensões.

Não é estranho, portanto, que muitos cientistas e psicólogos sociais venham mantendo uma relação extremamente reticente com o estudo dos fundamentos coletivos do comportamento social, ora se dedicando ao tema de forma relativamente superficial, ora tratando com desdém um tópico que decerto mereceria atenção especial.

A questão da natureza expressamente irracional das ações coletivas há muito desperta a atenção dos psicólogos sociais. O impacto das obras de Gustave Le Bon, Gabriel Tarde e Scipio Sighele, apenas para citar o nome de figuras proeminentes que se dedicaram ao estudo do tema, reflete essa tendência e se caracteriza, em especial, por assinalar e acentuar alguns aspectos essenciais das ações encetados nos grandes aglomerados humanos.

Le Bon expressou claramente uma tese cujas preocupações refletem o sentimento de temor das camadas aristocráticas da sociedade da época, para as quais a eclosão das massas no cenário social poderia acarretar enorme perigo para a sociedade civilizada. Partindo da introdução do conceito de véu do anonimato, que retratava um mecanismo capaz de favorecer a expressão de instintos selvagens e incontroláveis, Le Bon descreveu e definiu uma psicologia das massas capaz de oferecer certo conforto às camadas aristocráticas e cujo desiderato primordial era a explicação, a compreensão e a tentativa do controle das manifestações mais irracionais das multidões. A abordagem de Gabriel Tarde do problema das coletividades encaminhou-se em uma perspectiva distinta, ao enfatizar as circunstâncias particulares em que a intervenção das instituições poderia fazer que a ação irracional das massas se transformasse em uma intervenção mais produtiva e civilizada. Sighele, ao contrário, procurou denunciar a loucura cometida pelas massas, ao expor com todos os matizes possíveis como o crime se apodera facilmente das multidões e como os aspectos mais positivos da civilização se tornam facilmente suplantados pelo poderoso impacto dos instintos mais dramáticos e destrutivos que imperam na natureza humana.

Estas três concepções básicas, a suposição de que ações irracionais são derivadas da condição de anonimato, a admissão de que é imperativa a atuação de uma instância superior, capaz de impor certa ordem na desrazão, e a admissão correlata de que residualmente sempre estão presentes elementos insanos e desequilibrados, capazes de despertar os instintos irracionais de uma massa sem capacidade crítica e facilmente manipulada, representa o caldo de cultura que oferece a base intelectual que serve como substrato para muitas interpretações e explicações oferecidas para as ações e as manifestações coletivas. Esse esquema interpretativo é especialmente verdadeiro no âmbito dos meios de comunicação de massa, onde a pressão pela análise imediata do fenômeno é um imperativo inexorável, o que configura uma situação peculiar na qual se impede um distanciamento temporal capaz de proporcionar um julgamento mais isento e menos marcado pelas paixões e pelas emoções do momento.

A amplitude dessas crenças, no entanto, não se restringe aos meios de comunicação de massas, pois seus reflexos se manifestam em muitas análises conduzidas por psicólogos e cientistas sociais. Um conceito que reflete essa tendência é o de manias ou loucuras de massa. A suposição de que as manias de massa não têm limites e podem alcançar uma amplitude considerável ou pode ser mais restrita e se limitar a um determinado local ou período de tempo pode ser analisada se forem considerados dois dos exemplos mais característicos desses fenômenos. O primeiro caso pode ser exemplificado pela tulipomania, um estranho fenômeno ocorrido na Holanda no século XVII e que fez fortunas surgirem e desaparecerem em um curtíssimo espaço de tempo (MacKay, 1999), ao passo que o segundo é representado pela dança de St. Vitus, cujas manifestações iniciais ocorreram, sobretudo, no século XII, e que se caracterizava pela repetição desenfreada e ostensiva de gestos obscenos, que poderiam ser interpretados de forma menos apaixonada se não fossem manifestados pelas outrora recatadas religiosas de um silencioso convento.

A estrutura explanatória geral desses fenômenos sugere a presença de dois grandes fatores responsáveis pela eclosão dessas loucuras de massas, um claramente disposicional, uma personalidade facilmente sugestionável e com tendência a se deixar dominar pelo universo das fantasias e um outro situacional, no qual impera o efeito conjunto do quadro de referencias e dos limites da cognição humana.

A estrutura interpretativa adotada nas análises a seguir apresentadas, cujo foco central de interesse se refere a uma crença que disseminou de forma acentuada na segunda metade do século XX, acentua a insuficiência desse entendimento e indica que essas explicações simplificadoras são incapazes de retratar a enorme complexidade das manifestações coletivas. A tese central aqui advogada é a de que as ondas coletivas de coisas vistas nos céus devem ser interpretadas como construções sociais, cujas manifestações foram determinadas e definidas pelos meios de comunicação de massa e pela indústria cultural. Independentemente dos objetos vistos serem ou não entes reais, a mídia e a indústria cultural impuseram um esquema interpretativo fortemente compartilhado entre as camadas mais educadas da sociedade, o que terminou por conferir forte caráter normativo a uma série de experiências pessoas cujas manifestações foram inicialmente marcadas pela estranheza, pela imprevisibilidade e pela diversidade. Aliado a isso, a adoção de uma terminologia claramente psicopatológica, que se reflete no uso de expressões como manias, delusões ou loucuras sobre coisas vistas nos céus representa, na realidade, uma estratégia de manutenção e controle de um conjunto de fenômenos para os quais as explicações parecem insuficientes em um contexto no qual a dimensão da incerteza ocupa posição primordial.

O impacto coletivo dessas estranhas coisas vistas nos céus não é um fenômeno recente, tal como se constata, por exemplo, em obras como o Ramayana hindu (Kolosimo, 1974), a Bíblia cristã (Downing, 1968; Blumrich, 1974), nas crenças coletivas medievais sobre as bruxas que cavalgavam os céus (Vallee, s.n; Vallee, 1969) ou no mito moderno dos discos voadores (Jung, 1991). Ainda que relatos sobre esses objetos estranhos voadores sejam recorrentes e um componente central da cosmologia de várias culturas dispersas no globo terrestre, apenas em raras ocasiões o fenômeno ganha uma coloração acentuadamente coletiva e se manifesta sob a forma de ondas coletivas sobre objetos vistos nos céus. Os estudiosos do assunto identificaram várias dessas ondas, cujas manifestações recentes mais conhecidas foram identificadas por inúmeros pesquisadores (Bartholomew & Howard, 1998):

- a onda dos barcos voadores, Estados Unidos, 1896-1897;
- a onda dos balões fantasmas, Canadá, 1896-1897;
- o grande medo do Zepelim, Nova Zelândia, 1909;
- os boatos sobre os barcos voadores, Nova Inglaterra, 1909-1910;
- o pânico dos objetos voadores não identificados, Inglaterra, 1912-1913;
- o medo das ameaças voadoras, vários países, 1914-1918;
- os *foo-fighters*, teatro de operações na Europa e no Pacífico, 1944-1945;
- a loucura dos foguetes fantasmas, Suécia, 1946;
- a onda dos discos voadores, Estados Unidos, 1947.

Como se trata de fenômenos recorrentes, o estudioso dos comportamentos coletivos inevitavelmente passa a se perguntar sobre o fundo de verdade dessas questões. O que poderia explicar, por exemplo, os *foo-fighters*, supostas esferas coloridas e luminosas que acompanhavam à relativa distancia aviões de combate, sem interferir na luta entre os contendores, e que foram relatados tanto pelos pilotos aliados quanto pelos pilotos da Luftwafe? Tratava-se apenas de um fenômeno atmosférico natural? Eram armas secretas dos inimigos, como pensavam pilotos e oficiais das agências de inteligência dos dois lados da disputa? Foram, de fato, fotografados e identificados pelos radares?

Talvez a verdadeira natureza de tais fenômenos coletivos nunca venha a ser esclarecida, mas é inegável que essa crença produziu, e ainda produz, efeitos reais na psicologia dos indivíduos e da coletividade. Esses efeitos refletem claramente as mudanças de mentalidade e, como tais, podem ser analisados com o intuito de esclarecer as constantes transformações que se manifestam nos domínios das crenças coletivamente compartilhadas. O objetivo central deste capítulo, portanto, é o de avaliar a forma pela qual as crenças coletivamente compartilhadas definem e constroem uma maneira particular de ver e explicar a realidade física e social. Nosso foco de análise, entretanto, é temporalmente circunscrito. A delimitação temporal das ondas ufológicas, no entanto, não é uma tarefa simples. Denzler (2001), com base nos trabalhos de Jacques Vallee, Coral Lorenzen e Joseph Ritrovato, identificou seis grandes ondas ufológicas no século XX, a de 1946-1947, a de 1952, a de 1954, a de 1956-1958, a de 1965-1968 e a de 1973-1974. Richard Hall (1999), com base em estudos extensivos dos relatos, identificou quatro ondas ufológicas entre 1947 e meados dos anos 1980, a de 1948-1951, a de 1958-1960, a de 1970-1972 e a de 1979-1981. Obviamente, essas estranhas coisas vistas nos céus continuaram sendo relatadas, mesmo em períodos alheios às grandes ondas ufológicas, mas essas observações, por serem pontuais e dispersas no espaço e no tempo, não serão consideradas neste estudo. Nosso objetivo, portanto, é o de identificar e avaliar como a interpretação dos meios de comunicação de massa e a apropriação das ondas ufológicas

A onda de 1896/1897: a definição de uma agenda de estudos

A segunda metade do século XIX foi uma época de muitas transformações. O ritmo incessante em que surgiam e se popularizam novas e extraordinárias invenções – o telefone, o gramofone, a lâmpada elétrica, o carro a motor, a turbina a vapor, o motor a diesel, o aparelho de raio X e o rádio – apenas para citar algumas invenções que mudaram a face do planeta, fomentava a certeza de que o homem em breve seria capaz de controlar e dominar a natureza.

Um dos aspectos mais fascinantes da luta humana contra as leis da natureza se refletiu nas numerosas tentativas do engenho humano em criar um objeto mais pesado que o ar, capaz de alçar voo, se manter suspenso com suas próprias forças e pousar de forma segura. Observou-se, no fim do século XIX, uma luta renhida entre muitos inventores que trabalhavam incansavelmente com a finalidade de demonstrar a viabilidade, impossível com a tecnologia da época, dessa nova alternativa de transporte. As inúmeras, e fracassadas, tentativas, assim como o anúncio frequente de cientistas e inventores sequiosos por celebridade, que asseguravam terem inventado e patenteado aparelhos voadores, ecoavam rapidamente nos jornais publicados na época (Bartholomew & Howard, 1998).

Em um período em que os índices de desemprego eram particularmente altos, e os Estados Unidos contavam com cerca de 2 milhões de desempregados, um telegrama publicado numa quinta-feira, 17 de novembro de 1896, no jornal *Sacramento Evening Bee*, informou que um empreendedor estabelecido em Nova York deveria pilotar seu novo invento até a Califórnia, em uma jornada de dois dias de duração. Na mesma noite, começaram os relatos e, consequentemente, uma intensa cobertura dos jornais: Boatos? Psicose de massas? Invenções secretas? Pouco importa, pois imediatamente testemunhas em várias outras cidades passaram a relatar novos episódios, numa onda de avistamento de estranhos objetos voadores que se estendeu até o ano seguinte. Os relatos sobre esses artefatos, observados em várias cidades de diferentes estados norte-americanos, passaram a despertar, cada vez mais, a atenção dos jornais, que se posicionavam de forma ambígua em relação ao assunto, ora contestando os relatos, com base na informação de que eles eram apenas a consequência de doses generosas de uísque, ora dando destaque ao acontecimento, confiando e reproduzindo relatos de pessoas eminentes e de reputada respeitabilidade na comunidade em que viviam.

Coincidentemente, esses artefatos voadores reproduziam a forma e a função de objetos que então se davam a conhecer pelos meios de comunicação, entre os anos de 1850 e 1880, mas cuja popularidade começa a se intensificar no início da década de 1890, quando os jornais de várias regiões dos Estados Unidos começam a publicar notícias, muitas vezes sensacionalistas, sobre inúmeros inventores que planejam e tentar lançar pelos ares, literalmente, frotas de dirigíveis. Vários estudiosos do assunto, entre os quais, Moffitt (2006), um historiador das artes interessado na iconografia dos extraterrestres, chama a atenção para o fato de que nem sempre os objetos voadores não identificados foram representados na forma de discos voadores. Os relatos, dessa época, se referiam a embarcações voadoras, cilíndricas e dotadas de hélice, sob as quais se localizava um habitáculo, geralmente iluminado e habitado. De acordo com a descrição das testemunhas, as naves, propulsionadas por motores e dotadas de potentes refletores, ora eram vistas como embarcações de forma oblonga com asas, assemelhadas a um pássaro, ora como barcos, com uma parte central larga, nas quais estavam afixados propulsores ou motores que pareciam gigantescos ventiladores.

Bartholomew (1998) chama a atenção para uma particularidade da onda de objetos voadores de 1896-1897 no noroeste dos Estados Unidos. Ela não se manifestou no estado de Oregon, onde o primeiro relato foi imediatamente desqualificado pelo jornal *Evening Telegram*, de Portland, mas foi muito forte na Califórnia, em Nevada ou em Arkansas, estados nos quais os jornais sensacionalistas aumentavam espetacularmente suas tiragens, explorando de forma sistemática os avistamentos.

Os últimos relatos sobre estes objetos foram registrados em julho de 1897 e fossem eles dirigíveis ou não, fantasiosos ou autênticos, os estranhos artefatos forneceram os fundamentos do que Brenda Denzler (2001) denominou "ufolclore":

a) o reconhecimento público da existência de artefatos voadores, cujas propriedades (dimensão, forma, tamanho, velocidade etc.) diferem inteiramente dos objetos conhecidos à época pelos humanos;

b) a tendência dos jornais e do público em duvidar da validade dos relatos ou mesmo a colocar sob suspeita a idoneidade dos testemunhos e das testemunhas;

c) a grande quantidade de relatos sobre a presença de ocupantes misteriosos ao lado ou mesmo no interior desses artefatos;

d) o expressivo número de relatos sobre o estabelecimento de contatos entre os humanos e algumas estranhas criaturas, o que proporcionou o surgimento da hipótese de que esses tripulantes poderiam ser viajantes originários de outros mundos;

e) a demanda de uma resposta oficial das autoridades, com a solicitação incessante, e quase nunca atendida, de explicações sobre a natureza e a veracidade dos eventos.

A onda dos dirigíveis voadores de 1896-1897, assim como suas consequências em termos do impacto exercido sobre a opinião pública e os meios de comunicação de massa, definiu uma agenda de questões que pautou os estudos sobre os objetos voadores não identificados nas décadas subsequentes:

i) a discussão sobre a natureza dos fenômenos observados;

ii) o reconhecimento dos inumeráveis problemas de natureza metodológica, inerentes às condições de observação e à ausência de qualquer tipo de controle sobre o fenômeno submetido à investigação;

iii) a enorme quantidade de testemunhos fantasiosos e de infindáveis boatos acerca das aparições, o que passou a gerar inevitáveis suspeitas e diversas acusações a respeito da falta de credibilidade das testemunhas;

iv) a enorme pressão exercida pelos descrentes e céticos, que passam a qualificar como ingênuos e crédulos os estudiosos e demais interessados nesse assunto.

A onda dos objetos voadores de 1946/1948: um redator define a forma dos objetos

A literatura popular de ficção científica, conhecida como *pulp fiction*, de início de baixa tiragem e voltada para um grupo reduzido de admiradores, posteriormente tornar-se-á extremamente influente, devido, sobretudo, à criação, em 1927, da revista *Amazing Stories*, publicada durante muitos anos pelo editor Hugo Gernsback. Essa publicação, vendida a preço baixo e com enormes tiragens, contribuiu para definir uma série de arquétipos explorados ulteriormente, tanto na literatura de ficção, quanto entre os relatos de estudiosos sérios: o do alienígena malévolo, o dos raptos de mulheres por alienígenas, o dos discos voadores que disparam raios que paralisam os incautos terrestres. Posteriormente, a série de figurinhas de cromo para colecionar *Invaders from Mars* tornou-se muito popular entre toda uma geração de adolescentes e fixou de forma nítida a imagem malévola do marciano, tal como se pode ver no filme Marte ataca! (*Mars Attack!*), de Tim Burton.

Moffitt (2006) destaca os elementos inicialmente presentes na indústria de entretenimento e como esses fatores forneceram o alimento que tornou plausível, ao menos para aqueles que sofreram seu impacto, um pânico coletivo de proporções inigualáveis até hoje. A literatura de ficção científica pode ser considerada a grande responsável pela preparação de um estado psicológico que favoreceu a expressão do pânico gerado pela transmissão radiofônica feita por Orson Welles em 1938, um ano particularmente emblemático, no qual uma parcela bastante alta dos norte-americanos, que sentia na própria pele a intensificação das misérias econômicas e sociais trazidas pela grande depressão, acompanhou pelo rádio e ouvindo os ruídos de fundo enquanto os eventos eram relatados pelos repórteres *in loco*, uma série de acontecimentos especialmente funestos para os Estados Unidos: a formação do eixo Berlim-Roma-Tóquio, a anexação da Áustria, a Guerra Civil Espanhola, que se aproximava do fim, com a provável vitória dos fascistas e a Noite dos Cristais Partidos, quando uma centena de judeus foram mortos e milhares enviados para campos de concentração.

Nesse mesmo ano, na noite de domingo, 30 de outubro, uma parcela muito grande do público da CBS estava ouvindo um campeão de audiência, o programa dos comediantes Charlie McCarthy e Edgard Bergen, transmitido por outra cadeia radiofônica e não ouviu o comentário inicial que a próxima atração da emissora, o *Mercury Theatre in the Air*, seria um programa especial para o *Haloween*, a dramatização de uma conhecida história de ficção científica, A guerra dos mundos, de H. G. Wells, originalmente publicada em 1898. Os ouvintes tardios, ao sintonizarem a CBS, depararam com tradicional instituição americana da previsão do tempo e, em seguida, com um programa musical, prontamente interrompido para a transmissão, em caráter extraordinário, de um boletim noticioso, no qual o professor Farrel, do Observatório de Mount Jennings, relatava ter observado, na superfície de Marte, uma série de explosões de gás incandescente. Imediatamente, os repórteres da emissora entraram em contato com o professor Person, da Universidade de Princeton, que sem pestanejar confirmou o teor do relato. Ansiosamente aguardando por novas informações, os ouvintes continuam com a audição do musical. Minutos depois, nova interrupção para a divulgação de um novo boletim extraordinário, desta vez um tanto alarmante: um grande objeto em chamas espatifou-se contra o solo em Grover's Mill, um local próximo a Princeton, New Jersey. Um repórter da própria rádio, um tal de Carl Phillips, enviado ao local da queda do artefato, cercado por uma pequena multidão, passa a transmitir, diretamente do palco dos acontecimentos, uma impressionante sequência de eventos: o objeto acidentado, um grande cilindro metálico, começa a produzir um estranho zumbido, uma porta se abre na parte de trás do artefato, vêm à luz monstros horríveis, com forma de serpente, como se fossem de couro molhado e olhos negros de insetos, que brilhavam intensamente; com potentes lança-chamas os invasores trucidam a multidão e os indefesos policiais de New Jersey, cujos clamores de desespero e morte ecoam pelo rádio em milhões de lares norte-americanos.

O clima de pânico, a histeria de massas e as consequências desse acontecimento foram analisadas amiúde em muitas obras sobre os fenômenos coletivos. O que de fato aconteceu não ficou esclarecido em definitivo, embora muitos relatos assegurem que as centrais telefônicas ficaram saturadas, que pessoas em desespero procuraram delegacias de polícia em tentativas infrutíferas de obter informações sobre a hora exata do fim do mundo. Muitos fugiram das cidades com os poucos pertences que foram capazes de levar, outras solicitaram máscaras de gás, enquanto se ouviram súplicas e rezas pelo juízo final em igrejas e templos. Alguns sofreram infartos e muitos chegaram a relatar os sons dos exércitos em choque, enquanto os mais destemidos subiram nos telhados e passaram a ver, e relatar, a uma distancia segura, evidentemente, o brilho mortal das batalhas travadas entre as forças terrestres e os invasores marcianos.

Apesar das consequências, a ficção de Welles logo caiu no esquecimento, pois uma nova preocupação, mais palpável, a Segunda Guerra Mundial, dominou inteiramente a cena dos noticiários. Novos medos sobre estranhas coisas vindas do ar e alguns medos coletivos, como o temor do ataque dos japoneses a Santa Clara, Califórnia, tornaram o impacto das ameaças oriundas de artefatos vindo pelos ares uma realidade onipresente durante a guerra. Imediatamente ao fim do conflito e em pleno alvorecer da Guerra Fria, ocorre nova onda de objetos vistos no ar. A característica mais marcante dessa nova onda é que ela permite que o fenômeno seja nomeado. A expressão discos voadores surge de um erro, ocorrido em 1947, quando Keneth Arnold, um piloto e homem de negócios, dedicando-se à busca dos destroços de um C-47, provavelmente motivado por uma generosa recompensa de 5 mil dólares, relatou ter observado uma formação de objetos voando a grande velocidade sobre o céu do Monte Rainier, no estado de Washington. Arnold imediatamente interrompe as buscas e notifica, por rádio, o avistamento de objetos metálicos, em formato de crescente, voando de modo errático a 2.700 quilômetros por hora, uma velocidade cerca de 1.500 quilômetros maior que a da aeronave mais rápida existente à época. De acordo com o relato, o deslocamento do objeto se assemelhava a de pires (*saucers*) saltitantes lançados sobre um espelho d'água. Um repórter da agência *Associated Press* transformou a expressão em nove objetos com formato semelhante ao de pratos (*saucer-like objects)*, que, por sua vez, foi modificada pelo editor responsável pela manchete da matéria e traduzida por discos voadores (*flying saucers*).

Apesar de pilotos experientes terem clamado que a experiência poderia ser decorrente do reflexo do painel de controle do avião nas janelas, de olhar diretamente na direção do sol ou mesmo o brilho da neve refletida pelas montanhas geladas do Monte Rainier, fenômenos esses capazes de confundir um piloto cansado pelo desgastante trabalho de uma operação de buscas, o impacto do relato foi enorme e, antes mesmo do avião de Arnold aterrissar, uma multidão de repórteres se aglomerava no local do pouso em busca de mais notícias sobre tão inesperado acontecimento.

O impacto da notícia foi imediato. Vendida pela *Associated Press*, ela foi publicada nas semanas seguintes em mais de 5 mil jornais ao redor do globo. Segue-se, claro, uma nova onda de avistamentos. O clima tenso do pós-guerra, obviamente, pouco contribuía para acalmar os ânimos. O próprio Arnold, em um relatório apresentado às autoridades militares, considerara que o objeto avistado seria provavelmente uma arma secreta do próprio governo americano. Essa opinião, no entanto, não persistiu por muito tempo, pois em 1948 ele escreve um artigo no primeiro número da revista *Fate*, publicado por Ray Palmer, um antigo editor da *Amazing Stories*, cujo título *"The truth about flying saucers"* (A verdade sobre os discos voadores) indica uma mudança de ponto de vista, que se substanciou, definitivamente, em 1952 com a publicação conjunta do livro *The Coming of Saucers* (Os discos voadores estão chegando) por Arnold e Palmer, podendo-se dizer, como Clarke e Roberts (2007), que se o avistamento de Arnold foi um evento cujo valor de verdade é discutível, a ideia dos discos voadores é uma invenção que pode ser atribuída a Ray Palmer.

Durante a segunda onda de objetos voadores não identificados três casos se tornaram paradigmáticos, o do piloto e herói da Segunda Guerra Mundial, Thomas Mantell, que faleceu a bordo de um caça F-51 tentando interceptar um enorme objeto circular, o dos pilotos de um DC-5 comercial que relataram ter observado um objeto com forma de torpedo durante um voo comercial regular, e os eventos que posteriormente deram origem ao mistério de Roswell, quando destroços de um artefato voador, a princípio identificado e imediatamente negado como um disco voador, teriam sido localizados e mais tarde recolhidos pela Força Aérea norte-americana em uma região rural dos Estados Unidos. Esses avistamentos, assim como muitos outros que se manifestaram na onda de 1946-1948 tiveram duas consequências imediatas: a enorme popularização da expressão discos voadores e a padronização dos relatos sobre a forma dos objetos voadores não identificados.

Uma pesquisa de opinião do Instituto Gallup indicou que poucos meses após o surgimento da expressão discos voadores, cerca de 90% dos norte-americanos já tinham ouvido alguma referência ao fenômeno (Clarke & Roberts, 2007). Muitas décadas depois, o erro de um redator e a imaginação de um editor continuam a repercutir no modo pelo qual os objetos são avistados e depois relatados. Com base no relato inicial de Arnold, o disco voador passa a ser um elemento central no imaginário popular e independentemente do tamanho, do sistema de propulsão ou mesmo de seus ocupantes, os estranhos objetos vistos no céu passam a ser percebidos segundo um padrão claramente definido: um objeto oval, com luzes de um brilho intenso e sequencial, que se configura numa extraordinária experiência hipnótica.

Se a forma do objeto torna-se definitivamente estabelecida, as opiniões sobre os ocupantes continuavam a despertar forte controvérsia e se no início da década de 1950 a afirmação de que os objetos voadores não identificados eram entes reais passou a ser aceita pela maior parte dos estudiosos da ufologia, uma parcela substancial ainda rejeitava inteiramente a tese da origem extraterrestre dos objetos (Marr, 1998). Esta última hipótese, no entanto, foi aos poucos ganhando cada vez mais adeptos, o que pode ser explicada pela profusão de relatos sobre seres extraterrestres referidos nos numerosos registros de avistamentos de objetos voadores não identificados. Os relatos da época faziam referências aos mais diversos e estranhos tipos de personagens que pilotavam esses objetos e essa diversidade assumia os mais diversos formatos, tais como pequenos homens verdes, gosmas espaciais, gigantes com um único olho, alienígenas com forma de insetos, pequenos anões, arianos, seres de luz e répteis.

Qualquer classificação dos seres avistados e identificados nos relatos é uma tarefa temerosa. Randles (1999), por exemplo, reconhece que dos 6 mil relatos conhecidos de contatos com esses seres, podem ser identificados seis grandes grupos de alienígenas, responsáveis pela quase totalidade dos encontros.

Os pequenos seres (*little people*), cuja prevalência se manifestou sobretudo na Europa Ocidental, entre os anos 1950 e 1970, eram caracterizados como indivíduos cuja altura não ultrapassava os 120 centímetros e cujas ações, em especial certa tendência a pregar peças nas pessoas, correspondiam àquelas descritas como características dos personagens de contos de fadas especialmente prevalentes na Inglaterra e na Escócia (Mathews, 2005). Também foram encontrados, nos anos 1950, alguns relatos sobre seres assemelhados a gnomos e duendes, que em geral eram representados como alienígenas de baixa estatura, com orelhas pontiagudas, dentes afiados e caracteristicamente agressivos. Os *grays*, também de baixa estatura, eram ainda mais raros nos relatos apresentados nos anos 1950, alcançando, de acordo com Randles, apenas 2% dos casos. Esses seres, segundo os relatos, eram dotados de uma cabeça desproporcionalmente grande e de corpo extremamente magro e aparentemente frágil, não tinham pelos e a coloração da pele era esbranquiçada ou acinzentada. Cerca de um terço dos relatos nos anos 1950 representavam os extraterrestres como indivíduos em tudo semelhante aos humanos, mas que podiam prescindir dos objetos voadores e entrar e sair de forma misteriosa dos ambientes habitados pelos humanos. Nos relatos sobre os humanoides predominavam indivíduos do sexo masculino, de cabelos loiros e olhos azuis. Semelhantes aos humanoides, os extraterrestres tipificados como nórdicos eram bem mais altos e dotados de uma beleza extraordinária, mediam em média 2,20 metros, tinham profundos olhos azuis, cabelos loiros e geralmente podiam se comunicar por telepatia com os humanos. Os relatos sobre os nórdicos representavam 21% dos casos relatados na década de 50. A última categoria de alienígena referida por Randles é a das projeções, que alcançavam apenas 8% dos registros de contatos durante a década de 1950 e eram, em geral, representados como sombras ou seres de luz, se assemelhavam a hologramas e a sua presença era denunciada por sons de alta ou baixa frequência (Talbot, 1991).

Apesar da abrangência da tipologia de Randles, os relatos sobre os alienígenas incluem criaturas ainda mais estranhas e bizarras. Uma linha do tempo em que os seres alienígenas estão representados foi publicada em Nickell (1997), no periódico cético *Skeptical Inquirer* e evidencia quão extraordinária e multiforme poderia vir a ser a vida extraterrestre. Nesse particular, apenas a imaginação dos roteiristas de seriados de ficção científica é capaz de se contrapor à plenitude do cosmos, como se pode observar na variedade de seres alienígenas criados pelos roteiristas da série televisiva *Star Trek* (González, 2000)

A partir de meados dos anos 1950, no entanto, a diversidade das formas de vida extraterrestre começa a ser ofuscada, pois um tipo extraordinário de visitante extraterrestre passa a ser objeto de atenção da mídia, do público e dos estudiosos do assunto, e as outras formas de vida aos poucos começam a desaparecer do cenário, sendo relatadas de forma cada vez mais rara pelas testemunhas.

As ondas ufológicas nos anos 50: o modelo Klaatu-Adamski

Em 1949, em plena Guerra Fria, a revista *True Magazine* publica *The flying saucers are real* (Os discos voadores são reais), artigo assinado por Donald Keyhoe, um *mariner* aposentado, no qual este admitia explicitamente a existência dos objetos voadores não identificados e apresentava a primeira formulação de uma das principais teorias conspiratórias do século XX (Ramsay, 2000). A esse artigo se segue imediatamente um outro, em que se descarta a hipótese dos artefatos voadores serem armas secretas de países inimigos ou que os fenômenos observados poderiam ser explicados como eventos naturais. Em 1952, no auge de uma onda ufológica, em que numerosas descrições de objetos não identificados foram relatadas sobre o espaço aéreo de Washington, a prestigiosa revista *Life* publicou uma matéria em que os pontos de vistas anteriormente expressos são reiterados, o que faz que o tópico dos objetos voadores não identificados se torne objeto de intenso debate e de grande interesse público.

Outros órgãos de imprensa imediatamente refletem esse interesse e, nesse mesmo ano, o *Air Technical Inteligence Center* da Força Aérea norte-americana recebe cerca de 1.500 notificações de avistamentos, embora o número estimado pelas autoridades tenha sido dez vezes maior. No mês de julho desse ano foram relatados avistamentos de objetos voadores não identificados sobre a cidade de Washington e sobre o Capitólio, gerando uma situação de pânico que se refletiu na enorme quantidade de chamadas telefônicas para o Pentágono, que sugestivamente teria sobrecarregado e deixado inoperante o sistema telefônico do centro de defesa da nação mais poderosa do planeta. Devido à enorme pressão popular e da imprensa, as Forças Armadas convocaram uma concorrida entrevista coletiva, na qual o astrônomo Donald Menzel desmentiu a natureza extraordinária dos avistamentos, caracterizando-os como o efeito de um fenômeno atmosférico banal, a inversão térmica.

As especulações sobre a existência de visitantes extraterrestres e as ameaças apocalípticas de extinção da humanidade pelas armas nucleares terminam por fazer que o arquétipo do visitante espacial dos anos 1930, estilo Buck Rogers, vestido com um macacão prateado, com tanque de oxigênio nas costas e uma redoma de vidro na cabeça, fosse aos poucos perdendo força, sendo substituído por uma nova concepção dos visitantes espaciais. O apelo popular do assunto é extraordinário a se considerar a rapidez com que importantes produtoras cinematográficas lançam filmes sobre invasões de extraterrestres, como O *enigma do outro mundo* (*The Thing* – 1951), *Os invasores de Marte* (*Invaders from Mars* – 1953), o espetacular lançamento em 3D *A ameaça veio do espaço* (*It Came from Outer Space* – 1953) e *A invasão dos discos voadores* (*Earth versus Flying Saucers* -1956). O papel do cinema na construção desta nova concepção do extraterrestre é decisivo, destacando-se especialmente a obra O *dia em que a Terra parou* (*The day the Earth stood still* -1951), do diretor Robert Wise.

O filme começa com a aterrissagem de um disco voador em Washington. Cercado pelo Exército, Klaatu, o embaixador do espaço, sai da espaçonave e ao tentar retirar do bolso o presente que trouxe como um gesto de boa vontade é atingido no braço pelo disparo de um militar nervoso e descontrolado. Imediatamente, Gort, um gigantesco robô sai em auxílio a Klaatu e começa a destruir as armas humanas com um raio mortal, até ser interrompido pelas ordens de Klaatu: *"Klaato barada nikto"*. Com o robô desativado, Klaatu é levado sob custódia e tenta persuadir, sem sucesso, as autoridades militares a aceitarem a mensagem pacifista. Como os esforços em alertar às autoridades foram em vão, Klaatu foge e se esconde na casa de Helen, onde é ajudado por Bobby, um inocente garoto, que, fascinado, imaginara estar colaborando com um agente do FBI em missão de caça ao extraterrestre. Com o auxílio de Bobby, Klaatu entra em contato com um cientista, o doutor Barnhardt, a quem comunica seu ultimato: as experiências nucleares conduzidas na Terra estão colocando em perigo todo o universo e, caso não cessem imediatamente, o planeta será inevitavelmente destruído. A mensagem pacifista da obra se consubstancia na extraordinária cena em que todas as máquinas do planeta silenciam em um funesto aviso de que poderá acontecer em um futuro próximo. Os avisos de Klaatu são ignorados pelos militares e após a delação de Tom, o namorado de Helen, o extraterrestre é perseguido e morto. A morte de Klaatu desperta Gort, que liberto das frágeis amarras em que fora aprisionado pelos militares, resgata o corpo do extraterrestre, ressuscitando ao introduzi-lo em um dispositivo médico no interior do disco voador. Na cena final, perante cientistas de inumeráveis países convocados pelo doutor Barnhardt, o ressuscitado Klaatu faz um valoroso discurso, no qual reitera o ultimato e assegura que, se a corrida armamentista das mais poderosas nações do planeta não cessar imediatamente, a única alternativa cabível a Gort será a destruição da Terra.

O argumento do filme apresenta duas diferenças fundamentais em relação às obras cinematográficas anteriormente referidas e a muitas outras produzidas nos anos seguintes (Santos & Santos, 2005). Ele não gira mais em torno dos heroicos militares que desesperadamente lutam para repelir forças extraterrestres mais desenvolvidas, dotadas de uma avançada tecnologia e de táticas de combate desconhecidas. Os cientistas, ao contrário do papel decisivo exercido pelos militares nas outras obras, ocupam uma posição central em O dia em que a Terra parou. A contraposição fica clara mediante a análise do comportamento do sensato cientista quando comparado com as desastradas ações dos descontrolados militares. A segunda grande diferença do filme se refere à perspectiva claramente não etnocêntrica da obra. Se nas obras cinematográficas anteriores o roteiro é dominado pelo ideário da defesa dos valores da civilização norte-americana contra as ameaças alienígenas, desta vez a mensagem se dirige à humanidade como um todo. A luta contra a intolerância e os ensejos de um mundo regido por uma ordem em que humanos convivam de forma pacífica entre si e com seres de outros mundos é um corolário do discurso de Klaatu e um elemento central do argumento de O dia em que a Terra parou.

Tal concepção do extraterrestre mensageiro estelar da paz é reforçada dois anos depois do lançamento do filme de Wise, quando a história dos contatos entre um humano e os extraterrestres é publicada no livro Discos voadores, seu enigma e sua explicação (Flying Saucers have landing), escrito pclo ocultista Desmond Leslie. O livro reproduz os contatos com os extraterrestres estabelecidos por George Adamski, um astrônomo amador estudioso dos fenômenos ocultos e dono de um trailer de fast-food, situado nas colinas próximas ao afamado observatório astronômico de Monte Palomar e reproduz as mensagens filosóficas e religiosas transmitidas pelos irmãos de Vênus, com os quais, alegadamente, o contatado vinha se comunicando desde algum tempo. Adamski, que aparentemente forjara fotografias dos discos voadores, que por intermédio do aristocrata inglês Brinsley le Poer Trench mantivera contato com a CIA, torna-se de imediato uma celebridade, passa a viajar pelo mundo fazendo inúmeras e rentáveis conferências sobre suas experiências, bem como mantendo contatos, muitas vezes secretos, outras vezes abertos, com personalidades igualmente famosas. O livro, apesar das numerosas críticas que despertou na comunidade científica, em pouco menos de uma década após a publicação, alcançou a marca de um milhão de cópias vendidas e foi traduzido em cinquenta idiomas.

O impacto de filmes como O dia em que a Terra parou ou de livros como Discos voadores, seu enigma e sua explicação foi extraordinário e terminou por definir a concepção do modelo Klaatu-Adamski de extraterrestre. Trata-se de uma espécie de embaixador cósmico divino (Randles, 1991) ou de um Jesus Cristo das galáxias (Moffitt, 2006), de longos cabelos loiros e olhos azuis, cujos ensinamentos pacifistas se destinam a admoestar a humanidade dos perigos da guerra nuclear e postulam o desenvolvimento de um sistema axiológico centrado nos valores universais do amor, da compreensão mútua e da sabedoria. A missão principal desses evangélicos do espaço sideral era singela: salvar a humanidade e preparar o planeta Terra para a entrada na Irmandade Cósmica Universal. Trata-se, portanto, de um modelo de contato regido por um interesse claramente religioso que se consubstanciava em um sofisticado sistema telepático de comunicação, conduzida, obviamente, pelos superiores extraterrestres. Mediante esse sistema, os extraterrestres, embora ciosos em não interferir diretamente nos assuntos humanos, procuravam sistematicamente ensinar à humanidade o caminho da retidão e da salvação.

De acordo com Denzler (2001), o movimento dos contatados deixou dois grandes legados para a história dos fenômenos ufológicos. Em torno dos contatados, em particular entre os que tornaram públicas suas experiências, gravitava um grupo razoável de seguidores, o que proporcionou facilidades e permitiu que muitos acadêmicos pudessem investigar o impacto social dos grupos ufológicos (Festinger, 1951). O segundo grande legado dos contatados para a história da ufologia se relaciona com o sistema de comunicação que eles afirmavam estabelecer com os extraterrestres. A partir da década de 1970, com o surgimento do movimento *new age*, muitos passaram a sustentar que mantinham um sistema de comunicação com extraterrestres e entidades de outras dimensões. A ideia de busca do autoconhecimento e de inspiração mediante a canalização ou o estabelecimento de contatos com esses seres por canais de comunicação distintos das vias tradicionais representou um importante papel do movimento dos contatados para a história da ufologia.

Em resumo, o impacto dos avistamentos e dos contatos durante a onda ufológica dos anos 1950 foi decisivo, pois não apenas Edward Ruppelt, um capitão da Força Aérea norte americana, cunhou a expressão objetos voadores não identificados, para imprimir um caráter mais científico ao estudo do fenômeno, como também provocaram o surgimento dos primeiros grupos militares e civis dedicados ao estudo do assunto.

De acordo com Clark e Roberts (2007), em algumas regiões, em particular no Reino Unido, onde a indústria em torno do mistério ainda é um empreendimento florescente, o interesse pelos fenômenos ufológicos foi tão marcante que os contatos telepáticos com os extraterrestres eram uma ocorrência diária e um encontro físico com seres de outros planetas era esperado a qualquer momento, pois grande parcela da população acreditava firmemente que a vinda de um salvador do espaço era uma questão de dias ou mesmo de horas. Esse contexto, obviamente não passou despercebido ao esperto editor do jornal dominical *Sunday Dispatch*, que com o lançamento de uma campanha a favor dos objetos voadores fez que a tiragem do jornal desse um salto de 50 mil cópias para a nada desprezível soma de 2,5 milhões de exemplares vendidos por edição, o que fez que os editores de outros jornais eliminassem qualquer forma de crítica dos jornalistas aos avistamentos e aceitassem até mesmo pequenas farsas desde que estas ajudassem a aumentar a circulação dos jornais.

É importante assinalar o papel desempenhado pela primeira revista dedicada ao tema, a inglesa *Flying Saucers Review*, a partir do momento em que passa a ser editada por Brinsley le Poer Trench e ganha nova linha editorial, passando a tornar públicas muitas concepções que posteriormente se tornaram bastante divulgadas, tais como as ideias de que os objetos voadores visitam a Terra há milhares de anos, que os extraterrestres criaram a humanidade há 30 mil anos atrás, que as visitas recentes dos discos voadores representa um esforço dos alienígenas para supervisionar a sua criação, que os extraterrestres têm bases no interior da crosta terrestre a que acedem mediante buracos existentes na região dos polos terrestres (Clarke & Roberts, 2007).

Apesar da popularidade e do apelo do tema, o sensacionalismo de alguns órgãos da mídia e relatos cada vez mais extraordinários e discutíveis, como o apresentado por Adamski em seu livro de 1956, *Inside the space ships*, no qual ele relatava suas inúmeras viagens a bordo de discos voadores por planetas como Vênus, Marte e Saturno, criaram uma forte incredulidade em relação ao estudo dos objetos voadores não identificados, levando muitos órgãos de imprensa a abandonarem o tema, o que se refletiu numa menor divulgação de relatos de avistamentos ufológicos entre meados dos anos 1950 e os primeiros anos da década posterior.

As ondas ufológicas nos anos 60: o modelo Hills-Walton

As ondas ufológicas dos anos 1950 definem um novo contexto, no qual a população e os meios de comunicação de massa buscam explicações para as constantes aparições de objetos voadores não identificados. Na segunda metade da década de 1950, os que não acreditavam na existência de objetos voadores oriundos de outros planetas tiveram suas crenças abaladas pelo lançamento do satélite *Sputnik* I à órbita da Terra e, posteriormente, com a visita do cosmonauta soviético Yuri Gagarin ao espaço.

Inúmeros eventos e relatos, dispersos ao longo dos anos, impediram que a questão da origem dos objetos voadores deixasse completamente a cena. Os órgãos governamentais, sobre os quais pesavam a responsabilidade de oferecer as respostas ou pelo menos tentar esclarecer o assunto, se eximiam e oficialmente evitavam oferecer qualquer tipo de informação substancial sobre o assunto. Esse espaço, que obviamente deveria ter sido ocupado pelas autoridades, passa a ser o campo privilegiado de atuação de grupos de pesquisadores que sem qualquer vínculo ou apoio oficial tentam encontrar respostas para essas questões. O movimento ufológico surge em meados dos anos 1950 e à medida que esses grupos ganham espaço e importância na pesquisa sobre os objetos voadores não identificados passam a ser a única alternativa de interlocução para os interessados no assunto ou para aqueles que acreditam ter se defrontado com uma experiência com os objetos voadores não identificados.

Um forte senso de desconfiança frente às agências governamentais e um desconforto com a direção das pesquisas sobre os objetos não identificados se intensifica em várias instâncias, o que faz que as teorias conspiratórias ganhem corpo e se expandam de forma descontrolada. Militares graduados aumentaram ainda mais a credibilidade das crenças ufológicas em algumas desastradas intervenções públicas, como a do general Douglas MacArthur, que em uma conferência realizada em 1962 na Academia *West Point*, sugeriu que os novos cadetes se preparassem para novos tempos, nos quais os combatentes terrestres deveriam enfrentar forças sinistras oriundas de outras galáxias, argumento retomado em 1987, quando Ronald Reagan, em plena Assembleia Geral da ONU, insinua a Michail Gorbachev que uma ameaça de seres extraterrestres poderia fazer que os Estados Unidos e a União Soviética momentaneamente pudessem esquecer as suas, à época, enormes diferenças.

A desconfiança se estendeu, inclusive, à mídia, que foi acusada de fazer parte de um plano de obscurecimento da verdade dos objetos voadores não identificados. Para Waveney Girwan, o editor que substitui Brinsley le Poer Trench na direção da *Flying Saucer Review* e imprimiu uma orientação mais científica à revista, em contraposição ao interesse do editor anterior pelos relatos de contatos com extraterrestres, a imprensa perdera toda a coragem demonstrada nos anos 1950. Este comentário recebeu uma resposta imediata do editor de ciências do *London Evening News* que insinuou que, se de fato a mídia perdeu o interesse pelo assunto, isso não ocorreu devido a nenhuma conspiração, e sim porque o relato de objetos e luzes estranhas vistas no ar já não despertava mais a atenção no público e não sensibilizava mais nenhum editor, mas se um disco voador pousasse no *Hide Park*, certamente a imprensa estaria ali para acentuar a importância do tema (Clarke & Roberts, 2007).

O recrudescimento pelo tema ocorre com a onda ufológica ocorrida entre 1965 e 1967, período no qual se estima que a Força Aérea norte-americana tenha recebido a notificação de cerca de 3 mil avistamentos. Invariavelmente os fenômenos eram explicados como resultado da interpretação equivocada de fenômenos naturais. A imprensa volta a se preocupar com o assunto, em especial após o congresso norte-americano ter aprovado recursos para a avaliação do relatório produzido na investigação *Blue Book*, conduzida pela Força Aérea dos Estados Unidos. O resultado dessa nova investigação, consubstanciado no Relatório Condom, mais do que esclarecer em definitivo o assunto, terminou por despertar novas e amiúde ácidas controvérsias entre os estudiosos do tema.

Tais controvérsias, que giravam, sobretudo, em torno da questão de se determinar se os objetos voadores eram reais ou os avistamentos apenas refletiam ilusões ou estados psicológicos capazes de levar ao erro, exerceram um efeito apenas relativo, pois em 1966 John Fuller, um colunista do *Saturday Review*, publica o livro *The Interrupted Journey*, onde é levado a público o relato dos supostos acontecimentos ocorridos com o casal Betty e Barney Hill. A história, que teria ocorrido na noite de 19 de setembro de 1961, quando ao voltar para casa de uma viagem de férias o automóvel dirigido por Barney teria sido seguido durante algum tempo por luzes até parar, apresenta todos os ingredientes dos clássicos casos de abdução.

A esta obra se seguiram várias outras (Fuller, 1980; Hopkins, 1987; Rogo, 1980; Strieber, 1987), nas quais os elementos que constituíram o mito moderno dos objetos voadores responsáveis pela abdução dos seres foram definitivamente estabelecidos. O roteiro das abduções envolve um conjunto de ações relativamente consistentes, representado em obras cinematográficas, como *The UFO Incident* (1975), uma produção para a televisão supostamente baseada nos acontecimentos reais testemunhados por Barney e Betty Hill, *Communion* (1989), baseado no caso de Whitley Strieber e *Fire in the Sky* (1993), no qual era relatada a experiência de Travis Walton. Nesses relatos, a atmosfera pacífica e o convite amigável para passeios espaciais que caracterizou a concepção dos extraterrestres na era dos contatos é substituída por um clima psicológico no qual o medo, a insegurança e o terror de ser levado compulsoriamente ao interior de uma espaçonave passa a desempenhar um papel central.

Com base no relato de mais de duas centenas de casos, o folclorista Thomas Bullard identificou o roteiro padrão das abduções (Bullard, 1989). Tal roteiro permite definir as principais características do modelo Hills-Travis do extraterrestre. Em primeiro lugar, o alienígena captura e introduz o abduzido no interior da nave. Bud Hopkins, após a análise de inúmeros relatos de abdução, sugere um padrão recorrente nas experiências de captura. A experiência geralmente ocorre durante a noite, quando a vítima se encontra sozinha em seus aposentos ou dormindo. Em estado de letargia, a vítima percebe luzes fortes pelas frestas da porta ou das janelas e em seguida identifica a presença de pequenos seres, que acederam aos aposentos atravessando as paredes e portas ou se materializando do nada. Por mais que tente gritar ou pedir ajuda, a vítima se sente paralisada e sabe que mais uma vez vai passar por uma experiência que já conhece. O abduzido, então, sente-se levitando, tem consciência de que está sendo levado pelos alienígenas e que ninguém pode ajudá-lo, pois os demais humanos porventura presentes no recinto estão presos em um estado de letargia produzido pelos extraterrestres.

Capturado e introduzido na nave espacial, o abduzido é desnudado e colocado sobre uma maca e de pronto e de pronto é submetido a um minucioso exame médico e psicológico. O padrão desses exames também é recorrente, sendo especialmente marcante, no caso das mulheres abduzidas, o que foi denominado por Moffitt (2006) uma certa curiosidade ginecológica. Esses exames envolvem aparelhos sofisticados e em geral envolvem a introdução de uma agulha desproporcionalmente grande na região do umbigo, o que causa uma alarmante sensação de dor, que desaparece após algumas ações dos alienígenas.

Após o exame, o abduzido é levado ao interior da sala de comando e desfruta da oportunidade de fazer uma breve viagem, na qual conversa com os raptores sobre algum assunto invariavelmente importante. A Barney e Betty Hill, por exemplo, os abdutores mostraram um mapa galáctico, cuja posterior reprodução "permitiu" identificar o planeta de origem dos extraterrestres.

Em seguida, o abduzido recebe instruções ou uma mensagem especial. Essas conversas geralmente são de caráter religioso ou filosófico e podem ser interpretadas como uma deferência especial que os abdutores proporcionam à vítima após a abdução.

Finalmente, o abduzido é devolvido em um local quase sempre próximo ou no sítio onde foi abduzido. A duração do desaparecimento pode ser de horas, como nos casos de Barney e Betty Hill ou do brasileiro Antonio Villas Boas, ou de dias, como no caso de Travis Walton.

Os efeitos da presença do alienígena não se esgotam com a devolução do abduzido, pois este invariavelmente passa a ser acometido por estranhos sonhos, convive com certa desorientação ou apresenta perda de memória em relação ao ocorrido. Apenas uma intervenção, conduzida por um acreditado hipnólogo, sob o patrocínio dos grupos de pesquisas ufológicas, é capaz de fazer que o abduzido se lembre, aterrorizado, dos escabrosos e horríveis detalhes da sua experiência (Bullard, 1989).

O treinamento de Bullard como folclorista o impeliu a admitir que de forma diferente dos relatos tradicionais das produções folclóricas, não se observa nenhuma elaboração em torno do núcleo central das histórias de abduções. Isso o levou a adotar uma postura menos cética em relação ao valor de verdade das abduções do que a usualmente adotada pelos acadêmicos que se dedicam ao estudo do assunto. Além disso, os relatos de abduções, de acordo com o modelo Hills-Walton, apesar de envolverem eventos extraordinários, pareceram mais plausíveis aos ufólogos que os relatos de contatos entre alguns poucos privilegiados e os profetas do espaço no estilo Klaatu-Adamski (Denzler, 2001).

Impacto e persistência das crenças ufológicas

Nesta seção consideraremos o impacto e a persistência de três crenças, cada uma das quais reflete uma ideia central em três períodos anteriormente considerados. A primeira crença é a de que objetos voadores não identificados visitam o planeta Terra. Esta se fortaleceu durante a onda ufológica de 1946-1947. A segunda crença que consideraremos é a de que os objetos voadores não identificados se originam de civilizações mais evoluídas no plano tecnológico e espiritual do que a humanidade. Essa crença passa a prevalecer a partir das ondas ufológicas dos anos 1950. A terceira e última crença a ser analisada, de que os extraterrestres abduzem os seres humanos desponta com a terceira onda ufológica.

Os dados foram obtidos mediante uma pesquisa *on-line* conduzida pelo Núcleo de Pesquisas Psicossociais da Universidade Federal da Bahia e os resultados globais dessa investigação foram publicados em Pereira *et al*. (2006) e Pereira (2007). No caso das análises aqui conduzidas, os dados, obtidos mediante um questionário no formato Likert de cinco pontos, foram convertidos para um nível de mensuração nominal, mediante uma transformação pela qual os valores 1, 2 e 3 foram codificados como discordância, ao passo que os valores 4 e 5 foram codificados como concordância com a proposição. Para análise da persistência das opiniões, foram considerados os dados relativos aos anos de 2004, 2005 e 2006.

Os resultados apresentados na Tabela 1 sintetizam os valores relativos à prevalência das crenças. Como se pode observar, os participantes que aderem à tese de que o número de visitantes de outros planetas tem crescido nas últimas décadas é praticamente o mesmo número de participantes que consideram que os visitantes são oriundos de civilizações mais avançadas que a nossa. É provável que essas duas crenças sejam indissociáveis, algo que parece refletir nos resultados.

Tabela 1 - Frequência e porcentagem de concordância e discordância em relação as três crenças ufológicas

Item	N	Concorda		Discorda	
		F	%	F	%
Crescimento do número de visitas	591	540	91,4	51	8,6
Oriundos de civilizações mais avançadas	591	533	591	58	9,8
Abduzem seres humanos	591	402	68,0	189	32,0

A crença de que os extraterrestres abduzem humanos, embora conte com um grau de adesão bastante alto, cerca de dois terços dos participantes afirmaram acreditar que as abduções são fenômenos reais, não é tão significativa quanto no caso das duas crenças anteriores. É importante assinalar, no entanto, que entre os membros dos grupos de pesquisa ufológicos essa tese não é aceita sem reservas e muitos ufólogos, inclusive, se insurgem contra tal opinião e sugerem que nunca foram apresentadas evidências a favor dessa suposição.

Para analisar a estabilidade das opiniões, consideraremos o grau de adesão a cada uma das crenças nos anos de 2004, 2005 e 2006. Uma vez que não foram observadas discrepâncias entre os valores esperados e os valores obtidos, os resultados apresentados na Tabela 2 sugerem a ausência de diferenças no grau de adesão ao longo dos três anos, o que se reflete nos valores do qui-quadrado.

GRAYS REPTELIANOS & AFINS

Tabela 2 - Frequência e porcentagem de concordância e discordância em relação às três crenças ufológicas nos anos 2004, 2005 e 2006

Item	2004 Sim	Não	2005 Sim	Não	2006 Sim	Não	x^2
Crescimento do número de visitas	334 (333,5)	31 (31,5)	150 (150,8)	15 (14,2)	56 (55,7)	5 (5,3)	0,97
Oriundos de civilizações mais avançadas	331 (329,2)	34 (35,8)	149 (148,8)	16 (16,2)	53 (55,0)	8 (6,0)	0,65
Abduzem seres humanos	252 (248,3)	113 (116,7)	108 (112,2)	57 (52,8)	42 (41,5)	19 (19,5)	0,71

Essas avaliações iniciais indicam forte adesão e grande estabilidade das opiniões submetidas à análise. Tais resultados, que parecem indicar que as opiniões sobre os objetos voadores são amplamente compartilhadas, se examinadas sobre um outro prisma sugerem um padrão curioso de adesão às crenças. Para avaliar melhor essas diferenças nas opiniões, consideraremos a seguir o impacto do grau de interesse, em seguida a influência da filiação a grupos de pesquisas ufológicas e, por último, como o grau de conhecimento sobre temas de ufologia influencia as crenças dos participantes. As análises a seguir levarão em consideração os dados obtidos, de acordo com o sistema de mensuração original, entre os anos de 2003 e 2007.

Para avaliar o impacto do interesse pelo assunto, foi realizada uma ANOVA *oneway*. Os resultados, observados mediante a inspeção dos intervalos de confiança de 95% do gráfico apresentado na Figura 1a, indicam que a adesão às crenças depende do grau de interesse pelo tema (média global = 4,50; dp = 0,97; $F_{(4,696)}$ = 114,73, *p*. <.001, eta^2 =,397). Observa-se claramente uma relação linear, o que sugere que quanto maior o interesse pelo assunto, mais forte tende a ser crença do participante. A análise dos intervalos de confiança sugere um padrão muito semelhante nas opiniões expressas pelos participantes que se qualificaram como muito interessados pelo tema e aqueles que informaram participar ativamente da pesquisa ufológica. Além de apresentarem uma média muito alta, quase no extremo da escala, a dispersão é praticamente inexistente, em especial entre os participantes muito interessados no assunto.

Os participantes que não se interessam pelo tema expressam clara discordância em relação à hipótese de que os objetos voadores visitam a Terra. Os intervalos de confiança evidenciam, inclusive, a ausência de qualquer sobreposição com o padrão de resposta dos que têm interesse restrito pelo tema de estudo. As respostas destes últimos, em linhas gerais, tendem a não se posicionar de forma definitiva, evitando expressar uma opinião de rejeição ou aceitação da crença.

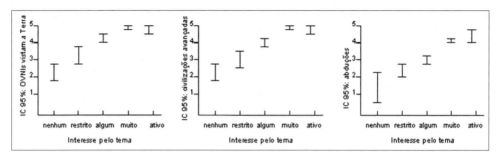

Figura 1 – Gráfico do intervalo de confiança de 95% da concordância com: a) crença de que os objetos voadores não identificados visitam a Terra; b) de que os objetos voadores se originam de civilizações mais avançadas; e c) de que os objetos voadores não identificados abduzem humanos, segundo o grau de interesse pelo tema.

O gráfico apresentado na Figura 1 também evidencia que a partir do momento em que ocorre a manifestação de algum interesse pelo assunto, os participantes passam a expressar uma opinião favorável à tese de que os objetos voadores não identificados visitam a Terra.

A influência do interesse na opinião de que os objetos voadores não identificados são oriundos de civilizações mais avançadas apresenta o mesmo padrão que no caso anterior (média global = 4,34; dp = 1,00; $F_{(4,697)}$ = 87,64, $p.$ <.001, eta =,335). Conforme se observa no gráfico apresentado na Figura 1b, podem ser identificados claramente quatro blocos de respostas. Os que não demonstram qualquer interesse pelo assunto apresentam uma opinião claramente contrária. Os que afirmam ter um interesse restrito pelo assunto não emitem uma opinião favorável ou desfavorável, ao passo que aqueles que têm algum interesse pelo assunto tendem a expressar uma opinião favorável, embora de forma menos intensa que os que demonstram muito interesse ou que participam ativamente das comunidades ufológicas.

Esses resultados sugerem não apenas que o padrão de concordância com essas duas hipóteses é bastante semelhante e que vem persistindo ao longo do tempo. As análises aqui apresentadas indicam, inclusive, que o perfil de opiniões se mantém o mesmo quando se considera o grau de interesse pelo assunto. Os valores obtidos sugerem que aqueles que efetivamente se interessam pelo assunto tendem a ter uma opinião favorável acerca dessas duas hipóteses. Os resultados dos eta^2 indicam que o impacto do interesse pelo assunto explica parte da variância total dos padrões de resposta, quando a opinião a respeito do assunto apresenta altos índices de concordância. Cabe perguntar, portanto, se esses padrões de resultados permanecem nas circunstâncias em que os sem opinião sobre o assunto não obtém uma taxa de concordância tão alta.

Para dirimir esta dúvida, conduzimos a análise do impacto do grau de interesse sobre as opiniões relativas à hipótese de que os objetos voadores não identificados abduzem seres humanos. De acordo com a Tabela 1, a concordância com essa hipótese não é tão intensa quanto no caso das duas anteriores analisadas. Ao considerarmos o impacto do interesse, no entanto, afora a média, que é efetivamente mais baixa e o desvio-padrão que é bem mais alto, os padrões se mostram relativamente semelhantes aos tópicos anteriores (média global = 3,67; dp = 1,28; $F_{(4,697)}$ = 63,54, $p.$ <.001, eta^2 = 267). Dessa vez, apenas os que demonstram muito interesse pelo assunto ou que participam ativamente das discussões ufológicas tenderam a concordar com a hipótese de que os extraterrestres abduzem seres humanos. A tendência dos participantes que se consideraram medianamente interessados é a de se posicionar de forma neutra, com os intervalos de confiança de 95% oscilando entre uma leve discordância e uma leve concordância. Ao contrário da avaliação dos itens anteriores, os que não têm qualquer interesse e os que têm um interesse restrito pelo assunto tenderam a expressar uma opinião claramente desfavorável à hipótese de que os extraterrestres abduzem os seres humanos.

Considerados isoladamente, os dados apresentados na Tabela 1 podem levar a uma interpretação equivocada acerca da opinião sobre as hipóteses que emergiram em cada uma das ondas ufológicas. Se analisadas sob outra perspectiva, os dados refletem que as opiniões sofrem clara influência do interesse pelo tema. O interesse pelo assunto é uma variável claramente motivacional, que, em certo sentido, encontra-se fortemente associada à filiação grupal. Em que medida a filiação grupal influencia as opiniões que emergiram em cada uma das ondas ufológicas? Para responder a essa questão conduzimos uma outra ANOVA, em que procuramos avaliar o impacto da filiação grupal sobre a opinião expressa pelos participantes. Para fins de análise, consideramos três níveis distintos de filiação com os grupos ufológicos. Uma parcela dos participantes (n = 331) afirmou não ser filiado a qualquer grupo ufológico e não ter qualquer interesse em futuramente vir a se vincular a qualquer um desses grupos. Outra parcela afirmou não ser filiada, mas expressou o desejo de vir a se filiar a um desses grupos (N = 289), ao passo que os restantes (N = 77) explicitamente indicaram, muitas vezes fornecendo nome dos grupos, estarem filiados a centros de investigações ufológicas.

Os efeitos da filiação grupal sobre cada uma das hipóteses ufológicas podem ser avaliados mediante a inspeção dos gráficos apresentados na Figura 2. Os intervalos de confiança de 95% do gráfico apresentado na Figura 2a indicam que a aceitação da hipótese ufológica de que os objetos voadores vistam a Terra sofre um claro impacto da filiação grupal ($F_{(2,694)}$ = 33,70, $p.$ <.001, eta^2 =,088). Observa-se claramente uma diferença nos padrões de respostas entre os que não estão filiados em relação aos participantes que pretendem se filiar ou aos filiados aos grupos, o que se reflete na nítida sobreposição nas respostas dos que pretendem se filiar e dos filiados. O padrão da resposta dos participantes que não têm a pretensão de se filiar a qualquer grupo ufológico é distinta, embora o intervalo de confiança esteja inteiramente situado na faixa de aceitação da hipótese ufológica em consideração. O mesmo padrão de respostas, embora com menor intensidade, é observado em relação à opinião sobre a natureza mais avançada das civilizações que habitam o planeta Terra ($F_{(2,694)}$ = 29,41, $p.$ <.001, eta^2 =,078).

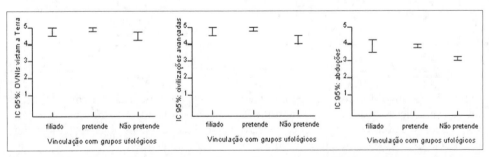

Figura 2 - Gráfico do intervalo de confiança de 95% da concordância com: a) crença de que os objetos voadores não identificados visitam a Terra; b) de que os objetos voadores se originam de civilizações mais avançadas; e c) de que os objetos voadores não identificados abduzem humanos, de acordo com a vinculação com grupos ufológicos.

O impacto da filiação grupal no padrão de resposta sobre a hipótese ufológica de que os seres humanos são abduzidos pelos extraterrestres se reflete no Gráfico 2c, onde fica claro, uma vez mais, a completa sobreposição nas respostas de filiados e dos que pretendem se filiar, na direção de uma concordância apenas parcial com essa hipótese ufológica. Os que não pretendem se filiar, por sua vez, aderem de forma menos intensa e se aproximam do ponto de vista de não expressar qualquer opinião sobre o assunto ($F_{(2,694)}$ = 34,03, $p.$ <.001, eta^2 =,089).

Os resultados, uma vez mais, confirmam que a adesão às hipóteses ufológicas é mediada por um fator intrínseco à ufologia. Neste caso, fica evidente o impacto de uma variável claramente psicossocial, o tipo de filiação grupal. O tamanho do efeito da filiação grupal, mensurado pelo eta^2, entretanto, não é tão grande quanto no caso do interesse e pouco explica a variância total das respostas.

De modo geral, é possível afirmar que as opiniões expressas pelos participantes desse estudo refletem crenças amplamente compartilhadas na sociedade e, nas seções anteriores, indicamos o papel desempenhado pela mídia e pela indústria cultural na formação e na difusão das crenças. Assim, é possível postular uma relação direta entre os conceitos de crenças e de conhecimento. Para avaliar o efeito do conhecimento na adesão às hipóteses ufológicas consideradas anteriormente elaboramos um índice cuja finalidade precípua foi mensurar o grau de conhecimento do participante sobre alguns eventos ufológicos. A partir da mediana, foi elaborada uma classificação e a amostra pôde ser segmentada entre os participantes com alto e com baixo grau de conhecimento ufológico.

O resultado, obviamente, indicou claramente que o conhecimento influenciou a opinião dos participantes, sempre no sentido de que os que autorrelataram um maior grau de conhecimento tenderam a concordar de forma mais acentuada com as hipóteses ufológicas. A análise dos Gráfico 3a e 3b evidencia um padrão muito semelhante do efeito do grau de conhecimento na avaliação da hipótese ufológica de que os objetos voadores visitam o planeta Terra ($t_{420,27}$ = 9,20, $p.$ <.001, eta^2 =,349), assim como no caso da hipótese de que esses objetos se originam de civilizações mais avançadas ($t_{(508,81)}$ = 5,83, $p.$ <.001, eta^2 =,227).

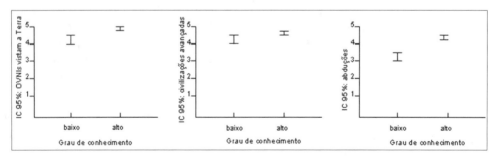

Figura 3 - Gráfico do intervalo de confiança de 95% da concordância com: a) crença de que os objetos voadores não identificados visitam a Terra; e b) de que os objetos voadores se originam de civilizações mais avançadas e c) de que os objetos voadores não identificados abduzem humanos, segundo o grau de conhecimento.

A análise do gráfico 3c permite constatar, uma vez mais, que a hipótese ufológica de que os humanos são abduzidos pelos extraterrestres foi aceita condicionalmente, neste caso, apenas pelos que foram classificados como de alto grau de conhecimento

$(t_{(592,41)} = 10,36, p. <.001, eta^2 =,379)$. A análise dos valores do eta^2 aponta que grau de conhecimento permite explicar uma parte razoável do tamanho do efeito.

As análises efetuadas até este momento indicam claramente que as opiniões sobre as três hipóteses ufológicas até aqui consideradas foram aceitas pelos participantes deste estudo, embora de forma condicional. O quadro geral aponta um padrão de respostas que parece sugerir um efeito aditivo, no qual o grau de conhecimento exerce um impacto mais acentuado, seguido pelo interesse pelo tema e, por último, da filiação grupal. Esses resultados sugerem um tipo de perfil do participante que adere de forma intensa às hipóteses ufológicas aqui apresentadas. Trata-se de uma pessoa com bom grau de conhecimento, interessado pelo assunto e filiado ou em vias de se filiar a um grupo de pesquisa ufológica. A contrapartida é óbvia e sugere que as pessoas que não conhecem o assunto, não se interessam pelo tema ou não têm qualquer pretensão de futuramente vir a se filiar a um grupo de pesquisa ufológica aceitam de forma menos intensa as três hipóteses ufológicas anteriormente analisadas.

A elaboração de um mito?

De forma contrária às suposições características da psicologia dos comportamentos coletivos sobre a irracionalidade dos comportamentos, os resultados de pesquisas conduzidas por psicólogos a respeito dos abduzidos sugerem que as pessoas que relatam terem sido abduzidas não são diferentes das demais. Spanos, Cross, Dickson e DuBreuil (1993) conduziram um estudo no qual compararam pessoas que afirmaram ter vivido experiências intensamente emocionais com objetos voadores não identificados ou que estabeleceram contatos com extraterrestres com um outro grupo de pessoas que assevera ter passado por experiências ufológicas com menor grau de intensidade, por exemplo, ver no céu uma luz que não parecia corresponder a um fenômeno conhecido. Os resultados desse estudo sugerem que os dois grupos de participante não apresentam diferenças significativas em medidas de traços psicopatológicos, de inteligência ou mesmo de propensão à fantasia. A conclusão do estudo é taxativa: o ônus da prova é dos que defendem o ponto de vista de que existe uma psicopatologia entre os que afirmam terem sido abduzidos por extraterrestres. Ao tentar identificar os correlatos psicofisiológicos de experiências emocionais extremamente intensas, McNally, Lasko, Clancy, Macklin, Pitman e Orr (2004) observaram que medidas relativas aos batimentos cardíacos, à condutividade eletrogalvânica e à eletromiografia do lobo frontal lateral esquerdo, assim como uma série de indicadores psicométricos relativos à esfera emocional, de dez participantes, seis mulheres e quatro homens, que afirmaram terem sido abduzidos por extraterrestres, apresentaram valores muito mais altos que os participantes de um grupo controle, submetidos à mesma condição, numa tarefa de recordação induzida por *scripts*. Para esses pesquisadores, os resultados apenas indicam que uma crença a respeito de uma situação traumática pode gerar uma resposta emocional similar àquelas provocadas por um evento traumático que realmente tenha ocorrido e, consequentemente, o simples fato do relato de uma experiência pessoal estar acompanhado por intenso componente emocional não garante a veracidade da experiência e muito menos o valor de verdade do relato. Os resultados do estudo de Chequers, Stephen e Diduca (1997), conduzido mediante a aplicação de recursos psicométricos, indicam forte associação, principalmente em participantes do sexo feminino, entre a adesão à crença na existência de discos voadores e um traço de personalidade caracterizada na literatura psicológica como de tipo esquizoide, embora esse mesmo estudo não tenha sido capaz de destacar qualquer associação entre esse tipo de personalidade e a crença na existência de extraterrestres.

Elizabeth Loftus, psicóloga que se tornou conhecida pelo estudo sistemático do fenômeno das falsas memórias, tem discutido de forma insistente as consequências dessa síndrome e aponta que em alguns casos, como particularmente os dos 39 seguidores da seita ufológica *Heaven Gates* que se suicidaram em um ritual coletivo, as falsas memórias podem se tornar perigosas e gerar resultados imprevisíveis, além de explicar uma série de fenômenos aparentemente irracionais.

Em razão da enorme quantidade de pessoas que afirmaram ter passado por semelhante experiência, começaram a surgir, nos anos 1980, grupos de apoio aos abduzidos. Mediante técnicas psicoterapêuticas amplamente usadas, como a hipnose, a arteterapia e o *role-playing*, esses grupos procuravam fazer que os seus membros pudessem recuperar as lembranças dos eventos traumáticos dos quais teriam sido vítimas. Partindo do pressuposto de que há uma série de atributos inerentes aos membros dos novos movimentos religiosos, Bader (2003), em um estudo comparativo, avaliou algumas características de 55 pessoas que relataram ter sido abduzidas, assim como indivíduos que relataram ter sobrevivido a abusos cometidos durante rituais realizados por grupos ou seitas satanistas, comparando esses atributos com os apresentados pela população em geral. Os resultados apontaram a existência de semelhanças muito acentuadas nas crenças e nas práticas sociais dos membros dos dois grupos, em especial no que concerne à experiência de terem sido vitimizados e estarem potencialmente sujeitos a ser novamente controlados por entes dotados de poderes extraordinários. Numa perspectiva de analise demográfica, foram encontrados indícios que permitiram identificar o perfil dos indivíduos que relatam ter sido abduzidos: geralmente trata-se de mulheres, com média de idade de 44 anos, com nível educacional e econômico acima da média e de cor branca. Esses indivíduos relataram ter sido abduzidos em média dez vezes, o que aponta para uma realidade estarrecedora e de difícil explicação, pois a constante repetição dessa experiência poderia levar a crer que a abdução, longe de ser uma experiência extraordinária e rara, termina por se transformar em um acontecimento crônico, o que sugere, ainda de forma implícita, que os extraterrestres mantêm essas pessoas sob monitoramento, o que significa, portanto, que elas estão condenadas, por toda a vida, a se submeterem aos caprichos e aos procedimentos usualmente invasivos e torpes perpetrados por seus presumíveis raptores. Um aspecto interessante encontrado no relato é o de que essas pessoas sempre se mostram muito avessas a participar de qualquer estudo científico, justificando a recusa sob o argumento de que poderiam ser alvos de chacotas e de comentários constrangedores por parte da equipe de pesquisadores.

Uma vez que não é possível afirmar que as testemunhas dos objetos voadores não identificados podem ser consideradas diferentes dos demais, parece aceitável sugerir que estamos diante de um fenômeno coletivo fortemente enraizado na mentalidade popular, mas que foi submetido a um processo de normalização mediante a intervenção deliberada ou espontânea dos meios de comunicação de massas e da indústria cultural. O gráfico apresentado na Figura 4 representa a porcentagem de casos relatados de contatos ou abduções das décadas de 1950 a 1990.

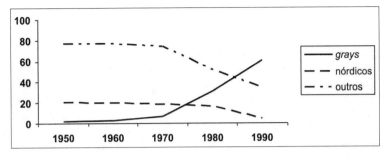

Figura 4 - Gráfico da percentagem de casos entre as décadas de 1950 e 1990
Fonte: Randles (1991).

A diferença no padrão dos relatos ao longo dos anos fica evidente mediante a inspeção do gráfico, onde se nota que enquanto a porcentagem dos relatos sobre outras formas de vida apresenta um decréscimo considerável com a passagem do tempo, os relatos das abduções pelos *grays* apresentam uma curva que indica um padrão de crescimento acentuado e constante no número de casos a partir da década de 1960.

As evidencias indicam que a figura do *gray*, de olhos grandes e saltitantes, pele acinzentada e boca fina é uma construção social, uma personagem fabricada pelos meios de comunicação de massas e pela indústria cultural a partir de meados dos anos 1960. A vantagem financeira, o lucro, os ganhos pecuniários não podem ser desconsiderados em qualquer análise do fenômeno, embora isso represente apenas a faceta mais visível ou lamentável desse fenômeno.

Conclusões

O fenômeno, entretanto, merece uma análise distinta, em que se pode enfatizar o poderoso fascínio que tanto a imagem do objeto voador não identificado quanto a do extraterrestre exerce no imaginário popular. A discussão sobre a vida em outros mundos, entretanto, não se restringe apenas às grandes audiências após o lançamento de um filme capaz de atrair milhões de espectadores e proporcionar um lucro extraordinário para os produtores. A discussão sobre a vida em outros mundos vem sendo objeto de acalorados debates desde o próprio alvorecer da filosofia (Dick,1982; Crowe, 1986) e as implicações desse debate no pensamento moderno não podem ser negligenciadas (Davis, 1995).

Em que pese o interesse permanente pelo tema, o movimento ufológico mundial, assim como o mercado de detectores de objetos voadores não identificados, cujos primeiros anúncios foram publicados nos anos 1950 na *Flying Saucers Review*, parece conviver com certa crise. Apesar de esporadicamente serem apresentados novos relatos de avistamentos, nenhum acontecimento extraordinário parece ter abalado o campo de estudos nos últimos anos. A prometida abertura dos arquivos secretos militares, patrocinada pelas diversas leis de liberdade de informação, funcionou como um anticlímax, ao não acrescentar nenhuma contribuição ou evidencia capaz de modificar o rumo atual de estudos. Personagens de eventos importantes, como Travis Walton, após uma análise cuidadosa dos documentos e dos relatos, foram desmascarados e acontecimentos que causaram um forte impacto em determinado momento foram definitivamente esclarecidos como farsas, montadas com a finalidade de vender jornais e revistas, como no caso das fotografias dos discos voadores publicadas em 1965 pela revista *O Cruzeiro*.

De qualquer modo, a impressão de que os objetos voadores e os extraterrestres desapareceram deve ser tratado exatamente como uma impressão. Conforme assinalou Denzler, a realidade desses objetos se encontra definitivamente entranhada na cultura do século XX. Seus reflexos continuam a se manifestar em vários domínios. O ET de Spielberg é considerado por muitos estudiosos o personagem mais carismático de toda a história do cinema. Em muitos momentos, ficção e realidade se confundiram, como na figura do personagem francês do filme *Contatos imediatos de terceiro grau*, que foi deliberadamente inspirado no pesquisador Jacques Vallee.

Decerto, essas estranhas coisas vindas do céu não desapareceram, elas apenas não são encontradas mais no espaço exterior. Podemos afirmar que os objetos voadores permitiram um novo foco, um novo olhar da humanidade sobre si mesma. Os mensageiros cósmicos da época de ouro dos contatos refletiam as preocupações com a corrida armamentista, e o temor da destruição do planeta ajudou a despertar a consciência ecológica, em uma época em que ninguém pensava ou falava em aquecimento global. Os exames e os implantes característicos da época das abduções favoreceram a reflexão sobre os perigos da manipulação genética. As teorias conspiratórias que se referiam a acobertamentos e a acordos militares ajudaram a refletir sobre as agências secretas que insidiosamente procuram manter sob controle as ações políticas de grupos minoritários e contribuíram para denunciar a tentativa de intrusão do Estado nas decisões mais íntimas dos indivíduos.

Definitivamente, os objetos voadores não desapareceram, eles apenas se deslocaram para outro universo. Se esse deslocamento representa um sinal de mudança na mentalidade humana, isso não está claro, ainda. O certo é que esses objetos sempre estiveram próximos dos humanos. As luzes hipnotizadoras, as estranhas sonoridades, as extraordinárias capacidades de aparecer e desaparecer, enfim, todos esses elementos nos ajudam a refletir sobre a natureza humana e, quem sabe, indicar que apesar de vivermos em um pequeno planeta azul nos confins do cosmos, talvez só consigamos manter contato com a nossa verdadeira natureza quando decidirmos abandonar o universo e procurar algumas passagens para as inumeráveis dimensões que se encontram escondidas no multiverso.

CONSIDERAÇÕES FINAIS

Dinamicidade e abrangência de uma ciência permanentemente atual

Sheyla C. S. Fernandes, José Luis Álvaro Estramiana

> *Há numerosas ciências que estudam a maneira como as pessoas tratam, distribuem e representam o conhecimento. Mas o estudo de como, e por que, as pessoas partilham o conhecimento e desse modo constituem sua realidade comum, de como elas transformam ideias em práticas – numa palavra, o poder das ideias – é o problema específico da psicologia social (Serge Moscovici).*

No prefácio deste livro, o professor Aroldo Rodrigues enfatiza que a psicologia social se caracteriza por grande variedade de enfoques tanto teóricos quanto metodológicos que fazem com que sua definição seja, no mínimo, problemática. De fato, a variedade de temas presentes neste livro nos leva a pensar no grande número de aspectos da realidade social que são objeto de preocupação dos psicólogos sociais, assim como na grande diversidade de métodos e técnicas de análise que são por eles usados. Isso nos permite afirmar que, se precisássemos definir essa ciência, não poderíamos fazê-lo nos referindo a seu objeto, pois a psicologia social compartilha com outras disciplinas, como a psicologia e a sociologia, os mesmos objetos de estudo. A mesma coisa pode ser dita em relação a seus métodos, suas ferramentas e suas técnicas de análises. O que, contudo, realmente caracteriza a psicologia social é a perspectiva ou o nível de análise com base no qual se investiga a realidade social. Nesse sentido, os capítulos incluídos neste livro são uma boa amostra da diversidade de temas e de problemas sociais abordados do ponto de vista psicossocial.

Assim, com esta coletânea tentamos apresentar contribuições significativas da psicologia social para o entendimento da nossa realidade, dos comportamentos antissociais (Parte I); da dinâmica das relações intergrupais (Parte II); das perspectivas positivas da psicologia no que se refere ao estudo do bem-estar e da resiliência (Parte III), dos comportamentos relacionados à esfera da sexualidade (Parte IV) e do poder e da influência da mídia no comportamento das pessoas (Parte V).

Neste livro há, sobretudo, uma preocupação constante em entender os comportamentos, as atitudes e os valores das pessoas como um produto das relações interpessoais, sociais e culturais, isto é, as investigações aqui apresentadas levam em consideração a necessidade de incluir o contexto social e cultural na explicação do comportamento dos indivíduos, ao mesmo tempo que a análise da sociedade e da cultura é feita sem prescindir de uma análise de como as pessoas constroem a realidade e a cultura em que vivem. Como assinala Moscovici na citação em epígrafe, há uma especificidade constituinte da psicologia social: o poder das ideias, a força que a interação social produz nas representações e nos comportamentos das pessoas, as maneiras pelas quais as pessoas compartilham suas ideias, constroem uma realidade comum e a transformam em prática. As pessoas são produtos diretos da interação social. Em outras palavras, elas constroem suas identidades, suas atitudes e seus valores na ação recíproca com os outros.

Com efeito, é a psicologia social, ciência que historicamente tem se constituído com base em perspectivas psicológicas e sociológicas, que buscamos harmonicamente apresentar neste livro. De modo particularmente empírico e considerando as principais teorias da psicologia social, nossa intenção foi trazer à tona, a partir dos 14 capítulos, a diversidade e abrangência desta ciência. Essa foi a principal motivação que tornou possível a realização de *Psicologia Social: perspectivas atuais e evidências empíricas*. Esperamos que este intento tenha sido alcançado, principalmente porque o interesse fundamental da psicologia social consiste em analisar os nossos problemas sociais para alcançar seu entendimento e promover soluções.

Consideramos por último que, implícita ou explicitamente, encontramos em todos os capítulos explicações que nos levam a inferir que a resposta para as indagações sobre o comportamento social humano está na consideração tanto do papel dos indivíduos na sociedade quanto no poder da sociedade e da cultura nos indivíduos. Esta dinâmica entre o social e o individual, tendo em conta a diversidade temática da psicologia social, é corroborada capítulo a capítulo.

Deixamos para o leitor a certeza de que o debate em psicologia social não finda aqui e por estarmos em permanente processo, acreditamos que um debate eficaz deve sempre transcender a esfera das discussões teóricas e partir para a prática, mas uma prática crítica e ética, no sentido de retroalimentar os conhecimentos teóricos e atualizá--los permanentemente.

Referências

Aboud, F. E. (1977). Interest in ethnic information: A cross cultural development study. *Canadian Journal of Behavioural Science*, 9, 134-146.

Aboud, F. E. (1980). A test of ethnocentrism with young children. *Canadian Journal of Behavioural Science*, 12, 195-209.

Aboud, F. E. (1987). The development of ethnic self-identification and attitudes. In J. S. Phinney, & M. J. Rotheram (Eds.), *Children's ethnic socialization: Pluralism and development* (pp. 32-55): Beverly Hills: Sage Publications.

Aboud, F. E. (1988). *Children & prejudice*. Oxford: Basil Blackwell.

Abrams, D., & Hogg, M. H. (1988). *Social identifications: A social psychology of intergroup relations and group process*. London: Routledge.

Abric, J-C. (1998). A abordagem estrutural das representações sociais. In A.S. P. Moreira & D. C. Oliveira (Eds.), *Estudos interdisciplinares de representação social* (pp. 27-37). Goiânia: AB.

Acab (2006). *Estudio socio-epidemiológico de población juvenil catalana*. Recuperado em 10 de fevereiro de 2009 de: *http://www.acab.org/spa/prevencio/investiga.htm*

Adaner (2006). *Trastornos de la alimentación: Cuando el "qué me pongo" se vuelve patológico*. Recuperado em 26 de janeiro de 2009: *http://www.adaner.org/index.php?q=inicio*

Agnew, C., & Loving, T. (1998). The role of social desirability in self-reported condom use attitudes and intentions. *AIDS and Behavior*, 2, 229-239.

Albuquerque, A., & Trócolli, B.T. (2004). Desenvolvimento de uma escala de bem-estar subjetivo. *Psicologia: Teoria e Pesquisa*, 20, 153-164.

Albuquerque, F.J.B., Vera, J.A., Coelho, J. A .P. M., Souza, M., & Ribeiro, C. (2006). Valores humanos como preditores do bem-estar subjetivo. *Psico-PUCRS*, 37, 131-137.

Albuquerque, F.J.B., Vera, J.A., Ribeiro, C., & Souza, M. (2008). Locus de controle e bem-estar subjetivo em estudantes universitários da Paraíba. *Psicología para América Latina*, 3, 1-10.

Alferes, V. (2002). Atração interpessoal, sexualidade e relações íntimas. In J. Vala & M. Monteiro (Eds.), *Psicologia social* (pp. 125-158). Lisboa: Fundação Calouste Gulbenkian.

Allport, G. W. (1954). *The nature of prejudice*. Reading, Mass.: Addison-Wesley.

Almeida, M. V. (2000). *Senhores de si: Uma interpretação antropológica da masculinidade*. Lisboa: Fim de Século.

Alsina, C., & Castanyer, L. B. (2000). Masculinidad y violencia. In M. Segarra & A. Carabí (Eds.), *Nuevas masculinidades* (pp. 83-101). Barcelona: Icaria.

Álvaro, J. L., & Páez, D. (1999). Psicología social de la salud mental. In J. L. Álvaro, A. Garrido & J. R. Torregrosa (Eds.), *Psicología social aplicada* (pp. 381-407). Madri: McGraw-Hill.

Amâncio, L.B.Q. (2004). A(s) masculinidade(s) em que-estão. In L. B.Q. Amâncio (Ed.), *Aprender a ser homem: Construindo masculinidades* (pp. 13-27). Lisboa: Livros Horizonte.

Amaral, A. R. (2005). *Visões perigosas: Uma arque-genealogia do cyberpunk – do romantismo gótico as subculturas. Comunicação e cibercultura em Philip K. Dick.* Tese de doutorado não publicada. Pontifícia Universidade Católica do Rio Grande do Sul, Porto Alegre.

Anderson-Fye, E., & Becker, A. (2004). Sociocultural aspects of eating disorders. In J. K. Thompson (Eds.), *Handbook of eating disorders and obesity* (pp.565-589). Hoboken, NJ: John Wiley and Sons.

Andrade, M. (1939/1991). *Aspectos da música brasileira*. Belo Horizonte: Villa Rica.

Andrade, T. M., & Espinheira, C. G. D. (2006). *A presença das bebidas alcoólicas e outras substâncias psicoativas na cultura brasileira.* In SUPERA – Sistema para Detecção do uso abusivo e dependência de substâncias psicoativas: encaminhamento, intervenção breve, reinserção social e acompanhamento: Módulo1 – O uso de substâncias psicoativas no Brasil: Epidemiologia, legislação, políticas públicas e fatores culturais. Brasília: Secretaria Nacional Antidrogas.

Andrade, T. M., & Ronzani, T. M. (2006). *A estigmatização associada ao uso de substâncias como obstáculo à detecção, prevenção e tratamento.* Em SUPERA – Sistema para Detecção do uso abusivo e dependência de substâncias psicoativas: encaminhamento, intervenção breve, reinserção social e acompanhamento: Módulo 1 – O uso de substâncias psicoativas no Brasil: Epidemiologia, legislação, políticas públicas e fatores culturais. Brasília: Secretaria Nacional Antidrogas.

Anguas, A. (1997). *El significado del bienestar subjetivo, su valoración en México.* Dissertação de mestrado não publicada. Universidad Nacional Autónoma de México. México, D. F.

Anguas, A. (2000). *El bienestar subjetivo en la cultura mexicana.* Tese de doutorado não publicada. Universidad Autónoma de México, México, D. F.

Aposlidis, T., Duveen, G., & Kalampalikis, N. (2002). Représentations et croyances. *Psychologie et Societé, 5*, 7-11.

Aquino, E.M.L., Almeida, M.C., Araújo, M.J., & Menezes, G. (2006). Gravidez na adolescência: A heterogeneidade revelada. In M. L. Heilborn, E. M. L. Aquino, M. Bozon & D. R. Knauth (Eds.), *O aprendizado da sexualidade: reprodução e trajetórias sociais de jovens brasileiros* (pp. 309-360). Rio de Janeiro: Editora Garamond.

Argente, R. (1999). Anorexia y medios de comunicación. *Estudios de Juventud, 47,* 63-68.

Argyle, M. (1999). Causes and correlates of happiness. In D. Kahneman, E. Diener & N. Schwartz (Eds.), *Well-Being: The foundations of hedonic psychology* (pp. 353-373). New York: Russell Sage Foundation.

Referências

Ariés, P. (1981). *História social da criança e da família*. Rio de Janeiro: Guanabara.

Arnett, J. (1994). Sensation seeking: A new conceptualization and a new scale. *Personality and individual differences, 16* (2), 289-296.

Asher, S. R., & Allen, V. L. (1969). Racial preference and social comparison process. *Journal of Social Issues, 25,* 157-166.

Ávila, A. E., Rodríguez, S. C., & Herrero, J. R. S. (1997). Evaluación de la personalidad patológica: Nuevas perspectivas. In E. Cordero (Ed.), *La evaluación psicológica en el año 2000* (pp. 79-107). Madrid: TEA.

Azevedo, S. (2004, 8 de março). Sexo na cabeça. *Revista Época, 303,* 46-51.

Bader, C. (2003). Supernatural support groups: Who are the UFO abductees and ritual-abuse survivors? *Journal for the Scientific Study of Religion, 42*(4), 669–678.

Badinter, E. (1993). *XY: Sobre a identidade masculina*. Rio de Janeiro: Nova Fronteira.

Ball-Rokeach, S., Rokeach, M., & Grube, J.M. (1984). *The great american values test: Influencing behavior and belief through television*. New York: Free Press.

Bancroft, J. (2004). Alfred C. Kinsey and the politics of sex research. *Annual Review of Sex Research, 15,* 1-39.

Bandura, A. (1982). *Teoría del aprendizaje social*. Madrid: Espasa-Calpe.

Barbero, J. (2002). Jóvenes: Comunicación e identidad. *Pensar Iberoamérica, 0,* Recuperado em em 15 de Junho de 2003: *http://www.campus-oei.org/pensariberoamerica/ric00a03.htm*.

Bardelli, C. (2000). *Atribuição causal e atividade preventiva ao uso indiscriminado de bebidas alcoólicas. Relatos de professoras do ensino fundamental e médio*. Tese de doutorado não publicada. Universidade de São Paulo. São Paulo.

Bardin, L. (1977). *Análise de conteúdo*. São Paulo: Persona.

Baron, R. M., & Kenny, D. A. (1986). The moderator-mediator variable distinction in social psychological research: Conceptual, strategic, and statistical considerations. *Journal of Personality and Social Psychology, 51,* 1173-1182.

Barros, D. R. (2000). *Representações sociais sobre o alcoolismo: Um estudo com alcoolistas hospitalizados*. Monografia de Conclusão de Curso. Universidade Federal da Paraíba. João Pessoa.

Barros, D. R., & Maciel, S. C. (2003). Representações sociais sobre o alcoolismo: um estudo com alcoolistas hospitalizados. In M. P. L. Coutinho, A. S. Lima, F. B. Oliveira & M. L. Fortunato (Eds.), *Representações sociais: Abordagem interdisciplinar* (pp. 312-348). João Pessoa: Editora Universitária, UFPB.

Barros, S. G. S., Galperim, B., & Grüber, A. C. (1997). Problemas clínicos comuns do alcoolista. In S. P. Ramos & J. M. Bertolote (Eds.), *Alcoolismo hoje*. (pp.87-110). Porto Alegre: Artes Médicas.

Bartholomew, R. & G. (1998). *Ufos & Alien contact. Two centuries of misteries*. New York: Prometheus.

Bartholomew, R. (1998) The Oregon UFO wave that wasn't. The importante of press skepticism in the 1806-1897 sighting. Oregonians for rationality, 4, 2. Recuperado em 18 de agosto de 2007: *http://www.o4r.org/publications/pf_v4n2/UFOwave.htm*

Becker, E. (1973). *The denial of death*. New York: Free Press.

Bee, H. (1997). *O ciclo vital*. Porto Alegre: Artes Médicas.

Bellato, R., & Carvalho, E. C. (2005). O jogo existencial e a ritualização da morte. *Revista Latino-Americana de Enfermagem, 13*, 99-104.

Berger, P., & Luckman, T. (1990). *A construção social da realidade*. Petrópolis: Vozes

Bernandes, J., & Fleury, E. (2006). Religiosidade, enfrentamento e bem-estar subjetivo em pessoas vivendo com HIV/AIDS. *Psicologia em Estudo, 11*, 155-164.

Bernard, B. (1991). *Fostering resilience in kinds: Protective factores in the family, school and community*. Portland, Oregon, Westen Center Drug-Free School and Comunities.

Bertolote, J. M. (1991). Alcoolismo: Doença, vício ou ...? *Temas, São Paulo, 40/41*, 31-38.

Bertolote, J. M. (1997). Conceitos em alcoolismo. In S. P. Ramos & J. M. Bertolote (Eds.), *Alcoolismo hoje* (pp. 17-31). Porto Alegre: Artes Médicas.

Bertolote, J. M. (1997). Problemas sociais relacionados ao consumo de álcool. Em S. P. Ramos & J. M. Bertolote (Eds.), *Alcoolismo hoje* (pp.131-138). Porto Alegre: Artes Médicas.

Bigler, R. S., & Liben, L. S. (1993). A cognitive-developmental approach to racial stereotyping and reconstructive memory in Euro-American children. *Children Development, 64*, 1507-1518.

Bilbao, I., March, C. J. & Prieto, M. A. (2002). Diez aportaciones del empleo de la metodología cualitativa. *Revista de Salud Pública Española, 76*(5), 483-492.

Billig, M. (1985). Prejudice, categorization and particularization: From a perceptual to a Rethorical approach. *European Journal of Social Psychology, 15*, 79-103.

Billig, M. (1988). Social representation, objectivation and anchoring: A rhetorical analyses. *Social Behaviour, 3*, 1-16.

Billig, M. (1991). *Ideology and opinions: Studies in rethorical psychology*. London: Sage.

Bivar, A. (2001). *O que é punk*. São Paulo: Brasiliense.

Bizumic, B., & Duckitt, J. (2007). Varieties of group self-centeredness and dislike of the specific other. *Basic and Applied Social Psychology, 29*, 195-202.

Blumrich, J. (1974). *The spaceship of Ezequiel*. New York: Bentan Books.

Bobbio, N. (2001). *Direita e esquerda: Razões e significados de uma distinção política*. São Paulo: Editora da Unesp.

Bobbio, N., Matteucci, N., & Pasquino, G. (2000). *Dicionário de política*. Brasília: Ed. da Universidade de Brasília.

Bogardus, E. S. (1925). Measuring social distances. *Journal of Applied Sociology, 9*, 299-308.

Bonanno, G.A. (2004). Loss, trauma and human resilience Have we underestimated the human capacity to thrive after extremely aversive events? *American Psychologist, 59* (1), 20 28.

Bourdieu, P. (1999). *A dominação masculina*. Rio de Janeiro: Bertrand Brasil.

Braithwaite, V. A.; Law, H. G. (1985). Structure of human values: Testing the adequacy of the Rokeach Value Survey. *Journal of Personality and Social Psychology, 49*, 250-263.

REFERÊNCIAS

Brandão, H.H.N. (2000). *Introdução à análise do discurso*. Campinas: Ed. Unicamp.

Brown, R. (1995). *Prejudice: Its social psychology*. Oxford: Blackwell Publishers.

Bruno, Z. V. (2006). Abortamento na adolescência. In A. Cavalcante & D. Xavier (Eds.), *Em defesa da vida: aborto e direitos humanos* (pp. 81-94). São Paulo: CDD.

Buceta, L. F. (2000). Teorías y delinquência juvenil. *Revista de Ciencias Sociales, 15*, 243-253.

Bucher, R. (1991a). *Prevenção ao uso indevido de drogas*. Brasília: Ed. da Universidade de Brasília.

Bueno, V.F., & Macedo, E.C. (2004). Julgamento de estados emocionais em faces esquemáticas por meio da música por crianças. *Psicologia: Teoria e Prática, 6*(2), 27-36.

Bullard, T. (1989). UFO abduction reports: The supernatural kidnap narrative returns in technological guise. *Journal of American Folklore, 102*, 147-170.

Bustamante, V. (2005). Ser pai no subúrbio ferroviário de Salvador: Um estudo de caso com homens de camadas populares. *Psicologia em Estudo, Maringá, 10*(3), 393-402.

Butler, J. (2004). *Lenguage, poder e identidad*. Madrid: Síntesis.

Burke, B. L., Martens, A., & Faucher, E. H. (2010). Two decades of terror management theory: a meta-analysis of mortality salience research. *Personality and Social Psychology Review, 14*, 155-195.

Byrne, B.M. (1989). *A primer of LISREL: Basic applications and programming for confirmatory factor analytic models*. New York: Springer-Verlag.

Byrne, B.M. (2001). *Strutural equation modeling with Amos: Basic concepts, applications, and programming*. London: Lawrence Erlbaum Associates, Publishers.

Calogero, R., Davis, W., & Thompson, K. (2005). The role of self-objectification in the experience of women with eating disorders. *Sex Roles,52*, 43-50.

Camino, C., Batista, L., Reis, R., Rique, J., Luna, V., & Cavalcanti, M.G. (1994). A transmissão de valores morais em personagens de TV. *Psicologia: Reflexão e Crítica*, 7(1), 29-46.

Camino, L. (1996). Uma abordagem sociológica ao estudo do comportamento político. *Psicologia & Sociedade, 8*, 16-42.

Camino, L. Da Silva, P. & Machado, A. O. (2004). As novas formas de expressão do preconceito racial no Brasil: estudos exploratórios. In M. E. O. Lima & M. E. Pereira, M. E. (Eds.), *Estereótipos, preconceito e discriminação* (pp.119-137). Salvador. EDUFBA.

Camino, L., Da Silva, P., Machado, A., & Pereira, C. (2001). A face oculta do racismo no Brasil: uma análise psicossociológica. *Revista de Psicologia Política, 1*, 13-36.

Campbell-Sills, L, Cohan S. L., & Stein, M. B. (2005). Relationship of resilience to personality, coping, and psychiatric symptoms in young adults. *Behaviour Research Therapy* (no prelo).

Candé, R (1994). *História natural da música*. São Paulo: Martins Fontes.

Candotti, E. (2006). Na terra como no céu. In A. Cavalcante & D. Xavier (Eds.), *Em defesa da vida: Aborto e direitos humanos* (pp. 57-62). São Paulo: CDD.

Carlini, E.A., Galduróz, J.C. F., Noto, A.R., & Nappo, A.A. (2002). *I Levantamento domiciliar sobre o uso de drogas psicotrópicas no Brasil–2001*. Centro Brasileiro de Informações sobre Drogas Psicotrópicas, Departamento de Psicobiologia, Unifesp.

Caron, S., & Moskey, E. (2002). Changes over time in teenage sexual relationships: Comparing the high school class of 1950, 1975, and 2000. *Adolescence, 37*, 516-526.

Carvalho, M. L. O., Pirotta, K. C. M., & Schor, N. (2001). Participação masculina na contracepção pela ótica feminina. *Revista de Saúde Pública, São Paulo, 35*(1), 23-31.

Cash, T., & Deagle, E. (1997). The nature and extend of body-image disturbances in anorexia nervosa and bulimia nervosa: A meta-analysis. *International Journal of Eating Disorders, 22*(2), 107-125.

Castano, E., Yzerbyt, V., Paladino, M., & Sacchi, S. (2002). I belong, therefore, I exist: Ingroup identification, ingroup entitativity, and ingroup bias. *Personality and Social Psychology Bulletin, 28*, 135-143.

Castro, M. G. *et al.* (2004). *Juventudes e sexualidade*. Brasília: UNESCO.

Catonné, J. (1994). *A sexualidade ontem e hoje*. São Paulo: Cortez.

Cattell, R. (1966). The scree test for the number of factors. *Multivariate behavioral research, 1*, 245-276.

Cavasim, S. & Arruda, S. (1999). Considerações sobre o aborto na adolescência. In M. Ribeiro (Ed.), *O prazer e o pensar: orientação sexual para educadores e profissionais de saúde* (pp. 269-277). São Paulo: Gente.

Chacon, P. (1995). *O que é rock*. São Paulo: Brasiliense.

Chapin, J. (2000). Adolescent sex and mass media: A developmental approach. *Adolescence, 35*, 799-811.

Chaves, S. (2003). *Valores como preditores do bem-estar subjetivo*. Dissertação de mestrado não-publicada.Universidade Federal da Paraíba, João Pessoa, Paraíba.

Chequers, J., Stephen, J., & Diduca, D. (1997). Belief in extraterrestrial life, UFO--related beliefs, and schizotypal personality. *Personality and Individual Differences, 23*(3), 519-521.

Clark, D., & Roberts, A. (2007). *Flying saucers. A social history of ufology*. Loughborough, LE: Alternative Albion.

Clark, K. B., & Clark, M. P. (1947). Racial identifications and preference in negro children. In H. Proshansky & B. Seidenberg (Eds.), *Basic studies in social psychology* (pp.121-143), New York: Holt Rinehart and Winston.

Clark, K. B., & Cook, S. W. (1988). *Prejudice and your child*. Connecticut: Wesleyan University Press.

Cloninger, S. C. (1999). *Teorias da personalidade*. São Paulo: Martins Fontes.

Coelho Júnior, L. L. (2001). *Uso potencial de drogas em estudantes do ensino médio: Suas correlações com as prioridades axiológicas*. Dissertação de mestrado não--publicada. Universidade Federal da Paraíba, João Pessoa, Paraíba.

Coelho Junior, L. L., Formiga, N. S., Oliveira, A. R. N., & Omar, A. (2004). Considerações sobre a influência da busca de sensações sobre o uso potencial de drogas em jovens *Trabalho apresentado no VI Congresso Brasileiro de Epidemiologia: Um olhar sobre a cidade*. Recife-PE. 19 a 23 de junho.

Referências

Coelho Junior, L.L. (2005). Um estudo sobre a violência em duas histórias gráficas. *Revista Brasileira de Crescimento e Desenvolvimento Humano, 15*(2), 55-68.

Coelho, M. F. P. (2000). O gosto pela política. In C.E.P. Araújo, E. G. C. Santos, J. Souza & M. F. P. Coelho (Eds.), *Política e valores* (pp. 61-86). Brasília: Editora da UnB.

Cohen, J. (1988). A power primer. *Psychological Bulletin, 112,* 155-159.

Cohen, J. (1992). *Statistical power analysis for the behavioral sciences.* Hillsdale, NJ: Lawrence Erlbaum.

Combinato, D. S., & Queiroz, M. S. (2006). Morte: Uma visão psicossocial. *Estudos de Psicologia (Natal), 11,* 209-216.

Comrey, A. (1988). Factor analytic methods of scale development in personality and clinical psychology. *Journal of Consulting and Clinical Psychology, 56,* 764-761

Condor, S., Brown, R. J., & Williams, J. (1987). Social identification and intergroup behaviour. *The Quarterly Journal of Social Affairs, 3*(4), 299-317.

Connel, R. W. (2003). La organización social de la masculinidad. In C. Lomas (Eds.), *Todos los hombres son iguales? Identidades masculinas y cambios sociales* (pp. 31-53). Barcelona: Paidós.

Connnel, R. W. (1995). *Masculinities.* Cambridge: Polity Press.

Connor, K. M., & Davidson, J. R. (2003). Development of a new resilience scale: the Connor-Davidson Resilience Scale (CD-RISC). *Depress Anxiety, 18*(2),76-82.

Cooley, C. H. (1902/1983). *Human nature and social order.* USA: Transation books.

Cooper, A., Scherer, C., Boies, S., & Gordon, B. (1999). Sexuality on the Internet: From sexual exploration to pathological expression. *Professional Psychology: Research and Practice, 30,* 154-164.

Corenblum, B., Annis, R. C., & Tanaka, J. S. (1997). Influence of cognitive development, self competency, and teacher evaluations on the development of children's racial identity. *International Journal of Behavioral Development, 20* (2), 269- 286.

Costa, F. T., Teixeira, M. A. P., & Gomes, W. B. (2000). Responsividade e exigência: Duas escalas para avaliar estilos parentais. *Psicologia: Reflexão e crítica, 13* (3), 465-473.

Costa, M. R. (1993). *Os "carecas do subúrbio": Caminhos de um nomadismo moderno.* Petrópolis: Vozes.

Costa, M. R. (1995). Skinheads: O estigma da violência. *Tema: Revista da Faculdade Teresa Martin, São Paulo, 18* (20), 45-67.

Costa, M. R. (1996). Uma análise político-cultural de fanzines punk e carecas do subúrbio no Brasil. *Revista Margem, Faculdade de Ciências Sociais da PUC/SP, 5,* 187-207.

Costa, M.R. (1997). *Os skinheads no Brasil.* Petrópolis: Vozes.

Costa, P. T., & McCrae, R. R. (1995). Domains and facets: Hierarchical personality assessment using the revised NEO Personality Inventory. *Journal of Personality Assessment, 64,* 21-50.

Coulthard, M. (1985). *An introduction to discourse analysis.* Harlow: Longman.

Coutinho, M. P. L. (2001). *Depressão infantil: Uma abordagem psicossocial.* João Pessoa: Editora Universitária/Autor Associado.

Crites, S. L., Fabrigar, L. R., & Petty, R. E. (1994). Measuring the affective and cognitive properties of attitudes: conceptual and methodological issues. *Personality and Social Psychology Bulletin, 20* (6), 619-34.

Crowe, M. (1986). *The extraterrestrial life debate, 1750-1900: The idea of a plurality of worlds from Kant to Lowell.* Cambridge: Cambridge University Press

Crowne, D., & Marlowe, D. (1960). A new scale of social desirability independent of psychopathology. *Journal of Consulting Psychology, 24,* 349-354.

Csikszentmihalyi, M. (1999). If we are so rich, why aren't we happy? *American Psychologist, 54* (10), 821-827.

D'Amorim, M. (1993). Papel de gênero e atitudes acerca da sexualidade. *Psicologia: Teoria e Pesquisa, 5,* 71-83.

Dancey, C.P., & Reidy, J. (2006). *Estatística sem matemática para psicologia.* Porto Alegre: Artmed Editora.

Davey, A. (1983). *Learning to be prejudiced.* London: Edward Arnold.

Davidson, J. R., Connor, K. M. & Lê, L. C. (2005). Beliefs in karma and reincarnation among survivors of violent trauma – A community survey. *Social Psychiatry Psychiatry Epidemiology, 40*(2), 120-125.

Davies, P. (1995). *Are we alone? Implications of the discovery of extraterrestrial life.* London: Penguin Books.

De Garay, A. (2001). *Los actores desconocidos. Una aproximación al conocimiento de los estudiantes.* México: Asociación Nacional de Universidades e Instituciones de Educación Superior.

De la Coleta, J., & De la Coleta, M. (2006). Felicidade, bem-estar subjetivo e comportamento acadêmico de estudantes universitários. *Psicologia em Estudo, 11,* 533-539.

D'Elboux, M. (2003). Satisfação global com a vida e determinados domínios entre idosos com amputação de membros inferiores. *Revista Panamericana de Salud Publica, 13,* 395-399.

Deneve, K. M., & Cooper, H. (1998). The happy personality: a meta-analysis of 137 personality traits and subjective well-being. *Psychological Bulletin, 124,* 197-229.

Denzler, B. (2001). *The lure of the edge. Scientific passions, religious beliefs, and the pursuit of UFOs.* Berkeley: University of California Press

Dias, M. R. (1995). *AIDS, comunicação persuasiva e prevenção: Uma aplicação da Teoria da Ação Racional.* Tese de doutorado não publicada. Universidade de Brasília, Brasília.

Dick, S. E. (1982). *Plurality of worlds. The origins of the extraterrestrial life debate from Democritus to Kant.* Cambridge: Cambridge University Press.

Diener, E. (1984). Subjective well-being. *Psychological Bulletin, 95,* 542-575.

Diener, E. (1994). El bienestar subjetivo. *Intervención Psicosocial, 3,* 67-113.

Diener, E. (2001). *Encuesta Internacional para Alumnos Universitarios.* Ilinois: Urbana Champaign.

Diener, E., & Emmons, R. (1984). The interdependence of positive and negative affect. *Journal of Personality and Social Psychology, 47,* 1105-1117.

Referências

Diener, E., & Griffin, S. (1984). Happiness and life satisfaction: A bibliography. *Psychological Documents, 14*, 11.

Diener, E., & Larsen, R. J. (1993). The experience of emotional well-being. In M. Lewis & J. M. Haviland (Eds.), *Handbook of emotions* (pp. 405-415). New York: Guilford.

Diener, E., & Lucas, R. (1999). Personality and subjective well-being. In D. Kahneman, E. Diener, E. & N. Schwarz (Eds.), *Well-being: The foundations of hedonic psychology* (pp. 213-229). New York: Russell Sage Foundation.

Diener, E., & Lucas, R. (2000). Explaining differences in societal levels of happiness: Relative standards, need fulfillment, culture, and evaluation theory. *Journal of Happiness Studies: An Interdisciplinary Periodical on Subjective Well-Being, 1*, 41-78.

Diener, E., & Suh, E. (1999). National differences in subjective well-being. In D. Kahneman, E. Diener, E. & N. Schwarz, N. (Eds.), *Well-being: The foundations of hedonic psychology* (pp. 434-450). New York: Russell Sage Foundation.

Diener, E., Napa, C., & Lucas, R. (2003). The evolving concept of subjective well-being: The multifaceted nature of happiness. *Advances in Cell Aging and Gerontology, 15*, 187–219.

Diener, E., Oishi, S., & Lucas, R. E. (2003). Personality, cultura and subjective well-being: emotional and cognitive evaluations of life. *Annual Review of Psychology, 54*, 403-425.

Diener, E., Suh, E., Lucas, R., & Smith, H. (1999). El bienestar subjetivo, tres decadas de progreso. *Boletín Psicológico, 125*, 271-301.

Dishion, T. J., Patterson, G. R., Stoolmiller, M., & Skinner, M. L. (1991). Family, school, and behavioral antecedents to early adolescent involvement with antisocial peers. *Developmental Psychology, 27*, 172-180.

Doise, W. (1982). *L'explicacation en psychologie sociale*. Paris: PUF.

Doise, W. (1986). *Levels of explanation in social psychology*. Cambridge: Cambridge University Press.

Doise, W. (1989). Attitudes et représéntations sociales. In D. Jodelet (Ed.), *Lês représentations sociales* (pp. 220-238) Paris: PUF.

Doise, W. (1990). Les représentations sociales. In R. Ghiglione, C. Bonnet & J. F. Richard (Eds.), *Trauté de psychologie cognitive 3: Cognition representation, comunication* (pp. 111-174). Paris: Dunod.

Doise, W. (1990). Social beliefs and intergroup relations: The relevance of some sociological perspectives. In C. Fraser & G. Gaskell (Eds.), *The social psychological study of widespread beliefs* (pp. 142-159). Oxford: Clarendon Press.

Doise, W., & Herrera, M. (1994). Declaration universalle et représentations sociales dês droits de l´homme: Une étude á Genéve. *Revue Internationalle de Psycologie Sociale, 4*, 87-107.

Doise, W., Clémence, A., & Lorenzi-Cioldi, F. (1993). *The quantitative analysis of social representations*. Hempel Hempstead: Harvester Wheatsheaf.

Dolcini, M. M., & Adler, N. E. (1994). Perceived competencies, peer group affiliation and risk behavior among early adolescents. *Health Psychology, 13* (6), 496-506.

Domingues, J. M. (2002). As formas fundamentais da solidariedade contemporânea. In J.M. Domingues (Ed.), *Interpretando a modernidade: Imaginário e instituições* (pp. 191-222). Rio de Janeiro: FGV.

Domínguez, M., Albuquerque, F.J.B., Trócolli, B.T., Vera, J.A., Seabra, M.A.B., & Domínguez, R. (2006). Relação do bem-estar subjetivo, estratégias de enfrentamento e apoio social em idosos. *Psicologia: Reflexão & Crítica, 19*, 78-90.

Downing, B. (1968). *The bible and flying Saucers*. New York: Avon Books

Doyle, A. B., & Aboud F. E. (1995). A longitudinal study of white children's racial prejudice as a social-cognitive development. *Merrill-Palmer Quarterly, 41*(2), 209-228.

DSM-IV-TR. (2002). *Manual diagnóstico y estadístico de los trastornos mentales, texto revisado*. Barcelona: Masson.

Duckitt, J. (1992). *The social psychology of prejudice*. London. Praeger Publishers.

Duker, M., & Slade. R. (2003). *Anorexia nervosa and bulimia: How to help*. England: Open University Press.

Durand, V. (2002). *Formación cívica de los estudiantes de la UNAM*. México: Miguel Ángel Porrúa-Secretaria de Servicios a la Comunidad-UNAM.

Edward, K.-L. (2005). The phenomenon of resilience in crisis care mental health clinicians. *International-Journal-of-Mental-Health-Nursing, 14* (2), 142-148

Edwards, G. (1995). *O tratamento do alcoolismo*. São Paulo: Artes Médicas.

Ellemers, N., Kortekaas, P., & Ouwerkerk, J. W. (1999). Self-categorization, commitment to the group and group self-esteem as related but distinct aspects of social identity. *European Journal of Social Psychology, 29*, 371-389.

Emmons, R., & Diener, Ed. (1985). Personality correlates of subjective well-being. *Personality and Social Psychology Bulletin, 11*, 1, 89-97.

Erausquin, M.A., Matilla, L., & Vasquez, M. (1983). *Os teledependentes*. São Paulo: Summus.

Fausto, B. (2001). *História concisa do Brasil*. São Paulo: Editora da USP.

Feather, N. T. (1992). Values, valences, expectations, and actions. *Journal of Social Issues, 48*, 109-124.

Fernades, F. (1978). *A integração do negro na sociedade de classes*. São Paulo.

Fernandes, S. C. S., Da Costa, J. B., Camino, L., & Mendoza, R. (2006). Orientação à dominância social – estudo empírico sobre o preconceito em uma amostra de estudantes universitários do curso de psicologia da cidade de João Pessoa. *Cadernos de Psicologia – UFS, 3*, 135-149.

Fernandes, S. C. S., Da Costa, J. B; Camino, L., & Mendoza, R. (2007). Valores psicossociais e orientação à dominância social: Um estudo acerca do preconceito. *Psicologia: Reflexão & Crítica, 20* (3), 490-498.

Fernández-Ríos, L., & Buela-Casal, G. (1997). El concepto de salud/enfermedad. In G. Buela-Casal, L. Fernández-Ríos & T .J. Carrasco (Eds.), *Psicologia preventiva. Avances recientes en técnicas y programas de prevención* (pp. 27-38). Madrid: Piramide.

Festinger, L. (1954). A theory of social comparison processes. *Human Relations, 7*, 117-140.

REFERÊNCIAS

Fisher, P.A., & Fagot, B.I. (1993). Negative discipline in families: A multidimensional risk model. *Journal of Family Psychology, 7,* 250-254.

Flores, M., & Díaz, R. (1995). Desarrollo y validación de una escala multidimesional de asertividad para estudiantes. *Revista Mexicana de Psicología, 12,* 133-144.

Floyd, F., & Widaman, K. (1995). Factor analysis in the development and refinement of clinical assessment instruments. *Psychological Assessment, 7,* 286-299.

Fonseca, C. (2000). *Família, fofoca e honra: etnografia de relações de gênero...* Porto Alegre: UFRGS.

Formiga, N. S, Oliveira, A. R. N., Curado, F., Lüdke, L., Teixeira, J., & Fachini, A. C. (2003). Estratégias educativas na família e condutas anti-sociais e delitivas. *Trabalho apresentado na XXXIII Reunião anual da sociedade brasileira de psicologia. Psicologia: Compromisso com a vida.* (p. 383). Belo Horizonte – MG: Sociedade Brasileira de Psicologia.

Formiga, N. S. (2002). *Condutas anti-sociais e delitivas: Uma explicação baseada nos valores humanos.* Dissertação de Mestrado Não-Publicada. Universidade Federal da Paraíba, João Pessoa, Paraíba.

Formiga, N. S. (2003). Fidedignidade da escala de condutas anti-sociais e delitivas ao contexto brasileiro. *Psicologia em Estudo, 8,* 133 – 138.

Formiga, N. S. (2005a). Comprovando a hipótese do compromisso convencional: Influência dos pares sócio-normativos sobre as condutas desviantes em jovens. *Psicologia: Ciência & Profissão, 25*(4), 602-613.

Formiga, N. S. (2005b). Condutas anti-sociais e delitivas e relação familiar: Consideração em duas áreas urbanas na cidade de Palmas-TO. *Revista Aletheia, 22,* 63-70.

Formiga, N. S. (2006). Valores humanos e condutas delinqüentes: as bases normativas da conduta anti-social e delitiva em jovens brasileiros. *Psicología para America Latina, 7,* 0-0.

Formiga, N. S., & Fachini, A. C. (2003). Apoio social e condutas desviantes: Um estudo sobre a consistência explicativa dos grupos cotidianos no comportamento dos jovens. *Trabalho apresentado no III Congresso Científico do Ceulp-Ulbra. Mercado e cidadania: O papel da Universidade* (pp. 186-188). Palmas, Tocantins.

Formiga, N. S., & Gouveia, V. V. (2003). Adaptação e validação da escala de condutas anti-sociais e delitivas ao contexto brasileiro. *Revista Psico, 34* (2), 367-388.

Formiga, N. S., & Gouveia, V. V. (2005). Valores humanos e condutas anti-sociais e delitivas. *Psicologia: Teoria & Pratica, 7* (2), 134-170.

Formiga, N. S., Queiroga, F., & Gouveia, V.V. (2001). Indicadores de bom estudante: sua explicação a partir dos valores humanos. *Revista Aletheia, 13,* 63-73.

Formiga, N. S., Trigueiro, E. S. O., Melo, C. F., & Dourado, J. L. G. (2006). A busca de sensação e as variações condutuais da violência juvenil: A experiência em correr risco como explicação das condutas desviantes, comportamento agressivo e uso potencial de drogas. *Trabalho apresentado 58ª Reunião Anual da sociedade brasileira para o progresso da ciência.* Florianóplis, Santa Catarina.

Formiga, N. S., Yepes, C., & Alves, I. (2005). Correlatos entre traços de personalidade e afiliação com pares sociais: Reflexões a respeito da formação personalística em jovens. *Trabalho apresentado no IV congresso científico do Ceulp-Ulbra: Ética e Ciência*. (pp. 277-2790). Palmas, Tocantins.

Fredrickson, B., & Roberts, T. (1997). Objectification theory: Toward understanding women's lived experiences and mental health risks. *Psychology of Women Quarterly, 21,* 172-206.

Freudenberger, H. J. (1974). Staff burnout. *Journal of Social Issues,* 30, 159-165.

Frías, M. A., López-Escobar, A, E., & Díaz-Méndez, S. G. (2003). Predictores de la conducta antisocial juvenil: Un modelo ecológico. *Estudos de Psicologia, 8* (1), 15-24.

Fried, CB. (2003). Stereotypes of music fans: Are rap and heavy metal fans a danger to themselves or to others? *Journal of Media Psychology, 8(3).* Recuperado em 18 de janeiro de 2009: http://www.calstatela.edu/faculty/sfischo/Fried%20rev.pdf

Friedlander, P. (2002). *Rock and roll: Uma história social*. Rio de Janeiro: Editora Record.

Frith, S. (2002). Music and identity. In P.G. Stuart Hall (Ed.), *Questions of cultural identity*. (pp. 108-127). London: Sage.

Fuller, J. (1980). *The interrupted journey*. New York: Souvenir Press

Fusari, M.F.R. (1985). *O educador e o desenho animado que a criança vê na televisão*. São Paulo: Loyola.

Gaertner, S. L., & Mclaughilin, J. P. (1983). Racial stereotypes: associations e ascriptions of positive and negative characteristic. *Social Psychology Quarterly, 46,* 23-30.

Galduróz, J. C. F., Noto, A. R. Fonseca, A. M. & Carlini, E. A. (2005). *V Levantamento nacional sobre o consumo de drogas psicotrópicas entre estudantes do ensino fundamental e médio da rede pública de ensino nas 27 capitais brasileiras – 2004.* CEBRID – Centro Brasileiro de Informações sobre Drogas Psicotrópicas.

Gamson, J. (2002). Deben autodestruirse los movimientos identitarios? Un extraño dilema. In R. M. M. Jiménez (Ed.). *Sexualidades transgresoras: Una antología de estudios queer* (pp. 141-172). Barcelona: Icaria.

Garmezy, N. (1991). Resiliency and vulnerability to adverse developmental outcomes associated with poverty. *American Behavioral Scientist,* 34(4), 416-430.

Gastaldo, E. (2005). "O complô da torcida": futebol e performance masculina em bares. *Horizontes Antropológicos, Porto Alegre,* 24, 107-123.

Gazzaniga, M. S. & Heatherton, T. F. (2005). Personalidade. In Michael S. Gazzaniga & Todd. F. Heatherton (Org.), *Ciência Psicológica: Mente, cérebro e comportamento* (pp. 470-496). Porto Alegre: Artmed.

Giddens, A. (1993). *A transformação da intimidade: Sexualidade, amor e erotismo nas sociedades modernas*. São Paulo: Editora UNESP.

Gill, R. (2003). Análise do discurso. In M. Bauer & G. Gaskell (Eds.), *Pesquisa qualitativa com texto, imagem e som: Um manual prático* (pp.244-270). Petrópolis: Vozes.

Goldenberg, J. L., & Roberts, T. (2004). The beauty within the beast: An existential perspective on the objectification and condemnation of women. In J. Greenberg, S. L., Koole, & T. Pyszczynski (Eds.), *Handbook of experimental existential psychology* (pp.71-85). New York: Guilford.

Goldenberg, J. L., McCoy, S. K., Pyszczynksi, T., Greenberg, J., & Solomon, S. (2000). The body as a source of self-esteem: The effects of mortality salience on identification with one's body, interest in sex, and appearance monitoring. *Journal of Personality and Social Psychology, 79*, 118-130.

Goldenberg, J. L., Pyszczynski, T., Greenberg, J., Solomon, S., Kluck, B., & Cornwell, R. (2001). I am not an animal: Mortality salience, disgust, and the denial of human creatureliness. *Journal of Experimental Psychology: General, 130*, 427-435.

González, M. (2000). *Exobiologia. Manual de la flota estelar.* Madrid: Alberto Santos Editor.

Goodwin, R., Realo, A., Kwiatkowska, A., Kozlova, A., Luu, L., & Nizharadze, G. (2002). Values and sexual behaviour in Central and Eastern Europe. *Journal of Health Psychology, 7*, 45-56.

Gorsuch, R. (1983). *Factor analysis.* HillSdale New Jersey: Erlbaum.

Gouveia, V. (1998). *La naturaleza de los valores descriptores del individualismo y del colectivismo: Una comparación intra e intercultural.* Tese de doutorado não publicada. Universidad Complutense de Madrid, Madrid.

Gouveia, V. (2003). A natureza motivacional dos valores humanos: Evidências acerca de uma nova tipologia. *Estudos de Psicologia, 8*, 431-443.

Gouveia, V., Fischer, R., & Milfont, T. (2006). *Why do we care about values? A functional approach to human values.* Unpublished manuscript, Joao Pessoa, Paraíba.

Gouveia, V.V., Milfont, T.L., Fischer, R., & Santos, W.S. (2008). Teoria funcionalista dos valores humanos. In M. L. M. Teixeira. (Org.). *Valores humanos & gestão: Novas perspectivas* (pp. 47-80). São Paulo: Senac São Paulo.

Gouveia, V.V., Milfont, T.L., Fisher, R., & Coelho, J.A.P.M. (2009). Teoria funcional dos valores humanos: Aplicações para as organizações. *Revista de Administração Mackenzie, 10*(3), 34-59.

Gouveia, V.V., Pimentel, C.E., Queiroga, F., Meira, M. & Jesus, G.R. (2005). Escala de atitudes frente ao uso de maconha: Comprovação da sua validade de construto. *Jornal Brasileiro de Psiquiatria, 54* (1), 5-12.

Green, D.E., Walkey, F. H. & Taylor, A.J.W. (1991). The three-factor structure of the Maslach burnout inventory. *Journal of Science Behaviour and Personality, 6*, 453–472.

Greenberg, J., Koole, S., & Pyszczynski, T. (2004) (Eds.), *Handbook of experimental existential psychology.* New York: Guilford Press.

Greenberg, J., Pyszczynski, T., & Solomon, S. (1986). The causes and consequences of a need for self-esteem: A terror management theory. In R. F. Baumeister (Ed.), *Public self and private self* (pp.189-212). New York: Springer-Verlag.

Greenberg, J., Pyszczynski, T., Solomon, S., Rosenblatt, A., Veeder, M., Kirkland, S., & Lyon, D. (1990). Evidence for terror management II: The effects of mortality salience on reactions to those who threaten or bolster the cultural worldview. *Journal of Personality and Social Psychology, 58*, 308-318.

Grotberg, E (1995). *A guide to promoting resilience in children: Strenghening the human spirit.* The International Resilience Project. Bernard Van Leer Foundation. La Haya, Holanda.

Guerra, V.M. (2005). *Bases valorativas do liberalismo sexual.* Dissertação de mestrado não-publicada. Universidade Federal da Paraíba, João Pessoa, Paraíba.

Guerra, V.M., & Gouveia, V. (2007). Liberalismo/conservadorismo sexual: Proposta de uma medida multi-fatorial. *Psicologia: Reflexão e Crítica, 20,* 43-53.

Gupta, N., & Mahy, M. (2003). Sexual initiation among adolescent girls and boys: Trends and differentials in Sub-Saharan Africa. *Archives of Sexual Behavior, 32,* 41-53.

Gusmão, E. (2004). *A hipótese da congruência vocacional: Considerações acerca dos valores humanos e do bem-estar subjetivo.* Dissertação de mestrado não publicada. Universidade Federal da Paraíba, João Pessoa, Paraíba.

Gusmão, E. E. S., Jesus, G. R., Gouveia, V. V., Júnior, J. N., & Queiroga, F. (2001). Interdependência social e orientações valorativas em adolescentes. *Revista Psico (PUCRS), 32,* 23-37.

Gutiérrez, A. (1993). Exploración sobre los valores en los estudiantes de la unidad Santa Fe de la Universidad Iberoamericana, *Magistralis, 5,* 120-135.

Guzmán, J. M., Contreras, J. M., & Hakkert, R. (2001). La situación actual del embarazo adolescente y del aborto. In J. M., Guzmán, R. Hakkert, J.M. Contreras & M. Falconier de Moyano (Eds.), *Diagnóstico sobre salud sexual y reproductiva de adolescentes en América Latina y el Caribe* (p. 19-40). México D. F.: UNFPA.

Haidt, J., & Hersh, M. (2001). Sexual morality: The cultures and emotions of conservatives and liberals. *Journal of Applied Social Psychology, 31*(1), 191-221.

Hall, R. (1999). Signal, noises, and UFOs waves. *International UFO Reporter, 23*(4), 16-20.

Hannon, R., Hall, D., Gonzalez, V., & Cacciapaglia, H. (1999). Revision and reliability of a measure of sexual attitudes. *Electronic Journal of Human Sexuality,* 2, Recuperado em 02 de agosto de 2003 de: *http://www.ejhs.org/volume2/hannon/attitudes.htm.*

Hardy, S., & Raffaelli, M. (2003). Adolescent religiosity and sexuality: An investigation of reciprocal influences. *Journal of Adolescence, 26,* 731-739.

Harrison, K., & Cantor, J. (1997). The relationship between media consumption and eating disorders. *Journal of Communication, 47,* 40-67.

Hawkins, J. D., Catalano, R. F., & Miller, J. Y. (1992). Risk and protective factors for alcohol and other drug problems in adolescence and early adulthood: Implications for substance abuse prevention. *Psychological Bulletin, 112* (1), 64-105.

Heaven, P., & Oxman, L. (1999). Human values, conservatism and stereotypes of homosexuals. *Personality and Individual Differences, 27,* 109-118.

Hesse-Biber, S., Leavy, P., Quinn, C., & Zoino, J. (2006). The mass marketing of disordered eating and Eating Disorders: The social psychology of women, thinness and culture. *Women's Studies International Forum, 29,* 208-224.

Higgins, L., Zheng, M., Liu, Y., & Sun, C. (2002). Attitudes to marriage and sexual behaviors: A survey of gender and culture differences in China and United Kingdom. *Sex Roles: A Journal of Research, 46,* 75-89.

Hinde, R. A. (1997). *Relatonships: A dialectical perspective.* UK: Psychology Press.

Hirschfeld, L. A. (1996). *Race in making: Cognition, culture, and the child's construction of human kinds.* Massachusetts: A Bradford Book.

REFERÊNCIAS

Hofstede, G. (2001). *Culture's consequences: Comparing values, behaviors, institutions, and organizations across nations*. Thousand Oaks, CA: Sage Publications.

Holmes, R. M. (1995). *How young children perceive race*. Thousand Oaks, CA: Sage Publications.

Homer, P. M., & Kahle, L. R. (1998). A structural equation test of the value-attitude--behavior hierarchy. *Journal of Personality and Social Psychology, 54*, 638-646.

Hopkins, B. (1987). *Intruders: The incredible visitations at Copley Woods*. New York: Bentan Books.

Horney, K. (1937/1993). *La personalidad neurótica de nuestro tiempo*. España: Paidós.

Howard, S., & Johnson, B. (2004) Resilient teachers: Resisting stress and burnout. *Social Psychology-of-Education, 7* (4), 399-420.

Hraba, J., & Grant, G. (1970). Black is beautiful: A re-examination of racial preference and identification. *Journal of Personality and Social Psychology, 16*, 398-402.

Hutnik, N. (1991). *Ethnic minority identity: A social psychological perspective*. Oxford: Claredon Press.

IBGE (2000). *Censo demográfico*. Rio de Janeiro: Instituto Brasileiro de Geografia e Estatística.

Iñiguez, L. (2002). Construcionismo social. In J. B. Martins (Eds.). *Temas em análise institucional e em construcionismo social* (p. 97-180). São Carlos: RiMa.

Iñiguez, L. *et al.* (2002). Evaluación cualitativa del sistema de recogida de sangre en Cataluña. *Revista Espanhola de Salud Pública, 76*(5), 437-450. Recuperado em 4 de janeiro de 2007 de http://redalyc.uaemex.mx/redalyc/pdf/170/17076506.pdf

Iñiguez, L., & Antaki, C. (1994). El analisis del discurso en psicologia social. *Boletin de Psicologia, 44*, 57-75.

Inspir (1999). Mapa da população negra no mercado de trabalho: Regiões metropolitanas de São Paulo, Salvador, Recife, Belo Horizonte, Porto Alegre e Distrito Federal. *Instituto Interamericano pela Igualdade Racial. Centro de Solidariedade AFL-CIO, Departamento Intersindical de Estatística e Estudos Sócio-Econômicos-DIEESE.*

Jackson, J. W., & Smith, E. R. (1999). Conceptualising social identity: a new framework and evidence for the impact of different dimensions. *Personality and Social Psychology Bulletin, 25*, 120-135.

Jackson, S. (2006). Gender, sexuality and heterosexuality: The complexity (and limits) of heteronormativity. *Feminist Theory, 7*, 105-121.

Jacob, C. R. Hees, D.R., Waniez, P., & Brustlein, V. (2003). *Atlas da filiação religiosa e indicadores sociais no Brasil*. São Paulo: Loyola.

Jessor, R., Costa, F., Jessor, L., & Donovan, J. (1983). Time of first intercourse: A prospective study. *Journal of Personality and Social Psychology, 44*, 608-626.

Jodelet, D. (2001). Representações sociais: Um domínio em expansão. In D. Jodelet (Eds.), *As representações sociais*. (pp. 17-44). Rio de Janeiro: EdUERJ.

John, O. P., Donahue, E. M., & Kentle, R. L. (1991). *The "Big Five" inventory – Versions 4a and 54*. Berkeley: University of California, Berkeley, Institute of Personality and Social Research.

John, O., & Srivastava, S. (1999). The Big Five trait taxonomy: History, measurement, and theoretical perspectives. In L. Pervin & O. John (Eds.), *Handbook of personality: Theory and research* (pp. 102-138). New York: Guilford.

Joia, C., Ruiz, T., & Donalisio, M. (2007). Condições associadas ao grau de satisfação com a vida entre a população de idosos. *Revista Saúde Pública, 41,* 131-138.

Joinson, A., McKenna, K. Y. A., Postmes, T., & Reips, U. D. (2007). Oxford handbook of internet psychology. Oxford, UK: Oxford University Press.

Jones, J. (1973). *Racismo e preconceito.* São Paulo: Editora da Universidade de São Paulo.

Joresköb, K., & Sörbom, D. (1989). *Lisrel 7 user's reference guide.* Mooresville: Scientific Software.

Jung, C. (1991). *Um mito moderno sobre coisas vistas no céu.* Petrópolis: Vozes.

Kahhale, E. (2001). Subsídios para reflexão sobre sexualidade na adolescência. In A. Bock, M. Gonçalves & O. Furtado (Eds.), *Psicologia sócio-histórica: Uma perspectiva crítica em psicologia* (pp. 179-191). São Paulo: Cortez.

Kaiser, H., Hunka, S., & Bianchinf, J. (1969). Relation factor between studies based upon different individuals. In H.J. Eysenck & S.B.G. Eysenck (Eds.), *Personality structure and measurement* (pp. 333-343). Routledge and Kegan Paul.

Kashima, Y., Mckintyre, A., & Clifford, P. (1998). The category of the mind: Folk psychology of belief, desire and intention. *Asian Journal of Social Psychology, 1*(1), 289-313.

Kasser, T., & Sheldon, K. M. (2000). Of wealth and death: Materialism, mortality salience, and consumption behavior. *Psychological Science, 11,* 348-351.

Katz, D., & Braly, K. (1933). Racial stereotypes in one hundred college students. *Journal of Abnormal and Social Psychology, 55,* 280-290.

Katz, D., & Braly, K. (1958). Verbal stereotypes and racial prejudice. In E. E. Maccoby, T. M. Newcomb & E. Hartley (Eds.), *Readings in social psychology* (pp. 40-46). New York, Holt, Reinehart & Winston.

Katz, P. A. (1976). The acquisicion of racial attitudes in children. In P. A. Katz (Ed.), *Towards the elimination of racism* (pp. 125-154). New York: Pergamon.

Katz, P. A. (1983). Developmental foundations of gender and racial attitudes. In P. H. Robert & L. Leahy (Ed.), *The child's construction of social inequality* (pp. 41-78). New York: Academic Press.

Kennedy, M., & Gorzalka, B. (2002). Asian and non-Asian attitudes toward rape, sexual harassment, and sexuality. *Sex Roles: A Journal of Research, 46,* 227-238.

Knox, D., Sturdivant, L., & Zusman, M. (2001). College student attitudes toward sexual intimacy. *College Student Journal, 35,* 241-243.

Kobasa, S.C., & Paccetti, M. (1983). Personality and social resources in stress resistance, *Journal of Personality and Social Psychology, 45,* 839-850.

Kodaira, S.I. (1999). Uma análise da pesquisa sobre violência na mídia no Japão. In U. Carlson, & C. von Feilitzen (Eds.), *A criança e a violência na mídia* (pp. 93-123). Brasília: Unesco/Ed. Cortez.

Kolosimo, P. (1974). *Not of this world.* London: Sphere

Referências

Krüger, H. (1993). Crenças e sistemas de crenças. *Arquivos Brasileiros de Psicologia, 45*(1/2), 3-15.

Laborín, J., & Vera, J. A. (2000). Bienestar subjetivo y su relación con locus de control y el enfrentamiento. *La Psicología Social en México, 7,* 192-199.

Le Gall, A., Mullet, E., & Shafighi, S. (2002). Age, religious beliefs, and sexual attitudes. *Journal of Sex Research, 39,* 207-216.

Leal, A. F., & Knauth, D. R. (2006). A relação sexual como uma técnica corporal: representações masculinas.*Cadernos de Saúde Pública, Rio de Janeiro, 22*(7), 1375-1384.

Levy, T. (2004). Crueldade e crueza do binarismo. In A. F. Cascais (Ed.), *Indisciplinar a teoria: Estudos gays, lésbicos e queer* (pp. 183-214). Lisboa: Fenda.

Lima, D. R. (2002). *Manual de farmacologia clínica, terapêutica e toxicologia.* (Vol 1., pp. 72-79). Rio de Janeiro: MEDSI.

Lima, E. M. A, de (2000). *Uso de bebidas alcoólicas na adolescência: Um estudo em adolescentes da cidade de João Pessoa.* Dissertação de mestrado não publicada, Universidade Federal da Paraíba. João Pessoa, Paraíba.

Lima, L. (2002). Atitudes: Estrutura e mudança. In J. Vala & M. Monteiro (Eds.), *Psicologia social* (pp. 187-225). Lisboa: Fundação Calouste Gulbenkian.

Lima, M. E. O. (2003). *Normas sociais e racismo: Efeitos do individualismo meritocrático e do igualitarismo na infra-humanização dos negros.* Tese de doutorado não publicada. Instituto superior de Ciências do Trabalho e da Empresa, Lisboa.

Lima, M. E. O., & Vala, J. (2004). Sucesso social, branqueamento e racismo. *Psicologia: Teoria e Pesquisa, 20*(1), 1-10.

Lima, M. S. de (1997). Epidemiologia do alcoolismo. In S. P. Ramos & J. M. Bertolote (Ed.), *Alcoolismo Hoje* (pp.45-64). Porto Alegre: Artes Médicas.

Lindström, B.(2003). O significado de resiliência. *Adolescência Latino-Americana, 2,* 133-137.

Lins, D. (1998). O sexo do poder. In D. Lins (Ed.), *A dominação masculina revisitada* (pp. 97-128). Campinas: Papirus.

Loehlin, J. C. (1997). A test of J. R. Harris's theory of peer influences on personality. *Journal of Personality and Social Psychology, 72* (5), 1197-1201.

Loftus, E. (1994). Memories of things unseen. *Current Directions in Psychological Science,13*(4), 145-147.

Lopes, L. P. M. (2002). *Identidades fragmentadas: a construção discursiva de raça, gênero e sexualidade em sala de aula.* Campinas: Mercado de Letras.

López, M.J.M., & Garcia, J.M.M (1997). Violência Juvenil. In A.M. González, J.M.M.García, J.S.L. Martinez, M.J.M.López & J.M.M. Carrasco (Eds.), *Comportamientos de riesgo: violencia, prácticas sexuales de riesgo y consumo de drogas ilegales en la juventud* (pp. 47-77). Madrid: Entinema.

Lorenzi-Cioldi, F., & Doise W. (1990). Levels of analysis and social identity. In D. Abrams & M. A. Hogg (Eds.), *Social identity theory: Constructive and critical advances* (pp. 71-88). London: Harvester Weatsheaf.

Lucas, R.; Diener, E., & Suh, E. (1996). Discriminant validity of well-being measures. *Journal of Personality and Social Psychology, 71,* 616-628.

Ludwig, K.B. & Pittman, J.F. (1999). Adolescent prosocial values and self-efficacy in relation to delinquency, risky sexual behavior, and drug use. *Youth & Society, 30,* 461-482.

Luthar, S. (1993). Annotation: Methodological and conceptual issues in research on childhood resilience. *Journal of Child Psychology and Psychiatry, 34,* 441-453.

Luyten, S.B. (Ed.) (2005). *Cultura pop japonesa: Mangá e animê.* São Paulo: Hedra.

Macedo, L., & Novaes, T. (2004, 4 de abril). Sempre bem acompanhadas. *Revista da Folha de São Paulo,* 8-13.

MacKay, C. (1999). Memoirs of extraordinary popular delusions and the madness of crowds. Recuperado em 20 de setembro de 2007 de: *http://www.econlib.org/library/ mackay/macExContents.html.*

Madrid, C.M. (2000). Tribus urbanas: Entre ritos y consumos. El caso de la discoteque blondie. *Última década, 13,* 97-120.

Mageste, P. (2003, 01 de dezembro). A nova ordem sexual. *Revista Época, 289,* 84-88.

Magnani, J.G. C. (2005). Os circuitos dos jovens urbanos. *Tempo social, 17*(2), 173-205.

Maheirie, K. (2003). Processo de criação no fazer musical: Uma objetivação da subjetividade, a partir dos trabalhos de Sartre e Vygotsky. *Psicologia em Estudo, 8*(2), 147-153.

Maia, L. (2000). *Prioridades valorativas e desenvolvimento moral: Considerações acerca de uma teoria dos valores humanos.* Dissertação de mestrado não publicada. Universidade Federal da Paraíba, João Pessoa, Paraíba.

Malek, M.K., Chang, B.H., & Davis, T.C. (1998). Fighting and weapon-carring among seventh-grade students in Massachusetts and Lousiana. *Journal of Adolescent Health, 2,* 99-102.

Manriquez, I. P., & Le-Bert, C. Q. (1994). Respostas à gravidez entre adolescentes chilenas de estratos populares. In A.O. Costa & T. Amado (Eds.), *Alternativas escassas: Saúde, sexualidade e reprodução na América Latina* (pp. 11-45). Rio de Janeiro: Ed. 34.

Manzano, G. (2002). Bienestar subjetivo de los cuidadores formales de Alzheimer: relaciones con el burnout, engagement y estrategias de afrontamiento. *Ansiedad y Estrés, 8,* 225-244.

Marr, J. (1998). *Alien agenda: Investigating the extraterrestrial presence among us.* New York: Harper-Collins

Martín, M. A. G. (2002). Desde el concepto de felicidad al abordaje de las variables implicadas en el bienestar subjetivo: Un análisis conceptual, *Revista Digital,* 48. Recuperado em 26 de janeiro de 2009 de: *http://www.efdeportes.com/efd48/bienes.htm*

Martín, M., & Kennedy, P. (1993). Advertising and social comparison: consequences for female preadolescents and adolescents. *Psychology and Marketing, 10*(6), 513-530.

Maslach, C. (1977). Burnout: a social psychological analysis. *Paper presented at the meeting of the American Psychological Association.* San Francisco.

Maslach, C. (2003). Job burnout: New directions in research and intervention. *Current Directions in Psychological Science, 12,* 189-192.

REFERÊNCIAS

Maslach, C., & Jackson, S. (1981). The measurement of experienced burnout. *Journal of Organizational Behavior, 2*, 99-113.

Maslach, C., & Leiter, M. P. (1997). *The truth about burnout: How organization cause, personal stress and what to do about It*. San Francisco: Jossey-Bass.

Maslach, C., Schaufeli, W. B., & Leiter, M. P. (2001). Job burnout. *Annual Review of Psychology, 52*, 397-422.

Maslow, A. H. (1954/1970). *Motivation and personality*. New York: Harper & Row Publishers.

Masten, A.S., & Garmezy, N. (1985). Risk, vulnerability and protective factors in developmental psychopathology. In B.B. Lahey & A.E. Kazdin (Eds.), *Advances in clinical child psychology* (vol. 8, pp. 1-52). New York, NY: Plenum Press

Mathews, J. (2005). *The secret lives of elves & Faeries. From the private journal of the Rev. Robert Kirk*. London: Godsfield.

Máximo, J. (2003a). *A música do cinema*. Volume 1. São Paulo: Rocco.

Máximo, J. (2003b). *A música do cinema*. Volume 2. São Paulo: Rocco.

McAdams, D. P. (1992). The Five-factor personality profiles. *Journal of Personality Assesssment, 60*, 329-361.

McCabe, M., & Cummins, R. (1998). Sexuality and quality of life among young people. *Adolescence, 33*, 761-773.

McClung, A. (1955). The clinical study of society. *American Sociological Review, 20*, 648-653.

McCreary, D. R., & Sadava, S. W. (1999). Television viewing and self-perceived health, weight, and physical fitness: Evidence for the cultivation hypothesis. *Journal of Applied Social Psychology, 29* (11), 2342–2361.

McCree, D., Wingood, G., DiClemente, R., Davies, S., & Harrington, K. (2003). Religiosity and risky sexual behavior in African-American adolescent females. *Journal of Adolescent Health, 33*, 2-8.

McNally, R.J., Lasko, N.B., Clancy, S.A., Macklin, M.L., Pitman, R.K., & Orr, S.P. (2004). Psychophysiological responding during script-driven imagery in people reporting abduction by space aliens. *Psychological Science, 15*, 493-497.

Medeiros, E.D. (2008). *Correlatos valorativos das atitudes frente à tatuagem e intenção de tatuar-se*. Dissertação de mestrado não publicada. Universidade Federal da Paraíba. João Pessoa, Paraíba.

Medeiros, J. G. M. de (1992). *De álcool e alcoolismo: O beber para além da oralidade*. Dissertação de mestrado não publicada. Universidade Federal da Paraíba. João Pessoa.

Medrado, B. (2000). Textos em cena: A mídia como prática discursiva. In M.J Spink (Ed.), *Práticas discursivas e produção de sentidos no cotidiano: Aproximações teóricas e metodologias* (pp. 243-271). São Paulo: Cortez.

Menandro, P.R.M., Pereira, J.F., Amim, I.D. & Santos, S.M. (2002). Aspectos do relacionamento amoroso presentes em letras de músicas dirigidas à camada popular urbana. *Arquivos Brasileiros de Psicologia, 54*(1), 3-10.

Menezes de Lucena, V. A. (2000). *El Estrés laboral. (Burnout) en cuidadores formales de ancianos*. Tese de doutorado não publicada. Universidad de Salamanca, Salamanca.

Meston, C., Heiman, J., Trapnell, P., & Paulhus, D. (1998). Socially desirable responding and sexuality self-reports. *Journal of Sex Research, 35*, 148-157.

Milfont, T. L. (2007). *Psychology of environmental attitudes: A cross-cultural study of their content and structure*. Tese de doutorado não publicada. University of Auckland, New Zealand.

Miller, N., & Gentry, K. W. (1980). Sociometric indices of children's peer interaction in the school setting. In H. C. Foot, A. J. Chapman, & J. R. Smith (Eds.), *Friendship and social relations in children*. (pp. 145-77). New York: John Wiley & Sons.

Miller, P. (1997). Family structure, personality, drinking, smoking and illicit drug use: a study of UK teenagers. *Drug and Alcohol Dependence, 45,* 121-129.

Milner, D. (1973). Racial Identification and preference in 'black' british children. *European Journal of Social Psychology, 3* (3), 281-295.

Milner, D. (1983). *Children and race: ten years on*. London: Ward Lock Educational.

Milner, D. (1984). The development of ethnic attitudes. In H. Tajfel (Ed.), *The social dimension: European studies in Social Psychology*, Vol I, (pp. 89-110). Cambridge, University Press, London.

Ministerio de Sanidad y Consumo. (2007). *Encuesta nacional de Salud de España 2006*. Recuperado em 26 de janeiro de 2009 de: *http://www.msc.es/estadEstudios/estadisticas/encuestaNacional/encuesta2006.htm*

Moffitt, J.F. (2006). *Alienígenas*. Madrid: Siruela.

Moliné, A. (2004). *O grande livro dos mangás*. São Paulo: Ed. JBC.

Molpeceres, M., Llinares, L., & Musitu, G. (2001). Internalización de valores sociales y estrégias educativas parentales. In M. Ros & V.V. Gouveia (Eds.), *Psicología social de los valores humanos: Desarrollos teóricos, metodológicos y aplicados*. (197-218). Biblioteca nueva: Madrid.

Monte, S. (2005). *Governo japonês quer subsidiar animes no mundo*. Revista Herói, edição de 15 abril. Recuperado em 03 de maio de 2005 de: *www.heroi.com.br*

Monteiro, M. B., & Ventura, P. (1997). A escola faz a diferença? Práticas maternas e o desenvolvimento da noção de pessoa nas crianças. In M. B. Monteiro, & P. Castro (Eds.), *Cada cabeça uma sentença: Idéias dos adultos sobre as crianças*. Lisboa: Celta Editora.

Monteiro, M. B., Lima, M. L., & Vala, J. (1991). Identidade social: Um conceito chave ou uma panaceia universal? *Sociologia-Problemas e Práticas, 9,* 107-120.

Moraes, R. (1984). Beats & Drogas. In A. Bivar, C. Willer, E. Bueno, L. Fróes, P. Escobar, R. Moraes & R. Muggiati (Eds.), *Alma beat: Ensaios sobre a geração beat*. (pp. 59-68). Porto Alegre: L&PM Editores.

Morrison, T. Kalin, R., & Morrison, M. (2004). Body-image evaluation and body--image investment among adolescents: A test of sociocultural and social comparison theories. *Adolescence, 39* (155), 571-591.

Moscovici, S. (1961/78). *A psicanálise: Sua imagem e seu público*. Rio de Janeiro: Zahar.

REFERÊNCIAS

Moscovici, S. (1978). *A representação social da psicanálise*. Rio de Janeiro: Zahar.

Moscovici, S. (2003). O fenômeno das representações sociais. In S. Moscovici. (Ed.), *Representações sociais: Investigações em psicologia social* (pp. 29-109). Petrópolis, RJ: Vozes.

Mulvey, E. P., & Cauffman, E. (2001). The inherent limits of predicting school violence. *American Psychologist, 56* (10), 797-802.

Munanga, K. (1999). *Rediscutindo a mestiçagem no Brasil: Identidade nacional versus identidade negra*. Petrópolis: Vozes.

Murrell, J. A. (1998). To identify or not to identify: Preserving, ignoring, and sometimes destroying racial (social) identity. In J. L. Eberhardt & S. T. Fiske (Eds.), *Confronting racism: The problem and the response*. (pp.188-201).Thousand Oaks, CA: Sage Publications, Inc.

Mussen, P. H., Conger, J. J., Kagan, J. E. & Huston, A. C. (1995). *Desenvolvimento e personalidade da criança*. São Paulo: Harbra.

Nascimento, R. A. A. (2004). *Memória dos verdes anos: Saudades da infância na música popular brasileira – uma investigação e uma proposta de análise de dados*. Tese de doutorado não publicada. Universidade Federal do Espírito Santo, Vitória.

Nascimento, R.A.A., Menandro, P.R.M. (2002). *Canto de tambor e sereia: Identidade e participação nas bandas de Congo da Barra do Jucu, Vila Velha/Es*. Vitória: EDUFES.

Nascimento, R.A.A., Souza, L., & Trindade, Z.A. (2001). Exus e pombas-gira: O masculino e o feminino nos pontos cantados de umbanda. *Psicologia em Estudo, 6*(2), 107-113.

Nickell, J. (1997). Extraterrestrial iconography. *Skeptical Inquirer, 21,* 5, 18-19.

Nolasco, S. (1993). *O mito da masculinidade*. Rio de Janeiro: Rocco.

Nolasco, S. (2001). *De Tarzan a Homer Simpson: Banalização e violência masculina...* Rio de Janeiro: Rocco.

Noto, A. R., Galduróz, J. C. F., Nappo, S. A., Fonseca, A. M., Carlini, C.M. A., Moura, Y, G., & Carlini, E. A. (2004). *Levantamento nacional sobre o uso de drogas entre crianças e adolescentes em situação de rua nas 27 capitais brasileiras, 2003*. CEBRID – Centro Brasileiro de Informações sobre o uso de Drogas Psicotrópicas, Departamento de Psicobiologia, UNIFESP.

Nunez, P., Souza, S., & Gouveia, V.V. (2006). Professores do ensino fundamental e bem-estar subjetivo: uma explicação baseada em valores. *Psico-USF, 11,* 45- 52

Nunnally, J., & Bernstein, I. (1995). *Teoría psicométrica*. México: McGraw-Hill.

Nunnaly, J., & Bernstein, I. (1994). *Psychometric theory*. New York: McGraw-Hill

Oakes, P. J., Haslam, A. & Turner, J. C. (1994). *Stereotyping and social reality*. Oxford. Blackwell.

Olavarría, J. (2004). Modelos de masculinidad y desigualdades de género. In C. Lomas (Ed.), *Los chicos también lloran: identidades masculinas, igualdad entre los sexos y coeducación* (pp. 45-63). Barcelona: Paidós.

Oliveira Pinto, T. (2001). Som e música: Questões de uma antropologia sonora. *Revista de Antropologia, 44*(1), 103-126.

Oliveira, I. (1998). *As desigualdades raciais vistas pelas crianças e pelos jovens.* Tese de Doutorado Não-Publicada, Universidade de São Paulo.

Oliveira, M. C. S. L., Camilo, A.A., & Assunção, C.V. (2003). Tribos urbanas como contexto de desenvolvimento de adolescentes: Relação com pares e negociação de diferenças. *Temas em Psicologia da SBP, 11* (1), 61-75.

Oliver, M., & Hyde, J. (1993). Gender differences in sexuality: A meta-analysis. *Psychological Bulletin, 114,* 29-51.

Omar, A, Formiga, N. S., Delgado, H. U., & Sampaio, M. (2004). La impacto de la personalidad sobre la autoimagen y la valoración de las figuras modeladoras en adolescentes escolares. *Trabalho apresentado no V congresso Internacional de Educação. Os desafios no processo de ensino-aprendizagem.* (p 390). São Luís – MA: Educare.

Omar, A., & Uribe, U. (1998). Dimensiones de personalidad y busqueda de sensaciones. *Psicologia: Teoria, investigação e prática, 3,* 257-268.

Omar, A., Souza, M. A, & Formiga, N. S. (2005). Anomia y asimetrias socioeconomicas un estudio trasncultural Argentina-Brasil. *Trabalho apresentado no 30° Congreso Interamericano de Psicología,* Buenos Aires.

ONU (2007). *Informe de la Junta Internacional de Fiscalización de Estupefacientes correspondiente a 2006.* Recuperado em 26 de janeiro de 2009 de: *http://www. incb.org/incb/index.html*

Oppo, A. (1986). Partido Político. In N. Bobbio, N. Matteucci & G. Pasquino (Eds.), *Dicionário de política* (pp. 899-905). Brasília: Editora da Universidade de Brasília.

Organização Mundial de Saúde (2001). *Relatório sobre a saúde no mundo 2001: saúde mental: nova concepção, nova esperança.* Genebra: Organização Mundial de Saúde.

Pais, J. M. (1998). *Culturas Juvenis.* Lisboa: Imprensa Nacional Casa da Moeda.

Papalia, D. A., & Olds, S. W. (2000). *Desenvolvimento humano.* Porto Alegre: ArtMed Editora.

Pasquali, L., Souza, M., & Tanizaki, T. (1985). Escala de atitude diante da sexualidade. *Psicologia: Teoria e Pesquisa, 1,* 175-194.

Paunonen, S. V. (1998). Hierarchical organization of personality and prediction of behavior. *Journal of Personality and Social Psychology, 74* (2), 538-556.

Paunonen, S., & Ashton, M. (2001). Big five and facets of the prediction of behavior. *Journal of Personality and Social Psychology, 74,* 538-556.

Pena-Alfaro, A. A. (1992). *O complexo de Dionísio (Ou de como os A.A. renunciam ao álcool).* Dissertação de mestrado não publicada, Universidade Federal da Paraíba. João Pessoa, Paraíba.

Peralva, O. (1990). *Um retrato do Japão.* São Paulo: Moderna.

Pereira, C., Lima, M. E., & Camino, L. (2001). Sistemas de valores e atitudes democráticas de estudantes universitários de João Pessoa. *Psicologia: Reflexão & Crítica, 14,* 1-39.

Pereira, C., Torres, A. R. R., & Barros, T. S. (2004). Sistemas de valores e atitudes democráticas de estudantes universitários. *Psicologia: Teoria & Pesquisa, 20*(1), 1-10.

Perlstadt, H. (1998). Bringing sociological theory and practice together: A pragmatic solution. *Sociological Perspectives, 41,* 268-271.

REFERÊNCIAS

Pervin, L. A., & John, O. P. (2004). *Personalidade: Teoria e pesquisa*. Porto Alegre: Artmed.

Petraitis, J., Flay B. R., & Miller T. Q. (1995). Reviewing theories of adolescent substance use: Organizing pieces in the puzzle. *Psychological Bulletin, 117*(1), 67-86.

Petterson, C. (2000). The future of optimism. *American Psychologist, 55*, 44-55.

Piaget, J. (1964). *Seis estudos de psicologia*. RJ: Forense.

Piaget, J., & Inhelder, B. (1998). *A psicologia da criança*. Bertrand Brasil.

Pimentel, C. E., Gouveia, V. V. & Fonseca, P. N. (2005). Escala de identificação com grupos alternativos: Construção e comprovação da estrutura fatorial. *Psico-USF, 10* (2), 121-127.

Piñel, I. (2004). *Neomanagement, jefes tóxicos y sus víctimas*. Madrid: Ediciones Generales, S.L.

Pratto, F., Sidanius, J., Stalworth, L. M., & Malle, B. F. (1994). Social dominance orientation: A personality variable predicting social and political attitudes. *Journal of Personality and Social Psychology, 67*, 741-763.

Pratto, J.; Sidanius, F. & Levin, S. (2006). Social dominance theory and the dynamics of intergroup relations: Taking stock and looking forward. *European Journal of Social Psychology, 17*, 271-320.

Pyszczynski, T., Greenberg, J., & Solomon, S. (1999). A dual-process model of defense against conscious and unconscious death-related thoughts: An extension of terror management theory. *Psychological Review, 106*, 835-845.

Pyszczynski, T., Solomon, S., & Greenberg, J. (2003). *In the wake of 9/11: The psychology of terror*. Washington, DC: American Psychological Association.

Queiroga, F., Formiga, N. S., Jesus, G. R., Gouveia, V. V., & Andrade, J. M. (2001). Desejabilidade social e personalidade. *Trabalho apresentado na XXXI reunião anual de psicologia: A construção da psicologia na pesquisa e no ensino* (p. 306). Rio de Janeiro: SBP.

Ramsay, R. (2000). *Conspiracy theories*. Haperden: Pocket Essentials.

Ramsey, P. G. (1987). *Teaching and learning in a diverse world: Multicultural education for young children*. New York: Teachers College Press.

Randles, J. (1999). *The complete book of aliens & abductions*. London: Piatkus.

Reips, U.D. (2006). Web-based methods. In M. Eid & E. Diener (Eds.), *Handbook of multimethod measurement in psychology* (pp. 73-85). Washington, DC: American Psychological Association.

Ribeiro, A. C. T., & Lourenço, A. (2003). Marcas do tempo: violência e objetivação da juventude. In P. C. P. Fraga & J. A. S. Iullianelli (Eds.), *Jovens em tempo real* (pp. 38-53). Rio de Janeiro: DP&A.

Ribeiro, S., Becerra, I., Fernández, M., & Romero, M. (2002). Qualidade de vida do idoso na comunidade: Aplicação da Escala de Flanagan. *Revista Latino Americana de Enfermagem, 10*, 757-764.

Risman, B., & Schwartz, P. (2002). After the sexual revolution: Gender politics in teen dating. *Contexts, 1*, 16-27.

Rocha, J. R. Jr. (1995). *Atitudes dos jovens secundaristas em relação às bebidas alcoólicas. Álcool: A paixão número um dos adolescentes.* Dissertação de mestrado não publicada, Universidade Federal da Paraíba. João Pessoa, Paraíba.

Rodrigues, A., Assmar, E. M., & Jablonski, B. (1999). *Psicologia social.* Petrópolis: Vozes.

Rodrigues, R. L. A. (2003). A arte de construir um menino ao contar histórias em família. In L. P. Lopes (Eds.), *Discursos de Identidades: discurso como espaço de construção de gênero, sexualidade...* (pp. 67-88). Campinas: Mercado de Letras.

Rodríguez, E. (2006). *Bienestar subjetivo en estudiantes de la Universidad de Sonora.* Dissertação de mestrado não publicada. Universidade de Hermosillo, Sonora.

Rodríguez, J., & García, J. A. (1999). Psicología social de la salud. In J. L. Álvaro, A. Garrido & J. R. Torregrosa (Eds.). *Psicología social aplicada.* España: McGrawHill.

Rogo, D. S. (1980). *UFO Abductions: true cases of Alien Kidnappings.* New York: Signet Books.

Rokeach, M. (1973). *The nature of human values.* New York: Free Press.

Rokeach, M. (1979). Introduction. In M. Rokeach (Ed.), *Understanding human values: Individual and societal.* (pp. 1-11) New York: The Free Press.

Rokeach, M. (1981/1968). *Crenças, atitudes e valores: Uma teoria da organização e mudança.* Rio de Janeiro: Interciência.

Romero, E., Sobral, J., Luengo, M. A., & Marzoa, J. A. (2001). Values and antisocial behavior among spanish adolescents. *The Journal of Genetic Psychology, 162,* 20-40.

Ros, M. (2001). Valores, actitudes y comportamiento: Una nueva visita a um tema clásico. In M. Ros & V. V. Gouveia (Eds.), *Psicologia social de los valores humanos. Desarrollos teóricos, metodológicos y aplicados.* (pp. 79-99). Madrid: Biblioteca Nueva.

Ros, M. (2002). Los valores culturales y el desarrollo socioeconómico: una comparación entre teorías culturales. *Revista de Investigaciones Sociológicas, 99,* 9-33.

Rosenberg, M. (1977). Contextual dissonance effects: Nature and causes. *Psychiatry, 40,* 205-217.

Rosenblatt, A., Greenberg, J., Solomon, S., Pyszczynski, T., & Lyon, D. (1989). Evidence for terror management theory I: The effects of mortality salience on reactions to those who violate or uphold cultural values. *Journal of Personality and Social Psychology, 57,* 681-690.

Rosenthal, D., Smith, A., & de Visser, R. (1999). Personal and social factors influencing age at first sexual intercourse. *Archives of Sexual Behavior, 28,* 319-333.

Rotheram, M. J., & Phinney, J. S. (1987). Definitions and processes in study of children's ethnic socialization. In J. S. Phinney, & M. J. Rotheram (Eds.), *Children's ethnic socialization: Pluralism and development,* (pp. 10-28). Beverly Hills, CA: Sage.

Routledge, C., & Arndt, J. (2005). Time and terror: Managing temporal consciousness and the awareness of mortality. In A. Strathman & J. Joirman (Eds.), *Understanding behavior in the context of time: Theory, research, and applications* (pp. 59-84). Mahwah, NJ: Erlbaum.

Rowatt, W., & Schmitt, D. (2003). Associations between religious orientation and varieties of sexual experience. *Journal for the Scientific Study of Religion, 42,* 455-465.

Referências

Rutter, D. R., Quine, L., & Chesham, D. J. (1993). *Social psychological approaches to health*. London: Harvester-Wheatsheaf.

Rutter, M. (1985). Resilience in the face of adversity: Protective factors and resistance to psychiatric disorder. *British Journal of Psychiatry, 1* (47), 598-611.

Salanova, M., Grau, R., Llorens, S., & Schaufeli, W. B. (2001). Exposición a las tecnologías de la información, burnout y engagement: el rol modulador de la autoeficacia relacionada con la tecnología. *Revista de Psicología Social Aplicada, 11,* 69-90.

Salanova, M., Schaufeli, W. B., Llorens, S., Peiró, J. M., & Grau, R. (2000). Desde el 'burnout' al 'engagement': ¿una nueva perspectiva? *Revista de Psicología del Trabajo y las Organizaciones, 16* (2), 117-134.

Salem, H. (1996). *As tribos do mal: O neonazismo no Brasil e no mundo.* São Paulo: Atual Editora.

Sánchez, E., Garrido, A., & Álvaro, J. L. (2003). Un modelo psicosociológico para el estudio de la salud mental. *Revista de Psicología Social, 18*(1), 17-33.

Sarti, C.A. (1996). *A família como espelho – um estudo sobre a moral dos pobres.* Campinas: Autores Associados.

Scaramella, L.V., Conger, R.D., Spoth, R., & Simons, R.L. (2002). Evaluation of a social contextual model of delinquency: A cross-study replication. *Child Development, 73,* 175-195.

Schaufeli W.B., Leiter M.P., Maslach, C., & Jackson S.E. (1996). The Maslach Burnout Inventory: General Survey (MBI-GS). In C. Maslach, S. E. Jackson & M. P. Leiter, (Eds.), *Maslach Burnout Inventory Manual* (pp.19-26). Palo Alto, California: Consulting Psychologists Press.

Schaufeli, W.B., & Bakker, A.B. (2004). Job demands, job resources and their relationship with burnout and engagement: A multi-sample study. *Journal of Organizational Behavior, 25,* 293-315.

Schaufeli, W.B., & Buunk, B.P. (1996). Professional burnout. In M.J. Schabracq, J.A.M. Winnubst, & C.L. Cooper (Eds.), *Handbook of work and health psychology* (pp. 311-346). NY: John Wiley & Sons.

Schaufeli, W.B., Martinez, I., Marques Pinto, A., Salanova, M., & Bakker, A.B. (2002b). Burnout and engagement in university students: A cross-national study. *Journal of Cross-Cultural Psychology, 33,* 464-481.

Schaufeli, W.B., Salanova, M., González-Romá, V., & Bakker, A.B. (2002a). The measurement of burnout and engagement: A confirmative analytic approach. *Journal of Happyness Studies, 3,* 71-92.

Schmitt, M., & Steyer, R. (1993). A latent state-trait model (not only) for social desirability. *Personality and Individual Differences, 14,* 519-529.

Schofield, J. W (1986). Black-White contact in desegregated schools. In M. Hewstone, & R. J. Brown (Eds.), *Contact and Conflict in Intergroup Encounters* (pp. 79-92). Oxford: Blackwell.

Schultz, P. W., & Stone, W. F. (1994). Authoritarianism and attitudes toward the environment. *Environment and Behavior, 26,* 25-37.

Schunk, D. H. (1992). Autoconcepto y redimiento escolar. In C. Rogers, & P. Kutnick (Eds.), *Psicología social de la escuela primária* (pp. 83-107). Barcelona: Ediciones Piadós.

Schwartz, S. (1992). Universalism in the content and structure of values: Theoretical advances and empirical test in 20 countries. In M. Zanna (Ed.), *Advances in Experimental Social Psychology, 25* (pp. 1-65). New York: Academic Press.

Schwartz, S. H. (1994). Are there universal aspects in the structure and contents of human values? *Journal of Social Issues, 50,* 19-45.

Schwartz, S., & Bilsky, W. (1987). Toward a universal psychological structure of human values. *Journal of Personality and Social Psychology, 53,* 550-562.

Schwartz, S., Verkasalo, M., Antonovsky, A., & Sagiv, L. (1997). Value priorities and social desirability: Much substance, some style. *British Journal of Social Psychology, 36,* 3-19.

Scivoletto, S., & Andrade, A. G. de (1997). Complicações psiquiátricas pelo uso de álcool. In S. P. Ramos & J. M. Bertolote (Eds.), *Alcoolismo hoje.* (pp. 111-129). Porto Alegre: Artes Médicas.

Seiler, D. (2000). *Os partidos políticos.* Brasília: Ed. da UnB.

Seisdedos, N. C. (1988). *Cuestionario A – D de conductas antisociais – delictivas.* Madri: TEA.

Sekeff, M.L. (1998). Música e semiótica. In L. Tomás (Ed.), *De sons e signos: Música, mídia e contemporaneidade* (pp. 33-58). São Paulo: Educ.

Seligman, M. & Csikszentmihalyi, M (2000). Positive psychology: An introduction. *American Psychologist, 55,* 5-14.

Seligman, M. (2003). *La auténtica felicidad.* Barcelona, España: Editora Vergara.

Seligman, M. (2004). *Felicidade autêntica. Usando a nova psicologia positiva para realização permanente.* Rio de Janeiro: Objetiva.

Selvini-Palazzoli, M., Cirillo, S., Selvini, M., & Sorrentino, A. (1999). *Muchachas anoréxicas y bulímicas: La terapia familiar.* Barcelona: Paidós.

Servicio Madrileño de Salud (2006). *Pacto social de lucha contra la anorexia y la bulimia.* Recuperado em 10 de fevereiro de 2009 de: *www.madrid.org/lapresidencia/descargas/anorexia.pdf*

Sexuality. (2007). *Merriam-Webster Online Dictionary.* Recuperado em Janeiro de 2007 de::*http://www.m-w.com/dictionary/sexuality.*

Shalon, H.A. & Tamayo, A. (1993). A estrutura motivacional dos valores humanos. *Psicologia: Teoria e Pesquisa, 9,* 329-348.

Shoveller, J., Johnson, J., Langille, D., & Mithcell, T. (2004). Socio-cultural influences on young people's sexual development. *Social Science & Medicine, 59,* 473-487.

Sidanius, J., & Pratto, F. (1999). *Social dominance: An intergroup theory of social hierarchy and opression.* Cambridge: Cambridge University Press.

Sidanius, J., & Pratto, J. (2003). Social dominance theory and the dynamics of inequality: A reply to Schmitt, Branscombe, & Kappen and Wilson & Liu. *Journal of Social Psychology, 42*(2), 207-213.

Referências

Silva, J. & Santos, J. (2005). *Vinieron del espacio. Alienígenas del cine.* Madrid: Arkadin.

Simons, J., & Carey, K. B. (2000). Attitudes toward marijuana use and drug-free experience: Relationships with behavior. *Addictive Behaviors, 25*(3), 323-331.

Singer, P. (2000). *A esquerda e direita no eleitorado brasileiro: A identificação ideológica nas disputas presidenciais* de 1989 e 1994. São Paulo: Ed. da USP.

Sobral, J. (1996). Psicología social jurídica. In J. L. Álvaro; A. Garrido & J. R. Torregrossa (Eds.), *Psicología social aplicada.* (pp. 254-268). Madrid: McGraw-Hill.

Social Issues Research Centre. (2004). *Smells like teen spirit: Talking not taking in the teenage music tribe.* Oxford: Social Issues Research Centre.

Solomon, S., Greenberg, J., & Pyszczynski, T. (1991). A terror management theory of social behavior: The psychological functions of self-esteem and cultural worldviews. Em M. P. Zanna (Ed.), *Advances in experimental social psychology* (vol. 24., pp. 93-159). New York: Academic Press.

Solomon, S., Greenberg, J., & Pyszczynski, T. (1997). Return of the living dead. *Psychological Inquiry, 8,* 59-71.

Solomon, S., Greenberg, J., & Pyszczynski, T. (2004). The cultural animal: Twenty years of terror management theory and research. In J. Greenberg, S. L., Koole, & T. Pyszczynski (Eds.), *Handbook of experimental existential psychology* (pp. 13-34). New York: Guilford.

Spanos, N. P., Cross, P. A., Dickson, K., & DuBreuil, S. C. (1993). Close encounters: An examination of UFO experiences. *Journal of Personality and Social Psychology, 102,*624-632.

Spini, D., & Doise, W. (1998). Organizing principles of involvement in Human Rights and their social anchoring in value priorities. *European Journal of Social Psychology, 28,* 603-622.

Stice, E., & Hoffman, E. (2004). Eating disorder prevention programs. In J. K. Thompson (Ed.). *Handbook of eating disorders and obesity.* Hoboken, NJ: John Wiley and Sons.

Strieber, W. (1987). *Communion: A true story.* New York: Avon Books.

Stroebe, W. & Stroebe, M. (1995). *Social psychology and health.* Reino Unido: Open University Press.

Strumpfer, D. J. W. (2003). Resilience and burn out: A stitch that could save nine. *South African Journal of Psychology, 33*(2), 69-79.

Stuhlmiller, C., & Dunning, C. (2000). Challenging the mainstream: from pathogenic to saluthogenic models of posttrauma intervention. In J., M., Violanti, D., Paton & C., Dunning (Eds.), *Posttraumatic stress intervention: Challenges, issues and perspectives* (pp. 10-42). Illinois, Springfield: Charles C.Thomas.

Tabachnick, B. G. & Fidell, L. S. (2001). *Using multivariate statistics.* California: Allyn & Bacon.

Tajfel, H. (1978a). *Differentiation between social groups: Studies in the social psychology of intergroup behaviour.* Londres: Academic Press.

Tajfel, H. (1978b). *The social psychology of minorities.* London School of Economics.

Tajfel, H. (1981). *Human groups and social categories*. New York: Cambridge Universit.

Tajfel, H., & Turner, C. J. (1986). The social identity theory of intergoup behavior. In S. Worchel, & W. G. Austin. (Eds.), *Psychology of intergroup relations* (pp. 7-24). Chicago: Nelson.

Tajfel, H., & Turner, J. C. (1979). An integrative theory of social conflict. In W. Austin, & S. Worchel (Eds.), *The social psychology of intergroup relations* (pp. 33-47). Monterey: Brooks.

Talbot, M. (1991). *The holographic universe*. New York: Harper Collins.

Tamayo, A. (1988). Influência do sexo e da idade sobre o sistema de valores. *Arquivos Brasileiros de Psicologia, 40*, 91-104.

Tamayo, A., Lima, A., Marques, J., & Martins, L. (2001). Prioridades axiológicas e uso de preservativo. *Psicologia: Reflexão & Crítica, 14*, 167-175.

Tamayo, A., Nicaretta, M., Ribeiro, & Barbosa, L. (1995). Prioridades axiológicas y consumo de drogas. *Acta Psiquiátrica y Psicologíca America Latina, 41*, 300-307.

Thompson, J., & Heinberg, L. (1999). The media's influence on body image disturbance and eating disorders: we're reviled them, now can we rehabilitate them? *Journal of Social Issues, 55*, 339-353.

Tílio, R. (2003). O jogo discursivo na vida afetiva: A construção de masculinidades hegemônicas e subalternas. In Lopes, L. P. (Ed.), *Discursos de Identidades: discurso como espaço de construção de gênero, sexualidade...*(pp. 89-111). Campinas: Mercado de Letras.

Toro, J. (1996). *El cuerpo como delito: Anorexia, bulimia, cultura y sociedad*. Barcelona: Ariel.

Torrente H. G., & Rodríguez G. Á. (2000). Precedentes sociofamiliares de la conducta antisocial. In A. O. Bernal; M. V. M. Jiménez & P. V. Elias (Eds.), *Aplicaciones en psicología social*. (pp. 197-202). Madri: Biblioteca Nueva.

Trew, K., & Benson, E. D. (1996). Dimensions of social identity in Northern Ireland. In G. Breakwell, & E. Lyons (Eds.), *Changing european identity: Social psychology analyses of social change* (pp. 123-143). Oxford: Butterwath Heinemann.

Trindade, Z. A., & Menandro, M. C. S. (2002). Pais adolescentes: vivência e significação. *Estudos de Psicologia (Natal), 7*(1), 15-23.

Tróccoli, B. T., & Salazar, A. (2003). Um estudo correlacional entre bem-estar subjetivo e estilos de coping. *Trabalho apresentado no III Congresso Norte-Nordeste de Psicologia*, João Pessoa, Paraíba.

Tróccoli, B. T., Salazar, A., & Vasconcelos, T. S. (2002). Bem-estar subjetivo e o modelo dos cinco grandes fatores. *Trabalho apresentado no VI Congresso Mineiro de Avaliação Psicológica*, Belo Horizonte, Minas Gerais.

Unicef (2004). *Adolescencia: Una etapa fundamental*. Recuperado em 10 de fevereiro de 2009 de: *http://www.unicef.org/spanish/publications/files/pub_adolescence_sp.pdf*

Uriarte, A.G., Rueda, I.L., González, M.M., Justicia, J.M., Rarejo, P.S., & Sixto, F.V. (2002). Evaluación cualitativa del sistema de recogida de sangre en Cataluña. *Revista Espanhola de Salud Pública, 76*(5), 437-450.

REFERÊNCIAS

Vala, J. (1994). La emergencia de los valores post-materialistas en Portugal. In J. D. Nícolas & R. Inglehart (Eds.), *Tendencias mundiales de cambio en los valores sociales y políticos* (pp. 157-170). Madrid: Fundesco.

Vallee, J. (1969). *Passport to Magonia: from folklore to flying saucers*. Chicago: Henry Regnery.

Vallee, J. (s/d). *Crónicas de otros mundos. Un punto de vista científico sobre el fenómeno OVNI*. Barcelona: Tikal Ediciones.

van Dijk, T. (1999). El análisis crítico del discurso. *Anthropos, Barcelona, 186*, 23-36.

Vasconcelos, T.C., Gouveia, V.V., Pimentel, C.E., & Pessoa,V.S. (2008). Condutas desviantes e traços de personalidade: Testagem de um modelo causal. *Estudos de Psicologia (Campinas), 25*, 55-65.

Velázquez, A., Lugo, E. & Mireille, V. (1999). El perfil socioeconómico y la calidad de estilos de vida en estudiantes del UNITEC: una aproximación integral. *Trabalho apresentado no V Congreso Nacional de Investigación educativa*. Memoria electrónica. Aguascalientes: COMIE.

Vera, J. A. (2001). Bienestar subjetivo en una muestra de jóvenes universitarios. *Revista Intercontinental de Psicología y Educación, 3*, 11-21.

Vera, J. A., Albuquerque, F. J.B., Laborin, A. J. F., Morales, S. A. & Torres, M. A. (2002). Autoconceito em uma população do nordeste brasileiro. *Psico- PUCRS, 33*, 37-52.

Vera, J.A., Laborín, J., Córdova, A., & Parra, E. (2007). Bienestar subjetivo: Comparación en dos contextos culturales. *Psicología para América Latina, 11*, 12-20.

Verardo, M. T. (1987). *Aborto: Um direito ou um crime?* São Paulo: Moderna.

Vicente, D. D. & Souza, L. (2006). Razão e sensibilidade: Ambigüidades e transformações no modelo hegemônico de masculinidade. *Arquivos Brasileiros de Psicologia, 58*, 24-41.

Vitaro, F., Brendgen, M., & Tremblay, R. E. (2000). Influence of deviant friends on delinquency: Searching for moderator variables. *Journal of Abnormal Child Psychology, 28*, 313-325.

Vuchinich, S., Bank, L., & Patterson, G.R. (1992). Parenting, peers, and the stability of antisocial behavior in preadolescent boys. *Developmental Psychology, 28*, 510-521.

WAS. (1999). Declaration of sexual rights. *World Association for Sexology*. Recuperado em 07 de Dezembro de 2004 de: *http://www.worldsexology.org/about_sexualrights.asp*.

Weinberg, M., Lottes, I., & Shaver, F. (2000). Socio-cultural correlates of permissive sexual attitudes: A test of Reiss's hypotheses about Sweden and the United States. *Journal of Sex Research, 37*, 44-52.

Welzer-Lang, D. (2001). A construção do masculino: Dominação das mulheres e homofobia. *Estudos Feministas, 9*, 460-482.

Werner, E.E. & Smith, R.S. (1982) *Vulnerable but invincible: A study of resilient children*. New York: McGraw-Hill.

Werner-Wilson, R. (1998). Gender differences in adolescent sexual attitudes: The influence of individual and family factors. *Adolescence, 33*, 519-531.

Whright, J.P., & Cullen, F.T. (2001). Parental efficacy and delinquent behavior: Do control and support matter? *Criminology, 39*, 677-705.

Wilson, W. (1967). Correlates of avowed happiness. *Psychological Bulletin, 67,* 294-306.

World Health Organization (WHO) (1993). *Classificação de transtornos mentais e de comportamento da CID-10. Descrições clínicas e diretrizes diagnósticas.* Porto Alegre: Artes Médicas.

Yee, M. D., & Brown, R. (1992). Self-evaluations and intergroup attitudes in children aged three to nine. *Child Development, 63,* 619-629.

Young, R., Sweeting, H., & West, P. (2006). Prevalence of deliberate self harm and attempted suicide within contemporary goth youth subculture: Longitudinal cohort study. *British Medical Journal, 332,* 1058-1061.

Yzerbyt, V., Rocher, S., & Schadron, G. (1997). Stereotypes as explanations: a subjective essentialistic view of group perception. In R. Spears, P. Oakes, N. Ellemers & A. Haslam (Eds.), *The social psychology of stereotyping and group life* (pp. 51-71). Cambridge: Oxford Blakwel.

Zuckerman, M. (1971). Dimensions sensation of seeking. *Journal of Consulting and Clinical Psychology, 36,* 45-52.

Zuckerman, M., Eysenck, S. B. G., & Eysenck, H. J. (1978). Sensation seeking in England and America: Cross-cultural, age and sex comparisons. *Journal of Consulting and Clinical Psychology, 46,* 139-149.

Sobre os autores

Ana Raquel Rosas Torres
Doutora (Ph.D.) em Psicologia pela University of Kent at Canterbury, Grã-Bretanha. Bolsista de Produtividade em Pesquisa 2. Professora Titular da Universidade Católica de Goiás, Brasil.

Bernard Gontiés (*in memorian*)
Doutor em medicina psiquiátrica pela Faculdade de Medicina Xavier Bichat, França.

Bernardino Fernández Calvo
Doutor em Psicologia Clínica e da Saúde pela Universidade de Salamanca, Espanha. Professor da Faculdade de Psicologia da Universidade de Salamanca, Espanha.

Carlos Eduardo Pimentel (Ed.)
Bolsista do CNPq no Doutorado em Psicologia Social, do Trabalho e das Organizações na Universidade de Brasília (UnB), Brasil. Mestre em Psicologia Social pela Universidade Federal da Paraíba.

Cícero Pereira
Doutor em Psicologia Social pelo Instituto Superior de Ciências do Trabalho e da Empresa, Portugal. Professor Titular da Universidade Católica de Goiás, Brasil.

Conceição Nogueira
Doutora em Psicologia Social pela Universidade do Minho, Portugal. Professora do Departamento de Psicologia da mesma universidade – Coordenadora do Programa de Doutoramento em Psicologia Social-Gênero e Sexualidade.

Dalila Xavier de França
Doutora em Psicologia Social pelo Instituto Superior de Ciências do Trabalho e da Empresa, Portugal – Professora Titular da Universidade Federal de Sergipe, Brasil.

Daniela Ribeiro Barros
Professora do curso de Psicologia da Faculdade Natalense para o Desenvolvimento do Rio Grande do Norte (FARN). Mestre em Psicologia Social pela Universidade Federal da Paraíba, Brasil.

Eliana Guimarães Silva
Mestre em Psicossociologia de Comunidades e Ecologia Social pela Universidade Federal do Rio de Janeiro, Brasil – Professora da Faculdade Pio Décimo, Brasil.

Emerson Diógenes de Medeiros
Bolsista CAPES no Programa de Doutorado em Psicologia Social da Universidade Federal da Paraíba/Universidade Federal do Rio Grande do Norte. Mestre em Psicologia Social pela Universidade Federal da Paraíba, Brasil.

Francisco José Batista de Albuquerque
Doutor em Psicologia pela Universidad Complutense de Madrid, Espanha – Bolsista de Produtividade em Pesquisa 1D. Pós-Doutor em Psicologia Social pela Universidad Complutense de Madrid. Professor Adjunto IV da Universidade Federal da Paraíba, Brasil.

Jesús Saiz Galdós
Doutor em Psicologia pela Universidad Complutense de Madrid, Espanha. Colaborador honorífico do Departamento de Psicologia Social da Faculdade de Ciências Políticas e Sociologia da Universidade Complutense de Madrid.

José Angel Vera Noriega
Doutor em Psicologia pela Universidad Nacional Autónoma do México. Pesquisador do Centro de Investigação em Alimentação e Desenvolvimento, México. Professor Titular da Universidad de Sonora, México.

José Luis Álvaro Estramiana (Ed.)
Doutor em Psicologia Social pela Universidad Complutense de Madrid, Espanha. Professor Catedrático da Universidad Complutense de Madrid, Espanha.

José Vaz Magalhães Néto
Doutor em Psicologia pela Universidade Federal do Espírito Santo, Brasil. Professor do Programa de Pós-Graduação em Ciências das Religiões da Universidade Federal da Paraíba, Brasil.

Joseli Bastos da Costa
Doutor em Psicologia Social pela Pontifícia Universidade Católica de São Paulo, Brasil. Professor Adjunto da Universidade Federal da Paraíba, Brasil.

Leconte de Lisle Coelho Junior
Doutor em Psicologia pela Universidade Federal do Espírito Santo, Brasil. Mestre em Psicologia Social pela Universidade Federal da Paraíba, Brasil. Professor Adjunto das Faculdades Integradas Tiradentes, Brasil.

Leoncio Camino
Doutor em Psicologia pela Université Catholique de Louvain, Bélgica. Bolsista de Produtividade em Pesquisa 1B. Pós-Doutor pela Universite Catholique de Louvain, Bélgica. Professor Titular da Universidade Federal da Paraíba, Brasil.

SOBRE OS AUTORES

Lídio de Souza
Doutor em Psicologia Social pela Universidade de São Paulo, Brasil, Bolsista de Produtividade em Pesquisa do CNPq. Pós-Doutor pela Universidade de São Paulo, Brasil, Professor do Programa de Pós-Graduação em Psicologia da Universidade Federal do Espírito Santo, Brasil.

Ludgleydson Fernandes de Araújo
Doutorando en Diseños de Investigaciones y Aplicaciones en Psicología y Salud pela Universidad de Granada, Espanha, com bolsa ERASMUS MUNDUS financiado pela União Europeia. Professor Assistente II do Departamento de Psicologia da Universidade Federal do Piauí (UFPI) – Campus Ministro Reis Velloso (Parnaíba/PI).

Marcos Emanoel Pereira
Doutor em Psicologia pela Universidade Federal do Rio de Janeiro, Brasil, Pós-Doutorado pela University of Cambridge, Inglaterra. Professor Adjunto da Universidade Federal da Bahia, Brasil.

Maria Benedicta Monteiro
Doutora em Psicologia Social pela Université Catholique de Louvain, Bélgica. Professora Catedrática do Instituto Superior de Ciências do Trabalho e da Empresa, Portugal.

Maria da Penha de Lima Coutinho
Doutora em Psicologia Clínica pela Universidade de São Paulo, Brasil - Bolsista de Produtividade em Pesquisa Nível 2. Pós-Doutorado pela Universidade Aberta de Lisboa, Portugal – Professor Adjunto IV da Universidade Federal da Paraíba, Brasil.

Miriam de Freitas Albernaz
Mestre em Psicologia pela Universidade Católica de Goiás, Brasil. Psicóloga Clínica, Goiás, Brasil.

Miryam Rodríguez
Colaboradora honorífica no Departamento de Psicologia Social da Faculdade de Ciências Políticas e Sociologia da Universidad Complutense de Madrid, Espanha.

Nilton Soares Formiga
Doutorando na Universidade Federal da Paraíba, Brasil. Bolsista CNPq. Mestre em Psicologia Social pela Universidade Federal da Paraíba, Brasil.

Paulo Rogério Meira Menandro
Doutor em Psicologia Experimental pela Universidade de São Paulo, Brasil – Bolsista de Produtividade em Pesquisa 1C. Professor Adjunto IV da Universidade Federal do Espírito Santo, Brasil.

Patrícia Nunes da Fonseca
Doutora em Psicologia Social pela Universidade da Paraíba. Pós-doutoranda na Universidade Federal da Paraíba junto ao Grupo de Pesquisa Bases Normativas do Comportamento Social.

Pollyane K. da Costa Diniz
Doutoranda em Psicologia Transcultural, Victoria University of Wellington, Wellington, New Zealand. Mestre em Psicologia Social pela Universidade Federal da Paraíba, Brasil.

Roberto Mendoza
Doutor em Psicologia Social pela Universidade Pais Vasco, Espanha. Professor da Universidade Federal de Campina Grande, Brasil.

Rosa Maria Alvarez
Psicóloga Clínica na Universidade de Sonora, México. Psicoterapeuta infantil na Clínica de Reabilitação para Crianças com Problemas Neurológicos, México.

Sheyla Christine Santos Fernandes (Ed.)
Doutoranda em Psicologia Social na Universidade Federal da Bahia, Brasil. Mestre em Psicologia Social pela Universidade Federal da Paraíba, Brasil. Professora da Universidade Federal de Alagoas, Brasil.

Taciano L. Milfont
Doutor (Ph.D.) em Psicologia Social e Ambiental pela Universidade de Auckland, Nova Zelândia. Professor e membro do Centre for Applied Cross-Cultural Research da Universidade Victoria de Wellington, Nova Zelândia.

Tatiana Cristina Vasconcelos
Doutoranda em Educação pela Universidade do Estado do Rio de Janeiro, UERJ, Brasil. Mestre em Psicologia Social pela Universidade Federal da Paraíba, Brasil. Professora da Universidade Estadual da Paraíba e da Faculdade Santa Maria, Brasil.

Valdiney V. Gouveia (Ed.)
Doutor em Psicologia Social pela Universidad Complutense de Madrid, Espanha. Bolsista de Produtividade em Pesquisa 1B. Professor Associado I da Universidade Federal da Paraíba, Brasil.

Valeschka Martins Guerra
Doutora (Ph.D.) em Psicologia Social na University of Kent at Canterbury, Inglaterra. Mestre em Psicologia Social pela Universidade Federal da Paraíba, Brasil.

Virgínia Ângela M. de Lucena e Carvalho
Doutora em Psicologia do Envelhecimento pela Universidad de Salamanca, Espanha. Professora Associada do Departamento de Medicina Interna do CSS da UFPB.

Walberto Silva Santos
Doutor em Psicologia Social pela Universidade Federal da Paraíba com estágio sanduíche na Universidade de Santiago de Compostela, Espanha. Professor Adjunto I da Universidade Federal do Ceará.

impressão acabamento
rua 1822 n° 341
04216-000 são paulo sp
T 55 11 3385 8500
F 55 11 2063 4275
www.loyola.com.br